RISK MANAGEMENT AND INSURANCE

风险管理与保险

◎ 闫东玲　刘俊　主编

天津大学出版社
TIANJIN UNIVERSITY PRESS

图书在版编目(CIP)数据

风险管理与保险 / 闫东玲, 刘俊主编. — 天津 : 天津大学出版社, 2020.8（2022. 1重印）

ISBN 978-7-5618-6613-9

Ⅰ. ①风… Ⅱ. ①闫… ②刘… Ⅲ. ①保险管理－风险管理 Ⅳ. ①F840.32

中国版本图书馆CIP数据核字(2019)第301437号

FENGXIAN GUANLI YU BAOXIAN

出版发行	天津大学出版社
地　　址	天津市卫津路92号天津大学内（邮编:300072）
电　　话	发行部:022-27403647
网　　址	www.tjupress.com.cn
印　　刷	廊坊市海涛印刷有限公司
经　　销	全国各地新华书店
开　　本	185mm×260mm
印　　张	24
字　　数	568千
版　　次	2022年1月第1版
印　　次	2022年1月第2次
定　　价	68.00元

序

随着人类社会的发展,各种自然灾害以及人为造成的各类突发事件时有发生,风险在我们这个时代已经不可避免。疾病风险、养老风险、财产风险、责任风险、信用风险……风险无处不在,无时不有。因此,风险管理已成为现代管理学科体系中一个不可或缺的重要组成部分,而保险作为风险管理最传统、最普遍的技术手段,其地位越来越突出,风险管理与保险已渗透到社会各行各业和人们生活的各个方面。

自20世纪90年代起,许多国外的大学纷纷开设了"风险管理与保险"课程。教学的对象已不再限于金融专业的学生,而是面向几乎所有管理类专业的学生。教学的内容不仅仅涉及传统风险类型的分析与保险方式,还包括一些新型风险,如巨灾风险、环境风险、财务风险等以及保险创新,并介绍实践领域中已经出现的一些非传统风险转移工具。而在当时,我们国家的大学只有保险专业,"风险管理与保险"课程还是一个空白。

在这样一个背景下,当2005年闫东玲博士提出想在天津大学开一门课程时,我提议开设"风险管理与保险"课程。自2006年天津大学开设这门课程后,2007年清华大学也开设了这一课程,近十多年来根据教育部文件(教基〔2006〕24号)精神,国内很多高校陆陆续续都开设了"风险管理与保险"课程,普及风险管理与保险知识。闫东玲博士总结这十多年的教学经验和教学内容,撰写的《风险管理与保险》教材即将付梓。我读过本书内容之后,颇受启示,深感欣慰。

本书具有以下几个特征。

一是与以往的相关著作相比,读者视角不同。本书不是单纯介绍风险管理理论或保险学原理,而是站在风险管理者的角度介绍保险。通过阅读本书,读者能够在全面掌握风险管理基本理论的基础上,运用转移风险的保险手段来控制风险,减少风险损失。

二是结构体系有所创新。本书在风险管理理论与保险学理论的基础上系统阐述了风险、风险管理与保险的关系,使读者对风险与保险、风险管理与保险的关系有了全面、深入的理解。全书以风险、风险管理与保险的关系为结构体系,分别阐述人身风险管理与保险、财产风险管理与保险的理论与实务,为进一步学习和研究经济的、社会的和人们生活各个方面的风险、风险管理与保险打下扎实的理论基础。

三是内容紧贴实务。如风险管理首先要正确识别风险主体所面临的风险,这是进行风险管理的基础和前提。针对风险识别方法,本书结合实务,重点介绍了具有普适性的德尔菲法、风险清单法、事故树分析法，同时结合工程项目、物流等行业特点介绍了流程图分析法，结合财务风险介绍了财务报表法，以及针对某一领域的整体工作进行风险识别的工作 - 风险分解法（WBS-RBS 法），这些风险识别方法在实务中的各个领域具有很强的应用性。再如根据风险对象来划分风险，主要分为人身风险和财产风险。本书在针对人身风险、个人家庭财产风险及企业财产风险进行识别、归类的基础上，重点补充完善了防范这些风险的保险实务内容，如针对养老风险的年金保险，针对健康风险的长期护理保险，针对财产风险的相互保险、专业自保等。在结合理论分析案例过程中，案例选取的原则是最近发生的重点领域中的实务案例，如社会治理中的政府风险管理案例，快速发展的物流行业的风险管理案例，邻里之间发生纠纷的风险管理案例，等等。

四是适用范围广。本书内容丰富，既有理论又有实务，理论部分既有广度又有深度。因此，本书适合作为本科生的通识教育教材，也适合作为硕士、博士生在各个专业领域研究风险管理与保险的基础理论教材，同时也可作为从事风险管理与保险实践工作的培训教材。

总之，通过阅读此书，读者可以掌握风险管理与保险的基本知识与理论，了解风险管理与保险实务的新发展，探索风险演变的规律与趋势及保险创新。保险作为风险管理的重要手段，几乎与国民经济和人们生活的各个层面都密切相关。学习和掌握一定的风险管理与保险知识，树立现代化的风险管理与保险意识，不仅仅是知识层面的丰富，更是一种现代风险管理理念的转变，读者将会终身受益。

2019 年 12 月

前　　言

本书的出版要归功于我从2006年开始讲授的“风险管理与保险”课程，当时在南开大学刘茂山教授的启发和指导下，我在天津大学申请开设了“风险管理与保险”课程，这可以说是在国内高等院校中，特别是在工科优势明显的综合类高等院校中首开的一门课程。当时研究团队在没有任何参考教材的情况下，根据天津大学的专业设置特点，设计了一套教学大纲和内容。这套教学大纲与以往不同，不是以保险经营者为对象，而是以风险管理者为对象介绍风险管理与保险知识。教学内容以风险为出发点，以风险管理为核心，有理论、有实务、有专题。在近十五年的教学过程中，我不断改进和丰富教学大纲和内容，在此基础上，撰写了本书。

本书以“风险管理与保险”为主线分为两部分内容。

第一部分是理论篇，共分为九章内容，第一章、第二章分别介绍了风险、风险管理的基本概念、特征及分类；第三章是重点章节，围绕风险管理的基本程序，阐述了风险识别、风险衡量、风险评价、风险管理技术的选择及风险管理效果的评估等内容，其中既有定性的概念、内容的梳理，又有定量的方法、模型的介绍，本章为从事各专业领域的风险管理研究和实践提供了系统的理论知识；在前三章内容的基础上，第四章以风险管理技术手段为视角，深入研究和梳理了风险、风险管理与保险的关系。接下来，以保险作为风险转移的一种重要技术手段，从风险管理者需求出发介绍了保险基本原理。第五章介绍了保险的本质、职能与作用，重点梳理了可供风险管理者选择的保险种类；第六章、第七章分别介绍了在运用保险进行风险管理的过程中需要掌握的保险合同的生效、履行、变更、争议处理等相关知识以及保险应遵循的基本原则。第八章、第九章介绍了保险业务经营中面临的风险以及国家对保险业的监管等知识。

第二部分是实务篇，从风险管理者的角度出发，基于保险的种类，重点介绍了人身风险管理与保险以及财产风险管理与保险，其中财产风险根据特点不同又分为个人家庭财产风险管理与保险、企业财产风险管理与保险。本篇共分为三章内容，第十章人身风险管理与保险，梳理了人身面临的风险种类、人身风险评估的方法以及应对人身风险的技术手段，重点介绍了人寿保险、健康保险、意外伤害保险实务。第十一章个人家庭财产风险管理与保险、第十二章企业财产风险管理与保险，分别从风险的概念、特点，风险的识别、评估及应对手段进行阐述，最后重点介绍相应的财产保险实务。

作为一本通识课程教材，本书的主要目标是要拓宽读者的视野，提高读者的风险和保险意识，提高运用保险管理风险的能力。通过“风险管理与保险”课程的学习要达到的具体目标主要表现在以下几个方面。

（1）为本科生、研究生未来走向工作岗位从事相关领域的职业做准备。风险管理与保险的知识可以为学生将来走向工作岗位从事管理工作提供非常有益的知识储备。对于一个管理者而言，为了最大化组织的经营绩效，必须能够精确地理解组织所面临的各种风险及其性质，并用正确的风险管理手段处理风险。

（2）提高公司高层领导者、风险经理和其他风险与保险专业人员战略思维能力。战略分析方法与风险管理与保险基本原理相结合，有助于高层决策者、风险经理和其他风险与保险专业人员从更广泛的视角思考风险和管理风险的方法。通过本课程的培训，使被培训者能系统掌握基本理论，从而提高他们的战略思维能力。

（3）为各专业学科的学术研究提供理论支撑。风险管理与保险是一门跨学科的课程，涉及经济学、管理学、金融学、统计学、工程学、医学、社会保障学、法学等领域。在风险管理与保险基本原理基础上，学生可以深入研究各个领域的风险管理与保险，如工程项目风险管理与保险、金融风险管理与保险、信用风险管理与保险、国际贸易风险管理与保险、物流风险管理与保险、科技风险管理与保险、医疗风险管理与保险、知识产权风险管理与保险……

本书由闫东玲、刘俊主编，刘茂山教授主审。在本书的大纲设计及初稿的评审过程中，得到了许多专家、同人的指导，他们提出了许多宝贵的意见与建议，提高了本书的质量；在本书的编写和统稿过程中，一些博士生、硕士生做了大量的工作，他们分别是博士研究生郑依琳、张奕野、罗富晟、张珊、高颎、宋昭、李萍、刘璐，硕士研究生甄奕婷、王燕、刘闯、李竞芊、孙嘉豪、高倩然等，正是他们的积极参与和辛勤付出，丰富了本书的内容。在此，向专家、同人及同学们表示衷心的感谢！另外，书中参考、引用的相关文献和资料，已附在书后，在此一并向这些作者表示感谢！最后，要感谢天津大学管理与经济学部及天津大学出版社的相关领导和工作人员，在他们的支持与帮助下，本书得以及时出版。

本书在内容、结构上都是新的尝试，在案例选取上也都是最新资料，限于时间、条件和水平，书中难免有不当和不足之处，恳请同行与广大读者不吝赐教。

闫东玲

2019 年 12 月于天津大学北洋园

目　录

理论篇

实务篇

▶ 理论篇

第一章

风　险

第一节　风险的概念及特征

一、风险的概念

在商业活动和日常生活中，“风险”这个词具有多种含义。通常来说，人们用“风险”一词来描述结果不确定的状况。对于风险的含义，目前国内外学术界有多种解释与规定，概括来说，风险的含义主要有以下几种。

1. 风险是损失或收益发生的可能性

可能性是指客观事物存在或者发生机会的多少或大小，这种损失或收益的可能性可以用概率来度量。当损失或收益事件发生的概率为 0 时，表明没有损失或收益的机会，风险不存在；当概率为 1 时，表明风险是一种确定性的事件，其存在的状态不容置疑，其损失或收益是在单位经营活动预期范围内的；损失或收益的可能性则意味着损失或收益事件发生的概率为 0~1。

2. 风险是损失或收益发生的不确定性

决策理论家把风险定义为损失或收益发生的不确定性，这种不确定性又可分为客观不确定性和主观不确定性。客观不确定性是指实际结果和预期结果的偏离，这种偏离可以用数学、统计学的方法加以度量。主观不确定性是指因个人的知识、经验、精神以及心理状态等方面因素的影响，不同的人面临相同的客观风险时，会有不同的评估。由于人们主观认识能力的有限性与客观环境因素的复杂性之间的矛盾，人们无法准确地预知何时何地会发生何种损失或收益,以及损失或收益的大小,从而便产生了风险。同时这个不确定性也与人的主观心理状态有关。由于存在着信息的不对称性,人们获得的信息在量和质上都是不同的,故对风险的认识也不同。即便是获得相同的信息,人们对同一潜在的损失也会做出不同的预测和解释。

3. 风险是实际结果与预期结果的离差

统计学家把风险定义为实际结果与预期结果的离差。比如某企业对其下一季度的净利润率预测为10%,而实际上该季度的净利润率为5%,这种实际结果与预期结果的偏差即为风险,这种偏差是可以使用统计学中的相关方法来计算和度量的。

4. 风险是潜在损失或收益的变化范围与幅度

潜在损失或收益是指可能发生但尚未发生甚至永远也不会发生的损失或收益。这是一种非故意的、非计划性的、非预期性的经济价值的减少或增加。潜在损失或收益与现实损失或收益的可能性不同,前者侧重于损失或收益的非预期性,后者则强调损失的存在性。潜在损失或收益的变化范围与大致幅度对风险的处置非常重要。如保险人员可以通过集中大量风险标的,判断其单个标的面临的潜在损失或收益的变化幅度,再通过转移、担当的手段来减小、分散和消除风险。

综合上面几种观点,从风险管理与保险的角度出发,风险可定义为:在给定的条件下和某一特定的时期,损失或收益发生的不确定性,而这种不确定性是可以运用数学、统计学等学科的相关方法进行描述和测定的。

二、风险的特征

1. 风险具有客观性

风险是客观存在的,不以人的意志为转移。也就是说,风险无处不在、无时不有,人们无法回避和消除它,只能通过各种技术手段来应对风险,从而获得收益或避免损失的产生,这表明风险独立于人们的主观意识而存在。风险的发生,无论其范围、程度、频率,还是形式、时间、地点等都不可能相同,它总是会以独特的方式表明自己的存在,是一种必然会出现的事件。同时,风险的发生具有一定规律性。人们通过长期的观察和分析,就有可能发现各种风险遵循的运动轨迹和运动规律。这种规律性为人类认识风险、评估风险、避免风险和管理风险提供了现实的可能性;相反,如果没有这种规律性的存在,人类就无法有效地进行风险管理。比如,台风、地震、水灾、车祸等风险损失都是客观存在的,不可能完全排除,但人们通过长期的经验积累和实践,对这些风险损失都有了一定的应对措施,就能够尽量减少或者避免这些损失的产生。

2. 风险具有偶然性和必然性

风险所带来损失的后果往往以偶然和不确定的形式呈现在人们面前,它完全是一种偶然的杂乱无章的运动轨迹。比如,汶川大地震和日本大地震等自然灾害的发生,都是一种偶然的风险事件。虽然单个风险的发生具有偶然性,但大量风险发生则具有必然性和规律性。如长江流域的洪水流量基本以10年为一个波动周期,世界经济以30~40年为一个发展周期,等等。因此,单个风险发生具有偶然性,大量风险发生具有必然性,风险发生可以用概率加以测度。

3. 风险具有不确定性

人所处的环境不同和对客观事物认识的局限性,使得人们对风险的主观认识与风险发生的实际情况之间存在差异,从而产生了风险的不确定性。这种不确定性主要表现在以下四个方面。

1)空间上的不确定性

以火灾风险为例,就所有建筑物来说,都面临着火灾损失的危险,但是具体到某一建筑物是否会发生火灾,其结果则是不确定的,即为空间的不确定性。

2)时间上的不确定性

以死亡风险为例,人总是面临着死亡的风险,但是具体到个人而言,由于健康状况、生活环境、职业等不同,每个人面临的风险也就不同,每个人死亡的时间也不可预知,这就是时间上的不确定性。

3)损失程度的不确定性

任何风险造成损失的程度往往都是不确定的。例如,人们都知道地震会造成人身和财产损失,但具体到某一次地震造成的损失有多大,则是无法预知的,这就是损失程度的不确定性。

4)风险是否发生的不确定性

就个体风险而言,其是否发生是一种随机现象,具有不确定性。

4. 风险具有可识别性及可控性

风险是可以识别的,因而也是可以控制的。风险识别是指根据过去的统计资料,通过相关方法来判断某种风险发生的概率与造成的不利影响的程度。风险控制是指通过适当的技术来降低风险,或者规避风险。现代科学技术的发展为风险识别与控制提供了理论和技术支持。比如消防队可以根据自己辖区内的房屋分布状况、建筑物的材料和用途、天气变化趋势等基本情况对辖区内可能发生火灾风险的时间、范围和程度进行定性和定量预测和判断,从而对其进行有效防范和控制。

5. 风险具有发展性

随着人类社会的进步和科学技术的发展,人们认识自然、改造自然、征服自然以及防范抵御各种风险事故的能力不断提高。对于某些风险,由于其存在和发生的规律已被人们部分或完全把握,人们能够通过采取种种手段来控制和消除风险,从而消除或减少风险给人们带来的损失。

然而风险也是随着社会进步和科学技术的迅猛发展而发展的,在旧风险消失的同时,新风险也会出现,而且其导致的损失可能更具毁灭性和灾难性,比如生化武器、核武器等大规模杀伤性武器的扩散会引起人类的生存危机,一个计算机病毒的传播就有可能导致全球性的网络瘫痪,等等。由此可见,风险不是一成不变的,伴随着社会的发展和科技的进步,其破坏性较之以前可能更大。

第二节　风险的构成要素

一、风险因素

(一)风险因素的概念

风险因素也称风险条件,是指引发风险事故或在风险事故发生时致使损失增加的条件。风险因素是风险事故发生的潜在原因,是造成损失的关键、直接、内在的原因。一般来说,构成风险的因素越多,发生损失的可能性就越大,损失就会越严重。例如,一桶汽油放在车库里是一种容易导致火灾的风险因素;气候干燥是引起森林大火的风险因素;年龄和身体状况是影响人体健康的风险因素;接触传染病人是患病的风险因素;建材质量和建筑结构不好是导致建筑物不稳固的风险因素等。

(二)风险因素的分类

风险因素通常分为三类。

1. 实质风险因素

实质风险因素也叫物质风险因素,是指有形的并能直接影响事件的物理功能的风险因素,一般表现为那些看得见的、影响损失频率和程度的环境条件。例如,汽车的发动机及刹车系统,建筑物的位置、构造及占有形式,牛奶、果蔬的易腐特性,甚至是人体的免疫力。

2. 道德风险因素

道德风险因素是指与人的品行修养有关的无形因素,即个人内心深处潜藏着期望危险发生或扩大之私愿,故意通过外在行为促使风险事故发生,以至于引起损失或使损失扩大的原因和条件。例如,为了骗取赔款,故意焚烧房屋、凿沉船只、损毁车辆,或虚报损失。

在保险业务中,保险人对由道德风险因素引起的损失,不负责赔偿或给付,并且各国法律对于因道德风险诱发的保险欺诈行为,一般会追究当事人的刑事责任。

3. 心理风险因素

心理风险因素是指与人的自然心理状态有关的无形因素,是由于人在主观上不关心、不注意,存在侥幸或依赖保险等心理,导致风险事故发生的概率上升或损失程度加重的因素。例如,外出未锁门而引起的偷盗事件;工程设计差错致使工程失败;不根据天气冷暖增减衣物,使感冒概率增大;购买保险后放松对标的物的责任感;火灾发生,不积极施救,有意无意使损失扩大等。

实质风险因素与人无关，故也被称为物质风险因素。道德风险因素和心理风险因素均与人密切相关，前者侧重于人的恶意行为，后者侧重于人的疏忽行为，因此这两类风险也可合称为人为风险因素。

二、风险事故

风险事故又称风险事件，是风险因素综合作用的结果，是产生风险损失的直接原因，也是风险损失产生的媒介物。换言之，风险事故是促使风险因素由可能变成现实的事件。

一般来说，风险事故发生的根源主要有三种：①自然力的运动，如地震、台风、洪水等；②社会经济的变动，如社会动乱、汇率波动等；③人或物本身的行为和运动，如意外伤害、设备故障等。

例如，火灾造成企业厂房、机器、设备损失，则火灾即是造成损失的直接原因，使火灾的可能性变为现实，所以火灾就是风险事故；刹车失灵导致交通事故，刹车失灵是风险因素，车祸是风险事故。

有时风险因素与风险事故很难区分，某一事件在一定条件下是风险因素，在另一条件下则为风险事故。如下冰雹，使得路滑而发生车祸，造成人员伤亡，这时冰雹是风险因素，车祸是风险事故；若冰雹直接击伤行人，则它就是风险事故。因此，应以导致损失的直接性与间接性来区分风险事故和风险因素，导致损失的直接原因是风险事故，间接原因则为风险因素。

三、风险损失

风险损失是指非故意的、非预期的、非计划的利益的减少。风险损失有两种形态。

1. 直接损失

直接损失是指由风险事故造成的有形的损失，即实质损失。它包括财产损失和人身伤害等。

2. 间接损失

间接损失包括商业信誉、企业形象、业务关系、社会利益等的损失，以及由直接损失而导致的第二次损失，其中包括以下几类。

1）额外费用损失

额外费用损失，即由于风险事故的发生而额外支付的费用，如医药费用，事故后的清理、调查、诉讼、维修费用等一系列费用。

2）收入损失

收入损失，即人们由于疾病、意外伤害、衰老和其他原因引起的丧失部分或全部工作能力或死亡所造成的经济收入的损失。对于特定人群，也包括因自然灾害、意外事故、市场变化、预测错误、决策失误等引起的收入损失。

3）责任损失

责任损失包括：①无法履行契约责任的损失；②因为过失或故意而导致他人遭受人身伤害或财产损失的侵权行为依法应担负的赔偿责任。

例如，某企业引进一套先进的生产线，在试生产过程中发生设备故障，导致车间发生爆炸，造成设备损失500万元，人员死亡2人、重伤7人。由于企业处理该事故，生产全面停工一个月，造成营业损失200万元。之后，决策层经评估认为开发该生产线的风险远大于潜在收益，因而决定放弃开发。企业前期投入2 000万元。

在此次事件中：

直接损失——设备损失500万元，人员死亡2人、重伤7人，前期投入2 000万元；

间接损失——营业损失200万元。

由此可见，单一风险通过风险事故，可造成一系列间接损失，而间接损失往往是很大的，有时甚至超过直接损失。

四、风险载体

风险载体是指直接承担风险事故和损失的物质载体，也叫风险标的，通常指财产和人身。没有风险载体，就没有受损失威胁的客体，也就无所谓风险。

1. 人身风险载体

人身风险载体指人的身体、生命和健康、失业、老年人赡养等方面发生风险损失时的承载主体。

2. 财产风险载体

财产风险载体指发生风险损失时受到直接或间接损害的财产，包括有形财产风险载体和无形财产风险载体，如责任风险载体以及信用风险载体等。

五、风险构成要素之间的关系

风险因素、风险事故、风险损失与风险载体四者之间存在因果关系，即风险因素引发风险事故，而风险事故导致风险损失，风险载体则承担其三者（如图1-1）。如果将这种关系链接起来，便能够得到对风险的直观理解。

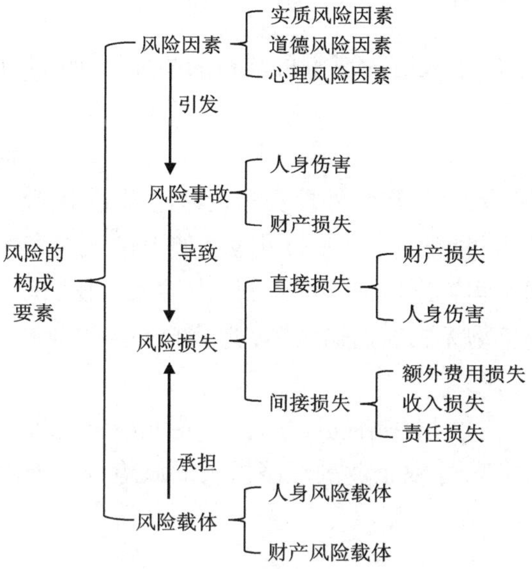

图 1-1　风险构成要素及其关系

第三节　风险的分类

一、按风险产生的原因分类

1. 自然风险

自然风险是指自然力的非规则运动所引起的自然现象或物理现象导致的风险，如风暴、火灾、洪水等所导致的物质损毁、人员伤亡的风险。

自然风险具有如下特征。

1）不可控性

自然灾害的发生是受自然规律作用的结果。人类对自然灾害，如地震、山洪、飓风等，具有基本的认识，但对灾害的控制往往束手无策。

2）周期性

虽然自然灾害的形成具有不可控性，但它却具有周期性，如夏季可能出现涝灾和旱灾，冬季可能出现冻灾，秋季可能出现洪灾，春季可能出现瘟疫等。人类能够根据周期性对灾害予以防御。

3）共沾性

自然风险事故一旦发生，其导致的后果影响往往很广。一般地讲，自然风险事故引起后果的共沾性越大，人类所蒙受的经济损失就越惨重；反之，人类所受的经济损失则越轻。

2. 社会风险

社会风险是指由反常的个人行为或不可预料的团体行为所造成的风险，如抢劫、罢工、战争、盗窃、玩忽职守等。

3. 政治风险

政治风险又称国家风险，是指在对外投资和贸易过程中，因政治原因或订约双方所不能控制的原因，使相关利益者可能遭受损失的风险。如因输入国家发生战争、革命、内乱而中止货物进口；或因输入国家实施进口或外汇管制，对输入货物加以限制或禁止输入；或因本国变更外贸法令，使输出货物无法送达输入国，造成合同无法履行而产生的损失等。

4. 经济风险

经济风险是指在商品生产和营销过程中，由于企业经营管理不善，市场预测失误，价格变动或消费需求变化等因素，导致企业的经济损失的风险以及外汇汇率变动或通货膨胀引起的风险。

5. 技术风险

技术风险是指由科学技术的创新与进步带来的某些不利因素所导致的风险，如核物质泄漏所致损失的风险。

技术风险的来源主要包括以下两个方面。

（1）技术创新所需要的相关技术不配套、不成熟，相应设施、设备不够完善。这些因素的存在，影响到创新技术的适用性、先进性、完整性、可行性和可靠性，从而导致技术性风险。例如，许多企业热衷于提高企业技术水平和科技含量，盲目引进国外先进技术和设备，结果食洋不化，设备闲置，发挥不了效益。

（2）对技术创新的市场预测不够充分。任何一项新技术、新产品最终都要接受市场的检验。如果不能对技术的市场适应性、先进性和收益性做出比较科学的预测，就使得创新的技术在初始阶段就存在风险。这种风险产生于技术本身，因而是技术风险。这种风险来自新产品不一定被市场接受，或投放市场后被其他同类产品取代所发生的损失，包括技术创新开发、转让转化过程中的损失。也就是说，技术创新同样存在风险，并不是技术越先进越好。

二、按风险的性质分类

1. 纯粹风险

纯粹风险是指那些只有损失而无获利可能的风险。也就是说，纯粹风险的发生，对当事人而言必有损失形成。例如火灾、沉船等事故一旦发生，则只有受害者的财产损失和人身伤亡，而无任何利益可言。

2. 投机风险

投机风险是指既有损失可能又有获利可能的风险。它所导致的结果包括损失、无损失、获利三种。如股票买卖，股票行情的变化既能给股票持有者带来盈利，也可能带来损失。

纯粹风险与投机风险的区别如下。

(1)纯粹风险损失是“绝对的”,投机风险损失是“相对的”。纯粹风险所造成的损失是整个社会财富的绝对减少,是社会净损失;而投机风险所造成的损失是整个社会财富的重新分配,对于整个社会而言不一定有损失发生。

(2)纯粹风险的发生较有规律,重复性强;投机风险的发生规律性差。只要条件基本相同,纯粹风险就会重复出现,纯粹风险的风险事故及其损失,一般可以通过大量的统计资料进行科学测量;而投机风险在很大程度上受到政治环境、市场变化和道德因素等的制约,运动的规律性较差,很难运用数理统计手段探究其运动规律。

纯粹风险与投机风险有时相互交织,进行风险分析时,就必须根据风险因素的形成和风险事故的发生过程及风险载体进行逻辑分析和判断,以准确认定风险的性质。

三、按风险的环境分类

1. 静态风险

静态风险是指自然力的不规则变动或人们行为的失当所导致的风险。静态风险一般在任何社会经济条件下都是不可避免的。

例如,雪灾属于自然力的不规则变动导致的灾害,属于静态风险,对个体和社会来说,都是纯粹损失,即带来了人员伤亡、农作物受灾、房屋倒塌等损失,影响范围大,损失严重。

2. 动态风险

动态风险主要是社会经济、政治以及技术、组织机构发生变动而产生的风险。如通货膨胀、汇率风险、罢工、暴动、消费者偏好改变、国家政策变动等均属于动态风险。

静态风险和动态风险的区别如下。

(1)两者的影响范围不同。静态风险的影响范围比较小,而动态风险的影响范围比较大。在一般情况下,动态风险往往会引起一系列的连锁反应,利率变动会造成物价水平的提高或下降,或者工资水平的变动等。

(2)两者的损失状况不同。静态风险的发生,比如说地震的发生会引起地震区域内人们利益的全部损失;动态风险的发生,在一部分人遭受损失的同时,另一部分人可能会从中获取一定的利益,例如通货膨胀的发生会造成囤货现象,使货物销售方从中获利。

(3)两者的发生特点不同。静态风险是有规律可循的,而动态风险无规律可循。

(4)两者的性质内容不同。静态风险只有损失机会而无获利的可能,动态风险则既有损失机会又有获利的可能。

四、按风险的损害对象分类

1. 财产风险

财产风险是指财产发生毁损、贬值的风险。如厂房、设备等有形资产和产品品牌、企业形象等无形资产因自然灾害或意外事故而遭受的损失。

对于企业来说，财产风险不仅包括企业的建筑物、机器设备、原材料、成品、运输工具等有形财产的潜在损失，而且包括企业拥有的权益、信用、运费、租金等无形财产的潜在损失。而对于个人来说，其所拥有的房屋、家具、衣物、家用电器以及车辆等，可能会因为火灾、水灾等自然灾害而遭受损失，也可能会因为盗窃或者抢劫而遭受损失。

2. 人身风险

人身风险是指早逝、疾病、残疾、失业等给人带来的风险。由于所有的损失最终都要由个人来承担，因此，从某种意义上可以说，所有的风险损害对象都是个人。人身风险包括生命风险和健康程度的风险。需要说明的是，死亡是人的生命中必然发生的事，并无不确定可言，但死亡发生日、疾病是否发生、疾病损害健康的程度，均是不确定的。

3. 责任风险

责任风险是指因侵权或违约，依法对他人遭受的人身伤亡或财产损失需负赔偿责任的风险。例如，汽车撞伤了行人，如果属于驾驶员的过失，那么按照法律责任规定，驾驶员就须对受害人或家属给付赔偿金。

责任风险还可细分为过失责任风险和无过失责任风险，前者指团体或个人因疏忽或过失致使他人财产受到损失或人身受到伤害；后者则指绝对责任风险，如根据法律或合同的规定，雇主对其雇员在从事工作范围内的活动的过程中受到身体伤害所承担的经济责任。

4. 信用风险

信用风险又称违约风险，主要是指权利人与义务人之间，由于一方的违约或违法行为而给对方造成经济损失的风险。信用风险按授信对象不同，可分为个人信用风险、商业信用风险和公共信用风险。除了贷款业务会发生信用风险之外，担保、承兑和证券投资等表内和表外业务均面临信用风险。

复习思考题

1. 什么是风险？风险有哪些特征？
2. 风险的构成要素有哪些？请阐述它们之间的关系。
3. 阐述纯粹风险和投机风险的联系与区别。
4. 按风险损害的对象分类，风险有哪些种类？

案例分析

2008年1月18日,法国兴业银行收到了一封来自另一家大银行的电子邮件,要求确认此前约定的一笔交易,但法国兴业银行和这家银行根本没有交易往来。因此,兴业银行进行了一次内部清查,结果发现,这是一笔虚假交易。伪造邮件的是兴业银行交易员凯维埃尔。进一步调查结果显示,法国兴业银行因凯维埃尔的行为损失了49亿欧元,约合71亿美元。

凯维埃尔早在2005年6月,就利用自己高超的电脑技术,绕过兴业银行的五道安全限制,开始了违规的欧洲股指期货交易,到2007年12月31日,他的账面盈余达到了14亿欧元,而当年兴业银行的总盈利不过是55亿欧元。从2008年开始,凯维埃尔认为欧洲股指上涨,于是开始买涨,然而之后欧洲乃至全球股市都在暴跌,凯维埃尔的巨额盈利转眼变成了巨大损失。

分析问题:请结合本案例分析风险特征。

本案例所体现的风险特征如下。

1. 风险巨大,破坏性强——风险的损害性

由于衍生金融工具牵涉的金额巨大,一旦出现亏损就将引起较大的震动。巴林银行因衍生工具投机导致9.27亿英镑的亏损,最终导致拥有233年历史、总投资59亿英镑的老牌银行破产。在法国兴业银行事件中,其损失达到71亿美元,成为历史上最大规模的金融案件,震惊了世界。

2. 暴发突然,难以预料——风险的不确定性

因违规进行衍生金融工具交易而受损、倒闭的投资机构,其资产似乎在一夜间就化为乌有,暴发的突然性往往出乎人们的预料。巴林银行在1994年底税前利润仍为1.5亿美元,而仅仅不到3个月后,它就因衍生工具上的巨额损失而破产。中航油(新加坡)公司在破产的6个月前,其首席执行官还公开宣称公司运行良好,风险极低,在申请破产的1个月前,还被新加坡证券委员会授予“最具透明度的企业”。

3. 原因复杂,不易监管——风险的客观性

衍生金融工具风险的产生既有金融自由化、金融市场全球化等宏观因素,也有管理层疏于监督、金融企业内部控制不完善等微观因素,形成原因比较复杂,即使是非常严格的监管制度,也不能完全避免风险。像法国兴业银行这个创建于拿破仑时代的银行,内部风险控制不可谓不严,但凯维埃尔还是获得了非法使用巨额资金的权限,违规操作近三年才被发现。这警示我们,再严密的规章制度,再安全的电脑软件,都可能存在漏洞。对银行系统的风险控制,绝不可掉以轻心,特别是在市场繁荣之际,更应警惕因赢利而放松正常监管。

第二章

风险管理

第一节 风险管理的概念与特点

一、风险管理的产生与发展

虽然风险管理思想的萌芽可以追溯到远古时代原始人类的生存活动，但是，系统的、科学的风险管理直到20世纪初才在西方工业化国家产生。

风险管理起源于德国。第一次世界大战过后，战败的德国发生了严重的通货膨胀，造成其国内经济衰退，因此提出了包括风险管理在内的企业经营管理问题。但由于相关研究局限于少数部门和行业，所以风险管理在当时并没有形成系统的理论思想。

1929—1933年，美国卷入了20世纪最严重的世界性经济危机，使风险管理问题成为许多经济学家研究的重点。1931年，由美国管理协会保险部首先提出风险管理概念。在以后的若干年里，该保险部以学术会议及研究班等多种形式集中探讨和研究风险管理问题，1932年成立纽约保险经纪人协会，由纽约几家大公司组织，定期讨论风险管理的理论与实践问题。该协会的成立标志着风险管理学科的兴起。

20世纪50年代，风险管理问题在美国工商企业中引起足够的重视并得到了推广。当时，美国企业界发生了两件大事：其一为美国通用汽车公司的自动变速器装置引发火灾，造成巨额经济损失；其二为美国钢铁行业因团体人身保险福利问题及退休金问题诱发长达半年的工人罢工，给国民经济带来难以估量的损失。这两件大事促进了风险管理在企业界的推广，风险管理从此得到了蓬勃发展。

1960 年,美国的亚利桑那大学企业管理系开设了世界上第一门风险管理课程。到 20 世纪 70 年代中期,全美大多数大学工商管理学院普遍开授风险管理课,而且传统的保险系纷纷改为风险管理与保险系,教学重点也相应地转移到风险管理方面。美国保险学院(American Institute of Insurance)还设立了 ARM(Associate in Risk Management)证书,授予风险管理资格考试合格者。

风险管理在 20 世纪 70 年代迅速发展并形成了系统化的管理科学。在西方发达国家,各企业中均设有风险管理机构,专门负责风险的分析和处理工作。专业风险管理咨询机构和学术研究团体也相继成立。由纽约保险经纪人协会发展而来的全美范围的风险研究所和美国保险及风险管理协会是专门研究工商企业风险管理的学术团体,会员包括 3 500 多家大型工商企业。风险管理在工商界的推行,改变了人们的观念。风险经理取代了过去的保险经理。人们开始真正按照风险管理的方式来处置各种风险。风险经理除了估计单一风险发生的可能性和风险的复杂性之外,还要分析风险可能产生的后果,分析哪些是可控制的风险,对风险进行系统的安排和处理。在现代西方发达国家,风险管理部门已成为企业中专业性、技术性较强的经济管理部门,风险管理人员不仅是安全顾问,同时也担负着其他管理职责,他们通过工作识别风险,为企业最高领导层提供决策依据。

1983 年产生的《101 条风险管理准则》是风险管理发展史上最重要的事件之一。在该年的美国风险与保险管理协会年会上,聚集在纽约的各国专家学者,讨论并通过了《101 条风险管理准则》,作为各国风险管理的一般原则。准则共分 12 个部分:①风险管理的一般准则;②风险的识别与度量;③风险控制;④风险财务管理;⑤索赔管理;⑥职工福利;⑦退休年金;⑧国际风险管理;⑨行政事务处理;⑩保险单条款安排技巧;⑪交流;⑫管理哲学。各国视自身的经济情况和风险环境可对准则予以修正,用于指导本国的风险管理及其实务。《101 条风险管理准则》的诞生,标志着风险管理达到了一个新的水平。

1986 年 10 月,在新加坡召开的风险管理国际学术讨论会表明,风险管理运动已经走向亚洲。风险管理进入了一个新阶段。随着国际金融和工商业的不断发展,迅速发展的新经济使企业面对的社会大环境发生了很大的变化。企业面临的风险更加多样化和复杂化,从墨西哥金融危机、亚洲金融危机、拉美部分国家出现的金融动荡等系统性事件,到巴林银行、爱尔兰联合银行、长期资本基金倒闭等个体事件,都昭示着损失不再是由单一风险造成的,而是由信用风险、市场风险和操作风险等多种风险因素交织作用而成的。人们意识到以零散的方式管理公司所面对的各类风险已经不能满足需要。在一个企业内部,不同部门或不同业务的风险,有的相互叠加放大,有的相互抵消减少。因此,企业不能仅仅从某项业务、某个部门的角度考虑风险,必须根据风险组合的观点,从整个企业的角度综合分析管理风险,于是促进了整体风险管理(Total Risk Management,缩写为 TRM)、企业全面风险管理(Enterprise Risk Management,缩写为 ERM)和全面综合风险管理(Global Risk Management,缩写为 GRM)等风险管理思想的萌芽和发展。

二、风险管理的概念

所谓风险管理(Risk Management),是指经济单位当事人通过对风险进行识别、衡量、评价,并在此基础上优化组合各种风险管理技术,对风险实施有效的控制和妥善处理风险所致损失的后果,期望达到以最小的成本获得最大安全保障的目标。

风险管理的主体是风险管理单位,即个人、家庭、企业或政府、事业单位和社会团体。

风险管理的过程是由风险的识别、衡量、评价、选择风险管理技术等环节组成的。

风险管理的关键是以选择最佳的风险管理技术为中心,要体现成本效益的关系,从最经济合理的角度来处置风险,在主客观条件允许的情况下,选择最低成本、最大效益的最佳方法,制定风险管理决策。

风险管理的目标是实现最大的安全保障。通过探求风险发生、变化的规律,认识、估计和分析风险对经济生活所造成的危害,选择最适当的方法处置风险,尽量避免或减少损失,以保障经济发展的稳定性和连续性。

三、风险管理的特点

风险管理是一门新兴且实用性较强的学科。风险管理主要有以下几个特点。

1. 风险管理的对象具有特殊性

风险管理的对象是突发事件、意外事故等可能造成损失的风险因素、风险源。风险管理的对象具有专门性,这决定了风险管理对象的特殊性。

2. 风险管理的范围具有广泛性

风险管理是涉及许多领域的管理,风险管理的范围不仅会涉及人们可预测的范围,而且还会涉及人们无法预知的领域。一个单独的事件可以同时影响社会的不同领域,而且其后果可能会远远超出当时的影响。风险的复杂性和普遍性决定了风险管理的范围十分广泛。风险管理学是涉及多门学科的交叉学科。例如,项目风险管理、国际贸易风险管理、金融风险管理、人力资本风险管理等,会涉及会计、法律、金融、国际贸易、人力资源管理等多门学科,这些都使风险管理研究的范围更加广泛。

3. 风险管理具有较强的应用性

风险管理的研究对象是导致损失的风险因素、风险源和风险事件。风险管理理论是对风险管理实践一般规律的概括和总结。风险管理的一般理论可以用于指导个人及家庭理财、降低企业财产损毁、减少人员伤亡、稳定汇率波动、提升产品竞争力等具体风险事件的管理,具有较强的应用性。

4. 风险管理具有全面性

风险管理是一项具有全面性的管理,必须运用一套系统的、规范的方法,建立健全风险管理体系,其中包括风险管理策略、风险理财措施、风险管理的组织职能体系、风险管理信息系统和内部控制系统，从而为实现风险管理的总体目标提供强有力的保证。

第二节　风险管理的分类

一、按风险管理范围分类

风险管理按照管理范围主要分为两大类：全面风险管理和保险型风险管理。

1. 全面风险管理

所谓全面风险管理，是指组织围绕总体战略目标，通过对组织运营的各个环节中可能存在的风险进行管理，培育良好的风险管理文化，建立全面风险管理体系。全面风险管理的对象包含的范围更加广泛，不仅针对可保风险，而且要求组织以合理的风险成本投入，通过对风险的确认、选择和控制，以期达到最高的安全度。全面风险管理主要体现于"四全"——全过程、全因素、全员、全措施。全面风险管理主要包括但不限于自然环境风险管理、社会环境风险管理、政治环境风险管理、经济风险管理和技术风险管理等。

2. 保险型风险管理

基于保险发展起来的风险管理技术为保险型风险管理，即通过风险分散和风险转移技术来降低风险损失发生的概率。保险型风险管理最主要的特征是只针对可保风险，可保风险一般仅限于纯粹风险。保险型风险管理主要包括的内容有财产损失保险、责任保险、人身保险和再保险。

管理风险最有效、最基本的手段就是保险。保险作为分散风险和转移风险的一种基本手段得到了广泛的应用，它的飞速发展也已经成为各国经济领域中的一个重要组成部分。基于保险发展起来的风险管理技术也已成为管理科学的一个重要组成部分。

二、按风险管理主体分类

1. 个人和家庭风险管理

个人和家庭风险管理是指通过正确识别、衡量和评价自身和家庭所面临的风险，并采取切实可行的措施来处理风险，以最低成本获得最大安全保障的一种管理活动。在给定个人对风险的态度的条件下，个人风险管理的目标就是实现个人财富（福利）的最大化。社会是由一个个家庭和个人组成的，每个人与每个家庭所面临的风险汇集起来，就会形成足以影响整个社会的风险。家庭风险管理的效果、水平、技术等，取决于家庭成员的管理能力和收入水平，与当地的治安、交通等环境因素的关联性也比较大。个人和家庭风险管理的主要内容包括财产风险管理、人身风险管理和责任风险管理等。

2. 企业风险管理

企业风险是指由于企业内外环境的不确定性、生产经营活动的复杂性和企业能力的有限性而导致企业的实际收益达不到预期收益,甚至导致企业生产经营活动失败的可能性。企业风险管理即全面分析企业各个经营过程中的风险,通过对风险的识别和衡量,采用合理的经济和技术手段对风险进行处理,以最低的成本获得最大安全保障的一种管理活动。企业风险管理的主要内容有:企业财产损失风险管理、企业权益损失风险管理、企业收入损失风险管理、企业责任损失风险管理和企业人员损失风险管理等。

3. 政府风险管理

政府风险管理是指在社会遭遇严重自然灾害、疫情或者出现大规模混乱、暴动、武装冲突、战争等风险,社会秩序遭受严重破坏,人民生命财产和国家安全遭受直接威胁的非正常状态下,政府运用政治、法律和经济手段的管理办法,对已经发生或者可能发生的风险进行信息搜集、信息分析、政策制定、措施实施和经验总结的系统管理过程。政府风险管理体现了政府对社会风险的应急、处理和控制能力,是公共事业管理的重要方面。

政府风险管理职责存在于多个方面。在政治方面,风险往往来自社会内部的矛盾。政府作为公共事务的管理者以及公共权力的行使者,尽可能地协调社会各个阶层和各个群体之间的配合与合作,并且以最少的费用平衡来自社会各个团体之间由于一些方面的不协调而产生的冲突,防止更大风险的聚集和暴发。在经济金融方面,经济发展和经济运作中蕴藏着风险。作为公共政策的制定者,政府在政策中体现对风险控制的意识和能力。在自然风险方面,政府积极参与应对自然灾害的威胁以及科学技术发展带来的负面效应。以上三个方面的风险,只有作为公共服务提供者的政府积极参与应对和积极控制风险才有可能将风险和可能产生的损失降到最低。因此,政府风险管理主要围绕社会发展、政府职责、公共服务三个主体展开,内容包括自然灾害风险管理、技术风险管理、环境恶化风险管理和社会风险管理等。

政府风险管理对于整个社会的风险防范起着至关重要的作用。但由于当代风险复杂性所导致的损失已不再局限于一个地区或一个国家的范围内,因此国与国之间的互助能够对国家之间的风险管理产生互惠的作用,有利于降低风险及其损失。由此可见,政府风险管理担负着国家风险管理、国际风险管理的职责,处于更为重要的特殊地位。

三、按风险管理行业分类

行业分类就是按照一定的科学依据,对从事国民经济生产和经营的单位或者个体的组织结构体系有规则地进行详细划分,如可划分出林业、汽车业、银行业等。行业分类可以解释行业本身所处的发展阶段及其在国民经济中的地位。我国的《国民经济行业分类》国家标准于 1984 年首次发布,分别于 1994 年、2002 年、2011 年、2017 年进行四次修订。2017 年 10 月 1 日实施的新行业分类共有 20 个门类、97 个大类、473 个中类、1 380 个小类。该标准明确规定了全社会经济活动的分类与代码，适用于统计、规划、财政、税收、工商等国家宏观管理中对经济活动的分类，并适用于信息处理和信息交换，是经济管理和统计工作的基础性分类。因此，风险管理按照行业分类主要有农、林、牧、渔业风险管理，采矿业风险管理和制造业风险管理等，分类标准主要参照国民经济行业分类简表，如表 2-1 所示。

表 2-1　国民经济行业分类简表

类别		名称
门类	大类	
A		农、林、牧、渔业
	01	农业
	02	林业
	03	畜牧业
	04	渔业
	05	农、林、牧、渔专业及辅助性活动
B		采矿业
	06	煤炭开采和洗选业
	07	石油和天然气开采业
	08	黑色金属矿采选业
	09	有色金属矿采选业
	10	非金属矿采选业
	11	开采专业及辅助性活动
	12	其他采矿业
C		制造业
	13	农副食品加工业
	14	食品制造业
	15	酒、饮料和精制茶制造业
	16	烟草制造业
	17	纺织业
	18	纺织服装、服饰业
	19	皮革、毛皮、羽毛及其制品和制鞋业
	20	木材加工和木、竹、藤、棕、草制品业
	21	家具制造业
	22	造纸和纸制品业
	23	印刷和记录媒介复制业
	24	文教、工美、体育和娱乐用品制造业
	25	石油、煤炭及其他燃料制造业

续表

类别		名称
门类	大类	
	26	化学原料和化学制品制造业
	27	医药制造业
	28	化学纤维制造业
	29	橡胶和塑料制品业
	30	非金属矿物制造业
	31	黑色金属冶炼和压延加工业
	32	有色金属冶炼和压延加工业
	33	金属制品业
	34	通用设备制造业
	35	专用设备制造业
	36	汽车制造业
	37	铁路、船舶、航空航天和其他运输设备制造业
	38	电气机械和器材制造业
	39	计算机、通信和其他电子设备制造业
	40	仪器仪表制造业
	41	其他制造业
	42	废弃资源综合利用业
	43	金属制品、机械和设备修理业
D		电力、热力、燃气及水生产和供应业
	44	电力、热力生产和供应业
	45	燃气生产和供应业
	46	水的生产和供应业
E		建筑业
	47	房屋建筑业
	48	土木工程建筑业
	49	建筑安装业
	50	建筑装饰、装修和其他建筑业
F		批发和零售业
	51	批发业
	52	零售业
G		交通运输、仓储和邮政业
	53	铁路运输业
	54	道路运输业

续表

类别		名称
门类	大类	
	55	水上运输业
	56	航空运输业
	57	管道运输业
	58	多式联运和运输代理业
	59	装卸搬运和仓储业
	60	邮政业
H		住宿和餐饮业
	61	住宿业
	62	餐饮业
I		信息运输、软件和信息技术服务业
	63	电信、广播电视和卫星运输业
	64	互联网和相关服务
	65	软件和信息技术服务业
J		金融业
	66	货币金融服务
	67	资本市场服务
	68	保险业
	69	其他金融业
K		房地产业
	70	房地产业
L		租赁和商务服务业
	71	租赁业
	72	商务服务业
M		科学研究和技术服务业
	73	研究和试验发展
	74	专业技术服务业
	75	科技推广和应用服务业
N		水利、环境和公共设备管理业
	76	水利管理业
	77	生态保护和环境治理业
	78	公共设施管理业
	79	土地管理业
O		居民服务、修理和其他服务业

续表

类别		名称
门类	大类	
	80	居民服务业
	81	机动车、电子产品和日用产品修理业
	82	其他服务业
P		教育
	83	教育
Q		卫生和社会工作
	84	卫生
	85	社会工作
R		文化、体育和娱乐业
	86	新闻和出版业
	87	广播、电视、电影和录音制作业
	88	文化艺术业
	89	体育
	90	娱乐业
S		公共管理、社会保障和社会组织
	91	中国共产党机关
	92	国家机构
	93	人民政协、民主党派
	94	社会保障
	95	群众团体、社会团体和其他成员组织
	96	基层群众自治组织及其他组织
T		国际组织
	97	国际组织

第三节　风险管理组织

一、风险管理组织的概念

从广义的角度讲，风险管理组织是指风险主体为实现风险管理目标而设置的内部管理层及管理机构，包括有关风险管理组织结构、组织活动以及两者相互关系的规章制度。

从狭义的角度讲,风险管理组织则主要是指实现风险管理目标的组织结构,具体包括组织机构、管理体制和领导机构。如果没有一个稳定、合理、健全的组织结构,整个风险管理活动就会陷入混乱无序、毫无效果的境地。

二、风险管理组织的作用

1. 明确风险管理职能,协调部门间关系

根据组织管理学原理,不同的组织地位、组织结构具有不同的职能,完成一定的职能,需要相应的组织保证。风险管理组织的建立,可以明确风险管理部门及管理人员的职责范围,并且作为一个独立的、特殊的专职管理部门,其也能够与风险主体其他职能部门进行良好的协调与合作。明确风险管理部门与其他部门的关系,将有助于风险主体全面、有效地展开风险管理活动。

2. 明确风险管理的地位和作用

随着风险管理运动在西方发达国家的发展,从早期的安全管理人员到保险经理,进而过渡到风险经理,不仅显现出风险管理的职责和范围在不断扩大,而且也反映了风险管理组织在风险主体中不断得到认同。如果能从思想认识上高度重视风险管理,从组织保证上强化风险管理,那么对于深入、有效地开展风险主体风险管理,乃至推动全社会的风险管理都有极为重要的意义。

3. 促进风险管理方案的实施,保证风险管理效果

没有风险管理组织或者组织不健全,都会直接影响风险管理计划的实施。只有有了组织保证,才能达到预期的效果。

三、风险管理组织的形态

(一)决定风险管理组织形态的因素

1. 风险的严重性及复杂程度

风险的严重性和复杂程度决定和影响着风险管理组织机构的建立。一般来说,风险的严重程度和复杂程度越高,其管理组织机构越须完善和健全;风险主体所面临的风险越严重、越复杂,风险管理组织机构的地位也越显著。

2. 风险主体的规模

风险管理组织系统是风险主体管理组织这个大系统中的小系统,因而风险主体自身规模的大小、风险主体整体组织结构决定了风险管理组织机构的大小和复杂程度。风险管理主体的规模越大,风险管理的组织机构就越复杂。

3. 风险主体管理层的态度

如果风险主体最高领导层对待风险的态度不积极,忽视风险的存在,则可能人为地忽视客观存在的风险的严重性,甚至可能因此而给风险主体带来新的更大的风险。反之,一个有

远见的领导人能够认识到风险的严重性，则愿意投入一定的人力、物力和财力来支持风险管理组织的建立和完善。

4. 政策与法令

政策与法令是影响风险管理组织机构建立的外部因素。有了政策与法令的规定，风险管理组织机构就必须按政策和法令的规定来设置。同时，有了政策和有关法令的要求，风险管理组织的机构建设、人员配置、技术装备才有了强有力的保证。

（二）风险管理组织形态的分类

1. 小型风险管理机构

这是一种直线型的规模较小的风险管理组织。在小型风险管理组织机构中，专职管理人员一般包括风险经理、安全专业人员和其他专业人员。风险经理对专业人员垂直领导，负责处理风险主体的全部风险。

根据管理性质和效率的要求，风险管理组织规模一般不宜太大，通常为一个小型的机构。

2. 中型风险管理机构

中等规模的风险管理机构适用于大、中型风险主体，由于其风险管理的范围较大，故在保险业务、安全防损、索赔等方面更复杂，需要更多的人员负责拟订相关的风险管理计划，从事风险的调查、分析、研究与管理。这种风险管理机构的优点是人员分工明确，便于科学地进行风险管理，缺点是与其他部门的协调难度较大。

3. 大型风险管理机构

对大型的风险主体而言，风险管理机构内部分工更为细密，对风险更能实行全方位的管理，但相互之间的协调亦更加重要。

在大型风险管理机构中，其人员构成一般包括：①风险经理；②助手；③秘书；④财产和责任保险经理；⑤损失控制经理；⑥雇员福利经理。其中，财产和责任保险经理可领导一批在保险的各个领域有专长的人员；损失控制经理可领导一批在控制火灾和相应损失以及工业伤害、疾病、犯罪损失和责任损失方面的专家；雇员福利经理可领导一批在退休金、死亡抚恤金、残疾福利、医疗费用、失业救济金等方面有专长的下级职员。

复习思考题

1. 简述风险管理的概念与意义。
2. 简述风险管理理论的产生与发展。
3. 风险管理具有哪些特点？
4. 风险管理组织有哪些形态？

案例分析

某地方政府考虑在一个社区兴建一个新的休闲娱乐中心。该建设项目的政治影响比较大，涉及提高社区地位、带动经济、促进就业以及提升政府形象等诸多方面。因此，在项目决策阶段，相关政府官员在充分调研和论证的基础上做出了集体决策，并对资金预算计划、长期规划与政治目标及过程的结合以及该建设项目与政府其他活动之间的协调等过程中的相关风险加以分析与评估。在该建设项目的具体实施阶段，政府主要考虑：中期目标的实现、资源管理、人力资源调配、对整体目标实现所承担的责任以及工人安全问题、审计程序、购买保险与分包商或融资伙伴之间进行的谈判等。

分析问题：阐述风险管理的分类，结合本案例说明该领域风险管理主要属于哪一类风险管理，并谈谈你对其的认识。

风险管理按照管理范围划分可分为全面风险管理和保险型风险管理；按风险管理主体划分可分为个人和家庭风险管理、企业风险管理、政府风险管理等；按风险管理行业划分，主要是按照一定的科学依据，对从事国民经济生产和经营的单位或者个体的组织结构体系有规则地进行详细划分，如农、林、牧、渔业风险管理，采矿业风险管理和制造业风险管理等。

本案例中所涉及的风险管理主要属于政府风险管理，它是指政府运用政治、法律和经济手段的管理办法，对已经发生或者可能发生的风险进行信息搜集、信息分析、政策制定、措施实施和经验总结的系统管理过程。政府风险管理体现了政府对社会风险的应急、处理和控制能力，是公共事业管理的重要方面。政府作为公共事务的管理者以及公共权力的行使者，尽可能地协调社会各个阶层和各个群体之间的配合与合作，并且以最少的费用平衡来自社会各个团体之间由于一些方面的不协调而产生的冲突，防止更大风险的聚集和暴发。只有作为公共服务的提供者的政府积极参与应对和控制风险才有可能将风险和可能产生的损失降到最低。因此，政府风险管理主要围绕社会发展、政府职责、公共服务三个主体展开，内容包括自然灾害风险管理、技术风险管理、环境恶化风险管理和社会风险管理等。

第三章 风险管理基本程序

第一节　风险管理目标设定

一、风险管理目标的概念

风险管理目标是指风险管理所要达到的客观效果，即运用风险应对的各种方法，做到在风险损失发生前预防，损失发生后有效控制，以最小的成本获得最大的安全保障。风险管理目标设定是风险识别、风险衡量和评价的前提。

二、风险管理目标的分类

（一）损失发生前的目标

损失发生前的目标是风险事故发生之前，风险管理应达到的目标，它可以分为以下几类。

1. 经济合理目标

风险管理必须经济合理，以保证其总目标（即以最小费用支出获取最大安全保障）的实现。所谓经济合理也就是尽量减少不必要的费用支出和损失，尽可能使风险管理计划成本降低。但是费用的减少会影响安全保障的程度，因此，如何使费用和保障程度达到平衡成了实现该目标的关键。

2. 安全系数目标

安全系数目标就是将风险控制在可承受的范围内。风险管理者必须使人们意识到风险的存在，而不是隐瞒风险，这样有利于人们提高安全意识，主动配合风险管理计划的实施。但是，当人们意识到周围存在潜在风险时，必然会感到焦虑不安。这样不仅会使管理者不能正常发挥决策水准，瞻前顾后，从而丧失许多良好的发展机会，而且会使一般工作者整日惴惴不安，从而影响工作质量和工作效率。因此，风险管理者应给予人们足够的安全保障，以减轻单位员工对潜在损失的烦恼和忧虑。我们制订风险管理计划，也应在提高人们安全意识的同时，体现足够的安全保障。

3. 社会责任目标

在信息化、互联网发达的社会，单个风险主体与外界各种经济组织、个人之间有着广泛的联系，一个风险主体遭受风险损失，受损的通常不只是风险主体本身，还包括它的利益相关者。风险管理的意义也在于减少风险对利益相关者的影响。风险带来的损失严重时会使国家或社会蒙受损失，从而给社会带来不良影响。因此，风险管理还应承担必要的社会责任，全面实施防灾防损计划，尽可能消除风险损失的隐患，这无疑是对社会的一种贡献。所以，社会责任目标也是风险管理的目标之一。

（二）损失发生后的目标

损失发生后的风险管理目标重在考虑最大限度地挽救损失带来的后果及影响。损失发生后的风险管理应达到如下目标。

1. 生存目标

损失发生后，风险管理的最基本、最主要的目标就是维持生存，使风险单位乃至整个社会在发生风险事故和损失后能渡过难关，继续生存下去。只有首先保证经济单位的存在，才能有恢复和发展的希望。生存目标是损失发生后风险管理要保证实现的最低目标。

2. 恢复与发展目标

恢复和发展风险主体各种经营活动是损失发生后风险管理应达到的第二个目标。这一目标是指不因为损失事件的发生而使风险主体经营活动中断，通过风险管理技术，如保险的补偿，使风险主体生产、生活尽快得以恢复。风险管理者通过执行和实施风险管理计划及方案，及时、有效地处理各种损失结果，使风险主体迅速恢复和发展，不断地根据可能出现的新情况拟订新的、高质量的风险管理计划和方案，周而复始地执行计划、实施方案，从而使风险主体实现持续稳定的发展，这是风险管理应达到的中间目标。

3. 履行社会责任目标

与损失发生前目标中强调的风险主体承担社会责任的道理一样，有效地处理风险事故所带来的损失后果，减少因损失造成的种种不利影响，可以减轻对国家经济的影响，保护与风险主体相关的人员和经济组织的利益，使风险主体能更好地、充分地履行其社会责任，从而可以树立良好的社会形象，建立信誉，为今后进一步发展奠定基础，这是风险管理的最高目标。

上述风险管理目标相互联系、相互作用，其目标层次的不同，反映和决定了风险管理水平的高低。

第二节 风险的识别

风险识别是风险管理的第一步,也是风险管理的基础和前提。在风险管理过程中,只有在正确识别出风险主体所面临的风险的基础上,才能对风险程度进行衡量和评价;只有在对风险的性质加以归类、识别的基础上,才能够主动选择适当有效的方法进行风险处理。因此,风险识别的原则、程序及识别方法在风险管理过程中非常重要。

一、风险识别的概念

风险识别指风险管理人员系统、全面和连续地用感知、判断或归类的方式对经济单位面临的现实的和潜在的财产、责任和人身损失风险的性质进行鉴别的过程。风险识别是一项系统性、连续性、制度性的工作。

二、风险识别过程

风险识别过程包含发现风险源、感知风险和分析风险等环节。

1. 发现风险源

风险源是指那些可能导致风险后果的因素或条件的来源。例如,洪水风险的风险源就包括降水、地形和土地利用方式。大量集中的降水可能使得局部地区排水不畅。低洼的地形、河道两侧以及山脚下也有可能在普通的降水过后被淹没。人类的土地利用方式也是洪水风险损失的一个来源,如果在蓄滞洪区没有居民、耕地和工厂,即使这个地方完全被水淹没,也不会造成大量的损失。

风险的最终来源,分为客观风险源和主观风险源。

1)客观风险源

(1)自然环境。自然环境是最基本的风险源。地震、干旱和过度降水都可能造成损失。自然环境的瞬息万变导致了其不确定性大大提高,但是又往往有规律可循,能够在一定程度上进行预测和分析。

(2)人为环境。人为环境是人类的社会活动所营造的社会环境。影响因素包括社会环境、政治环境、经济环境、法律环境和操作环境。

2)主观风险源

风险是客观存在的,但人类对风险的认识能力却并不完全相同,换句话说,由于我们所掌握的信息有限,或者风险管理者对风险的理解、估算的能力有限,造成实践中对风险的认识往往带有主观的判断,而当主观判断和客观实际有差别时,就可能给面临风险的组织带来不确定性。这种不确定不是由本来面临的客观风险造成的，而是由风险管理者的主观判断造成的，我们将这种风险的来源称为认知环境。比如，风险管理人员缺乏经验，对已暴露的风险源视而不见，其结果就会导致本来可以避免的风险事故发生。

2. 感知风险

感知风险是指通过调查和了解来识别风险的存在，是风险识别的基础，只有通过感知风险，才能进一步在此基础上进行分析，寻找导致风险事故发生的条件因素，为拟订风险处理方案、进行风险管理决策服务。例如，通过调查了解到一家运输公司面临财产风险、人身风险和责任风险，其中财产风险又包括各车辆财产损失、存货仓库及库存物损失和其他设备损失等。而在存货仓库损失风险中，导致风险发生的可能原因有火灾或爆炸、洪水、飓风等。

3. 分析风险

分析风险即通过归类，掌握风险产生的原因、条件以及风险所具有的性质，它是风险识别的关键。风险分析一方面可以通过感性认识和历史经验来判断，另一方面也可通过对各种客观的资料和风险事故的记录来分析、归纳和整理，以及通过必要的专家访问，找出各种明显和潜在的风险及其损失规律。因为风险具有可变性，因而风险分析是一项持续而系统的工作，要求风险管理者密切注意原有风险的变化，并随时发现新的风险。例如，我们可以分析造成运输公司财产损失、责任和人身伤害等风险的原因和条件是什么，这些风险具有什么样的性质和特点。再如，我们通过分析风险知道引起存货仓库火灾的风险因素有很多，如电、化学反应，自燃，邻近建筑物的火灾蔓延等；而引起水灾的风险因素有洪水、暴雨、水管或其他设备破裂等。以人为例，可能面临的风险有死亡、疾病、意外伤害、财产损失、责任等，而导致死亡的风险事故有自然灾害、意外事故、自杀、疾病等。

感知风险和分析风险构成风险识别的基本内容，两者相辅相成，相互联系。这种联系表现在：只有感知到了风险，才能进一步有意识、有目的地分析风险，掌握风险存在及导致风险事故发生的原因和条件。同时，在了解了风险的存在后，也必须进一步明确风险存在的条件以及导致风险事故发生的原因。因为风险管理的根本目的在于对客观存在的风险采取行之有效的应对措施，消除不利因素，克服不利影响，减少风险带来的损害。

感知风险与分析风险是风险识别的两个阶段。感知风险是风险识别的基础，分析风险是风险识别的关键。只有通过感知风险，才能进一步进行分析。只有通过风险分析，才能寻找到可能导致风险事故发生的各种因素，才能为拟订风险处理方案和进行风险管理决策服务。

三、风险识别的原则与流程

（一）风险识别的原则

1. 实时性原则

风险无处不在，无时不有，具有发展性。经济主体的财务状况、市场环境等各种可能导致风险的驱动因素也时常处于变化之中。随着风险主体的发展、风险环境的变化，经济主体面临的风险的类型、受险部位、严重程度等都可能发生改变。因此，要求风险管理部门要根据实时信息随时关注风险的变化，持续地识别风险，并及时调整风险管理策略。否则，滞后的风险管理系统将难以适应瞬息万变的风险环境。

2. 系统性原则

单位、家庭、个人面临的风险是一个复杂的系统，包括不同类型、不同性质、不同损失程度的各种风险。系统性就是指风险识别不能局限在某个部门、某个环节和某种风险，而是要研究经济单位各个部门、各个环节所具有的全部风险。系统性原则要求按照风险活动的内在流程、顺序、结构关系识别风险。经济主体的经济活动风险具有隐蔽性和多样性，除了进行独立分析外，还应特别注意各个环节、各项业务之间的紧密联系。风险管理部门应在进行全面系统的调查分析的基础上，将风险进行综合归类，揭示其性质、类型及后果。

3. 经济性原则

风险识别的目的在于为风险管理提供前提和决策依据，以保证单位、家庭和个人减少风险损失，以最小的支出来获得最大的安全保障。因此，风险识别过程中要遵循经济性原则，即经济主体根据实际情况和自身的财务承受能力，来选择效果最佳、经费最省的识别方法，以保证用较小的支出来换取较大的收益。

4. 重要性原则

由于风险识别要有成本的投入，因此，对风险的识别应有所侧重。侧重点应放在两个方面：一是识别重要的风险，着力把一些重要的风险，即风险损失期望较大的风险识别出来；二是确定重要风险对象，即那些对整个活动目标都有重要影响的工作结构单元。

（二）风险识别流程

风险识别流程就是风险识别的过程，实际上也是识别诱发风险产生的原因的过程。风险识别的基本流程可分为如下六个步骤。

1. 获得经济单位的风险管理整体计划

经济单位风险管理整体计划是风险识别工作开展的总体依据。该计划包括经济单位背景、风险管理目标、风险标准、决策标准以及对风险识别的总体要求等。

2. 确定风险识别的对象和范围

根据经济单位的特点确定风险识别的工作结构单元和活动范围，即风险识别的对象和范围，使风险识别更加有针对性。

3. 制订风险识别计划

风险识别计划包括识别方法的选择，在此基础上确定识别人员能力需求、识别工作时限、识别深度、识别费用、识别成果形式等。

4. 准备识别工具

根据所选的具体识别方法，准备相应的识别工具，例如风险识别对象的工作流程图、工作分解结构、风险因素调查表、风险清单、风险登记表等。

5. 开展调查

开展调查是指通过具体调研进行风险因素、相应风险事件和可能结果的描述及分类。

6. 提交识别成果

识别成果即在调查的基础上，通过分析撰写出风险识别报告。

事实上，风险识别流程在具体的风险识别工作中划分得并不是非常严格，因此，风险识别分几个步骤并不重要，重要的是列出经济单位面临的全部风险及其产生的具体原因，从而建立健全风险数据库。可以说，风险识别阶段最为重要的工作就是建立风险数据库，将识别出来的各种风险及其原因进行适当的归类，并用文字做清楚的描述，为风险衡量与评价等后续工作打好基础。

四、风险识别的方法

（一）头脑风暴法

头脑风暴（Brain Storming，缩写为 BS）法，又称智力激励法，由现代创造学奠基人之一奥斯本（Alex F.Osborn）于 1939 年首次提出，是一种能体现创新能力的集体研讨法，目前广泛应用于风险识别中。其实质就是一种特殊形式的小组会议，它规定了一定的特殊规则，运用一定的方法技巧，从而形成了一种有益于激发创造力的环境气氛，使参与讨论的成员能自由畅想，无拘无束地提出自己的构想，并因相互启发、联想而引起创新设想的连锁反应，最终获得想要的结论。

在风险识别过程中，运用头脑风暴法的目的是取得一份综合的风险清单。在一位主持人的推动下，参与讨论的成员就某领域的风险集思广益，可以以风险类别作为基础框架，然后再对风险进行分门别类的讨论识别。

头脑风暴法的实施应遵行如下基本要求。

（1）小组人数一般为 10~15 人，最好有不同背景、不同岗位的人，可从不同的角度分析、观察问题。

（2）会议提倡畅所欲言、任意想象、尽量发挥，鼓励参会者提出疯狂的、别出心裁的和极端的想法，甚至是不切实际的主张，因为它能启发人们的创新思维，这也是智力激励法的宗旨。

（3）禁止批评和评论他人的想法，即使自己认为某一设想是幼稚的、错误的，甚至是荒诞离奇的，亦不得予以驳斥，鼓励巧妙地利用和改善他人的设想，这是激励的关键所在。每个参会者都要从他人的设想中激励自己，从中得到启示，或补充他人的设想，或将他人的若干设想综合起来提出新的设想等。只有这样，参会者才可能在充分放松的心境下，在别人设想的激励下，集中全部精力开拓自己的思路。

（4）头脑风暴会议的目标是获得尽可能多的设想，追求数量是它的首要任务。参加会议的每个人都要在有限的时间内多思考，多提设想。至于设想的质量问题，可留到会后的设想处理阶段去解决。在某种意义上，设想的质量和数量密切相关，产生的设想越多，其中的创新性设想可能就越多。

（5）不强调个人的成绩，应以小组的整体利益为重，注意和理解别人的贡献，人人创造民主环境，不以多数人的意见阻碍个人新的观点的产生，激发个人追求更多更好的主意。

（二）德尔菲法

德尔菲（Delphi）法也称为专家调查法，于 1946 年由美国兰德公司等提出。该方法主要是由调查组织者拟定调查表，按照既定程序，以信函的方式分别向专家组成员进行征询，专家背对背给出自己的意见，组织者将他们的意见综合、整理、归纳，匿名反馈给专家组成员，再征求意见，然后再加以综合、整理，如此反复循环，直至得到一个比较一致且可靠性较高的意见。

德尔菲法的一般程序如下。

1. 开放式的首轮调查

（1）由组织者发给相关领域专家的第一轮调查表是开放式的，不带任何框框，只提出要调查的主要问题，请专家围绕问题提出自己的意见。

（2）组织者汇总整理专家调查表，归并同类事件，排除次要事件，用准确术语整理出一个一览表，并作为第二轮的调查表发给专家。

2. 评价式的第二轮调查

（1）专家对第二轮调查表所列的每个事项做出自己的评价。例如，对相关内容赞同的给出理由，不赞同的可以删除，也可以加以补充。

（2）组织者统计处理第二轮专家意见，整理出第三张调查表。

3. 重审式的第三轮调查

（1）发放第三张调查表，请专家重审内容，特别是对有争议的内容，请专家给出自己新的评价。

（2）组织者回收专家们的新评论和新争论，总结专家观点，形成第四张调查表。

4. 复核式的第四轮调查

（1）发放第四张调查表，专家再次评价和权衡，给出新的意见。

（2）回收第四张调查表，归纳总结出专家趋于一致的意见。

并不是所有调查都要执行以上四个步骤，有的调查可能在第二轮就能达成统一意见，而不必进行第三轮调查。德尔菲法作为一种主观、定性的方法，不仅可以用于风险识别，而且可以广泛应用于各种评价指标体系的建立和具体指标的确定过程。

使用德尔菲法，有时要考虑专家意见的相对重要性，这通常是用专家积极性系数与专家权威程度来表示的。所谓专家积极性系数是指专家对调查问题关心与感兴趣的程度。由于任何一名专家都不可能对调查中的每一个问题都具有足够的专业知识和权威性，这应当成为意见评定时的严格参考因素。换句话说，对于参加调查的各个专家，由于知识结构不同，各自意见的重要性也就不同，这可以通过加权系数来解决。

（三）标准化调查法

标准化调查法又称风险分析调查法，指通过保险风险主体、专业咨询风险主体、行业协会、研究机构等风险管理部门，就风险单位可能遇到的问题进行详细调查与分析，形成报告文件，供风险管理者使用的方法。通过标准化调查法可以获得风险单位风险活动的现场调查资料，并且了解风险管理单位的资信状况，避免道德风险，可以有效防止风险事故的发生。标准化调查法主要有以下几种。

1. 面谈采访法

面谈采访法是指对风险单位的利益相关者进行面对面的采访调查，以查明潜在的风险因素，并把伴随的风险按照轻重缓急排序，此种方法的优点在于可以获得第一手资料，不必依赖别人的报告，真实性较高。

2. 在线采访法

在线采访法是通过互联网进行调查，既可以包括事件或风险调查核对清单，也可以包括开放式问题，通过互联网可以获得较多信息，然后对信息进行筛选，此种方法的效率较高。

3. 问卷调查法

问卷调查法是指通过问卷进行调查，既可以包括事件或风险调查核对清单，也可以包括开放式问题。研究者用这种控制式的测量对所研究的问题进行度量，从而搜集到可靠的资料。问卷调查法较之在线采访法要更详细、完整和易于控制，它的主要优点在于标准化和成本低。

4. 查阅文件法

通过翻阅风险主体现有的公开文件，包括监督评论、审计报告、专题研究报告和其他资料，也可以发现并识别风险单位可能面临的风险。查阅文件法是一种简便、实用的风险分析方法。

5. 专题研讨会法

专题研讨会是指有风险主体的主要利益相关者参加的现场或在线的就某一专题进行研讨的会议。通过专题研讨会可以对风险主体存在的风险进行识别和评价。它的优点在于时间利用效率高，并且可以通过讨论发现之前未发现的风险漏洞，提出的建议也可以为风险应对活动做贡献。它的缺点在于会前准备工作较为复杂。

（四）风险清单法

风险清单是指一些由专业人员设计好的标准的表格，上面非常全面地列出了一个风险主体可能面临的风险。这些清单都很长，因为它们试图将所有可能的损失暴露全部囊括在内。风险清单可以帮助风险管理者对照清单上的每一项风险，对风险主体的境况进行分辨，并逐渐构建本单位的风险框架。

1977年,美国风险和保险管理学会制定了一份较全面的风险损失清单表(见表3-1)。风险损失清单表是按照直接损失风险、间接损失风险和责任损失风险三大项编制的。其中,直接损失风险分为无法控制和无法预测的损失、可控制和可预测的损失、一般的财务风险三类。间接损失主要包括额外费用,资产集中损失,风格、品味和期望的变化,破产、营业中断的损失,经济波动的损失(如通货膨胀、汇率波动、危机和兼并),流行病、疾病和瘟疫损失,技术革命损失,版权侵权损失和管理失误(如市场、价格和产品)等损失。责任损失包括航空责任损失、运动责任损失、出版商责任损失、机动车责任损失、合同责任损失、雇主责任损失、产品责任损失和职业责任损失等。

这些标准表格的优点是经济方便,适合新公司、初次构建风险管理制度的公司或缺乏专业风险管理人员的公司使用。这些表格可以帮助它们系统地识别出最基本的风险,并降低忽略重要风险源的可能性。

但是,标准表格也有其严重的局限性。首先,这些清单都是标准化的,适合于所有风险主体,因此针对性就较差,一个特殊风险主体面临的特殊风险就可能没有被包含在内。其次,这些清单都是在传统风险管理阶段设计出来的,传统的风险管理只考虑纯粹风险,不涉及投机风险,所以风险清单中没有关于投机风险的项目。风险经理在使用这些表格时,要认识到这些局限性问题,使用一些辅助手段来配合风险清单的应用,弥补风险清单的不足。

表3-1 风险损失清单表

一、直接损失风险
(一)无法控制和无法预测的损失
1. 电力干扰:闪电、熄火、太阳黑子活动、电力波动、磁带去磁
2. 降落物体:飞行器、陨石、导弹、大树
3. 地质运动:地震、火山、山体滑坡、雪崩
4. 声音和震动波:声呐、震动、水的拍打声
5. 下陷:倒塌、沉降、腐蚀
6. 战争、暴动、反叛、武装反抗、阴谋破坏
7. 水灾:洪水、水平面上升、暴雨、泥石流、潮汐波(海啸)、间歇泉、地下水、水管裂缝、污水溢出
8. 冰、雪
9. 风暴:台风、飓风、旋风、龙卷风、冰雹、降雨、灰尘、沙暴
(二)可控制或可预测的损失
1. 玻璃或其他易碎品破碎
2. 故障:部件或润滑油的故障等
3. 碰撞:水上交通工具、空中交通工具、陆上交通工具
4. 污染物:液体、固体、气体、放射性污染
5. 锈蚀:磨损、撕裂、滥用、疏于保养
6. 员工疏忽
7. 爆炸和内破裂
8. 环境控制失败:温度、湿度、气压
9. 动物区系:哺乳动物、啮齿类动物、昆虫
10. 火

续表

11. 卸载或建筑危险:物体不慎摔坏 12. 国际破坏:向海中抛弃货物 13. 海上风险:海盗、船长或者海员的非法行为 14. 物理变化:缩水、蒸发、变色、生霉、膨胀、收缩 15. 桶、箱、罐、槽的破裂或刺穿 16. 烟尘危害、厨烟 17. 溢出、渗漏、颜料泼洒 18. 建筑缺陷:起重机或者升降机失控 19. 恐怖分子袭击、爆炸 20. 运输:翻倒、碰撞 21. 无意过失:雇员、计算机、顾问 22. 植物 23. 破坏行为、恶意损害、损坏财产 (三)一般的财务风险 1. 雇员的欺诈行为:造假、挪用公款、盗窃 2. 征用:国有化、查封、充公 3. 欺诈、伪造、小偷、窃贼、抢劫 4. 契约、所有权、专利权或版权的失效 5. 存货短缺:神秘消失、财产遗失 6. 荒废 二、间接的或者引致的损失暴露 (一)所有直接损失暴露对下列各种人和物的影响 1. 供应商 2. 消费者 3. 公用设施 4. 运输:职员和财产 5. 雇员 (二)额外费用:租金、通信、产品 (三)资产集中 (四)风格、品位和期望的变化 (五)破产、营业中断:雇员、管理人员、供应商、消费者、顾问 (六)教育系统的破坏 (七)经济波动:通货膨胀、衰退、萧条 (八)流行病、疾病、瘟疫 (九)替代成本上升、折旧 (十)版权或专利权遭到侵犯 (十一)成套、成双、成组部件的遗失 (十二)档案受损造成的权利丧失 (十三)管理失误 1. 定价、市场营销 2. 分销方式 3. 生产 4. 扩张 5. 经济预测

续表

6. 政治预期 7. 投资 8. 分发红利 9. 交税 （十四）产品取消 （十五）废品 三、责任损失风险（补偿性和惩罚性损失） （一）航空责任 1. 自己拥有的或者租赁的飞行器 2. 非所有者：官员和雇员 3. 地面责任和连带责任 （二）运动责任：运动队的赞助关系、娱乐设施 （三）广告商和出版商责任 1. 作为代理人的责任 2. 对产品特征的诽谤、诬陷 3. 媒体应用：广播、电视、报纸、样品、展览 （四）机动车责任 1. 驾驶车辆：所有者和非所有者 2. 装货和卸货 3. 危险物品：易燃物品和易爆物品 （五）合同责任 1. 购货协议 2. 销售协议 3. 租赁协议：动产和不动产 4. 服务 5. 债务、抵押、票据 6. 无害条款 7. 保险协议 （六）董事长和高级职员的责任 （七）地役权 1. 总的地役权 2. 附属物 3. 普通法的支持和反对 4. 获得阳光、水、排水设施、支持设施的权利 （八）业主责任 1.《员工赔偿法》或者其他类似法律 2.《联邦雇员责任法》 3. 普通法 4.《美国码头装卸工人和港口工作人员法》 5.《琼斯法》 6.《军事基地法》 7.《外大陆架法》 8. 失业赔偿 9. 就业歧视

续表

（九）受托人和额外福利计划责任
1. 养老金、托管金、利润共享计划、投资
2. 保险：人寿保险、意外事故保险、健康保险
3. 信托协会
（十）玩忽职守责任
1. 医疗事故：医生、护士、专家
2. 律师
3. 工程师
4. 养老金计划理事
5. 侵犯专利权
（十一）普通的玩忽职守责任
1. 雇员
2. 代理商
3. 受邀请的和未受邀请的客户
4. 承包人和次级承包人
5. 未能提供安全设备和安全警示
6. 法律、法规没有得到充分执行
7. 食物准备不当
（十二）非所有者责任
1. 租赁的动产和不动产
2. 受托者责任
3. 雇员使用交通工具、飞行器和水上交通工具
（十三）业主责任
1. 障碍、损害、妨害
2. 受邀请的顾客
3. 其他权利：河岸权、矿产权、阳光、空气、视野、侧面支持、在他人土地上的通行权、局部墙壁、执照、排水、征用权
（十四）产品责任
1. 隐性担保
2. 显性担保
（十五）保护责任
1. 受雇的工业承包人
2. 建筑物损害
（十六）铁路责任
1. 旁轨协议
2. 道路权
3.（道路与铁路的）平面交叉
（十七）董事长和高级职员的责任（股东的派生责任）
（十八）水上交通责任
1. 所有权、租赁、操作
2. 类型：小船、游艇、轮船、潜水工具、钻探平台、工作平台

资料来源：A.E.Pfaffle and Sal Nicosia.Risk Analysis Guide to insurance and Employee Benfits，revised edition. New York：AMA Membership Publications Division，American Management Association，1986.82-88.Reprinted by pemission of the publisher，AMA MANAGEMENT BRIEFING 1985. All rights reserved.

（五）财务报表法

财务报表法是以风险主体的会计记录和财务报表为基础，采用专门的方法，分析和评价风险主体的经营成果、财务状况及其变动情况，发现潜在风险的方法。财务报表法是由A.H. 克里德尔于1962年提出的一种风险识别方法，其本意是用来分析私营风险主体的资产状况，财务报表法也运用于其他部门的风险管理。克里德尔认为，通过分析资产负债表、损益表和相关的支持性文件等，风险管理人员就可以识别风险管理单位的财产风险、责任风险和人力资本风险等。

财务报表识别风险的方法主要有以下三种。

1. 趋势分析法

趋势分析法是指根据风险管理单位两期或连续期的财务报表，将报表中的相同指标进行对比分析，确定指标增减变动的方向、数额和幅度，以反映风险管理单位的财务状况和经营成果的变动趋势，并对风险管理单位发展前景做出判断。趋势分析法一般采用编制比较财务报表的方法，将两期或者两期以上的财务报表所提供的信息并行列示，相互比较，了解指标增减变动的情况，揭示发展趋势。会计报表的趋势分析法通常采用横向比较法、纵向比较法两种方法。横向比较法是指在财务报表中用绝对额或者百分比的形式，将不同期财务报表上的同一项目做横向比较，分析项目的变化趋势。纵向比较法是指对财务报表上有关项目之间的关系进行对比分析，它是将财务报表中某一关键项目的金额作为100%，然后分别计算其中各项目所占的比重，以分析项目结构相对变化趋势。

2. 比率分析法

比率分析法是计量财务报表中相关项目的两个金额之间相对比率关系的一种分析方法。这些金额或者数据可以选自一张会计报表，也可以选自两张会计报表。比率分析法可以为风险管理单位改善经营管理、提高竞争力和预防经营损失等指明方向。比率分析法运用得比较广泛，通常采用构成比率法、相关比率法与效率比率法三种。构成比率法又称结构比率法，是财务报表中某项目的数值与各相关项目构成的总体合计值的比率，揭示了部分与整体的关系。通过不同时期结构比率的比较还可以揭示其变化趋势。如存货与流动资产的比率、流动资产与全部资产的比率等都属于这类比率。相关比率法是指同一时期财务报表及有关财会资料中两项相关数值的比率。如反映偿债能力的比率、反映营运能力的比率和反映赢利能力的比率等。该比率能够反映风险管理单位有关经济活动的相互关系，可以为深入了解风险管理单位的经营活动情况提供依据。效率比率法是指将某一项活动的投入与产出进行对比，求出二者的比率。例如，销售成本与销售收入的比率、资金占用额与销售收入的比率等，其可以反映风险管理单位获利能力的大小。

3. 综合分析法

综合分析法是指对风险单位的各项财务数据和财务指标进行系统、综合的分析，以便对风险单位的财务状况和经营成果进行全面、合理评价的方法。综合分析法主要有财务比率综合评分法、杜邦分析法等,其中杜邦分析法在风险主体财务分析中应用最多。杜邦分析法是利用几种主要的财务比率之间的关系来综合地分析风险主体的财务状况。这种分析方法最早由美国杜邦公司使用,故名杜邦分析法。杜邦分析法是一种用来评价公司赢利能力和股东权益回报水平,从财务角度评价风险主体绩效的一种经典方法。其基本思想是将风险主体净资产收益率逐级分解为多项财务比率乘积,这样有助于深入分析比较风险主体经营业绩。杜邦模型最显著的特点是将若干个用以评价风险主体经营效率和财务状况的比率按其内在联系有机地结合起来,形成一个完整的指标体系,并最终通过权益收益率来综合反映。通过杜邦分析法可以使财务比率分析的层次更加清晰,条理更加突出。

(六)流程图分析法

流程图分析法是将风险主体按照活动过程和活动内在的逻辑联系绘成流程图,针对流程中的关键环节和薄弱环节调查风险、识别风险的办法。一般来说,风险主体的规模越大,活动越复杂,流程图分析就越具有优势。

流程图的类型比较多,可从以下三个角度进行分类。

1. 按照流程路线的复杂程度划分

按照流程路线的复杂程度划分,流程图可以分为简单流程图和复杂流程图。简单流程图是将风险主体的活动按照大致流程进行描述,用一条直线将主要流程的内在联系勾画出来(图 3-1)。复杂流程图是将风险主体的活动进行详细描述。用多条连线将活动过程中的主要程序和主要环节勾画出来(图 3-2)。

图 3-1　简单流程图

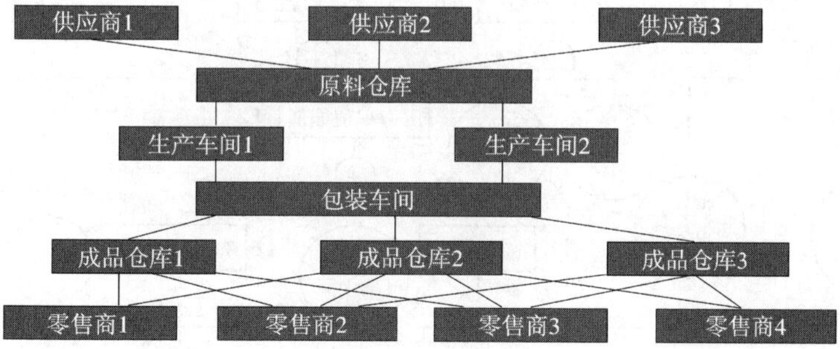

图 3-2　复杂流程图

2. 按照流程的内容划分

按照流程的内容划分,流程图可以分为内部流程图和外部流程图。内部流程图是以风险主体内部的生产经营活动为流程路线绘制的流程图。外部流程图是以风险主体外部的活动为主要流程路线绘制的流程图。例如,以产品销售运输过程为主要流程路线绘制的外部流程图。外部流程图用以揭示风险主体从原材料供应到制成品,直至销售出去存在的风险。

3. 按照流程图的表现形式划分

按照流程图的表现形式划分，流程图可以分为实物形态流程图和价值形态流程图。实物形态流程图是据某种实物在生产全过程中运行的路线而绘制的流程图。价值流程图是用标有价值额度的流程路线来反映生产经营过程中的内在联系的流程图。

（七）事故树分析法

事故树分析法起源于20世纪60年代，由美国贝尔电话实验室发明，后来被广泛用来分析可能产生风险事故的事件。事故树法是从某一事故出发，运用逻辑推理的方法寻找引发事故的原因，即从结果推导出引发风险事故的原因。

事故树分析法的理论基础是：任何一个事故的发生，必定是一系列事件按时间顺序相继出现的结果，前一事件的出现是随后事件发生的条件。事故树分析法描述事故的因果关系直观明了、思路清晰、逻辑性强，既可以进行定性分析，也可以进行定量分析；既可以求出事故发生的概率，也可以识别系统的风险因素。

事故树分析法的步骤可以分为三步，首先确定顶上事件（也就是要分析的事件）；其次调查或分析造成顶上事件的直接原因和间接原因，尽量不要漏掉；最后绘制事故树，也就是将事件用恰当的符号或逻辑把它们由上到下层层连接起来，直到最根本的事件，这样就构成了一个事故树（图3-3）。

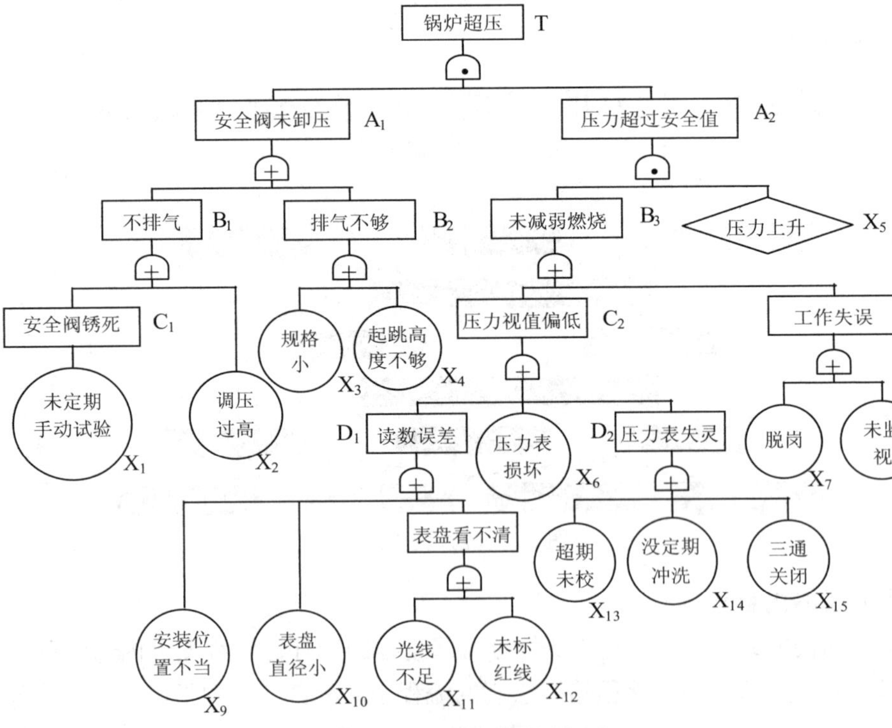

图3-3 锅炉超压事故树分析

（八）工作－风险分解法

工作－风险分解法（WBS-RBS 法）是由美国学者大卫·希尔森（David Hillson）[①] 首先提出，后经学者们在各领域不断发展与运用，已成为许多领域风险识别的重要方法之一，它是将风险单位的整体工作细致分解为若干工作环节，构建工作分解结构（Work Breakdown Structure，缩写为 WBS）树，将某领域或某事件的风险进行细致分解，构建风险分解结构（Risk Breakdown Structure，缩写为 RBS）树，在此基础上将 WBS、RBS 交叉构建 WBS-RBS 矩阵模型进行风险识别的方法。

工作－风险分解法的具体步骤如下。

1. 工作分解，构建 WBS 结构树

将风险主体的工作环节按一定的关系（工作流程 / 工作内容）层层分解，并加以编码，构建为工作分解结构树（WBS），如图 3-4 所示。

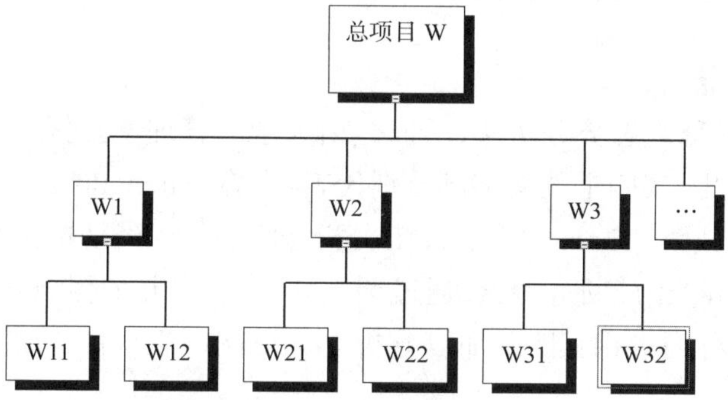

图 3-4　工作分解结构树（WBS）

2. 风险分解，构建 RBS 结构树

根据工作的性质，对整个工作可能存在的风险因素按一定的规律（风险特征区域 / 风险事件区域 / 风险因素区域）层层分解，并加以编码，构成风险分解结构树（RBS），如图 3-5 所示。

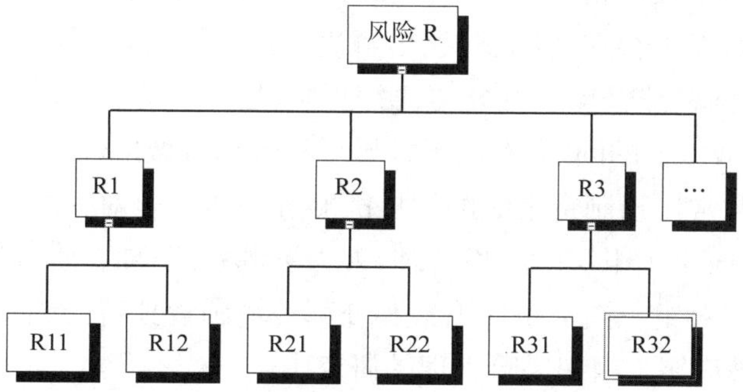

图 3-5　风险分解结构树（RBS）

---

① Hillson D. Using a risk breakdown structure in project management [J]. Journal of Facilities Management,2003(1):85-97.

3. 构建 WBS-RBS 矩阵模型，判断风险是否存在

将工作分解结构树与风险分解结构树交叉，构建风险识别矩阵模型，如表 3-2 所示。风险识别过程是按照矩阵元素逐一判断某一工作是否存在该矩阵元素所对应的风险，若某工作存在某种风险，则在矩阵中对应位置标记为“1”，若某工作环节不存在某种风险，则在矩阵中对应位置标记为“0”。

表 3-2 WBS-RBS 风险识别矩阵模型

RBS WBS		WBS		
		W1	W2	W3
RBS	R1			
	R2			
	R3			

（九）SWOT 分析法

SWOT 分析法又称为态势分析法，由旧金山大学的管理学教授韦里克（H.Weihrich）于 20 世纪 80 年代初提出，其四个英文字母分别代表：优势（Strengths）、劣势（Weaknesses）、机会（Opportunities）和威胁（Threats）。SWOT 分析法将与一个经济单位密切相关的各种内部优势、劣势和外部的机会、威胁等因素，通过调查列举出来，并依照矩阵形式排列，然后用系统分析的思想，把各种因素相互匹配加以分析，从中得出一系列相应的结论，其结论通常带有一定的决策性。

SWOT 分析法的步骤通常分为三步。第一步环境分析，可以分为两部分：第一部分为 SW，主要用来分析经济单位的内部条件；第二部分为 OT，主要用来分析经济单位的外部条件。第二步分别根据内部条件和外部条件构建 SWOT 矩阵，共分为 SO、ST、WO、WT 四个方面的内容。第三步围绕四个方面的内容分别制订行动计划。

SWOT 分析法是一种能够较客观准确地分析和研究一个经济单位现实情况的方法，利用 SWOT 分析方法可以使经济单位从中找出对自己有利的、值得发扬的因素以及对自己不利的、要避开的因素，发现存在的问题，找出解决办法，明确以后的发展方向。根据这个分析，经济单位可以将问题按轻重缓急分类，明确哪些是亟须解决的问题，哪些属于战略目标上的障碍，哪些属于战术上的问题，有利于领导者和管理者做出较正确的决策和规划。

SWOT 分析法常常用于制定组织的发展战略和分析竞争对手的情况，是管理学最常用的方法之一，已广泛应用于组织的战略管理、人力资源管理、项目管理等各个方面。近些年 SWOT 分析法由于其对组织内部条件因素和外部环境因素独特的调查和分析，开始作为风险识别的方法之一被应用于组织风险管理的研究中。

基于 SWOT 分析方法的风险识别是在对经济单位的内部条件和外部条件进行分析的基础上，归纳出经济单位存在的各种现实和潜在的风险，并归类、分析、确认这些风险，其中

劣势(W)和威胁(T)两个方面是风险的基本来源。

在 SWOT 分析结果中，SO 是经济单位的优越之处,也是解决风险的重要途径,需要好好利用; ST 是经济单位的风险潜在区,要合理规划和监控,尽量降低威胁产生的概率; WO 是经济单位风险的中度发生区,需要做好风险评估,制订风险监督计划; WT 是经济单位风险高发区,需要对风险进行损失分析,编制风险应对计划和方案,确定相关责任人。

第三节　风险的衡量

一、风险衡量的概念及内容

(一)风险衡量的概念

风险衡量也称风险估测,是在识别风险的基础上对风险进行定量分析和描述,即在对过去损失资料分析的基础上,运用概率论和数理统计的方法,估计和预测风险发生的概率和损失幅度。

(二)风险衡量的内容

1. 损失概率

1)定义

损失概率是指风险损失在一定时间范围内实际发生损失或预期发生损失的数量与所有可能发生损失的数量比值,通常以分数或百分率来表示。

2)计算

在一定时间内,得到公式:

$$P=n/N\times 100\%$$

其中:P 是风险损失概率;n 是实际发生损失或预期发生损失的数量;N 是所有可能发生损失的数量。

在衡量损失概率时,需要考虑三项因素:风险单位数、损失形态、损失事件。这三项因素的不同组合,会使损失概率的大小不同。下面举例说明这三项因素在不同组合情况下损失概率的估计。

(1)一个风险单位遭受单一事件所致单一形态的损失概率。如果某一事件发生,另一个事件就不可能发生,则这两个事件为互斥事件。例如一个建筑遭受火灾所致财产损失的损失概率为 0.95,则不发生火灾的损失概率为 0.05。

(2)一个风险单位遭受多个事件所致单一形态的损失概率。如果两种或多种事件能在同一时间发生,那么这些结果共同发生的概率就需要通过计算得到。例如,某建筑遭受火灾所致财产损失的概率为 0.005,遭受地震所致财产损失的概率为 0.000 2,则该建筑同时遭受地震、火灾所致财产损失的概率为 0.005 × 0.000 2，即为 0.000 001。

（3）一个风险单位遭受单一事件所致多种损失形态的损失概率。例如，估计两栋建筑物遭受火灾所致财产损失和责任损失的损失概率。假设建筑物遭受火灾所致财产损失的概率为 0.005，导致每人发生工伤的概率是 0.1，两人都发生工伤的概率是 0.05，那么，两人中至少有一人发生工伤的概率是 0.1 × 0.9 × 2+0.05=0.23，则火灾引起财产损失和责任损失的概率是 0.23 × 0.005=0.001 15。

（4）多个风险单位遭受单一事件所致单一形态的损失概率。多个风险单位遭受单一事件所致损失的概率取决于这些风险单位是否独立。根据相关性风险单位的计算，可以得出以下结论：条件概率越大，风险单位的相关性就越强。一个风险单位发生事故的概率越大，另一个风险单位不发生事故的概率就越小。如果两个风险单位完全相关，则一个风险单位发生事故，就意味着另一个风险单位也发生事故。条件概率越大，风险单位发生事故的概率就越大。

（5）多个风险单位遭受多种风险事故所致的多种损失形态的概率。例如，某风险主体有六个仓库，要估计这六个仓库遭受火灾、爆炸和台风等风险事件所致财产损失、责任损失和人身伤亡的损失概率。这样的情况比较复杂，需要大量的损失概率资料的支持。

2. 损失幅度

1）定义

损失幅度是指在一定时期内特定数量的风险标的单位遭受的损失程度。损失程度是指每次损失规模的大小和金额的多少。一般而言，损失概率越高，并不意味着风险越大。同样，损失程度越严重，也并不意味着风险越大。风险大小的关键是看损失发生不确定性有多大，即实际损失结果与预期损失结果之间的差异有多大。差异越大，风险越大；差异越小，风险越小。

2）计算

某一特定时间内，得到公式：

$$X=L_{总}/n$$

其中：X 为每一次损失事故平均损失金额；$L_{总}$ 为总损失金额；n 为损失次数。

具体衡量风险发生的概率和幅度，需要运用数理统计方法。

二、风险衡量的前期准备

（一）风险信息的收集

1. 风险信息的概念

风险信息是客观风险来源的外在表现。准确掌握各类风险信息，可以发现风险因素所处的状态及其可能的发展趋势。为了克服主观认识的局限性，在风险信息收集过程中必须始终保持严谨的科学态度，运用恰当的方法，进行由此及彼、由表及里的分析和整理。

2. 收集要求

在收集风险信息的相关资料时有以下基本要求。

1）数据的全面性

尽量涵盖相关损失的全部资料，资料应尽量丰富、全面。

2）数据的一致性

数据的收集基于一致的方法、方向。相关数据单位或损失的衡量方法要保持一致。

3）数据的相关性

所收集的损失数据应最大程度与预测风险相关，以保证所收集数据的价值。

4）数据的系统性

所收集的风险信息应能够系统地反映某一风险现象在一定时期的变化概貌，它是连续、长期收集的结果。

5）数据的连续性

连续性要求风险信息的收集不能随意中断，也不能朝令夕改。连续性还表现为追踪收集风险信息。

此外，要注意收集含量大、价值高的风险信息。

3. 方法

1）直接收集

直接收集方法是通过直接深入风险主体或系统进行问卷调查、现场面谈、资料收集来获取风险信息。

问卷调查即风险评估人员根据预先设计的一套关于风险主体或系统中计划的或正在使用的管理和操作类控制的调查问卷进行信息收集。可将这套调查问卷发给那些管理、支持风险主体或系统的专业和非专业管理人员。调查问卷也可以在现场参观和面谈时使用。

风险主体或系统的支持或管理人员面谈和参观有助于风险评估人员收集风险主体或对系统有用的信息（如系统是如何操作和管理的）。现场面谈和参观也能让风险评估人员观察并收集到风险主体或系统在物理、环境和操作方面的信息。对于那些仍然在设计阶段的系统，现场面谈是面对面的数据收集过程，并可提供机会来评价风险主体或系统将运行的物理环境。

策略文档（如法律文档、方针等）、系统文档（如系统用户指南、系统管理员手册、系统设计和需求文档等）以及与安全相关的文档（如以前的审计报告、风险评估报告、系统测试报告、系统安全计划、安全策略等）可以提供关于风险主体或系统已经使用或计划使用的安全体制方面的有用信息。

2）间接收集

对于不具备直接收集风险信息条件以及直接收集的信息不够完整、全面的风险主体或系统（如新建风险主体、灰色系统等），需要采取理论和技术分析、同类系统经验判断等间接方式收集风险信息。

（二）数据的图形分析

数据的图形分析包括条形图、圆形图、直方图、频数多边形分析。

1. 条形图

条形图是按照宽度相同的垂直或水平条形线绘成的，它的长度与每一组数据的频率成正比。使用条形图主要用于比较不同时期的损失状况或不同类型之间的某些变动数量，如图 3-6 所示。

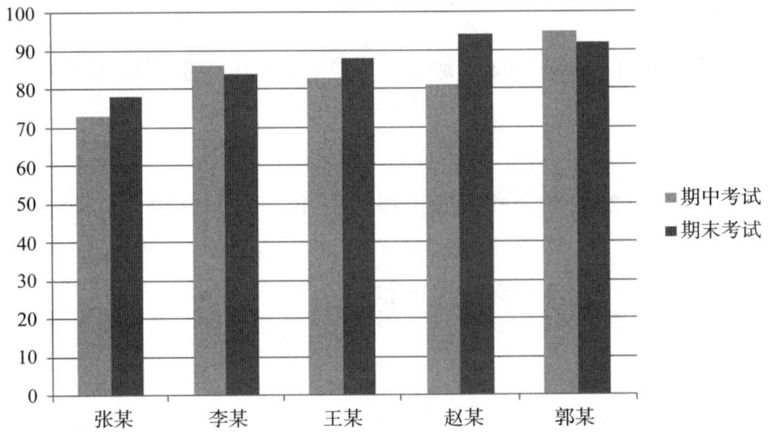

图 3-6　数据分析条形图

2. 圆形图

圆形图用来比较整个组成部分的相对量，一个圆被分割成若干部分，每个扇形面积代表一个组成部分。在圆形图中，要把百分比转化为度数，才能对圆形进行划分，如图 3-7 所示。

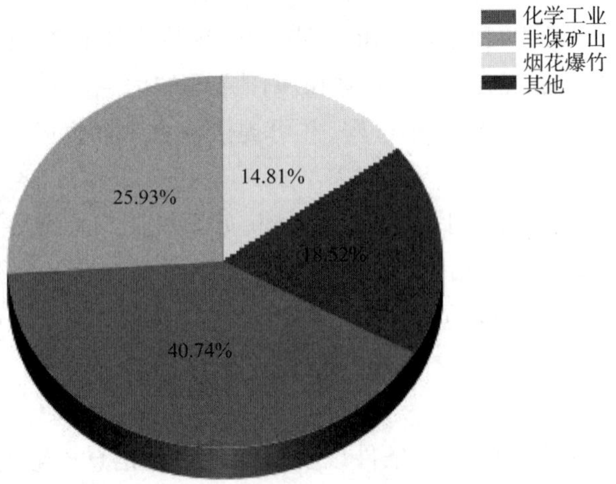

图 3-7　数据分析圆形图

3. 直方图

直方图是表现分组资料的最普通的一种图形。直方图是一个在条形之间没有间隔的条形图。它利用一对坐标轴，横轴表示衡量损失资料的数据值，纵轴表示各组的频数或频率。横轴可以从任何合适的数字开始，并且可以选择从任何合适的位置开始。纵轴一般从零开始，如图 3-8 所示。

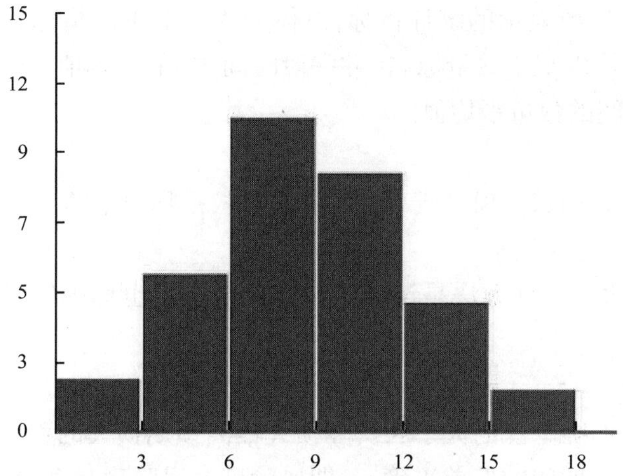

图 3-8　数据分析直方图

4. 频数多边形

频数多边形是在直方图的每个长方形的顶端的中点（即组中值）放一个小圆点，然后连接这些小圆点而成的。如果不绘直方图，小圆点则放在每个组中值相应的高度上，起始的小圆点常放在第一组半个组距处，最后一个小圆点放在距最后一个组半个组距的水平轴上，这样多边形就会封闭起来。随着组距的缩短，频数多边形逐渐接近一条平滑曲线，即为频数分布曲线，如图 3-9 所示。

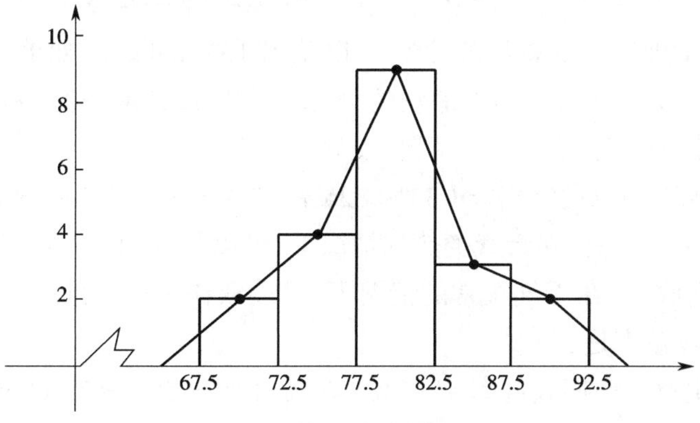

图 3-9　数据分析频数多边形

三、风险衡量的具体方法

（一）中心趋势测量法

中心趋势测量法是确定风险概率分布中心的重要方法，主要运用以下几种数值进行测量。

1. 算术平均数

算术平均数是指用平均数表示的统计指标，总体分为一般平均指标和序时平均指标。一般平均指标是指同质总体内某个数量标志（在一段时间内）的平均值；序时平均指标是指某一个统计指标在不同时间的数量平均值。

2. 加权平均数

加权平均数（期望值）是用每一项目或事件的概率加权平均出来的。

3. 中位数

衡量损失、预测损失的另一种方法是计算中位数。中位数也称中值，位于数据的中心位置。

（二）变动程度测定法

衡量风险大小取决于不确定性的大小和实际损失偏离预期损失的程度，而不确定性的大小可以通过发生损失距离期望的偏差来确定，即风险度。风险度是衡量风险大小的一个数值，这个数值是根据风险所致损失的概率和一定规则的计算得到的。风险度越大，就意味着对将来越没有把握，风险就越大；反之风险就越小。在对风险变动程度进行分析的时候引进了方差和标准差。方差的算术平方根就是标准差。标准差是衡量测量值与平均值离散度的尺度，标准差越大，数据就越离散，损失波动的幅度就越大，较大损失出现的可能性就越大。变异系数反映风险的稳定性，变异系数越大，风险的稳定性就越弱，风险就越大；相反，风险的稳定性越强，风险就越小。

例如，小王除了做电风扇生意外，还做冷饮生意，无论是电风扇生意，还是冷饮生意，生意都与天气状况有关。从过去的经验中，小王发现，如果某一年夏天天气非常热，可以从冷饮生意中获得 35% 的收益；如果天气正常，可以获得 10% 的收益；如果天气凉快，可以获得 5% 的收益，如果假设天气炎热、正常、凉快的可能性分别是 25%、50% 和 25%，那么，做冷饮生意可以得到的预期收益率是：

$$\text{冷饮生意的预期收益率} = (35\% \times 25\% + 10\% \times 50\% + 5\% \times 25\%)/1 = 15\%$$

如果小王做电风扇生意，在天气炎热的情况下，可以获得 40% 的收益；在天气凉快的情况下，不会获得任何收益；在天气正常的情况下，可以获得 10% 的收益。那么，做电风扇生意可以得到的预期收益率是：

$$\text{电风扇生意的预期收益率} = (40\% \times 25\% + 10\% \times 50\% + 0\% \times 25\%)/1 = 15\%$$

但是，电风扇生意的不确定性大于冷饮生意的不确定性。最坏的情况下，做冷饮生意可以赚点儿，而做电风扇生意一分不赚。对此，引入方差和标准差的概念对风险变动程度进行分析。

1. 方差和标准差

对于随机变量 x，如果 $x_1, x_2, \cdots, x_n$ 是随机变量的 n 个观测值，$\bar{x}$ 是随机变量的算术平均数，那么，称 $(x_i-\bar{x})^2$（i=1，2，…，n）为观测值 x 的平方偏差，称 $(x_1-\bar{x})^2$，$(x_2-\bar{x})^2$，…，$(x_i-\bar{x})^2$ 的算术平均数为这组数据的平均平方偏差，简称方差（或均方差）。即：

$$\sigma^2=\frac{1}{n}\sum_{i=1}^{n}(x_i-\bar{x})^2$$

方差的算术平方根是标准差或根方差（σ）。标准差公式为：

$$\sigma=\sqrt{\frac{1}{n}\sum_{i=1}^{n}(x_i-\bar{x})^2}$$

标准差是衡量测量值与平均值离散程度的尺度，标准差越大，数据就越分散，损失波动的幅度就越大，较大损失出现的可能性就越大。

2. 变异系数

风险的稳定性可以通过变异系数反映出来。变异系数越大，风险的稳定性就越弱，损失的风险也就越大；相反，风险的稳定性越强，损失的风险就越小。变异系数（v）是标准差（σ）与均值或期望值（$\bar{x}$）的比例，也称标准差系数或平均偏差系数，即：

$$v=\frac{\sigma}{x}$$

风险衡量中，风险的稳定性对衡量风险具有重要意义。例如，某建筑物的损失频率为每年 0.5 次和平均损失幅度为 4 万美元，这是对建筑物发生火灾损失的总体描述。但是，具体到每次火灾事故，发生的损失金额和概率又是不一样的。10 年中，每隔 1 年发生 1 次火灾事故和 10 年中有 1 年发生 5 次火灾事故的情况是不一样的，但是火灾事故发生的频率却都是每年 0.5 次；同样地，在衡量损失幅度中也存在这样的问题。例如，平均损失幅度为 4 万元可能是每次损失都是 4 万元，也可能有 95% 的损失是 2 万元，而剩下 5% 的损失金额是 42 万元。某一风险事故偏离预期损失的方差越大，风险管理人员就越担心，损失程度也就越大。对变异系数的大小，没有统一的数据规定，可以根据需要在一定幅度内灵活地确定。一般情况下，变异系数越小，则偏差就越小，据此制定的风险管理策略就越可靠，重大风险事故发生的可能性就越小。

变异系数也是保险公司确定保险费率的重要依据。一般情况下，保险公司根据保险标的的风险程度进行分类，然后依据各类财产发生风险事故的频率，制定出适用各类财产保险标的的费率。例如，以某财产保险公司 5 年的统计资料为例，假设保险金额损失率的数据为：第一年为 0.22，第二年为 0.21，第三年为 0.18，第四年为 0.19，第五年为 0.20。计算全部保险金额损失率的指标总和为 1.00，观察次数是 5，其算术平均数是 0.20。把这个数列从小到大重新排列是：0.18，0.19，0.20，0.21，0.22，它表明数列的平均数与中位数相等为 0.20。然后，计算损失的偏离正数和偏离负数分别为：

偏离正数(0.21−0.20)+(0.22−0.20)=0.03

偏离负数(0.18−0.20)+(0.19−0.20)=－0.03

计算结果显示，其偏离的正负数相等，表明该数列的数值对于保险金额损失率的确定具有可靠性。下面再来计算保险金额损失率的标准差。在统计学上，计算标准差是测定某种指数波动率的重要方法。计算保险金额损失率的波动幅度，就是标准差在制定保险费率中的实际应用。在这里，保险金额损失率的标准差，代表着保险金额损失率偏差的程度。

根据前面的计算结果，将某财产保险公司 5 年平均损失率 0.20% 代入标准差公式，可得：$\sigma=0.014$，由此，可得偏离系数：

$$v=\frac{0.014}{0.20}\times 100\%=7\%$$

风险变异系数是影响风险管理单位财务稳定的重要因素。考察风险变异系数是衡量风险准确性的重要方面。

（三）压力建模法

1. 蒙特卡罗方法

蒙特卡罗方法是一种随机模拟数学方法。该方法用来分析评估风险发生的可能性、风险的成因、风险造成的损失或带来的机会等变量在未来变化的概率分布。具体操作步骤如下。

（1）量化风险。将需要分析评估的风险进行量化，明确其度量单位，得到风险变量，并收集历史相关数据。

（2）根据对历史数据的分析，借鉴常用建模方法，建立能描绘该风险变量在未来变化的概率模型。建立概率模型的方法很多，如差分和微分方程方法、插值和拟合方法等。这些方法大致分为两类：一类是对风险变量之间的关系及其未来的情况做出假设，直接描述该风险变量在未来的分布类型（如正态分布），并确定其分布参数；另一类是对风险变量的变化过程做出假设，描述该风险变量在未来的分布类型。

（3）计算概率分布初步结果。利用随机数字发生器，将生成的随机数字代入上述概率模型，生成风险变量的概率分布初步结果。

（4）修正完善概率模型。通过对生成的概率分布初步结果进行分析，用实验数据验证模型的正确性，并在实践中不断修正和完善模型。

（5）利用该模型分析评估风险情况。

正态分布是蒙特卡罗风险方法中使用最广泛的一类模型。通常情况下，如果一个变量受很多相互独立的随机因素的影响，而其中每一个因素的影响都很小，则该变量服从正态分布。在自然界和社会中，大量的变量都满足正态分布。描述正态分布需要两个特征值：均值和标准差。其密度函数和分布函数一般形式如下：

密度函数 $$\varphi(x)=\frac{1}{\sigma\sqrt{2\pi}}e^{\frac{-(x-\mu)^2}{2\sigma^2}},\ -\infty<x<+\infty$$

分布函数 $$\phi(x)=P(X\leqslant x)=\int_{-\infty}^{x}\frac{1}{\sigma\sqrt{2\pi}}e^{-\frac{(x-u)^2}{2\sigma^2}}dt,-\infty<x<+\infty$$

式中:μ 为均值;σ 为标准差。

由于蒙特卡罗方法依赖于模型的选择,因此模型本身的选择对于蒙特卡罗方法计算结果的精度影响甚大。蒙特卡罗方法计算量很大,通常借助计算机完成。

2. 压力测试

压力测试是指在极端情景下,分析评估风险管理模型或内控流程的有效性,发现问题,制定改进措施的方法,目的是防止出现重大损失事件。具体操作步骤如下。

(1)针对某一风险管理模型或内控流程,假设可能会发生哪些极端情景。极端情景是指在非正常情况下,发生概率很小,而一旦发生,后果十分严重的事情。假设极端情景时,不仅要考虑本风险主体或与本风险主体类似的其他风险主体出现过的历史教训,还要考虑历史上不曾出现、但未来可能会出现的事情。

(2)评估极端情景发生时该风险管理模型或内控流程是否有效,并分析对目标可能造成的损失。

(3)制定相应措施,进一步修改和完善风险管理模型或内控流程。

以信用风险管理为例。如果一个风险主体已有一个信用良好的交易伙伴,该交易伙伴除非发生极端情景,一般不会违约。因此,在日常交易中,该风险主体只需采用"常规的风险管理策略和内控流程"即可。采用压力测试方法,是假设该交易伙伴将来发生极端情景(如其财产毁于地震、火灾、被盗),被迫违约对该风险主体造成了重大损失。在该风险主体采用"常规的风险管理策略和内控流程"在极端情景下不能有效地防止重大损失事件的发生,为此,该风险主体采取了购买保险或相应衍生产品、开发多个交易伙伴等措施。

四、损失的概率分布

风险的概率分布是指显示各种结果发生概率的函数,是用来描述损失原因所致各种损失发生可能性大小的分布情况。随机变量是取值带有随机性的变量。随机变量的一切可能值的集合以及它取各可能值的概率或在值域内各部分取值的概率,二者总称为概率分布。概率分布是所有彼此互斥并且总体完备的事件的列举,这些事件由某个随机过程导致。根据损失的概率分布特征,风险经理可以获得评价风险、管理风险的依据。概率分布有离散型和连续型两大类,实际中遇到的概率分布也有离散型和连续型两大类。同频率分布一样,概率分布也分为一个变量的一元分布和多元变量的联合分布。损失次数可以用二项分布、泊松分布等来估计。

1. 二项分布

用二项分布估测损失次数时，每个风险单位遭遇同一风险事故的发生概率是随机的，其结果只有两个：发生与不发生。当其满足以下条件时：①风险事故发生概率相等；②风险事故之间互相独立；③同一风险单位一年中发生两次以上事故可能性极小。此时即为二项随机分布，其分布规律为：

$$P = C_n^k p^k q^{n-k}, k = 0, 1, 2, \cdots, n$$

其中，q 是一年中不发生事故的概率。我们需要计算出 n 个风险单位在下一年度中发生事故的平均次数及其偏离程度。

2. 泊松分布

泊松分布估测损失次数，适用于每个风险单位在一定时期内可能发生多次风险事故或在二项分布中 n 很大、p 很小时，用泊松分布可以简化计算。每年有 λ 个风险单位发生事故，概率相等，事故的发生相互独立，在特定的时间或空间间隔内，事故发生的概率与时间、空间间隔的长度成正比，且在充分小的时间或空间内，最多发生一次事故，则事故次数 X 为服从参数 λ 的泊松分布，其分布律如下：

$$P(X = k) = \frac{\lambda^k}{k!} e^{-\lambda}, k = 0, 1, \cdots$$

3. 正态分布

每年的总损失金额可以利用正态分布、对数正态分布和帕累托分布来估计。对于与正态分布相似的损失分布，可以用正态分布来拟合，密度函数为：

$$f(x) = \frac{1}{\sqrt{2\pi}\sigma} \exp\left[-\frac{1}{2\sigma^2}(x-\mu)^2\right]$$

在概率密度函数中，正态分布的期望值 μ 决定其位置，其标准差决定分布的幅度，正态分布曲线特征如图 3-10 所示。

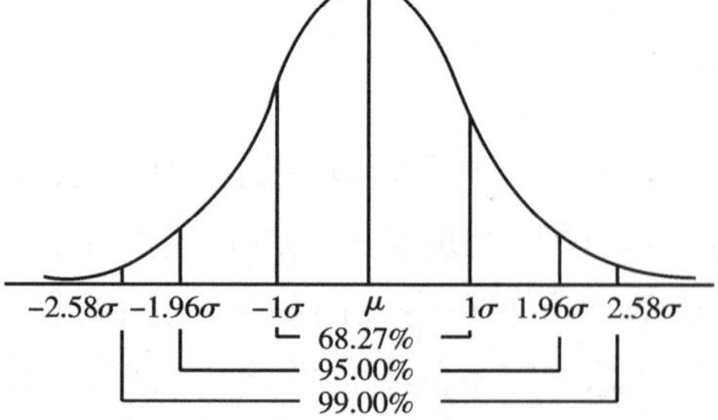

图 3-10　正态曲线分布

如果 Y 服从对数正态分布，则 $\ln(Y)$ 服从正态分布。

第四节　风险的评价

一、风险评价的概念

1. 概念

风险评价是指在风险识别和风险估测的基础上，对风险发生的概率、损失严重程度，结合其他因素进行全面考虑，评估发生风险的可能性及危害的程度并与公认的安全指标相比较，确认系统的危险等级，然后根据系统危险等级决定是否要采取控制措施以及控制措施采取到什么程度。

2. 特点

风险评价有以下特点。

（1）风险评价是对风险的综合评价，需要结合各方面因素进行全面考虑并做出评价。

（2）风险评价需要定量分析的结果，也就是需要在风险估测过程中，提供对风险发生的概率和损失严重程度的预测的定量分析，再结合定量分析结果进行评价。

（3）风险评价离不开特定的国家政策和制度。在风险评价过程中，首先调查此项风险涉及的危害是否违反相关法律法规要求，如果违反法律、法规要求，或相关方投诉过，或过去发生过重大事故，则不必进行评价，一律视为重要风险，而且必须在制定目标时作为指定的项目实施。

（4）风险评价受到风险态度的影响。风险态度是指人对风险所采取的态度，是基于对目标有影响之正面或负面的不确定性所选择的一种心理状态，或者说是对重要的不确定性认知所选择的回应方式。例如，若产品创新团队是风险趋避者，或核能安全的检查者是风险偏好者，都可能会采取修正风险态度的行动。

二、风险评价的作用

1. 更准确地认识风险

通过定量方法进行风险评价，可以定量地确定建设工程中各种风险因素和风险事件发生的概率大小或概率分布及其发生后对建设工程目标影响的严重程度或损失严重程度。其中，损失严重程度又可以从两个不同的方面来反映：一方面是不同风险的相对严重程度，据此可以区分主要风险和次要风险；另一方面是各种风险的绝对严重程度，即风险本身对目标影响的严重程度，据此可以了解各种风险所造成的损失后果。

2. 保证目标规划的合理性和计划的可行性

例如，建设工程数据库只能反映各种风险综合作用的后果，而不能反映各种风险各自作用的后果。由于建设工程风险的个别性,只有对特定建设工程的风险进行定量评价,才能正确反映各种风险对建设工程目标的不同影响,使目标规划的结果更合理、更可靠,使在此基础上制订的计划具有现实的可行性。

3. 合理选择风险对策,形成最佳风险对策组合

如前所述,不同风险对策的适用对象各不相同。风险对策的适用性需从效果和代价两个方面考虑。风险对策的效果表现在降低风险发生概率和(或)降低损失严重程度的幅度。风险对策一般都要付出一定的代价,应将不同风险对策的适用性与不同风险的后果结合起来考虑,对不同的风险选择最适宜的风险对策,从而形成最佳的风险对策组合。

三、风险评价的原则

1. 整体性原则

整体性原则是风险评价的最基本原则。风险造成的损失往往是多方面的。风险评价必须整体、系统地考虑造成损失的各种因素,研究这些因素之间的相互联系和相互作用。因此,在评价潜在的损失程度时,由同一事件所引起的各方面的财务损失必须一起考虑。在评价风险时,不仅要考虑直接损失,还要考虑由此带来的间接损失和责任损失。

2. 统一性原则

风险评价是针对某一风险事件或者风险单位进行的,这就要求风险评价要保持统一性的原则,不能将与风险事故或者风险单位无关的因素考虑进去作为风险评价的依据。例如,考察某建筑物发生火灾的概率时,与该建筑相邻单位发生火灾风险的概率也是考察这幢建筑发生火灾概率的因素;相反,与该建筑不相邻的单位发生火灾的概率不在风险评价的范围内。只有坚持统一性原则,才能客观、准确地评价风险。

3. 客观性原则

风险评价的方法是多种多样的。采用不同的衡量和评价风险的方法可以获得不同的结果,这是不可避免的。风险评价的原则是尽可能使风险预测、评价的结果与实际发生的损失相一致,尽可能反映客观存在的风险,若偏差过大,则会造成不必要的损失。例如,风险管理者对某一风险单位的风险度评价过高,会提高风险管理成本,造成风险管理单位不必要的费用支出;反之,评价过低,会忽略风险,造成未预见的财产和人员损失。

4. 可操作性原则

风险评价是涉及面广、管理难度较大的项目,这就要求风险管理人员掌握评估的方法并灵活运用这些方法。对于风险管理者普遍使用的评价标准,要具有可操作性和通用性。应避免使用高深繁杂的评价方法,以减少风险评价的工作量。

四、风险评价的方法

根据风险评价方法的不同,风险评价可分为定性风险分析和定量风险分析。

定性风险分析是评估已识别风险影响及其可能性的过程。给定变量(如风险发生概率)的主观判断,使用主观成本—收益思考过程,由接受或降低、分担或转移风险这些选项构成一种评价。不同项目成员因知识和经验的不同,对同一项目所作的风险评价也可能不同。

定量风险分析一般应当在确定风险应对计划时再次进行,以确定项目总风险是否已经减少到满意程度。重复进行定量风险分析反映出来的趋势可以指出需要增加还是减少风险管理措施,它是风险应对计划的一项依据,并作为风险监测和控制的组成部分。下面介绍几个目前在国际上占主导地位的风险分析和评价方法,同时也对近年来国际上新出现的风险分析与评价方法作简要介绍。

(一)定性风险评价

定性风险评价法是指那些通过观察、调查与分析并借助专业人士的经验、专业标准和判断等对审计风险进行定性评估的方法。它具有便捷、有效的优点,适合评估各种审计风险。

在实践中,有几种定性风险估算方法,即风险评价指数(Risk Assessment Code,缩写为RAC)法、安全检查表(Check-lists)法、危险与可操作性分析(HAZOP)等。

1. 风险评价指数(RAC)法

RAC法是定性风险估算常用的方法,它将决定危险事件的风险的两种因素——危险严重性和危险可能性,按其特点划分为相对的等级,形成一种风险评价矩阵并赋予一定的加权值来定性地衡量风险大小。

由于系统、分系统或设备的故障、环境条件变化、设计缺陷、操作规程不当、人为差错均可能引起有害后果,将这些后果的严重程度相对定性地分为若干级,称为危险严重性等级。危险事件发生的可能性定性地分为若干等级,称为危险事件的可能性等级。通常可能性等级分为五级。

将上述危险严重性和可能性等级制成矩阵并分别给以定性的加权指数,形成风险评价指数矩阵。如表3-3所示为一种风险评价指数矩阵的实例。

表3-3　风险评价指数矩阵实例

可能性等级	严重程度等级			
	一般 1	较大 2	重大 3	特大 4
很可能　4	高度Ⅲ	高度Ⅲ	极高Ⅳ	极高Ⅳ
可能　3	中度Ⅱ	高度Ⅲ	高度Ⅲ	极高Ⅳ
偶然　2	中度Ⅱ	中度Ⅱ	高度Ⅲ	高度Ⅲ
不太可能　1	低度Ⅰ	中度Ⅱ	中度Ⅱ	高度Ⅲ
低度(Ⅰ级)表示有一般危险,需要注意; 中度(Ⅱ级)表示有显著风险,需要加强管理,不断改进; 高度(Ⅲ级)表示有高度风险,需要制定风险消减措施; 极高(Ⅳ级)表示有不可忍受风险需纳入目标管理或管理方案制定。				

数字等级的划分具有随意性，但要便于区别各种风险的档次，划分得过细或过粗都不便于风险的决策，因此需要根据具体对象制定。

风险评估指数通常是主观制定的，所以定性的指标有时没实际意义成了这种评估的一大缺点。因为无论是对危险事件的严重性还是可能性做出严格的定性量度都是很困难的。例如，严重性的最高等级通常是损失费用几百万元或 1~2 人死亡，但是很多危险事件可能导致成百或成千人的死亡和上亿元的财产损失，这种情况是无法用最高等级来表达其风险大小的，因而这种指数的实用价值就受到影响。

2. 安全检查表(Check-lists)法

所谓安全检查表，是为检查某一系统、设备以及各种操作、管理和组织措施中的不安全因素，事前将要检查的项目以提问的方式编制成表，以便对分析对象进行检查和评价的一种方法。

安全检查表法是进行安全检查和评价、发现潜在危险的一种极为实用的工具，可以用来检查设备设施、辅助设施、工艺条件、安全附件、安全管理机构、安全生产责任制和岗位操作规程的执行情况等，能够暴露出风险主体安全生产和安全管理的薄弱环节，从而有利于确定今后安全工作的重点和方向，为安全计划的制订提供了依据。安全检查表实际上就是一份安全检查和危险诊断的项目明细表、备忘录，针对先前检查出的安全问题，吸取经验教训，有助于预防并避免同类问题的出现，也为同类问题的处理提供了解决方案。

该方法不足之处在于，安全检查表会限制人们在风险识别过程中的想象力，有可能会忽视表格中没有提及的问题。

3. 危险与可操作性分析(HAZOP)

HAZOP 分析是由各专业人员组成的分析组对工艺过程的危险和操作性进行分析，即对新建或者已有的过程装置及工程本质进行正式的、系统的严格审查来评估单个装置的危险可能性和可能对整套装置造成的影响。

HAZOP 是过程工业中广泛应用的识别危险与操作性问题的安全分析技术之一，其分析的目的在于识别已有的高危险性装置的潜在危险，除去导致重大安全的问题，如有毒物质泄漏、火灾和爆炸等。经过几十年的发展，HAZOP 分析不仅能够识别危险，而且可辨识操作问题，其应用范围已经扩大到许多其他领域，例如医疗诊断系统、路况安全监测系统、可再生能源系统、可编程电子系统等。

4. 优良中差评价法

优良中差评价法是从风险主体特点出发，根据风险主体以往风险管理的经验和状况，对人为因素、机械设备因素、物的因素、环境因素和管理因素等风险列出全面的检查项目并将每一检查项目分成优、良、中、差四个等级。它是通过观察和分析，借助于经验和判断能力进行评价的方法，适用于风险不是特别严重，或者事故发生后不会产生严重后果的情况。

5. 风险度评价法

风险度评价法是指风险管理单位对风险事故造成故障的频率和风险事故造成损害程度

进行评价。如果把每种风险看作与特定损失对应的概率分布，那么评价风险的大小就是要对这些概率分布排列顺序，用数值的大小来代表其顺序，即为风险度。首先将危险性作为因变量，将事故或危险事件发生的可能性、人们暴露于危险环境的频率、一旦发生事故会造成的损失后果作为自变量。

$$D = L \times E \times C$$

其中：L 为发生事故的可能性大小（表 3-4）；E 为人体暴露在这种危险环境中的频繁程度（表 3-5）；C 为一旦发生事故会造成的损失后果（表 3-6）；D 为危险性（表 3-7）。

表 3-4　事故发生的可能性（*L*）

分数值	事故发生的可能性
10	完全可以预料
6	相当可能
3	可能，但不经常
1	可能性小，完全意外
0.5	很不可能，可以设想
0.2	极不可能
0.1	实际不可能

表 3-5　人体暴露于危险环境的频繁程度（*E*）

分数值	人体暴露于危险环境的频繁程度
10	连续暴露
6	每天工作时间内暴露
3	每周一次或偶然暴露
2	每月一次暴露
1	每年几次暴露
0.5	非常罕见暴露

表 3-6　发生事故产生的后果（*C*）

分数值	发生事故产生的后果
100	10 人以上死亡
40	3~9 人死亡
15	1~2 人死亡
7	严重
3	重大，伤残

续表

分数值	发生事故产生的后果
1	引人注意

根据公式风险 $D=L\times E\times C$ 就可以计算作业的危险程度，并判断评价危险性的大小。其中的关键还是如何确定各个分值以及对乘积值的分析、评价和利用。

表 3-7　危险性(D)

D 值	危险程度
>320	极其危险，不能继续作业
160~320	高度危险，要立即整改
70~160	显著危险，需要整改
20~70	一般危险，需要注意
<20	稍有危险，可以接受

根据经验，总分在 20 以下是被认为低危险的，这样的危险比日常生活中骑自行车去上班还要安全些；如果危险分值达 70~160，那就有显著的危险性，需要及时整改；如果危险分值达 160~320，那么这是一种必须立即采取措施进行整改的高度危险环境；分值为 320 以上的高分值表示环境非常危险，应立即停止生产直到环境得到改善为止。

值得注意的是，风险度评价法对危险等级的划分在一定程度上凭经验判断，应用时需要考虑其局限性，根据实际情况予以修正。

（二）定量风险评价

对于一个系统、装置或设备，通过定性评价，人们能对其中的危险有一个大致了解，可以了解系统中安全性薄弱环节。但是有时需要了解到底安全水平如何，系统地改进能使安全性水平提高多少，事故发生的可能性到底有多大，后果到底有多严重等。回答这些问题，就需要对风险进行定量的评价（Quantified Risk Assessment，缩写为 QRA）。

1. 历史数据分析法

在基本相同的条件下，我们通过观察各个潜在的风险在长期历史中已经发生的次数，就能估计每一可能事件的概率，这种估计是每一事件过去已经发生的频率。但是，由于人们缺乏广泛而足够的经验，以致不能用这种方法建立可靠的概率分布。如前所述，项目风险的客观概率是很难得到的。即使有这样一些历史数据，也会因样本过小而无法建立概率分布。国外的资料表明：除个别情况之外，风险主体无法依赖自己的本身历史资料建立每年的总损失金额概率分布，而只能依赖同业工会、私营保险商、政府部门等提供的辅助信息。但是，依赖同业内的辅助信息有其局限性，其一是这些信息局限于平均损失而不是概率分布；其二是这些信息可能与一个特定风险主体不同。

2. 层次分析法

层次分析法是根据问题的性质和要达到的总目标，将问题分解为不同的组成因素，并按照因素间的相互关联影响以及隶属关系将因素按不同层次聚集组合，形成一个多层次的分析结构模型，从而最终使问题归结为最低层（供决策的方案、措施等）相对于最高层（总目标）的相对重要权值的确定或相对优劣次序的排定。

层次分析法是指将一个复杂的多目标决策问题作为一个系统，将目标分解为多个目标或准则，进而分解为多指标（或准则、约束）的若干层次，通过定性指标模糊量化方法算出层次单排序（权数）和总排序，以作为多目标（多指标）、多方案优化决策的系统方法。

层次分析法是将决策问题按总目标、各层子目标、评价准则直至具体的备择方案的顺序分解为不同的层次结构，然后用求解判断矩阵特征向量的办法，求得每一层次的各元素对上一层次某元素的优先权重，最后再用加权和的方法递阶归并各备择方案对总目标的最终权重，此最终权重最大者即为最优方案。

层次分析法比较适合于具有分层交错评价指标的目标系统，而且目标值又难于定量描述的决策问题。

层次分析法具体操作过程如下。

1）建立层次结构模型

将决策的目标、考虑的因素（决策准则）和决策对象按它们之间的相互关系分为最高层、中间层和最低层，绘出层次结构图。最高层是指决策的目的、要解决的问题。最低层是指决策时的备选方案。中间层是指考虑的因素、决策的准则。对于相邻的两层，称高层为目标层，低层为因素层。

2）构造判断（成对比较）矩阵

在确定各层次各因素之间的权重时，如果只是定性的结果，则常常不容易被别人接受，因而桑蒂（Santy）等人提出一致矩阵法，即不把所有因素放在一起比较，而是两两相互比较，对此时采用相对尺度，以尽可能减少性质不同的诸因素相互比较的困难，提高准确度。如对某一准则下的各方案进行两两对比并按其重要性程度评定等级。

a_{ij} 为要素 i 与要素 j 重要性比较结果，表 3-8 列出了桑蒂给出的 9 个重要性等级及其赋值，按两两比较结果构成的矩阵称作判断矩阵。判断矩阵具有如下性质：

$$a_{ij}=\frac{1}{a_{ji}}$$

判断矩阵元素 a_{ij} 的标度方法如下：

表 3-8　比例标度表

因素 i 比因素 j	量化值
同等重要	1

续表

因素 i 比因素 j	量化值
稍微重要	3
较强重要	5
强烈重要	7
极端重要	9
两相邻判断的中间值	2,4,6,8

3)层次单排序及其一致性检验

对应于判断矩阵最大特征根 λ_{max} 的特征向量，经归一化(使向量中各元素之和等于 1)后记为 W。W 的元素为同一层次因素对于上一层次因素某因素相对重要性的排序权值，这一过程称为层次单排序。能否确认层次单排序，则需要进行一致性检验。所谓一致性检验是指对 $\boldsymbol{A}$ 确定不一致的允许范围。其中，n 阶一致阵的唯一非零特征根为 n；n 阶正互反阵 $\boldsymbol{A}$ 的最大特征根 $\lambda \geqslant n$，当且仅当 $\lambda=n$ 时，$\boldsymbol{A}$ 为一致矩阵。

由于 λ 连续地依赖于 a_{ij}，则 λ 比 n 大得越多，$\boldsymbol{A}$ 的不一致性越严重。一致性指标用 CI 计算，CI 越小，说明一致性越大。用最大特征值对应的特征向量作为被比较因素对上层某因素影响程度的权向量，其不一致程度越大，引起的判断误差越大。因而可以用 $\lambda-n$ 数值的大小来衡量 $\boldsymbol{A}$ 的不一致程度。定义一致性指标为：

$$CI=\frac{\lambda-n}{n-1}$$

$CI=0$，有完全的一致性；CI 接近于 0，有满意的一致性；CI 越大，不一致越严重。

为衡量 CI 的大小，引入随机一致性指标 RI：

$$RI=\frac{CI_1+CI_2+\cdots+CI_n}{n}$$

其中，随机一致性指标 RI 和判断矩阵的阶数有关，一般情况下，矩阵阶数越大，则出现一致性随机偏离的可能性也越大，其对应关系如表 3-9 所示。

表 3-9　平均随机一致性指标 *RI* 标准值(不同的标准不同，*RI* 的值也会有微小的差异)

矩阵阶数	1	2	3	4	5	6	7	8	9	10
RI	0	0	0.58	0.90	1.12	1.24	1.32	1.41	1.45	1.49

考虑到一致性的偏离可能是由于随机原因造成的，因此在检验判断矩阵是否具有满意的一致性时，还需将 CI 和随机一致性指标 RI 进行比较，得出检验系数 CR，公式如下：

$$CR=\frac{CI}{RI}$$

如果 $CR<0.1$，则认为该判断矩阵通过一致性检验，否则就不具有满意一致性。

4）层次总排序及其一致性检验

计算某一层次所有因素对于最高层（总目标）相对重要性的权值称为层次总排序。这一过程是从最高层次到最低层次依次进行的。

3. 敏感度分析法

敏感度分析法是指从众多不确定性因素中找出对投资项目经济效益指标有重要影响的敏感性因素，并分析、测算其对项目经济效益指标的影响程度和敏感性程度，进而判断项目承受风险能力的一种不确定性分析方法。其目的是找出影响项目经济效益变动的敏感性因素，分析敏感性因素变动的原因，并为进一步进行不确定性分析（如概率分析）提供依据，研究不确定性因素变动如引起项目经济效益值变动的范围或极限值，分析判断项目承担风险的能力，以及比较多方案的敏感性大小，以便在经济效益值相似的情况下，从中选出不敏感的投资方案。它是量化及评估各风险对项目目标潜在影响的方法，有助于判定哪种风险最有可能对项目产生影响。

敏感度分析法具体操作过程如下。

1）确定敏感性分析指标

敏感性分析的对象是具体的技术方案及其反映的经济效益。因此，技术方案的某些经济效益评价指标，例如息税前利润、投资回收期、投资收益率、净现值、内部收益率等，都可以作为敏感性分析指标。

2）计算该技术方案的目标值

一般将在正常状态下的经济效益评价指标数值作为目标值。

3）选取不确定因素

在进行敏感性分析时，并不需要对所有的不确定因素都考虑和计算，而应视方案的具体情况选取几个变化可能性较大并对经济效益目标值影响作用较大的因素。例如：产品售价变动、产量规模变动、投资额变化等，或是建设期缩短、达产期延长等，这些都会对方案的经济效益大小产生影响。

4）计算不确定因素变动时对分析指标的影响程度

在进行单因素敏感性分析时，则要在固定其他因素的条件下，变动其中一个不确定因素，然后再变动另一个因素（仍然保持其他因素不变），以此求出某个不确定因素本身对方案效益指标目标值的影响程度。

5）找出敏感因素

进行分析和采取措施，以提高技术方案的抗风险能力。

4. 决策树分析法

决策树分析法是一种遵循逻辑学的演绎分析原则，从结果到原因逻辑分析事故发生的有向过程，即仿照树形结构将多种风险进行图解推导的一种方法。

每个决策或事件(即自然状态)都可能引出两个或多个事件,导致不同的结果,把这种决策分支画成很像一棵树的枝干的图形,故称决策树。决策树由决策结点、机会结点与结点间的分支连线组成。通常人们用方框表示决策结点,用圆圈表示机会结点,从决策结点引出的分支连线表示决策者可做出的选择,从机会结点引出的分支连线表示机会结点所示事件发生的概率。

在利用决策树解题时,应从决策树末端起,由后向前步步推进到决策树的始端。在向前推进的过程中,应在每一阶段计算事件发生的期望值。需特别注意:如果决策树所处理问题的计划期较长,计算时应考虑资金的时间价值。

第五节 风险管理技术的选择

风险管理技术又称风险管理的方法,它是指风险管理者在风险分析的基础上,对所面临的问题寻求有效的工具来处置,从而迈出风险管理的实质性步子。风险管理的方法一般分为控制法和财务法两种。所谓控制法,是指在损失发生之前使用各种控制工具,力求消除各种隐患,减少风险发生的因素,将损失的严重后果减少到最低程度的一种方法。而财务法则是指在风险事件发生后已经造成损失时,运用财务工具,比如风险自保基金,对损失的后果给予及时的补偿,促使其尽快恢复的一种方法。

一、控制型风险管理技术

控制型风险管理技术的实质是在风险分析的基础上,针对风险主体所存在的风险因素采取控制技术以降低风险事故发生的频率和减轻损失程度,重点在于改变引起自然灾害、意外事故和扩大损失的各种条件。主要表现为:在事故发生前,降低事故发生的频率;在事故发生时,将损失减少到最低限度。控制型风险管理技术主要包括下列方法。

(一)风险避免

1. 概念

风险避免是风险管理单位主动采取措施,放弃原先承担的风险或者完全拒绝承担风险的行为。风险避免又是最消极的手段,因为其主要通过放弃或不再进行某项活动以消除风险源,同时使获利的可能降至零。何况并不是所有风险都能回避,即使避免了某一种风险,可能又会面临另一种新的风险。因此,只有迫不得已时才进行风险避免。风险避免是放弃某项活动以达到回避损失发生的可能性,是从根本上消除风险的措施。如将厂房建于地势较高且排水方便的地方以避免洪水风险,又如卖方拒绝与信用不好的买方签订买卖合同等。

2. 风险避免适用的情形

风险避免适用的情形主要包括:①发生频率高且损失程度比较大的特大风险;②损失频

率不大，但是损失后果严重，并且无法得到补偿的风险；③采取其他方法成本较高，且超过避免风险成本的情形。

3. 风险避免的评析

避免的主要优点是可以避免损失的发生，是一种最彻底、主动避免风险的方法，可以完全、彻底地消除风险事故造成的经济损失。当风险管理者预期风险事故造成的损失比较大，并且无法转移风险的时候，可以采取避免的方式，这无疑是比较明智的选择。

避免的主要缺点是它是风险管理单位面对损失的主动放弃，是一种无奈的选择。采取避免方式管理风险的同时，也放弃了获得经济收益的机会。例如，新技术的采用、新技术的开发都不可避免带有一定风险，但如果放弃这些计划，风险主体也无法从中获得高利润，社会就无法前进。而且避免这一风险可能会面临新的风险。例如，不坐飞机可以避免空难事故的发生，但是这并不意味着其他的交通工具就是绝对安全的。事实上，一些风险是根本无法用避免的方式解决的，如地震等自然灾害。此外，避免风险可能有时候是不切实际且不可行的。例如，一个油漆厂能完全避免由油漆而引起的损失风险，然而若不从事油漆生产工作，公司将不复存在。

因此，在大部分情况下，风险避免是一种无奈之举，并不是每一种风险都可以如此处理，用之不当将阻碍社会的进步，故并非一种处理风险的良好方法。

（二）风险预防

1. 概念

风险预防是指在风险发生之前采取措施减少风险的发生频率与损失程度，它是通过消除或减少风险因素来实现的。例如，害怕车况不好的汽车会导致交通意外事故，那么就要选择辆车况好、性能优的汽车，同时驾驶员要提高自身的安全驾驶意识，避免人为因素导致事故。

2. 风险预防目的

风险预防目的在于通过消除或减少风险因素而降低损失发生的频率。预防是指为消除或减少风险的发生而在事先采取处理风险的具体措施，即通过消除或减少风险因素降低损失发生频率，如安装避雷针以防雷击，疏通渠道、加固堤坝以防洪水侵袭等。我国对于各种灾害风险向来以预防为主。

3. 风险预防的措施

1）工程物理法

工程物理法是指损失预防措施侧重于风险单位（在保险中是指保险标的发生一次灾害事故可能造成的最大的损失范围）的物理因素的一种方法，例如防火建筑结构设计、防盗装置、机器的安全检查等，这一方法适用于哈顿的能量释放理论。

2）能量意外释放理论

根据能量意外释放理论，可以利用各种屏蔽来防止意外的能量转移，从而防止事故的发生。吉布森(Gibson)提出了事故是一种不正常的或不希望的能量释放,意外释放的各种形式的能量是构成伤害的直接原因。应该通过控制能量释放或控制作为能量达及人体媒介的能量载体来预防伤害事故。

哈登(Haddon)认为"人受伤害的原因只能是某种能量的转移"。他将伤害分为两类:第一类伤害是由施加了局部或全身性损伤阈值的能量引起的;第二类伤害是由影响了局部或全身性能量交换引起的,主要指中毒窒息和冻伤。哈登认为,在一定条件下,某种形式的能量能否产生造成人员伤亡事故的伤害取决于能量大小、接触能量时间长短和频率以及力的集中程度。

3)具体措施

(1)预防风险因素的产生。例如,造纸厂在堆草垛时,应该严格按照有关方面的规定,使每一草垛的重量、体积及草垛之间的间隔距离等都能够满足风险防范的要求,防止因某一草垛燃烧,引起所有草垛的损失。

(2)减少已经存在的风险因素。例如,用新的电线替换已经老化、破损的旧电线,可以减少已经存在的风险因素,达到降低损失的目的。又如,通过限制生产车间易燃、易爆物质的存放量等措施,可以减少发生火灾的风险因素,防止风险事故的发生。

(3)防止已经存在的风险因素释放能量。例如,保持汽车刹车系统处于良好状态,以保证其功能不致失控,减少风险事故的发生。又如,在建筑工程中,限制登高的工人数量,可以预防工人摔伤的风险。

(4)改善风险因素的空间分布和限制能量释放的速度。例如,在建筑工程中安装防护栏,可以防止登高工人摔下来。又如,使用限制能量释放速度的缓冲装置,能量一旦释放出来,就能够采取通风、排气等措施,使能量无法积累到引发风险事故发生的能量下限。

(5)在时间、空间上将风险因素与可能遭受损害的人、财、物隔离。例如,采取用道路护栏、过街天桥分离行人和机动车辆的方法,可以减少机动车撞人的风险。

(6)借助物质障碍将风险因素与人、财、物隔离。例如,利用防火墙将两栋紧挨的房子分开,当其中一栋房子发生火灾时,防火墙可以起到阻止火势蔓延、减少损失的作用;而对于未遭受火灾的房屋而言,防火墙可以起到预防损失的作用。

(7)改变风险因素的基本性质。例如,在容易产生静电的绝缘材料中,加入少量抗静电的添加剂,可以增强材料的吸湿性,减少风险事故的发生。又如,在有爆炸性粉尘飞扬的空间,使空间通风可以降低室内粉尘浓度,减少粉尘爆炸事故的发生。

(8)加强风险单位(或个人)的防护能力。例如,为了防止粉尘危害职工身体健康,要求作业工人佩戴防尘口罩、防尘衣、防尘面罩等,可以减少职业病的发生。又如,为了防止雷电危害,建筑物安装避雷针、避雷线、避雷网、避雷带等,可以减少建筑物遭遇雷击的风险。

（三）风险分散

1. 概念

风险分散是指以增加风险单位数量来提高风险的可测性，平衡风险损失，降低风险成本。在现实生活中，风险分散的实例很多，如一些炒股人士，害怕某种股票过分下跌，进而在其下跌的不同阶段以不同的价格买进该股票或者大量买进其他股票，使持股种类及数目增多。这样一来，即便该种股票下跌幅度很大，其损失也可通过其他股票的上涨或反弹赢利来弥补。人们常说的不要把鸡蛋放在一个篮子里，也是为了分散风险。

风险分散是集合有同类风险的多数单位，将风险损失分散到众多的单位，使某一单位所承担的风险较以前减少；或者将具有不同风险的单位组合起来，使之互相协作，提高各单位应付风险的能力。由于大数法则的作用，损失的不确定相对减少。通过集中与分散，达到降低风险的目的。如风险主体通过合并、扩张、联营或采用商品品种多元化经营的方式，以利于分散或减轻可能遭到的风险。

2. 分散风险原则

既然要投资，就一定会伴随着风险。在投资理论中，“风险”可解释为实质回报与预期回报差异的可能性，这当然包括本金遭受损失的可能性。每项投资工具都涉及不同程度的风险，其中可分为市场风险及非市场风险。市场风险是指一些能影响大市的风险，例如利率的变化、减税或经济衰退等。非市场风险是指个别投资项目独有的风险，如某公司的产品出现问题使公司盈利受损，或罢工导致生产受阻。

1）分散投资各类资产

市场风险是投资者不能回避的，这解释了为何当大市全面下挫时，一家赢利良好及管理完善的公司的股价亦可能跟随市况下跌。非市场风险属个别投资项目特有的风险，投资者可通过分散投资，达到降低非市场风险的目标。所谓“分散投资”，就是将资金投放于不同类别的资产上。

2）资金投向不同市场

要进一步分散投资，可将资金分散在不同的市场里，而这些市场的升跌不会在同一时间发生。以股票为例，影响股价的因素包括国际和本地利率的走势、本地和国际的经济发展周期及各地政府的财政政策及货币政策等。这些市场之间的划一因素使彼此股价的相关系数降低，这解释了国际股票组合的波幅比单一国家低的原因。

需要提醒的是：分散投资只能降低风险，并不能完全规避风险。

（四）损失抑制

1. 概念

损失抑制是指在风险发生时或发生后，为了防止风险的蔓延和损失扩大而采取的一系列措施，是处理风险的有效技术。如安装自动报警装置或自动喷淋系统，以便及时发现和扑灭火灾。损失抑制的一种特殊形态是割离，它是将风险单位割离成许多独立的小单位而达到降低损失程度的一种方法。

2. 损失抑制的措施

损失抑制措施分为两类：一类是积极的事前措施，即在损失发生前为降低损失程度所采取的一系列措施；一类是消极的事后措施，即在损失发生后为降低损失程度所采取的一系列措施。

在损失发生前所采取的损失抑制措施，有时也会减少损失发生的可能性。如新产品上市时，以高价快速进入市场，一方面可以避免随后而来的竞争者加入所带来的市场压力风险，达到损失抑制的效果，假如有竞争者加入，会因投入已收回而减少受损失的程度；另一方面起到损失预防的作用，因为快速高价进入市场，可以树立较好的产品形象，吸引一批早期消费者，从而增大竞争者加入的障碍，减少竞争者加入对风险主体的不利影响。

损失发生后的抑制措施主要集中在紧急情况的处理，即急救措施、恢复计划或合法的保护，以此来阻止损失范围的扩大。如在火灾风险控制中，设置防火墙是一种限制火灾损失范围的事前发生作用的措施，一个有效的自动报警或灭火装置系统是一种事后发生作用的措施。在风险管理中如对客户的管理，主要是通过事前的客户资信评价和资信限度设立抑制损失发生，而对客户停止供货则是事后抑制的重要措施。

事前损失抑制措施与事后损失抑制措施有重复的地方，因为事后损失抑制措施实际上是事前损失抑制计划。这种重复并不影响风险管理的效率或风险分析。事前损失抑制计划只是一个损失发生前想要达到的良好愿望，即在损失发生后使其损失最小化。损失抑制本身需要有事前损失控制计划，甚至实际操练那些有可能在紧急情况下要采取的方法或步骤，以做好准备。

二、财务型风险管理技术

由于受种种因素的制约，人们对风险的预测不可能绝对准确，而防范风险的各项措施又都具有一定的局限性，所以某些风险事故的损失后果是不可避免的。财务型风险管理技术是以提供基金的方式，降低发生损失的成本，即通过事故发生前的财务安排，来解除事故发生后给人们造成的经济困难和精神忧虑，为恢复风险主体生产、维持家庭正常生活等提供财务支持。财务型风险管理技术主要包括以下方法。

（一）风险自留

1. 概念

风险自留是指对风险的自我承担，即风险主体或单位自我承受风险损害后果的方法。风险自留是一种非常重要的财务型风险管理技术。风险自留成本低，方便有效，可减少潜在损失，节省费用。但风险自留有时会因风险单位数量的限制或自我承受能力的限制而无法实现其处理风险的效果，导致财务安排上的困难而失去作用。

2. 风险自留的适用情形

风险主体选择风险自留作为风险筹资的措施通常有以下几种情况。

1)该风险是不可保的

比如说一些巨灾损失,如地震、洪水等。在这种情况下,风险主体采取风险自留的管理措施往往是出于无奈。

2)与保险公司共同承担损失

比如保险人规定一定的免赔额,以第一损失赔偿方式进行赔偿,采用共同保险的方式,或者以追溯法厘定费率,等等。作为一定的补偿,保险人会让渡一部分保费,也就是收取比较低的保险费。

3)风险主体自愿选择自留的方式承担风险

对于某种风险,该风险主体认为自留风险较之投保更为有利。风险主体通常考虑的因素如下。

(1)风险主体自留风险的管理费用(*RC*)小于保险公司的附加保费(*IC*)。这样,风险自留就可以节省一部分附加保费。对于风险自留中将损失计入当前发生费用和建立内部风险基金两种方法,管理费用包括风险主体在流通资金或损失基金不足以补偿损失的情况下,借款或变卖资产所遭受的损失。对于建立外部风险基金的方法,管理费用包含风险主体交付给保险公司的费用以及基金不足时风险主体遭受的损失。对于用借入资金进行风险自留的方法,管理费用是风险主体在遭受损失后的借贷成本。在这里,由于大部分费用是风险主体发生损失后才发生的,因此应当计算其期望值。另外应当注意的一点是,无论是哪种风险自留的方法,管理费用还应当包括风险主体因为自担风险而产生的焦虑成本,准确地说,就是风险主体因为自留风险而无法专心于主业的经营而造成的损失。

(2)风险主体预计的期望损失(*RE*)小于保险公司预计的期望损失(*IE*)。也就是说,风险主体认为保险公司将纯保费定得过高,不投保可以节省一部分纯保费。

(3)风险主体自留的机会成本(*RO*)比投保的机会成本(*IO*)要小。投保的机会成本就是保险费自身及其投资收益:

$$IO=P(1+r)t$$

式中:IO 为保险的机会成本;P 为保险费;r 为资本收益率;t 为衡量的时间。

而自留风险的机会成本可用下式表示:

$$RO=[RE+RC+X](1+r)t-(1+i)t$$

式中:RE 为风险主体预计的期望损失;RC 为风险主体风险自留的管理费用;X 为剩余基金数额;i 为基金的收益率。

这里我们做了一个假设,假设损失和管理费用是在期初支付的,而实际的情况往往并非如此,我们可以将发生损失的金额和支付的费用折算为现值。

(4)风险主体还必须考虑的一个因素就是税收。无论是将损失计入当前发生费用,建立基金还是借款，风险主体往往得不到税收上的减免，而保费的支出却是可以免税的。例如，美国国内收入管理局规定，投保的保险费支出可以免税，但自保计划中提存的基金不视为保险费用。而仅在损失发生时视为费用进而从所得中扣除。用 RT 来表示在衡量的时间内风险主体需要支付的所得税的期望值的折现额，用 IT 来表示在衡量的时间内风险主体投保需要支付的所得税的期望值的折现额。当风险主体的期望损失与风险管理自留的管理费用之和小于保险公司收取的保费时，会有 $RT>IT$，这是不利于风险主体进行风险自留的一个因素。

风险主体在决定用投保还是用风险自留作为风险筹资的手段时，会综合考虑以下因素：

当 $IC+IE+IO+IT>RC+RE+RO+RT$ 时，风险主体采用风险自留在经济上更为有利；

当 $IC+IE+IO+IT<RC+RE+RO+RT$ 时，风险主体采用投保在经济上更为有利。

3. 风险自留的方式

风险自留的方式既可以是无计划的，也可以是有计划的。

1）无计划的自留

无计划的自留产生于以下几种原因。

（1）风险部位没有被发现。

（2）不足额投保。

（3）保险公司或者第三方未能按照合同的约定来补偿损失，比如由于偿付能力不足等原因。

（4）原本想以非保险的方式将风险转移至第三方，但发生的损失却不包括在合同的条款中。

（5）由于某种危险发生的概率极小而被忽视。在这些情况下，一旦损失发生，风险主体必须以其内部的资源（自有资金或者借入资金）加以补偿。如果该组织无法筹集到足够的资金，则只能停业。因此，准确地说，非计划的风险自留不能称为一种风险管理的措施。

2）有计划的风险自留

有计划的风险自留也可称为自保。自保是一种重要的风险管理手段，它是风险管理者察觉了风险的存在，估计到了该风险造成的期望损失，决定以其内部的资源（自有资金或借入资金）来对损失加以弥补的措施。在有计划的风险自留中对损失的处理有许多种方法，有的会立即将其从现金流量中扣除，有的则将损失在较长的一段时间内进行分摊，以减轻对单个财务年度的冲击。从整体上来讲，主要的融资方式有以下几种。

A. 将损失计入当前发生的费用

应当注意到风险主体这样做是一种有意识的决策。这种方式一般适合于风险主体中发生频率高但损失程度小的风险，它构成了风险主体中经常发生而又无法避免的费用，比如机动车的修理费、偷盗造成的损失等。

B. 建立内部风险基金

建立内部风险基金是一项专门设立的基金，它的目的就是在损失发生之后，能够提供足够的流动性来抵补损失。它主要有两种方式，具体如下。

(1)以年为单位，每年以营业费用的形式建立基金，发生损失后以该基金抵补。它与以当前费用扣除损失的方式较为相似，也是适用于发生频率高、损失金额少的风险损失。

(2)将损失在一个以上的会计年度进行分摊。它适用于发生频率低、损失金额多的风险损失。

C. 建立外部风险基金

建立外部风险基金指风险主体逐期支付一定的捐纳金给保险公司，由保险公司代为积累和管理基金。与传统的保险不同的是，一旦出险，保险公司的赔偿以基金中的数额为限。在实际中，风险主体通常会就超过基金积累额的损失与保险公司达成一定的保险协议。也就是说，风险主体支付一定的保险费，保险公司赔偿一部分超过基金总额的损失。与内部风险基金相比较，外部风险基金的捐纳出金可以作为费用扣除掉，但不利的是，风险主体需要支付一定的费用给保险公司。

D. 借入资金

借入资金指风险主体准备在发生损失后以借入资金来弥补损失。这要求风险主体的财务能力比较雄厚，信用好，能在危机的情况下筹到借款。

4. 风险自留的具体措施

风险自留的具体措施如下。

1)将损失摊入经营成本

很多自留财产损失和责任损失的决定都不包括任何正式的预备基金。损失发生后，组织只是简单承受这种损失，将损失计入当期损益，摊入经营成本。这种方法能最大限度地减少管理细节，但是如果损失在不同年度里波动很大，那么较大的损失会使风险主体陷入困境。风险主体可能被迫在不利的情况下变卖资产，以便获得现金来补偿损失。此外，风险主体的损益状况也有可能发生剧烈波动。显然这种方法只适用于那些损失概率高但是损失程度较小的风险，风险主体可以通过风险识别将这些风险损失直接打进预算。

2)建立意外损失基金

意外损失基金的建立可以采取一次性转移一笔资金的方式，也可以采取定期注入资金长期积累的方式。风险主体愿意提取意外损失基金的额度，取决于其现有的变现准备金的大小以及它的机会成本。风险主体每年能负担多少意外损失基金，则取决于其年现金流的情况。建立意外损失基金的方法能够积聚较多的资金储备，因而能自留更多的风险。但是，它有一个不足之处是，按照税务和财务法规，损失费用不可预先扣除，除非损失实际已经发生，而向保险公司缴付保险费却是税前列支。建立此项基金的财源一般是税后的净收入。这一缺陷也说明了为什么许多大公司要设立自己的专业自保公司。

3)借入资金

风险事故发生后,风险主体可以通过借款以弥补事故损失造成的资金缺口。风险主体某部门受损,可以向风险主体或风险主体其他部门求得内部借款,以解燃眉之急,这样会有一定困难。即使借贷成功,由于需求的迫切,也将导致利率提高或接受其他苛刻的贷款条件。当意外损失发生后,风险主体无法依靠内部资金度过财务危机时,风险主体可以向银行寻求特别贷款或从其他渠道融资。由于风险事故的突发性和损失的不确定性,风险主体也可以在风险事故发生前与银行达成一项应急贷款协议,当风险事故发生时,风险主体可以获得及时的贷款应急并按协议约定条件还款。

4)专业自保公司

专业自保公司是风险主体(母公司)自己设立的保险公司,旨在对本风险主体、附属风险主体以及其他风险主体的风险进行保险或再保险安排。在《财富》500强风险主体中有70%的风险主体设立了专业自保公司。中国石化总公司试行的"安全生产保证基金"可算是我国大型风险主体第一个专业自保公司的雏形。建立专业的自保公司主要基于以下原因。

(1)保险成本降低,收益增加。专业自保公司由于可以不通过代理人和经纪人展业,节约了大笔的佣金和管理费用,其保险费率与本公司或行业内部的实际损失率比较接近,因而可以节省保险费开支。优于其他自保方式的一个因素是,向专业自保公司交付的保险费可从公司应税收入中扣除。

(2)承保弹性增大。传统保险的保险责任范围不充分,保险公司仅承保可保风险,其风险范围不能涵盖风险主体面临的所有风险,不能满足被保险风险主体多样化的需要,而专业自保公司更易于了解客户面临的风险类别和特性,可以根据自己的需要扩大保险责任范围,提高保险限额,可根据自身情况采取更为灵活的经营方略,开发有利于投保人长期利益的保险险种和保险项目。

(3)可使用再保险来分散风险。许多再保险公司只与保险公司做交易,通过设立专业自保公司可以使风险主体直接进入再保险市场,以此分散风险,扩大自己的承保能力,有剩余承保能力的还可以接受分保。

(二)风险转移

风险转移是指一些单位或个人为避免承担损失,有意识地将损失或与损失有关的财务后果转嫁给另外一些单位或个人去承担的一种风险管理方式。风险转移又有财务型非保险转移和财务型保险转移两种方法。

1. 财务型非保险转移

财务型非保险风险转移是指单位或个人通过经济合同,将损失或与损失有关的财务后果转移给另外一些单位或个人去承担。

1)财务型非保险转移的概念

所谓财务型非保险转移,是指受补偿人将风险损失的财务负担转移给补偿人(保险人除外)的一种风险管理技术。这种非保险的风险转移技术与前述控制型非保险转移的区别在于:后者所强调的是转移损失的法律责任,而此法所强调的是转移损失的财务负担。这种方法的具体措施又分为以下四种。

A. 中和

所谓中和,是指将损失机会与获利机会相平衡的一种方法。这是处理投机风险的主要对策。中和法用于处理商业价格风险时,称为“套购”(Hedging)。

例如一面粉商于10月1日买进一批小麦,购价1 000元,该小麦磨成面粉,预计于次年2月1日出售,售价1 800元,赚取合理的利润。但是,小麦价格的波动会影响面粉价格,因此利润便是不确定的,也可能蒙受损失。此时,面粉商可在10月1日购进小麦时,同时订立于次年2月1日以同样的价格出卖小麦的合同,这样就中和了未来价格的风险而免于受损,因为2月1日出售面粉的损益将因小麦出售的损益而抵消。这种安排就是套购。

B. 免责约定

这种约定是指约定的一方将于合同下产生的对他人人身伤害和财产损失的责任损失转移给另一方,其主要形态有不动产租赁约定、工程合同、委托合同等。例如,一般建设工程工期较长,施工期间承包方将面临建材、设备价格上涨而带来的损失。因此,承包方可要求在协议条款中写上若因发包方原因致使工期延长时,合同价款应相应上调。发包方对施工期间可能出现的价格变动,应一次性付给承包方一笔风险补偿费用,若由发包方指定厂家,而由承包方采购材料、设备,承包方可在协议条款中载明若产品价格高于承包方预算价格时,差价由发包方承担。这样,承包方的潜在损失责任就转移给发包方了。同样,发包方也可通过协议条款,将潜在风险损失转移给承包方。

C. 保证

所谓保证,是指由保证人对被保证人因行为不忠实或不履行合同义务所致权利人的损失予以赔偿的合同。注意事项如下。

(1)保证合同中通常有三个当事人,即保证人、被保证人和权利人。

(2)保证合同是由保证人提供保证,使权利人获得保障。保证人愿意提供保证,是因为他可能在其他方面与另外两方有某些利害关系。

(3)保证人通常以被保证人的财产抵押来补偿可能遭受的损失。

D. 股份制

这是指借风险主体公司的组织发行股票,将风险主体的经营风险转移给多数股东承担。

2)财务型非保险转移的适用情况

(1)风险转移者和风险承担者之间的损失可以清楚地划分。在签订合同时,当事人要非常明确损失的概念,双方对此的理解也一致,并且一旦损失发生,要能清楚地划分。

（2）风险承担者能够且愿意承受适当的财务责任。显然，若风险承担者不愿承担损失责任或无经济实力支付损失赔款，该转移技术就无法实施。在协商合同条款时，风险转移者必须明确地告诉风险承担者，有关条文的全部含义及其可能产生的后果，使风险承担者在对自己的承受能力做了适当的估计并充分衡量利弊之后，再做出相应的承诺。

（3）应用此法的成本低于其他风险管理技术。应用非保险转移技术对风险转移者和承担者双方来说，都觉得有利可图，其利益可能是直接的，也可能是间接的。显然，若仅对一方有利，则无利方将可能拒绝接受这一技术。

3）财务型非保险转移的优点与局限

A. 财务型非保险转移的优点

（1）转移潜在的损失。保险公司只承保可保风险，而且即使是可保风险，具体到某一保险公司来说，也不一定开办此项业务。财务型非保险转移所能处理的风险，既可以是纯粹风险，也可以是投机风险；既有可保风险，也有不可保风险。因此，对某些风险来说，就只好通过非保险途径来转移。在人们从事的各种经济活动中，伴随着签订大量的经济合同，人们就可利用经济合同中的某些条款来转移风险，以补充保险无法完成的潜在风险损失转移的功能。

（2）在实际中经济易行。财务型非保险转移非常灵活，不仅转移的责任可大可小，而且转移的成败主要取决于人们如何巧妙地运用各种法律知识、合同条款、合同语言、谈判技巧等。同时，合同本身的多样性为风险管理者灵活运用这一管理技术留有了足够的余地。另外，与保险相比，它无须支付保险费用。控制风险则不仅要支付相当的费用，还要做大量的工作，而非保险转移，则只需在合同条款上下功夫，一旦合同签订，转移就告成功。

（3）有利于全社会控制风险。以建设施工合同为例，若承包人将因设计图纸的疏忽、错误、更改所造成的工程损坏及因此发生的拆除、修复等费用支出以及承包人因此而发生的人工、材料、机械和管理费用等损失转移给发包人，则发包方就会更加严格、周密地审查设计图纸及其所提供的全部技术资料，以控制这类损失的发生。这样将潜在损失转移给那些能够更好地实施损失控制的人，无疑会使损失发生的频率和损失幅度降低。

B. 财务型非保险转移的局限性

（1）受到法律和合同条文本身的限制。财务型非保险转移是通过合同双方所签订的协议条款来实现的，但法律、条文、合同条款均有其明确的法律意义和标准，合同双方必须在严格遵循法律规定和合同条文的基础上，转移那些在法律上、在合同条文中没有规定或者规定不够明确的损失责任，否则，这种转移将是不正当的、无效的。另外，由于各国的法律、各种合同条文的规定以及人们的习惯均不相同，造成伴随涉外经济活动的各种合同，在对合同语言的解释上，可能出现明显的差异。因此，在涉外经济活动中，非保险转移的局限性更大。近二三十年来，基于公众的舆论，对运用合同条款转移风险损失的做法，许多国家纷纷通过立法来加以限制。例如，英国《不公正的合同条件法》第二章规定：任何合同条件或通知，如果因疏忽引起的人身伤亡的责任除外或加以限制的话，这些条件和通知均属无效。对因疏忽引起的财产损失责任的除外和限制，只有在法官对这类条件或通知经审查后认为合理时才能实施。

（2）财务型非保险转移有一定成本。一般来说，风险承担者不可能无代价地接受被转移来的损失责任，其条件可能在合同价格上反映出来。如土建工程承包人常把保险费作为单独一项列入其投标价格中。然而费用的支出主要还在于，一旦损失发生，为解决争端可能支付的一笔相当可观的诉讼费，它往往超过损失本身的经济价值。

（3）风险承担者的转移损失风险。被转移的风险损失一旦发生，可能会很严重，特别是人身伤亡事故。而非保险转移中的风险承受者不存在大量风险单位的集合，所以其承受能力是有限的。若风险承担者无力支付如此巨大的损失赔偿，则该转移无实际意义。因为根据合同的关系不涉及第三者这一原则，只有合同当事人才受合同赔偿和除外责任条款的约束。如某合同规定，乙方在作业时，由于疏忽而造成第三者人身伤亡或财产损失，由乙方承担。而当乙方接受该条款为甲方施工时，并不意味着这个条款能免除由于乙方的疏忽而受到伤害的第三者（丙方）向甲方提出索赔要求。甲方只有在赔偿丙方以后，再向乙方索赔。若乙方的财产少于赔偿金额，甲方最多也只能得到乙方的全部财产，其差额部分由甲方自己承担。

（4）风险承担者会谨慎接受风险。由于在非保险转移中，风险承担者不像保险公司那样存在大量风险单位的集合，所以风险承担者面临的风险损失往往波动很大。正因为如此，他在接受转移时，将会持谨慎态度。

2. 财务型保险转移

保险是一种通过转移风险来应对风险的方法。在一定意义上，保险又是一种应对风险的财务安排。保险转移是指向保险公司投保，以交纳保险费为代价，将风险转移给保险人承担。当发生风险损失时，保险人按照合同约定责任给予经济补偿。首先，保险是集合同类风险单位以分摊损失的一种经济制度，其手段是集合大量同类风险单位，作用是损失的分摊，目的是补偿损失以确保经济生活安定。保险体现了两个方面的经济关系投保人与保险人之间的商品交换关系，体现的是国民收入的一种再分配关系。其次，从风险管理的角度来看，保险是一种风险转移机制。经济单位通过参加保险将风险转移给保险公司，以确定的小额支出代替经济中的不确定性。

第六节　风险管理效果评估

一、风险管理效果评估的概念

风险主体风险管理效果评估是指风险主体在实施风险管理方案后的一段时间内（半年、一年或更长一些时间），由风险管理部门对风险主体相关部门进行回访，考察风险主体实施风险管理方案后管理水平、经济效益的变化，并对风险主体风险管理全过程进行系统的、客观的分析。通过风险管理活动实践的检查总结，评估风险管理问题的准确性，检查风险处理对策的针对性，分析风险管理结果的有效性；通过分析评估找出成败的原因，总结经验教训；通过及时有效的信息反馈，为未来风险管理决策和提高风险管理水平提出建议。

二、风险管理效果评估的要求

1. 评估的独立性

风险管理效果评估必须保证公正性和独立性，这是一条重要的原则。独立性标志着效果评估的合法性，公正性和独立性应贯穿于风险管理效果评估的全过程。

2. 评估的可信性

风险管理效果评估的可信性取决于评估者的独立性和实际经验，取决于资料信息的可靠性和评估方法的适用性。可信性的一个重要标志是能同时反映出风险管理的成功经验和失败教训。

3. 评估的实用性

为了使风险管理效果评估成果对决策能产生作用，效果评估报告必须具有可操作性，即实用性。效果评估报告要有时间性、针对性，应突出重点。

4. 评估的透明性

风险管理效果评估的透明性要求是评估的另一项原则。因为效果评估往往需要引起风险管理决策者、风险管理决策执行单位及相关部门的关注，所以从效果评估成果的扩散度和反馈的效果来看，成果及扩散的透明度越大越好，能使更多的人借鉴过去的经验教训。

5. 评估的合作性

风险管理效果评估涉及风险主体的各个职能部门，需要各方面融洽合作，才能使风险管理效果评估工作顺利进行。

6. 评估的反馈性

反馈是风险管理效果评估的主要特点。风险管理效果评估的结果要及时反馈到决策部门，作为新的风险管理方案立项和评估以及调整风险管理战略与策略的基础，反馈是改进和解决风险管理执行中的问题，提高风险管理水平的需要，这是风险管理效果评估的最终目标。

三、风险管理效果评估的程序

1. 制订风险管理效果评估计划

制订风险管理决策效果评估计划是风险管理效果评估的首要任务。风险管理效果评估的单位可以是国家有关管理部门、风险主体的风险管理部门、保险公司等。风险管理效果评估机构应当根据风险单位的具体特点，确定风险管理效果评估的对象、范围、目标和方法，据此制订风险管理评估计划，评估计划应该能够较好地反映风险管理单位的管理绩效。

2. 搜集与整理有关资料

风险管理效果评估单位根据风险管理效果评估计划搜集有关资料，根据资料评估风险管理的效果。风险的特点决定了风险管理的效果在短期内是难以考察、评估的，需要长期的观察和大量的风险管理资料的支持。这阶段需要搜集的资料包括以下几个方面。

1）风险管理的有关资料

风险管理的有关资料主要包括风险管理意见书、风险管理措施的可行性报告、风险评估报告、设立风险管理设施的成本概算以及其他有关的合同文件。

2）风险管理措施实施后的有关资料

风险管理措施实施后的相关资料主要包括风险管理措施实施后的运行状况、风险管理决策的成本、风险管理决策的收益状况等，这类资料可以通过风险管理决策实施前后发生风险的概率及其以此为依据计算出的技术指标的对比中获得。如果风险事故的发生呈现出上升的趋势，则应该分析产生问题的原因，对以往的风险管理效果做出评估并提出调整建议。

3）国家有关政策与规定方面的资料

国家有关政策与规定方面的有关资料主要包括和风险管理措施有关的国家政策、法规等，评估风险管理措施是否符合国家的政策和法规。

4）有关部门制定的风险管理效果评估的方法

风险管理效果评估不仅需要充分的数据资料，而且还和风险管理效果评估的方法有很大关系。风险管理效果评估的方法应该符合风险管理单位的具体情况并兼顾风险管理单位的管理目标。

5）其他有关资料

根据风险管理的具体特点与风险管理目标的要求，还要搜集其他有关的资料，如风险管理技术资料、设备安全运行情况资料等，为风险管理效果评估提供参考。

3. 编制风险管理效果评估报告

评估报告是风险管理效果评估的最终成果。风险管理效果的评估人员应当根据国家有关部门制定的评估格式，将风险管理效果分析结果汇总，编制出风险管理决策效果评估报告并提交委托单位和被评估的单位。风险管理效果评估报告的编制必须坚持客观、公正和科学的原则。

1）比较分析

利用上述的统计结果与前期的有关数据进行比较。如果是初次评估，则将统计结果与有关历史数据进行比较；如果统计数据优于前期数据，说明工程项目风险管理实施效果较佳，反之说明工程项目风险管理实施效果欠佳，需要分析其中存在的问题。

2）总结、反馈

将效果评估中所反映出的问题反馈给项目风险管理决策人员，为修改、调整风险管理计划提出建设性建议。

四、风险管理效果评估的主要内容

目前，国内外尚未建立统一的风险管理效果评估内容、方法和指标体系。对风险主体风险管理来讲，迫切需要一套符合市场经济规律，符合现代风险主体制度要求、适用于绝大多数以营利为主要目的经营实体运用的风险管理效果评估内容，方法，体系和模式。但一般来说，风险主体风险管理效果评估主要内容如下。

1. 风险管理决策效果评估

风险管理决策效果评估是评估风险主体所面临的风险状况和风险管理决策执行的实际情况，验证风险管理前的风险预测及对风险主体风险抵御能力分析是否正确，并重新评估风险管理决策是否符合风险主体发展的需要。

2. 风险处理技术效果评估

风险处理技术效果评估是通过风险处理方案实际执行后的经济技术参数与执行前预测的数据对照比较，使风险主体进一步了解风险处理方案的实际情况，找出存在的差距，检验风险处理方案设计的合理程度，为新风险处理方案的评审提供依据。

3. 风险管理社会效益效果评估

风险管理社会效益效果评估是分析风险主体的风险管理对社会发展目标影响和贡献的一种方法，包括环境影响评估、社会影响评估、经济影响评估等多方面的综合评估分析。

4. 风险管理经济效益效果评估

风险管理经济效益效果评估是对实施风险处理方案后风险主体的实际财务状况进行再评估，并与风险处理方案实施前进行指标对比，分析偏差原因，提出改进措施，为今后风险管理决策提供参考资料。

5. 风险管理方案实施情况效果评估

风险管理方案实施情况效果评估主要是评估风险管理各环节工作实际成绩，总结各环节的经验教训，找出每个阶段的工作对实际风险管理效益与预防风险管理效益的偏差程度。

五、风险管理效果评估的方法

风险管理效果评估应坚持成本效益原则，具体方法主要有以下几种。

1. 资料搜集法

资料搜集是项目风险管理效果评估的重要基础工作，是通过各种方式获取所需要的信息。资料搜集的质量与效率直接关系到风险管理决策评估报告的质量和编制进度，为了保证资料收集的质量，应坚持以下原则。

1)准确性原则

准确性原则要求所收集到的信息要真实可靠,信息收集者就必须对收集到的信息反复核实,不断检验,力求把误差减少到最小。

2)全面性原则

全面性原则要求所搜集到的信息要广泛,全面完整。只有广泛、全面地搜集信息,才能完整地反映管理活动和决策对象发展的全貌,为决策的科学性提供保障。

3)时效性原则

信息的利用价值取决于该信息能否及时被提供,即它的时效性。信息只有及时、迅速地被提供给它的使用者才能有效地发挥作用。特别是风险管理决策对信息的要求是"事前"的消息和情报,而不是"马后炮"。所以,只有信息是"事前"的,对决策才是有效的。

2. 过程评估法

过程评估法是指将风险管理措施从计划、决策到实施各个环节的实际情况进行管理,将风险管理措施实施的各阶段同风险管理目标进行比较,及时发现风险管理中存在的问题,分析问题产生的原因,进而进行风险管理决策效果评估的一种方法。通过分析可以确定风险管理决策成败的关键因素,为以后的风险管理决策提供有益的借鉴。

3. 指标对比法

指标对比法是指通过风险管理措施实施后的实际数据或实际情况同实施以前的实际数据或者实际情况进行比较的方法。例如,将风险管理措施实施后发生风险事故的实际损失同以往发生风险事故的实际损失进行对比,可以发现风险管理的效果,也可以为未来的风险管理决策提供依据。

4. 因素分析法

因素分析法是指通过对影响风险管理措施实施后的各种技术指标进行分析,进而对风险管理决策效果评估的一种方法。风险管理决策效果评估的过程中,评估人员应该将影响风险管理效果的各种因素加以分析,寻找出主要的影响因素,并具体分析各主要影响因素对主要技术指标的影响程度。

5. 评分法

评分法是由风险管理效果评估小组负责人组织风险主体领导、职能部门和车间业务骨干等参加座谈会,收集有关风险管理的各种意见,发放"风险主体风险管理方案执行情况评分调查表"并向与会人员解释填表方法,然后进行数据汇总分析,判明风险主体风险管理方案的执行度与成功度。

以上各种风险管理决策效果评估方法各有特点,密切联系,在风险管理效果的实际评估中,可以将各种方法有机地结合起来,对风险管理决策措施进行系统的分析和评估,才能达到评估风险管理决策的目的。

复习思考题

1. 风险管理的目标是如何设定的？它有什么作用？

2. 什么是风险识别？描述一种风险识别的基本方法与辅助方法，并说明它的优点和局限性。

3. 简述感知风险、分析风险的联系与区别。

4. 风险衡量的方法有哪些？

5. 简述控制型风险转移和财务型风险转移的区别。

6. 如何对风险管理效果进行评估？

案 例 分 析

A 公司成立于 20 世纪 70 年代，是一家从事机械设备制造的中小型风险主体，曾经有过辉煌的经营业绩，但由于缺乏战略管理与风险管理意识和实践能力，同众多中小型风险主体一样，难以长期保持稳定健康的经营绩效，逐步走向衰弱，后经大胆改革、战略调整，现已成功转型成为一家高科技中小型民营风险主体。结合 A 公司的经营实践及管理的简洁化，将其风险分为战略风险、运营风险、市场风险、财务风险与法律风险五大类。

分析问题：

1. 如何量化分析 A 公司所面临风险的影响程度？

2. 五大类风险应该如何识别与评价？

为便于进行定量化分析，将风险影响程度及发生可能性的五级定性描述（很高、高、中、低、很低）转化成对应的 5 分制得分（5 分、4 分、3 分、2 分、1 分）。

（1）综合战略风险因素分析的内容，共筛选出 34 个战略风险要素，用德尔菲法对各个风险要素进行风险影响程度、风险发生可能性、当前风险管理水平进行评估，如表 3-10 所示。

表 3-10　A 公司战略风险识别与评估表

风险领域		风险源		影响因素	发生可能	风险控制
		编号	风险要素描述	赋值	赋值	赋值
宏观环境风险	国际宏观环境风险	1	全球经济形势下降	4	4	4
		2	目标市场国法律变化	3	3	3
		3	国际市场主体信用风险	5	3	3
		4	目标市场国产业结构调整	4	3	3
		5	汇率与国际结算风险	4	5	4
	国内宏观环境风险	6	经济下行需求下降风险	5	5	5
		7	通胀加剧政策调控风险	3	3	5
		8	产业结构调整投资沉没	4	3	5
		9	资源价格泡沫堆积成本上升	5	5	3
		10	劳动成本持续上升	3	5	3
		11	利率提高增加财务成本	2	5	4
		12	材料、电力提价促使成本上升	3	5	5
产业环境风险	产业政策风险	13	产能过剩引致产业政策抑制	3	4	4
		14	重复建设引致产业政策制	3	4	5
		15	规模不经济引致政策性重组	5	1	4
	产业竞争结构风险	16	国际行业巨头在华战略布局	5	5	1
		17	底端风险主体带来恶性竞争	3	5	4
		18	潜在进入者进入加剧竞争	4	5	3
		19	战略客户强力压价	5	5	4
		20	退出壁垒增高进退维谷	1	1	5
风险主体内部战略因素引致风险	公司治理低效风险	21	董事会控制不利带来风险	5	1	5
		22	董事会放权不够带来风险	3	1	5
		23	经理层激励不足带来效率损失	5	2	4
		24	公司治理管理中的“隧道视野”	3	4	3
	组织人力文化风险	25	组织分工过细，效能不足	3	3	4
		26	本位主义严重，组织协调性不足	4	3	2
		27	产业高端技术人才不足	5	4	3
		28	中层管理者视野知识方法局限	3	4	3
		29	风险主体文化封闭自大与保守因素	4	2	5
		30	文牍主义和形式主义倾向	3	4	3
	资源能力与价值链	31	专利技术的无奈	4	5	2
		32	风险主体品牌的国际化提升挑战	4	5	3
		33	生产系统资源能力效能不足	4	5	3
		34	支持系统对生产的提升力不足	4	4	3

（2）运营风险的识别与评价：将 A 公司运营管理界定为对生产系统的设计、运行与改进产生影响的重要管理活动。课题组对公司内部运营各个领域进行风险源查找，并对运营风险进行识别与估计，如表 3-11 所示。

表 3-11　A 公司运营风险识别与评估表

风险领域		风险源		影响因素	发生可能	风险控制
		编号	风险要素描述	赋值	赋值	赋值
研发与产品创新	研发决策风险	1	市场误判导致开发方向失败	5	3	4
		2	功能需求识别错误	3	4	5
		3	投入预算失误	3	3	5
	研发技术风险	4	个人能力不足	4	5	3
		5	团队建设不足	5	4	4
		6	创新能力不足	5	5	3
		7	技术整合不足	2	2	5
	研发过程风险	8	研发评审不严谨	4	5	2
		9	研发确认不充分	3	4	3
		10	研发验证不足	4	5	3
生产流程控制（一）	合同风险	11	订单贡献率评审不足	4	5	3
		12	材料评审失误	3	5	3
		13	技术评审失误	3	4	4
		14	商务评审不足	2	3	4
	计划风险	15	产能核算与分析欠准	4	5	3
		16	运作规划欠佳	3	5	3
		17	主生产计划不周	3	5	4
		18	物料需求计划不精确	3	5	3
		19	生产系统信息不畅	5	5	2
	交期风险	20	接口管理欠协调	3	5	2
		21	平准化调整失控	3	5	3
		22	优先级管理欠佳	3	4	4
生产流程控制（二）	设备风险	23	设备利用率低	3	5	2
		24	设备故障次数增加	3	5	3
		25	设备备品消耗上升	3	4	3
	工艺风险	26	工艺技术的负效应	3	5	4
		27	工艺创新型欠缺	4	5	4
		28	工艺领先持续性不足	4	5	3
		29	工艺执行不严	3	5	2
	品质风险	30	质量成本核算不足	4	5	2
		31	批量事故次数增加	2	2	5
		32	慢性不良持续损失	4	5	2
		33	不合格误用及控制不当	4	5	3

续表

风险领域		风险源		影响因素	发生可能	风险控制
		编号	风险要素描述	赋值	赋值	赋值
采购与供应链	采购风险	34	材料价格走势误判	2	5	2
		35	供应商选择与管理不当	4	2	5
		36	整体采购成本管理不足	4	5	2
		37	材料、备品存货策略失当	2	5	5
	生产物流风险	38	长期在库品金额上升	3	4	4
		39	库存周转次数降低	4	5	5
		40	内部物流信息不准，效率低下	3	4	4
	采购物流风险	41	外部物流商选择不当	2	2	2
		42	运输、中转与保管风险	3	3	3
		43	产品包装与发货失误	2	3	3

（3）市场风险的识别与评价：课题组采用 4Ps 模式对公司的市场风险分析，确定公司的市场风险识别与评估，如表 3-12 所示。

表 3-12　A 公司市场风险识别与评估表

风险领域 编号		风险源		影响因素	发生可能	风险控制
		风险要素描述	赋值	赋值	赋值	赋值
产品风险	产品线	1	产品开发不足	5	5	2
		2	单品销售额低	3	5	4
		3	新产品质量不稳定	3	5	3
	产品质量	4	同一质量问题反复出现	5	5	2
		5	出现质量问题不能快速解决	5	5	2
价格风险	产品成本	6	原材料及辅料价格上涨	3	5	4
		7	人工成本上涨	3	5	4
	价格竞争	8	与变争对手价格差距渐小	3	5	4
		9	部分产品零利润或亏本销售	2	5	5
	价格敏感性	10	客户价格敏感性增强	4	5	2
		11	客户成本意识增强	4	5	3
品牌培育与提升	产品质量	12	产品质量影响客户认知度	5	2	5
		13	客户不能客观评价产品质量	1	1	5
	价格竞争	14	低价竞争降低产品档次	3	3	5
		15	不能树立公司高端品牌形象	5	5	2
	客户档次	16	客户难以支持建立高端品牌	5	5	2
		17	忽视优质客户的培育	5	5	2
	品牌传播	18	没有标准化的品牌传播内容	3	4	3
		19	缺少榜样客户培育和宣传	4	3	3

续表

风险领域编号		风险源		影响因素	发生可能	风险控制
		风险要素描述	赋值	赋值	赋值	赋值
市场拓展	成本	20	汇率波动大	5	5	3
		21	国家出口退税政策变动	3	5	4
市场拓展	贸易壁垒	22	关税调节的贸易壁垒	2	2	3
		23	技术壁垒设置	4	5	4
	竞争	24	更多国内风险主体进入国际市场	2	5	5
		25	国外风险主体本土发展加快	5	5	2
	分销商	26	国外分销商选择风险	4	3	4
		27	国外分销商管理复杂	1	1	5
渠道网络	冲突	28	经销商之间渠道冲突	2	5	5
	渠道管理	29	工艺技术的负效应	2	2	3
		30	工艺创新型欠缺	1	1	5
	覆盖率	31	网络覆盖率低	4	5	2

（4）财务风险的识别与评价：将 A 公司的财务管理界面界定为“为实现公司价值最大化（股东财富最大化）而实施的筹资、投资、利润管理以及为保证财务活动正常、持续进行而设计、执行的内部控制活动”。应用德尔菲法对其财务风险识别与评估，如表 3-13 所示。

表 3-13　A 公司财务风险识别与评估表

风险领域	风险源		影响因素	发生可能	风险控制
	编号	风险要素描述	赋值	赋值	赋值
风险控制活动	1	不相容职务不分离	5	2	5
	2	授权审批控制	5	2	5
	3	会计系统控制	5	3	3
	4	财产保护控制	5	3	3
	5	预算控制	5	5	3
	6	运营分析控制	5	5	2
	7	绩效考评控制	5	4	2
信息活动	8	收集	4	4	3
	9	处理	2	2	2
	10	传递	3	3	2
	11	信息系统	5	5	2
内控活动	12	日常监督	2	2	3
	13	专项监督	2	3	3

续表

风险领域	风险源		影响因素	发生可能	风险控制
	编号	风险要素描述	赋值	赋值	赋值
财务风险观察指标	14	资产负债率	5	1	5
	15	净资产收益率	5	5	2
	16	利率	4	3	3
	17	流动负债率	4	1	5
	18	经营现金净流量 / 营业收入	3	1	3
	19	应收账款周转率	2	2	5
	20	存货周转率	3	5	2
	21	固定资产周转率	3	5	2

（5）法律风险的识别与评估：根据对 A 公司经营所涉及的法律环境分析，课题组对其法律风险识别与评估，如表 3-14 所示。

表 3-14　A 公司法律风险识别与评估表

风险领域		风险源		影响因素	发生可能	风险控制
		编号	风险要素描述	赋值	赋值	赋值
国际政治法律宗教风险因素	国际组织法律宗教	1	国际政治关系变化	1	3	5
		2	WTO 等国际组织法律条款	2	3	5
		3	目标市场国法律变化	3	5	3
		4	社会环境与宗教禁忌	2	2	5
	国际客户因素	5	客户商业伦理水平甄别	4	5	2
		6	客户履约能力甄别	4	5	3
		7	国际客户与公司友商的关系	2	3	3
国内法律风险因素	国内法律因素	8	相关法律条款及其变化	5	5	5
		9	法制环境不良	4	5	4
		10	管辖体制及执法者素质	3	5	4
	价值链主体的法律风险	11	供应商违约风险	5	5	1
		12	同行侵犯知识产权	1	5	5
		13	客户起诉索赔风险	2	1	4
		14	国内外横向并购风险	5	1	5
		15	纵向整合法律风险	2	5	4
来自风险主体内部法律风险因素	公司治理风险	16	因股权结构导致的法律风险	5	1	5
		17	委托代理关系导致的法律风险	5	1	5
		18	因内控失败导致的法律风险	5	1	5
	经营管理法律风险	19	损害环境公众利益法律风险	1	1	5
		20	员工权益受损的法律风险	1	1	5
		21	员工渎职引起的法律风险	3	3	3
		22	产品质量引起的法律风险	3	5	3
		23	域用户服务引起的法律风险	3	5	3
		24	审计监控失败引起的法律风险	4	4	2

第四章

风险、风险管理与保险的关系

第一节　风险与风险管理的关系

一、风险是风险管理的对象

目前,针对风险管理的对象并没有统一的说法,传统的风险管理理论认为,风险管理的对象是纯粹风险,并不包括投机风险,即投机风险不在风险管理的范畴之内。但是,当代一些学者认为,风险管理不仅应该包括纯粹风险,而且还应该包括投机风险。这是因为,尽管纯粹风险和投机风险具有不同的特征,但是没有绝对的标准将纯粹风险与投机风险区分开来。而且随着国际金融的发展和金融投资风险的增大,尽管金融风险属于投机风险的范畴,但是金融风险已经成为风险管理的主要内容。所以,虽然细节尚有争议,但是总体已经达成共识,即投机风险也是风险管理的对象。

风险管理需要进行风险识别、风险衡量与风险评价。这三者都以风险的存在性为前提,对风险本身进行定性定量分析。

风险识别、风险衡量与风险评价都是以风险为对象。风险识别是风险管理的第一步,也是风险管理的基础。只有在正确识别出自身所面临的各种风险的基础上,人们才能够主动选择适当有效的方法进行风险处理。风险衡量是在风险识别的基础上对每一种风险进行定性和定量的分析,以确定这种风险带来损失的可能性以及损失的大小。这个过程需要搜集有关风险的各种资料并进行分析,要求所选择的风险衡量方法具有科学性和针对性,其目的是为风险决策提供足够的信息。风险评价是在风险识别和衡量的基础上,综合考虑每一种风险发生的概率、损失幅度以及其他因素，决定是否需要针对这一风险采取控制措施以及控制到什么程度。风险识别和衡量是风险评价的基础，只有在充分揭示风险主体所面临的各种风险和风险因素的前提下，才可能做出较为精确的评价。由此可见，风险管理整个过程中的各个方面都以风险为对象，围绕着风险展开，风险是风险管理的对象。

二、风险管理降低风险的成本

风险管理的重要作用就是降低风险成本，主要体现在以下几个方面。

1. 预防风险事故的发生

风险管理的主要目的在于预防风险事故的发生。俗话说“千里之堤，溃于蚁穴”，以福岛核电站爆炸为例，如果工作人员能够在风险事故发生前做好风险预防与控制，那么福岛核电站发生爆炸的概率就会大大降低。所以，如果在预防风险事故发生的阶段做好了风险管理，就会预防风险事故的发生，从而降低风险承担单位的风险损失。

2. 减少风险事故造成的损失

通过风险管理，可以减少风险事故发生所带来的损失。在风险事故发生后，如果不加以控制，风险程度可能会逐渐加剧，风险范围也会逐步扩大。比如，2014 年春天，几内亚、利比里亚、塞拉利昂等西非国家暴发埃博拉疫情，数以万计的生命惨遭吞噬。当年 8 月，世界卫生组织发布警告称：如果疫情无法得到有效控制，可能会引发灾难性后果。面对这一国际突发公共卫生事件，中国政府积极应对。7 月 9 日，质检总局、外交部、国家卫计委、国家旅游局做了《关于防止非洲埃博拉病毒病传入我国的公告》；8 月 12 日，北京市卫计委指定佑安医院、地坛医院为埃博拉出血热定点收治医院，指定北京急救中心为病例转运机构，一旦发现埃博拉病例，患者将被送至这两所医院隔离救治；8 月 14 日，国家卫计委组织制定了《埃博拉出血热相关病例诊断和处置路径》；8 月 15 日，国家卫计委发布了《埃博拉出血热防控方案（第二版）》；8 月 18 日，国家卫计委颁布《口岸埃博拉出血热留观病例与疑似病例转运工作方案》；9 月 5 日，国家卫计委科学有序部署埃博拉出血热疫情防控工作。为了防控埃博拉病毒，中国政府还派遣了医疗队援非防控埃博拉。由此可见，风险管理在风险事故发生之后可以大大降低风险损失的程度，缩小风险损失范围，从而降低风险成本。

3. 转移风险事故造成的损失

在风险事故发生后，除了直接对风险承担单位进行风险损失控制之外，通常情况下，风险管理单位也会采取转移的风险管理技术手段，转嫁风险事故造成的损失。比如，放有很多易燃品的风险单位常常会购买保险，当发生火灾事故时，保险公司会对风险单位的风险损失予以赔付，在这种情况下，风险主体所承担的风险就发生了转移，通过这种方式，风险主体在风险事故发生后，依然能够正常生存、发展下去。所以，风险单位可以通过风险管理技术中的风险转移手段，降低风险事故造成的风险成本。

4. 营造安全的社会环境

风险在社会生产、生活中无处不在，而无论哪种类型的风险事故的发生，都会对社会环境造成一定的威胁。战争爆发使得人民无家可归，温饱问题难以解决的时候，动乱时常会发生。比如战况激烈的中东地区，中东国家盛产石油，但是由于石油资源引发的战乱则时常引起当地居民和社会的恐慌与动乱。当风险对社会环境造成威胁时，往往会给政府带来不可忽视的管理成本增量，经济成本增量，以及无形的精神成本增量。显然，这些都不利于社会乃至于国家的政治经济发展。这时通过一定的技术手段管理风险，无论是减小风险事故发生的概率，还是降低风险事故造成的损失，都会对社会环境的安全产生促进作用，也就无形当中降低了社会的风险成本。

5. 确定成本收益权衡方案

风险管理的基本目标是以最小的成本获得最大的安全保障。从管理科学角度来看，任何一项管理活动，随着方案的变化，对应的成本和收益都会产生变化，而风险管理的核心任务就是在确定成本的前提下使得收益最大化，或者在确定收益的情况下使得成本最小化。所谓风险管理的收益，就是在风险事故发生时或风险事故发生后，无风险管理的损失额与有风险管理的损失额之差。为了简化决策选择过程，我们也可以求出收益和成本（负值）的代数和，使其最大化。这样，我们也就找到了收益成本的权衡方案，使得风险管理的成果对于整个风险主体来讲，实现最优化。从这一角度来看，风险管理同样降低了风险成本。

第二节　风险与保险的关系

一、风险的客观存在是保险产生和存在的前提条件

自然灾害和意外事故的客观存在是保险产生的自然基础。人类为了生存和发展，就要从事物质资料的生产。人们在生产过程中对自然规律的认识总是相对的、有限的，自然灾害和意外事故的发生造成的损失总是不可避免。例如：火灾、台风、洪水，地震、雷电、冰雹、泥石流等自然灾害；矿井塌方、瓦斯爆炸、轮船触礁、飞机坠毁、机械故障、车祸等意外事故；因人的过失或产品质量缺陷造成的各种责任事故；违反合同、不守信用所引起的各种经济损失等。特别是有一些灾害事故的破坏力极大，不仅会使社会上多年生产和积累的物质财富毁于一旦，而且人员也会发生重大伤亡，从而造成经济活动的中断。这些自然灾害和意外事故的客观存在，决定着风险的客观存在。

风险是客观存在的，无处不在，无时不有，威胁着人们的生命与财产安全，且不以人的意志为转移。风险事故的发生直接影响社会生产过程的持续进行和家庭的正常生活，因而产生了人们对损失进行补偿的需要。保险是一种被社会普遍接受的经济补偿方式，因此，风险

的客观存在是保险产生和存在的前提条件。

二、风险的发展是保险发展的客观条件

现代科学技术的广泛应用促进了社会进步、生产发展，但给国家、社会、企业和个人带来了更多新的风险。如互联网、大数据、人工智能、生物技术等新技术以及共享经济等新模式的快速发展，它们在成为新时代经济、社会发展的新动能的同时，也引发一系列新的风险，如电子商务风险、互联网金融风险、共享经济风险以及新的结构失业风险、伦理道德风险、安全风险、健康风险等。

有风险就需要有保险，风险的增多对保险提出了新的要求，促使保险业不断设计新险种、开发新业务。从保险的现状和发展趋势看，不仅传统的财产保险及人身保险的保障范围越来越广，作为新风险的电子商务风险、互联网金融风险、共享经济风险、新的结构失业风险、伦理道德风险、安全风险、健康风险等，以及存在高风险的核电、航空事业、石油化学工业、恐怖袭击等的风险，都应纳入保险的责任范围，最终推动保险的持续发展。

风险的发展推动保险的发展，二者总是在互相较量中求得发展。但是，不要认为风险单位购买了保险就进了“保险箱”，就万事大吉，从此不用再担心风险了，这是一种误解。为了消除误解，有两个问题需要明确。第一，保险只是通过理赔适当减轻风险主体风险损失的一种辅助手段，不可能完全消除风险造成的所有损失，而且任何一种保险都有相应的理赔条件和门槛，就算上了保险，也不能损失什么赔什么，损失多少赔多少，风险主体总是要担负一部分相应损失。第二，在正常情况下，风险与保险的关系应该是互相促进，相得益彰，即风险越大，越会促进保险的发展，保险越是发展，越有助于风险主体抵抗风险。但如果对二者之间关系片面理解或处理不当，也会出现相反的结果。比如有的风险主体在上保险前，抗风险意识较强，工作谨慎，严防风险事故的发生，但上了保险后，由于出现事故有保险公司理赔，防范意识就有所下降，发生风险事故的频率就会增高。例如在汽车保险方面，上保险前出了事故需要自己出钱赔付，驾驶员都比较谨慎，出险概率下降；而上了保险后，出了事故由保险公司理赔，这就使一些驾驶员放松了警惕，发生车祸的概率上升。所以，要正确认识风险与保险的关系，不能因为上了保险而放松抗风险意识和疏忽风险管理。

三、风险汇聚是保险经营的基础

风险汇聚（Risk Polling）也称风险集合，是指面临相同风险的主体约定平摊损失。保险是最典型的一种风险汇集。风险汇聚的理论基础是大数法则和中心极限定理。

大数法则：设独立随机变量 $\xi_1, \xi_2, \cdots, \xi_n$ 分别有数学期望 $E\xi_1, E\xi_2, \cdots, E\xi_n$ 及方差 $D\xi_1, D\xi_2, \cdots, D\xi_n$ 并且方差是一致有界的，即存在某一个常数 K，使得 $D\xi_i<K_i$, $i=1, 2, \cdots$ 则对于任何正数 ε，恒有 $\lim\limits_{n\to\infty} P\left(\left|\frac{1}{n}\sum\limits_{i=1}^{n}\xi_i-\frac{1}{n}\sum\limits_{i=1}^{n}E\xi_i\right|<\varepsilon\right)=1$。

由于独立随机变量$\xi_1,\xi_2,\cdots,\xi_n$的算术平均值$E\overline{\xi_n}=\frac{1}{n}\sum_{i=1}^{n}E\xi_i$及方差$D\overline{\xi_n}=\frac{1}{n^2}\sum_{i=1}^{n}D\xi_i$，当各个方差一致有界时，$D\overline{\xi_n}<\frac{1}{n^2}nK=\frac{K}{n}$，由此可见，当$n$充分大时，随机变量$\overline{\xi_n}$的分布的分散度很小，即$\overline{\xi_n}$的值比较集中在其数学期望附近。

中心极限定理：设在独立试验序列中，事件A发生的概率为p，随机变量n_A表示事件A在n次试验中发生的次数，即n_A服从二项分布，则对任意实数x，有：

$$\lim_{n\to\infty}P\left(\frac{nA-np}{\sqrt{np(1-p)}}\leqslant x\right)=\int_{-\infty}^{x}\frac{1}{\sqrt{2\pi}}e^{-\frac{t^2}{2}}dt=\Phi(x)$$

当n充分大时，服从二项分布的随机变量n_A将近似地服从正态分布，因此当n较大时，可以用正态分布来近似地计算二项分布：

$$P(a<n_A<b)\approx\Phi\left(\frac{b-np}{\sqrt{np(1-p)}}\right)-\Phi\left(\frac{a-np}{\sqrt{np(1-p)}}\right)$$

大数法则是概率论中的一个重要法则，它揭示了这样一个规律：大量的、在一定条件下重复出现的随机现象将出现一定的规律性和稳定性。如果我们对某种随机事件进行试验，当试验次数较少时，试验结果往往很不稳定，其结果依赖于个别随机事件；当试验次数较多时，实验的结果就非常稳定，而且试验结果会脱离对个别随机事件的依赖。例如将一枚均匀的硬币投向空中，正面朝上的概率为0.5，如果只扔10次硬币，可能看到有8次是正面朝上的，但如果硬币被扔成千上万次，得到正面朝上的频率越接近0.5，因此，当投掷次数越多，实际结果越接近期望结果，这一点对保险的经营有重要意义。风险单位是发生一次风险事故可能造成标的物损失的范围，也就是遭受损失的人、场所或事物，风险单位是保险公司确定其能够承担的最高保险责任的计算基础。理想状态下的风险单位应独立且同分布，这种现象的意义在于保险人可以据此向每个潜在的被保险人收取同样的保费。

大数法则表明，独立同分布风险单位的数目越大，对均值的实际偏差就会越少，实际结果越接近期望结果。而根据中心极限定理，含有n个风险单位的随机样本的平均损失符合正态分布。

这个结论对保险费率的厘定极为重要，保险公司是一个对损失理赔的行业，它的经营机制是将分散的不确定性集中起来，转变为大致的确定性以分摊损失，其最关心的是实际损失与预期损失概率的偏差。在开展新的业务前，必须通过大量的损失统计资料对风险损失概率进行精确地估算，根据大数法则，承保的风险单位越多，实际损失与预期损失概率的偏差就越小；承保的风险单位越少，实际损失与预期损失概率的偏差就越大，而实际损失与预期损失概率的偏差又影响到保险公司的服务稳定和经营效益。因此，保险公司在根据大量的损失统计资料精算出预期损失概率并制定出合理的保险费率的基础上应尽可能地多承保风险单位，也就越可能有足够的资金赔付保险期内发生的所有索赔，从而使保险公司运营更加平稳，也就越有利于投保人或被保险人，所以说风险汇集是保险经营的基础。

四、保险的对象是可保风险

（一）传统的可保风险应具备的条件

保险是处置风险的一种手段，但并不是所有的风险都可以由保险加以处置，保险的对象是可保风险。所谓可保风险是指保险人可以接受承保的风险，具体讲，就是风险的大小和性质符合保险人的要求，保险人可以承保，但同时保险的价格也在被保险人可以承受的范围之内。可保风险从性质上来看必须是纯粹风险，投机风险不在保险承保范围内。但是，并不是所有的纯粹风险都是可保险风险，纯粹风险必须满足一定条件才能成为可保风险。下面列出传统的理想可保风险需要具备的条件。

1. 风险损失的经济可行性

风险损失的经济可行性，也就是指风险事故造成的损失程度适中，不能太低，也不能过大。这主要有两方面的原因。一方面，如果风险损失程度太低，则该风险威胁很小，通常可采用风险自留方法来处理。倘若开设此类小额保险，由于风险成本相对偏高，对风险主体来说，不如采用其他方法处理风险更为经济。另一方面，风险损失的程度也不能过大，即巨灾风险不可保。事实上，整个保险市场在一定时期所能提供的总保险金额的数量，在一定程度上反映了社会对于自然灾害、意外事故的抵御能力和准备情况，而这种能力和准备在一定时期内是有限的，因此，可保风险的损失程度要受承保能力的限制。在世界保险发展的早期，地震、洪水、台风等这些巨灾都是不可保的。所以可保风险的条件之一是要求风险损失程度相对适中。

2. 风险损失的明确性

保险的理赔，必须以风险损失的明确性为先决条件。因此，风险损失必须在时间、地点、原因以及数额上都能够明确而可鉴定，否则保险的补偿和给付就很难进行；另外，风险损失的明确性也是保险进行险种设计、厘定费率的前提条件。通常，财产保险中，机器损坏以其修复或重置费用作为其损失额；医疗保险中，以医药费作为损失的衡量；而在生存或死亡保险中，由于人的价值无法衡量，一般是在出立保单时由缔约双方商议确定给付金额。如果风险损失无法确定，则该风险属于不可保风险。

3. 风险损失的随机性或偶然性

可保风险必须是风险单位发生该风险具有可能性，而不是确定性，也就是说风险损失的发生具有随机性和偶然性。之所有要求风险损失的发生具有随机性和偶然性，一方面是为了防止被保险人的道德风险和行为风险的发生，所以可保风险必须是意外的，是不可预知的风险，不是投保人的故意行为导致的风险，风险的发生超出投保人的控制范围，且与投保人的个人行为无关；另一方面，保险经营的基础是大数法则，而大数法则的应用是以随机（偶然）事件为前提。所以保险经营的风险，即可保风险必须具备风险损失的随机性或偶然性。

4. 损失概率的可确定性

保险经营风险的前提是可以确定一个适度、合理、公平的保险费率。而保险费率的厘定是建立在预期损失基础上的，即以完备的统计资料为基础，运用科学的计算方法，对风险造成的损失加以预测。如果一种风险是可保的，它的预期损失必须是可以计算的，而预期损失是根据损失的概率分布计算出来，如果风险造成的损失概率可以确定在一个合理的精确度范围内，则这种风险就可以估算出风险损失，并加以承保。相反，如果某种风险没有明确的损失概率分布，则无法预期风险损失，从而无法科学地确定保险费率，理论上该风险是无法承保的。

5. 同质风险单位的大量性

所谓“同质风险单位”，即各风险单位遭遇风险事故从而造成损失的概率和损失程度大体相近，大量同质风险单位的存在是保险经营的数理基础——大数法则的基本要求。大数法则是指随着样本数量的不断增加，实际观察结果与客观存在的结果之间的差异将越来越小，这种差异最终将趋于零。因此，随着样本数量的增加，利用样本的数据来估计的总体的数字特征也会越来越精确。大数法则在保险中的应用是指随着投保单位数量的增加，保险标的的实际损失与预期损失之间的差异将越来越小，从而保险经营的风险就会越来越小。

保险依靠建立保险基金来实现补偿和给付职能，这是多数人负担少数人损失的一种互济行为，因而，就某种特定的风险而言，要求大量的风险单位共同参与。倘若没有大量的同质风险单位存在，参保的风险单位较少，保险基金筹集不足，就要通过提高保险费率筹足基金，当费率上升到一定水平时，投保人将无力负担或改用别的风险管理方法，承保此风险的保险也就无法运营。因此，如果没有大量的同质风险单位的存在，就不能满足保险经营的大数法则要求，此种风险一般归为不可保风险。

传统的可保风险应具备的条件是对可保风险客观的、本质的原则规定。在纷繁复杂的现实世界中，风险无处不在，种类繁多，有些风险并不能完全满足这些条件。对于不满足这些条件的风险，可以采取一定的技术手段，使之满足这些条件而成为可保风险。例如，通过适当的风险分类实现风险同质；通过再保险、共同保险、保险风险证券化和政府支持等方式扩大承保能力；也可采用保险合同中的免赔额、限制保险金额等条款来实现。因此，随着保险技术的不断改进和承保能力的增强，可保风险的条件突破了传统的界定，风险的可保险性形式呈现多样化发展。

（二）风险的可保性形式

1. 价格可保性（Price Insurability）

从风险可保性的“经典定义”出发，价格可保性是指保险人能够运用保险精算原理和大数法则，将服从一定指数分布的风险主体汇聚在一起，测算每个风险单位的价格，以便保险人筹措建立保险基金，实现对少数成员因该风险事故所致经济损失的补偿和保险人必要的赢利目的；同时，这一风险单位价格也要为被保险人所接受。保险精算都有一定的假设，实际可能与假设发生偏差，但从更广的角度来讲，保险人在整个经营年度或更长的时期内，由经营所有保险业务及其衍生业务所产生的收入在支付保险赔偿和相关经营支出后，必须有承保利润。换句话说，保险人按照精算价格销售的整体保险产品应该能为公司带来盈利，但具体某一项保险业务的经营结果可能不一定盈利。价格可保性是所有风险可保性解决的基础。

2. 分保可保性(Reinsurance Insurability)

分保可保性是指一个风险单位的保额较大或风险较高，按照监管法规，一家保险公司难以独家承保，只有在风险转移给其他保险公司或再保险公司、落实分保的前提下，才具有可保性。再保险的方法有多种方式，针对性的再保险方法有助于提高风险的可保性。如超赔再保险(Excess of Loss)有助于巨灾风险可保性的提高。互换可保性(Swap Insurability)是分保的另一种形式，是指保险人之间对各自承保风险按照约定的方式进行互换，以实现相关风险的可保性，其实质是分保可保性的一种变形。

3. 共保可保性(Co-insurance Insurability)

分保可保性是保险人与再保险人或者保险人之间上下游的纵向风险转移，共保可保性则是风险在保险人之间的横向分配与分散。它是指多个保险人对同一风险按照约定的比例进行共担，可能发生的赔款按照同一比例进行分担。随着保险技术的发展，保险当事方从风险控制、保费支出等各自角度出发，经过协商，形成了保险人和被保险人对同一保险标的进行风险分担，使共保的内涵有了进一步的发展。具体内容是保险人和被保险人事先协商一致，以一个特定的比例来共同分担免赔额以外的保单损失。与共保可保性相类似的是互助可保性(Mutual-Insurability)，其概念是被保险人为了应对风险，在协商一致的情况下，对大家共同面临的风险出资成立共保体，缴纳保费，进行相互保险，对一部分保户可能遭遇的损失在所有参保人之间进行分担。当共保体产生盈利，则由所有被保险人分享，如分红、保费优惠等；当发生亏损时，可能要向被保险人追加保费。这种方式见诸较早创建的人寿保险公司。这种方法对巨灾保险有一定的参考价值。

4. 选择性风险转移可保性(Alternative Risks Transfer Insurability)

选择性风险转移是保险业界新近开发的多种风险转移衍生工具的总称，缩写为 ART，如专业自保险公司、财务再保险、巨灾债券、巨灾调期产品、行业损失凭证和指数保险等。其主要内容是保险人将承保的风险分为两部分，一部分自留，另一部分通过汇合，细分、组合包装成合适的衍生产品转移到资本市场，然后出售给二级市场的广大投资者，即保险人通过发行证券将巨灾风险转移分散到资本市场。其结果是保险人的风险得到了分散，巨灾风险的可保性就会提高。所以，非传统性风险转移是随着保险技术的创新和资本市场的发展而诞生的风险转移衍生工具。但这一方法受制于资本市场及其发达程度。金融危机发生后，这一方法将会受到抑制。

5. 时间可保性(Time Insurability)

准备金机制下的另一种方案是时间分散可保性。一般说来,除了一些巨灾风险以外,其他可保性风险发生概率都服从一定的指数分布,且发生概率较小,标的受损不会同时发生,承保和赔付有一定的时间差。保险公司是永续经营的企业,业务年度或某项业务的亏损,可以利用其他业务年度或续保来弥补,达到以丰补歉;同时也可以通过提高风险管理水平,采取有效的防灾防损措施,降低赔付率,提高风险的可保性。

6. 多样可保性(Diversificative Insurability)

多样可保性的概念较为简单,是指保险公司通过扩大承保较多的业务险种,以分散所承保的某一风险或标的可能带来的亏损,从而实现该风险的可保性。自然灾害的种类很多,如果各种自然灾害均予以承保,那么风险较高的自然灾害在所有自然灾害风险之间得到一定的中和,自然灾害风险可保性就会增强了。当然,越多的非自然灾害保险业务也可以中和或提高自然灾害风险的可保性。

7. 地域可保性(Territory Insurability)

顾名思义,这一方法是利用宽阔的地域来实现风险的可保性。不同的地域所面临的风险存在差异,影响保险事故的其他因素和条件也千差万别,故不同地域一般不会在同一或邻近的时间发生同样的保险事故。如果保险公司经营的地域范围越广,业务种类和业务量也就越多,其所承保业务的风险可保性就越强。国际上老牌的保险公司基本上都实现了跨国界的经营。实际上,这是保险公司经营风险在国际上进行分散的一种形式。

8. 财务实力可保性(Financial Strength Insurability)

财务实力可保性是指一家保险公司财务实力十分雄厚,偿付能力较强,现金流充足,业务规模庞大,业务险种多,经营地域广,其对具体风险可保性的接受度就会强于其他保险人。如果该风险在风险单位上可以划分、时间上可以衔接、空间上可以分散、保额上总体控制,风险的可保性就会容易实现。由此及彼,财务实力可保性可以延伸到一个地区的保险行业。

第三节 风险管理与保险的关系

风险管理与保险无论是在理论渊源上,还是在各自作为一种经济活动与经济制度的发展中,都有着密切关系。

一、风险管理与保险所管理的对象都是风险

风险是保险和风险管理共同管理的对象。客观存在的风险是保险产生的自然基础,保险经营的就是风险,但不是所有风险都被保险所接受,保险只着眼于可保的纯粹风险聚集与分散。而风险管理是全面的风险管理,既着眼于纯粹风险,也着眼于投机风险,是将各种风

险独立出来考虑,从全局的观点进行综合治理。从这一点上看,风险管理所管理的风险要比保险所管理的风险范围更广泛,其处理风险的手段也比保险多。

二、保险是风险管理的传统手段

从风险管理的历史上看,最早形成系统理论并在实践中广泛应用的风险管理手段就是保险。在风险管理理论形成以前的相当长的时间里,人们主要通过保险的方法来管理企业和个人的风险。从20世纪30年代初期风险管理在美国兴起,到20世纪80年代形成全球范围内的国际性风险管理运动,保险一直是风险管理的主要手段并越来越显示出其重要地位。但直接源于保险的风险管理没有局限于保险所研究的风险范畴,而是拓宽了研究的空间,把保险只作为风险处理方法之一。风险管理着力于从总体上把握风险,研究处理风险的一切技术性方法和经济方法,它是从管理学高度来认识风险,分析风险。而保险则仅着眼于风险的分散与转移。但由于保险起步早,经过了长期的经营活动,积累了丰富的识别风险、预测与估价风险和防灾防损的经验和技术,掌握了许多风险发生的规律,制定了大量的预防和控制风险的行之有效的措施,所有这些都为风险管理理论和实践的发展奠定了基础。由此可见,不仅保险是风险管理传统有效的手段,而且保险的发展有助于风险管理水平的提高。

三、风险管理影响保险经营效益

风险管理是保险经济效益的源泉。保险公司是专门经营风险的企业,同样需要进行风险管理。一个卓越的保险公司并不是通过提高保险费率、惜赔等方法来增加利润,而是通过承保大量的同质风险,通过自身防灾防损等管理活动,力求降低赔付率,从而获得预期的利润。作为经营风险的企业,拥有并运用风险管理技术为被保险人提供高水平的风险管理服务,是除展业、理赔、资金运用等环节之外最为重要的一环。

保险业是经营风险的特殊行业,除了不断探索风险的内在规律,积极组织风险分散和经济补偿之外,保险业还培养了一大批熟悉各类风险发生变化特点的风险管理技术队伍。他们为了提高保险公司的经济效益,在直接保险业务之外,还从事有效的防灾防损工作,使大量的社会财富免遭损失。保险公司还通过自身的经营活动和多种形式的宣传,培养国民的风险意识,提高社会的防灾水平。保险公司的风险管理职能,更多的是通过承保其他风险管理手段所无法处置的巨大风险,来为社会提供风险管理服务。如果保险公司不能正确认识客户面临的风险、客观评估风险、选择合理的风险处理手段以及对风险管理模式不断调整与完善,就不可能提升保险经营水平。

四、保险在风险管理中存在局限性

虽然保险是风险管理中的一种重要手段,但是许多风险难以通过保险得到有效管理。保险作为一种商业保障仍具有一定的局限性。

1. 保障类型的过度单一性

保险是一种营利性的商业行为,这就决定了保险公司的经营行为是以实现利润最大化为基本准则的。基于此准则,保险公司只会经营有经济效益的险种,而对于微利或没有利润的险种则不会投入资源进行开发经营,这在一定程度上限制了保险的保障类型。过度单一的保障类型难以满足现实中各种复杂风险的需求,因此,也就不难解释在现实生活中人们所面临的各种巨灾风险往往为保险公司所拒保的现象。

2. 保障覆盖面的狭窄性

保险是一种对价有偿的服务,其获取要付出代价。这种代价对于投保方而言,就是必须按照保险合同的约定,按期缴纳保险费。从全国来看,保险主要覆盖到城镇,对于广阔的农村市场还有很大空间去发展,尤其对于一些缴费高昂的险种,如养老险、医疗险等,城镇和农村的覆盖率差异尤为悬殊。保险的对价有偿和单一保障类型共同限制了保险提供保障的覆盖面的扩大。

3. 保险手段的消极性

风险管理技术依照实施的时间可以分为损前技术、损中技术和损后技术。保险显然属于一种损后技术,侧重的是保险标的受灾后的补偿与恢复。作为一种损后技术保险的积极性是肯定的,但由于长期以来保险过于注重损后处理,过于突出经济给付或补偿的基本职能,而大大忽略了对风险的损前和损中控制,疏忽了防灾防损职能的履行。

复习思考题

1. 简述风险与风险管理的关系。
2. 为什么说风险管理可降低风险成本?
3. 简述风险与保险的关系。
4. 风险的可保性有哪些形式?
5. 简述风险管理与保险的关系。

案 例 分 析

2019 年 11 月 12 日,一辆由北京开往湖南长沙的 A 快递公司运输车辆,在河南安阳路段发生火情,有 7 000 余票快件被烧毁。据了解,着火的这辆物流车长约 15 米,车厢内装载 13 吨包裹,主要有日用品、百货等。经过两小时扑救,现场大火被扑灭,无人员伤亡,但车上的快递几乎全部被烧毁。“快递还没到,可能是被烧了”这句玩笑话在现实中上演了。A 快递公司也因为快递被烧上了微博热搜。庆幸的是，A 快递公司对待此次事件的态度还算可圈可点，11 月 14 日就给出了相应的让客户满意的补救措施。快递包裹发生意外的情况不是个例，每年“双 11”正值物流运输达到峰值，10 亿件包裹量是对电商末端、线下仓储分拣、打包、运输等各个环节的考验，安全问题不容小觑。

分析问题：本案例体现了风险与风险管理的哪些关系？如何通过风险管理降低风险损失？

本案例体现的风险与风险管理的关系：风险是风险管理的对象，风险主体通过风险管理降低风险损失。此次火灾发生的原因是 A 快递公司没有做好风险预防措施，也就是说，在事故发生前，他们没有做到真正降低事故发生的概率。如若对其采取一定的风险管理措施，就会减少风险事故造成的损失，避免风险进一步扩大，避免滋生纠纷，营造安全的社会环境。

此次火灾事件可减小风险损失的措施如下。

1. 预防风险事故的发生

（1）11 月份正值秋冬交替季，空气干燥。货车长期密闭运输，且主要货物是各种日用品、百货、食用油、纸巾等快递包裹，容易引起自燃。因此在运输时应加强防护，采取及时降温的措施，不能为了利益而抛弃货物运输的安全与质量。

（2）“双 11”期间，网购折扣力度较大，不少网友会趁此机会囤积物品。庞大的货物量会给运输车带来运输压力，甚至是超载的威胁。而众所周知，超载的货车起火的概率，会远远大于承载正常运输量的货车，因而应严格控制货运运输量，规避因为超载带来的风险。

（3）目前网购商品的包装，大多是采用纸质外盒搭配聚苯乙烯（塑料）的包装方式。这些材料的燃点低，易起火，而且一旦发生火情，很难在短时间内进行有效灭火，可以考虑在“双 11”网购折扣力度较大这一时期，采用新型阻燃包装形式。

2. 减少风险事故造成的损失

（1）快递公司和客户在事件发生前就购买对应的保险，从而转嫁风险事故造成的损失。

（2）事件发生时若得到灭火器等物品及时灭火则可以减少一部分损失。

（3）事件发生后快递公司和客户寻找保险公司进行理赔。

3. 转嫁风险事故造成的损失

1）购买相关保险

针对快递，存在两种保险。第一种就是我们熟知的运费险。退货（售中）运费险是一种运费保险，分为退货运费险（买家）和退货运费险（卖家）两个类别。交易成功后运费险将自动失效。运费险一般根据商品重量计算，在 10 元至 25 元之间。但是此类保险仅对商品退换存在一定作用，与货物出现损失无关。第二种就是我们在寄快递的时候可能会买的快递保险，所谓快递保险都属于企业自保行为，并不具备《中华人民共和国保险法》（以下简称《保险法》）认可的保险人资格，另外快递公司作为承运人同时又收保险费的本身也是有问题的，有时纠纷难以避免，费率为千分之几（1~8），存在一定比例的免赔额。快递保险是指承保快递通过陆、空两运输工具在运输途中由于自然灾害、意外事故或外来原因所造成的包裹内物件的损失，一般不是全额损失的。

针对车辆自燃，车辆拥有者可以通过车辆自燃险找保险公司赔偿。车辆自燃险，全称为车辆自燃损失保险，它是机动车车辆损失保险的一个附加险种，汽车发生自燃后，保险公司将根据车辆损坏的程度进行相应的赔偿。

2）国家相关法律

按去年颁布新《中华人民共和国邮政法》的说法，邮政企业对给据邮件的损失依照下列规定赔偿：保价的给据邮件丢失或者全部损毁的，按照保价额赔偿，部分损毁或者内件短少的，按照保价额与邮件全部价值的比例对邮件的实际损失予以赔偿；未保价的给据邮件丢失、损毁或者内件短少的，按照实际损失赔偿，但最高赔偿额不超过所收取资费的 3 倍；挂号信件丢失、损毁的，按照所收取资费的 3 倍予以赔偿。

4. 营造安全的社会环境

由于快递运输中可能出现快递诈骗问题，在发生快递事故时，为了减小风险的发生概率，维护社会环境，快递公司应该及时发布相应回应，以防对消费者造成更大程度的伤害。

第五章

保险概述

第一节 保险的产生与发展

一、保险产生与发展的基础

(一)自然基础

自然灾害和意外事故的客观存在是保险产生的前提条件。在自然界中,存在着地震、海啸、洪水、飓风、雷击等自然现象。这些自然现象往往给人们的生产和生活带来灾难性后果。另外,人类在进行生产、日常生活过程中,经常会因为疏忽或错误行为,造成意外事故。例如失火、沉船、爆炸、车祸等,这些意外事故也会对物质财富造成损失或者人的生命造成伤残、死亡等不幸后果。自然灾害和意外事故是客观存在的。人们要生产和生活,必须与自然灾害和意外事故进行斗争,以保证社会生产的正常进行和人们生活的安定。

人们与自然灾害和意外事故进行斗争的措施很多,归结起来有以下三个方面。一是积极预防。如兴修水利、筑坝建堤防止洪涝灾害;实行卫生检疫、防止疾病的传染或中毒事件的发生。二是有效控制。对于已经发生的自然灾害或意外事故,通过施救的办法来制止灾害的扩大和蔓延,以减少损失,如扑救火灾、泄洪排涝、抢救伤员等。三是补偿损失。对自然灾害或是意外事故造成的损失,用货币形式或实物形式给予补偿。预防和控制的措施虽然可以很大程度上减少损失,但其作用范围是有限度的,而且难以弥补已经造成的损失。只有采取经济补偿措施,才能应付较大的灾害损失,恢复暂时中断了的生产和正常生活。对于全社会的损失补偿,采取在国家财政预算中提留后备基金的方式,主要用于特大灾害的救济;

有法人或自然人的损失补偿,采用自由的资金或实物的积蓄后备进行补偿的方式;商业保险则是除上面两者外的意外损失补偿中的一项重要措施。

自然灾害和意外事故的客观存在,导致了人类需要思索与之进行斗争的方式。保险作为一种有效的经济补偿措施,正是在这种前提条件下产生的。没有自然灾害和意外事故就不会产生保险。人类社会越发展,创造的财富越集中,遇到自然灾害和意外事故所造成的损失程度也就越大,就越需要通过保险的方式提供经济补偿。

(二)物质基础

剩余产品的出现是保险产生的物质基础。追溯历史,保险是从原始物质后备和损失分担办法演变而来的。我国从夏周开始,历代统治君王为了克服大自然灾害所带的不利影响,大都建立粮食仓储制度,这就是所谓“丰年储备,荒年放赈”。例如汉代曾建有太仓制度,朝中设有太仓令,专管仓储之事。这种制度,就是由原始的一家一户的物质后备,向集体分担损失过渡的一个例证。又如在我国长江航运中,早在两千多年前就出现了共同分担危险的做法,船主们事先商议,将本船货物的危险分散到其他船只,万一本船发生沉没,其损失就由各条船共同分担。

我国古代的物质后备和损失分担,实际上已是保险的萌芽。这里应当提出的是,产生这种物质后备和损失分担的物质基础是剩余产品。在原始社会,人们的生产除了满足生存的需要外,还没有剩余产品,也不会有简单的商品交换,因此,就不会产生物质后备和损失分担的思想和行为。到了原始社会后期,社会上出现了剩余产品,这时才使物质后备和损失分担成为可能。

(三)经济基础

商品经济是现代保险产生和发展的经济基础。在商品经济条件下,货币作为一种特殊商品在长期的交换中分离出来,货币的出现使后备由实物形态过渡到货币形态。在此基础上,保险资本逐渐独立出来,现在保险业以科学的分散危险的原理,建立起保险基金,成为专门经营经济补偿的保险行业。

商品经济的发展,使生产逐步社会化,生产、分配、交换、消费成为不可分割的经济链条。其中每一个环节都有可能遭受自然灾害或意外事故的侵袭。每一个环节的企业或个人,都希望以较少的费用支出,求得较大的安全保障。这就为保险业能够集合多数人的保险分摊金,补偿其中少数人的灾害损失奠定了经济基础。

(四)科学基础

概率论和大数法则是现代保险产生的科学基础。自然灾害和意外事故的发生与否、何时发生、发生后造成的损失程度大小,事先都是不能确定的。在数学中对这种在相同条件下可能发生也可能不发生的事件称为随机事件。从宏观上看,随机事件存在着必然性,即自然灾害和意外事故是客观存在的,肯定会发生。从微观上看,随机现象存在着偶然性,即自然灾害和意外事故发生与否是不确定的。概率论的出现,使人类找到了一种随机现象的运动规律。“一门科学,只有在成功地运用数学时,才算达到了真正完善的地步”,保险经营者就是运用概率论的理论进行科学计算,找出了自然灾害和意外事故的损失概率。根据大数法则原理,承包的危险财产越多,越接近于损失的概率。根据这一原理,计算出保险的损失率,这就为现代的保险业产生和发展提供了科学的依据。

二、保险的产生

(一)保险思想的萌生

1. 中国古代的保险思想

1)仓储制度

在历代思想家的舆论先导作用下,我国古代逐渐建立了粮食的仓储制度。中国古代的仓储制度主要有:常平仓、义仓、广惠仓。

2)货物运输风险分散

我国是最早发明并运用风险分散这一保险基本原理的国家。远在公元前三四千年,扬子江上的帆船商人,冒着生命和财产危险,扬帆运货于激流之中,刻意不将个人全部货物集放于一船,以分散风险。这种分散风险的方法,体现了现代保险和风险管理的基本原理。

我国古代商业保险萌芽主要集中于货物运输方面。不论是镖局、盐运与漕运的做法,还是“麻乡约”的存在,均是如此。其基本做法依据的是风险分散、共同承担或实行约定的损失赔偿责任制。

2. 国外古代的保险思想与原始形态保险

在国外,保险思想与原始形态的保险最初产生于古巴比伦、以色列、古埃及、古希腊和古罗马等地。

1)财产保险思想

公元前 20 世纪的古巴比伦时代,国王曾命令僧侣、法官及市长等对其辖区境内的侨民征收税金,用以救济火灾及其他自然灾害所导致的损失。

公元前 16 世纪,巴比伦国王汉谟拉比制定了著名的《汉谟拉比法典》,规定商队中的马匹、货物等在运输中如果被劫或发生其他损害,经宣誓并无纵容或过失等情况,可免除个人的债务,而由全体商队成员补偿。

公元前 10 世纪,以色列国王所罗门对其国内从事海外贸易的商人征收税金,用以补偿遭受海难者的损失。

2)人身保险思想

古埃及时代,石匠中有一种互助基金组织,凡参加者须缴纳一定数额的会费,用以支付会员死后所需的丧葬费。这是一种类似于人寿保险和意外伤害保险的办法。

在古希腊也有一种团体,将有相同政治观点或宗教信仰的人或同一行业的工匠聚集在一起,每月缴纳一定数额的会费,当参加者遭遇不幸时,由团体给予救济。

公元1世纪,罗马出现了格雷吉亚组织,它最初仅为宗教团体,后来开始征收一定数额的会费,会员死亡时由其遗属领受一定金额的丧葬费。在当时的罗马军队中也有类似的组织。

(二)保险的萌芽

1. 共同海损分摊制度是海上保险的萌芽

在各类保险中,起源最早,历史最长者当属海上保险。正是海上保险的发展,推动了整个保险业的发展。

海上保险是海上贸易产生与发展的产物。早在公元前2000年,地中海一带就有了广泛的海上贸易活动,尤其作为东西方贸易的交通要道,为该地商人带来了丰厚的利润。然而,海上贸易的获利与风险是并存的,限于当时的生产力水平,用于运载货物的船舶构造非常简陋,难以抵御海上狂风巨浪的冲击,因此,航海是一种很大的冒险活动。要使船舶在海上遭风浪时不致沉没,在当时一种最有效的应急措施就是抛弃货物,以便减轻船舶的载重,轻载续航。但是,决定抛货时,往往会引起船货各方争议,任何一方都不愿将自己的财产为他人的利益做出牺牲。为了使被抛弃的货物能从其他收益的有关方获得补偿,当时在地中海航海商人中形成了一种习惯,即为船货共同安全而抛弃所引起的损失由获益的全体船货各方共同分摊。这就是"一人为众,众为一人"的原则。这原则后来为公元前916年的罗地安海商法所吸引,并正式规定为"凡因减轻船舶载重而投弃入海的货物,如为全体利益而损失的,须由全体分摊归还"。这就是著名的共同海损,即在海上运输途中船舶遇到风险时,为了保证船货各方的共同安全,船方有意识地做出合理牺牲和支出的特别费用。注意,共同海损本身只是海上风险带来的一种特殊损失,而并非保险制度分摊规则。此后,各国法律又规定了有关共同海损分摊的详细规定,因为共同海损分摊原则体现了损失分担这一保险的基本原理,因而被公认为海上保险的萌芽。

2.15、16世纪的海上保险是人身意外伤害保险的萌芽

在海上保险的萌芽过程中,一度包括人身保险中意外伤害保险。15世纪后期,欧洲的奴隶贩子把运往美洲的非洲奴隶当作货物投保海上保险,实际上是一种人身意外伤害保险。后来船上的船长、船员也可投保,如遇到意外伤害,由保险人给予经济补偿。到16世纪,又发展到承保旅客被海盗绑架而支付的赎金。这些都被认为是人身意外伤害保险的萌芽。

3. 人寿保险是由基尔特制度、公典制度和年金制度等汇集演变而成

公典制度流行于15世纪后半期的意大利北部及中部城市,是一种慈善性质的金融机构,在这里存款,最初一定时期内不计利息,经一定期间后,存款者可以取得数倍于存款金额的资金;年金制度于16、17世纪出现在英国,在荷兰尤为盛行。这些制度被视为人寿保险的较早形式,尤其是年金制度将资本、利息与生存死亡相结合,已十分接近现代的人寿保险。

4."黑瑞甫"制度和基尔特制度——火灾保险的原始形态

"黑瑞甫"制度和基尔特制度都是一种相互保险的制度。现代火灾保险的起源可追溯

至 1118 年冰岛设立的"黑瑞甫"社(Hrepps)。"黑瑞甫"制度是针对火灾损失负责赔偿的制度。基尔特制度在人身保险的早期形式中是一种专门以会员及其配偶的死亡、年老、疾病等作为提供金钱救济重心的制度。17 世纪,德国北部曾盛行基尔特制度,成立了很多互助性质的火灾救灾协会,会员之间实行火灾相互救济。1676 年,由 46 个协会合并宣告成立了"汉堡火灾保险局",开创了公营火灾保险的先河。

(三)保险的形成

1. 海上保险的形成

1)船、货抵押借款制度是海上保险的雏形

希腊大哲学家亚里士多德曾将早期的大规模商业活动分为三类:造船、运输和放款。放款即指船货抵押借款,大致经历了三个历史阶段:海上借贷、冒险借贷、无偿借贷。海上借贷在公元前 800—前 700 年间已很盛行。这种借款制度规定,当船舶在海运途中急需用款时,船东可以将船舶或货物向高利贷者抵押借款。如果船货安全抵达目的地,须还本付息;如果船货中途发生损失,则可免去借款人部分甚至全部债务。船货抵押借款制度是贷款与损失保障的结合,它已具备了保险的基本要素和特征。借贷双方同时相当于保险双方当事人,船舶或货物相当于保险标的。船货抵押借款制度利率很高,通常为本金的 1/3 或 1/4,后因利息过高而被禁止。但由于航海需要这样一种补偿制度作为支柱,不久出现了"无偿借贷"制度,这种制度与现代海上保险的方式更为接近。

2)近代海上保险发源于意大利

早在 11 世纪末,十字军东侵以后,意大利商人曾控制了东西方的中介贸易。在 14 世纪中期,经济繁荣的意大利北部城市特别是热那亚、佛罗伦萨、比萨和威尼斯等地,就已经出现类似现代形式的海上保险。意大利的伦巴第商人因代教会征收和汇划各地缴纳的税款而控制了欧洲大陆的金融枢纽,他们从事海上贸易,并在 1250 年左右开始经营海上保险。起初海上保险是由口头缔约,后来出现了书面合同。英文中的"保险单"一词就是源于意大利"Polizza",世界上最古老的保险单是一张船舶保险保单,是 1347 年 10 月 23 日由意大利热那亚的保险商人乔治·勒克维纶(Gcogius Lecavellum)签发的一张承包从热那亚到马乔卡的船舶保单,该保单至今仍保存在热那亚的国立博物馆,但这份保单并没有订明保险人所承受的保险责任,只是规定承保人负责赔偿船舶损失,因而并不具备保单的基本形式。一份从形式到内容与现代保险几乎完全一致的最早的保单,是 1384 年 3 月 24 日出立的航程保单。到 1397 年在佛罗伦萨出立的保单已有承保"海上灾害、天灾、火灾、抛弃"等责任,更具现代保险的形式。所以,德国经济学史学家萧培考证并得出结论:现代保险的最早形式——海上保险,发源于 14 世纪中叶以后的意大利。

3)现代海上保险形成于英国

15 世纪以后,海上保险随着海上贸易中心的转移而从地中海区域转移至大西洋彼岸。17 世纪开始,英国成为世界海上贸易中心的同时,海上保险的中心也开始转移到英国。第一家皇家交易所的开设，为海上保险提供了交易场所；志气保险商会在伦敦交易所内设立，又大大促进了海上保险的发展；《海上保险法》的颁布更使英国真正成为世界海上保险的中心，占据了海上保险的统治地位。另外，当代国际保险市场上最大的保险垄断组织之一“劳合社”最初就是专营海上保险，其演变史也是英国海上保险发展的一个缩影。

2. 火灾保险的形成

西方国家的财产保险一般又称为火灾保险，简称火险。现代大灾保险制度起源于英国。尽管火灾保险的起源可追溯至 1118 年，但真正意义上的大灾保险却是在 1666 年的伦敦大火之后才发展起来的。伦敦大火也成为英国火灾保险发展的动力。1666 年 9 月 2 日晚，由于皇家面包店的烘炉过热引燃了炉边的柴堆，引发了大火。大火持续 5 天，有 13 000 幢房屋和 90 个教堂被烧毁，灾后 20 万人无家可归，财产损失达 1 200 多万英镑。这场大火，促使人们开始重视火灾保险。转年，牙科医生尼古拉·巴蓬（Nicholas Barbon）首先独资开办了一家专门经营房产火灾保险的商行，开创了私营火灾保险公司的先例。1680 年，他又会同其他人共集资 40 000 英镑，成立合伙性质的火灾保险所。在收费标准上，巴蓬采用了按房屋危险情况实行差别费率的方法，这是现代火灾保险差别费率的起源，从而也使巴蓬具有了“现代保险之父”之称。伦敦大火之后，保险思想深入人心，现代形式的火灾保险也从此逐渐发展起来。

18 世纪末到 19 世纪中期，英、法、德、美等国相继完成了工业革命，大机器生产代替了原有的手工操作，物质财富大量集中，对火灾保险的需求变得特别旺盛。这个时期的火灾保险发展异常迅速，而且火灾保险组织以股份制公司形式为主。最早的股份制保险组织是 1710 年，一个名叫查尔斯·消文的英国人创办的“太阳保险公司”，不仅承保不动产，而且承保动产，业务范围遍及全国。它是英国迄今仍在经营的最古老的保险公司之一。英国在 1714 年出现了联合火灾保险公司，它是个相互保险组织，费率除了考虑建筑物结构外，还考虑建筑物的场所、用途和财产种类，即采用分类法计算费率，实为火灾保险的一大进步。

3. 人寿保险的形成

人寿保险起源于基尔特制度。起初行会对其成员的人身伤亡或丧失劳动能力给予补偿，后来有些行会逐渐转化为专门以相互保险为目的的“友爱社”，对保险责任的缴费也有了比较明确地规定。这种相互保险组织形式对以后的人寿保险发展影响很大。美国最早的人寿保险公司美国保德信保险公司就是相互保险公司，它的前身是 1873 年建立的“孤寡友爱社”。

1551 年，德国纽伦堡市市长博尔兹创立了一种儿童强制保险，规定父母在子女出生之后每年必须缴存 1 塔来尔（古普鲁士币），当子女达到结婚年龄时可以取得于本金 3 倍的给付。

17 世纪中叶，时任法国宰相的洛伦佐·佟蒂设计了《联合养老保险法》（简称《佟蒂法》），但遭到了当时议会的反对。时隔 30 年后，法国国王路易十四为了筹集战争经费于

1689 年正式实行。《佟蒂法》规定每人缴纳法郎，筹集起总额 140 万法郎的资金，保险期满后，规定每年支付 10%，并按年龄把认购人分成若干群体，年龄高些的，分息就多些。《佟蒂法》的特点就是把利息付给该群体的生存者，如该群体成员全部死亡，则停止给付。由于这种办法不偿还本金，并引起了相互残杀，后被禁止。但该法引起了人们对生命统计研究的重视。

1693 年，英国天文学家、数学家埃德蒙·哈雷根据德国布雷斯劳市的《1687—1691 年五年间的市民按年龄分类的死亡统计表》，编制了世界上第一张生命表（Mortality Table）。

埃德蒙·哈雷编制的生命表，奠定了现代人寿保险的数理基础。埃德蒙·哈雷不仅是一位著名的数学家和天文学家，同时还是人寿保险的一位先驱。他精确表示了每个年龄的人的死亡率，并首次将生命表用于计算人寿保险费率，为现代人寿保险奠定了数理基础。因此，生命表的制定，在人寿保险发展史上是一个里程碑。18 世纪中叶，英国人辛普森和多得森两人发起的人寿及遗属公平保险社（伦教公平保险公司），首次将死亡表运用到计算人寿保险的费率上。

首家人寿保险机构是 1699 年成立于伦敦的寡妇和孤儿保险协会（Society of Assurance for Widows and Orphans）。该社筹划吸收 2000 名社员，每人每周缴纳 1.2 英镑社费，用于对每一社员的死亡给付，该社在社员的选择上明确了健康和年龄条件，并规定了缴费的宽限期，这些条件已显示出现代人寿保险的特点。

4. 责任保险的形成

尽管现代保险已经有 300 多年的历史，但责任保险的兴起却只是近 100 年的事。责任保险起始于法国，在拿破仑法典中已经有了民事赔偿责任的规定，发达于 20 世纪 70 年代以后。1855 年，英国铁路乘客保险公司首次向铁路部门提供铁路承运人责任保障，开了责任保险的先河；1857 年，责任保险在英国走向正规，这一年，英国铁路旅客保险公司向曼彻斯特、谢菲尔德和林肯铁路系统提供了意外责任事故保险；1870 年，建筑工程公众责任保险问世；1875 年，英国开办的马车第三者责任保险开始出现；1880 年成立的英国雇主责任保险公司开始为雇主提供责任保险；1885 年，世界上第一张职业责任保单——药剂师过失责任保险单由英国北方意外保险公司签发；1895 年，汽车第三者责任险问世；1900 年责任保险扩大到商品责任，承保的是酒商因啤酒含砷而引起的民事赔偿责任。在西方非寿险保险公司中，责任的保费收入一般都占保费总收入 10% 以上，在保险市场上有举足轻重的地位。

5. 信用保险的形成

信用保险是随着资本主义商业信用风险和道德危险的频繁发生而发展起来的。1702 年英国开设主人损失保险公司，承办诚实保险；1842 年英国保证保险公司成立；1876 年美国在纽约开办了诚实保证业务，于 1893 年又成立了专营信用保险的美国信用保险公司。第一次世界大战以后，信用危机使各国的信用保险业务大受打击。1934 年，各国私营和国营出口信用保险机构在瑞士成立了国际信用保险协会，标志着国际信用保险的成熟和完善。

6. 保证保险的形成

保证保险是由保险人为被保证人向权利人提供担保的一种保险。当被保证人的作为或不为致使权利人遭受经济损失时,保险人负经济赔偿责任。因此,保证保险实际上是一种担保业务。它是随着资本主义金融业发展和道德危险频繁发生而产生和发展起来的。1702年,英国首先创办了主人损失保险公司,开展了诚实保证保险业务。它主要承保被保险人因雇员的不洁行为,如盗窃、挪用公款等造成的经济损失,由保险人给予赔偿。1840 年和 1842年,英国又相继成立了保证社和保证公司。

7. 再保险的形成

现代保险制度从海上保险开始,随着海上保险的发展,产生了对再保险的需求,最早的海上再保险可追溯到 1370 年,当时,一位叫格斯特·克鲁丽杰的保险人,承保了自意大利热那亚到荷兰斯卢丝之间的航程,并将其中的一段经加的斯至斯卢丝之间的航程责任转让给其他保险人,这就是再保险的开始。17 世纪中叶,英国的皇家交易保险公司和劳埃德咖啡馆开始经营再保险业务。在随后的 100 多年中,欧洲大陆的一些国家相继通过相关法令,使再保险业务获得合法地位,如 1681 年的法国路易十四法令、1731 年的德国汉堡法令以及1750 年的瑞典保险法令。从此欧洲大陆的保险人开始经营再保险业务。

早期直接保险业务的开展以单个保险人独立承保为主,如果保险金额过大,多个保险人就采取共同保险的方式联合承保。共同保险带来了保险人之间的相互竞争,于是出现了临时再保险,即由一个保险人先承保全部业务,再将超过自身承保能力的部分以分保的形式分给其他保险人,而不再是由几个保险人共同直接承保。之所以称为临时再保险,是因为保险分出人和分入人之间没有稳定的业务联系,只是在有再保险业务时,临时确定分出与分入的条件和费用。临时再保险逐渐成为再保险业的一种重要经营方式。早期的再保险业务是在经营直接保险业务的保险人之间进行的,也就是说保险人在经营直接业务的同时兼营再保险业务,保险人之间相互分出和分入保险业务。

随着国际贸易的发展、保险金额的增加,为避免烦琐的手续,临时再保险开始有了固定的格式,适应固定分保关系的合同再保险开始取代临时再保险成为再保险的主要方式。1813 年,纽约鹰星火灾保险公司与联合保险公司签订了最早的固定分保合同。

三、保险的发展

(一)世界保险的发展

2016 年德国安联集团研究部门发布了标题为“China Saves the Day”的全球保险市场调研报告,这份报告显示, 2016 年全球保险费总收入创历史新高,达到 3.65 万亿欧元,与去年同期相比略有增加,剔除受汇率影响,增幅约为 4.4%,较 2015、2014 年相比,整体保费初步预测增速略微放缓,但仍然保持了长期平均保费水平,并与全球经济增长速率相协调。根据报告中估算, 2016 年西欧国家保险费整体收入下降 1.2%,并且除了西欧外,东欧部分国家

（波兰、捷克共和国皆为连续四年）和澳大利亚（连续两年）的寿险市场亦在继续萎缩。而另一方面，俄罗斯、土耳其及其他很多亚洲新兴市场（包括印度、印度尼西亚、越南等）都实现了两位数增长。另外，美国的寿险市场发展保持稳定。总体估算，2016 年全球寿险市场的保费总收入增加约 4.7%，共计 2.3 亿万欧元。全球保费总收入（不含医疗保险）的近三分之二仍然来自寿险业务。

报告称，从全球保险市场整体来看，西欧的保险市场仍处于停滞不前的状态。西欧在全球市场的占有率持续萎缩，下滑至 27% 左右，而在 10 年前，西欧的市场占有率则高达 36%。中国等新兴市场的发展正逐渐蚕食西欧在全球保险市场所占的比重。值得关注的是，北美市场并不像西欧市场，北美市场的全球占有率已经多年保持在相对稳定的 33% 左右。虽然目前北美市场的占有率也低于金融危机前的水平，但整体缩水的幅度要远小于西欧。德国在全球总保费收入排行榜上已经被中国超越。紧随其后的韩国估计在年底之前就会反超。保险密度方面，德国排名世界第 18 位，远远落后于其他欧洲邻国。目前，德国人每年用于购买保险的钱只有英国人的一半，少于法国人和意大利人。

世界保险业的迅速发展，使保险在国民经济中的地位和作用不断上升。纵观现代保险业的发展，世界保险业大致呈现以下的发展趋势。

1. 保险供给的组织形式及其创新

国际上保险供给的组织形式主要表现为股份制与相互制两大类。首先，保险供给组织通常要求以公司的形式存在，这是由保险合同的法律性、保险基金的公共信托性等特征决定的。其次，保险供给组织形式通常要求以公司形式的法律实体存在。考虑到从事保险经营的策略和灵活性的不同，保险公司具体的组织形式更多地表现为股份公司与相互公司两大类。在这两大组织的具体形式中，以股份保险有限公司的形式居多，而以相互形式相对较少。21 世纪以来，保险经济需要的增长拉动了保险供给的发展；保险供给主体的增加与扩张，对资金也有了强烈的需求。股份公司筹集资金相对容易，使得股份保险公司有了较快的发展。除传统的股份与相互保险公司外，近年来，国际上出现了从属保险公司供给保险业务。从属保险公司指所有权属于自己的投保人或投保人团体的一种保险公司，通常这种所有权采取拥有专业自保公司的普通股的方式获得。从属保险公司一方面具有传统保险公司的有效控制风险损失的功能，即可以使得母公司或集团成员的保险需求得到满足；另一方面，从属保险公司超越了传统保险公司的风险控制与损失补偿的功能。

2. 保险供给险种的发展与创新

一些发达国家利率的波动与自由倾向以及保险需求的变化，使寿险产品在构成与内容上发生了根本的变化，最明显的特点是寿险产品作为投资型产品的出现。投资型寿险产品的特点是将保费的一部分用于购买投资单位，或是将趸缴保费直接投资于与股票或其他金融资产相关的基金。投资型产品的保障性与收益性多数情况与所投资的金融产品有关系，其收益具有不确定或最低的保证（视保单的不同规定而定），相应的投保人或保单持有人承担较大或全部投资风险。目前欧美寿险市场上新一代寿险产品主要是变额寿险与万能寿险或连结型寿险与单位连结型寿险。前两类投资性的寿险商品是美国寿险公司在高通货膨胀,储蓄账户与消费者利率激增,而使得保单持有人意识到现金价值获得较低的利率的情况下,为适应多变的经济以及更好地与其他金融机构竞争中保险创新的结果。连结型寿险与单位连结型寿险在欧洲尤其英国较为流行,这类寿险产品是将保费的部分或一次性的保费,投资于股票或者财产单位或者基金。近年来,国际上由于巨灾风险的增加、再保险的困境等,已使得财产保险公司将金融自由化和金融创新的金融工具运用到保险风险的转移和安排上,出现了保险产品证券化趋势。在财产保险领域,由于保险险种与资本市场对接,出现了以下新的险种。

1)巨灾债券

迄今为止,国际上约有一半的保险证券化交易涉及巨灾债券。巨灾债券是新的分散风险的途径,而以前只有再保险这一条途径。当约定条件,也就是巨灾发生时,保险人可以不返还本金(当然也不还利息)给债券持有人;但巨灾没有发生时,保险人就要按约定返还本金和利息给持有人,而且它的回报率要高于市面上的其他债券的回报率。

2)巨灾互换

巨灾互换交易是将一系列固定的、事先确定的给付与一系列浮动给付相交换,而后者的价值与投保事件的发生相关联。它为不同地域的保险人提供了分散风险的新渠道。由于不同地域的风险状况不同,发生风险的时间和程度有很大差异,因此,根据风险相对数所签订的互换双边协议,使承保不同地区的保险公司实现了承保风险的多样化、分散化。

3)应急资本

应急资本的购买者有权在某一事先议定的事件发生后,在固定的时间内以固定的价格发行或出售证券。从本质上讲,应急资本是在某些限定条件下筹集资本的权利,它不是一个保险产品,而是一个结合保险市场和资本市场的整合性风险管理产品,其主要目的是要避免保险公司因缺乏可支配资金而导致的破产或对计划内投资项目产生的威胁,以保证保险公司能够维持正常的商业运营。可以说,应急资本在一定程度上增强了保险公司的偿付能力,降低了保险公司资金成本,分摊了保险公司资本的风险,是保险公司风险管理的有效方式之一。

4)在交易所交易的期权

交易所交易期权是指将保险风险转移到资本市场上去的办法。2016 年,中央一号文件明确提出要稳步扩大农产品“保险 + 期货”试点,该试点对于稳定农户收入,提高财政资金的使用效率都将产生积极作用。

3. 保险供给主体的组织形式互相转化

近年来,国际上尤其是发达国家的保险市场上,出现了股份保险公司与相互保险公司的相互转化。股份保险公司向相互保险公司的转化,主要基于两点理由:一是避免其他公司的收购或控制;二是获得没有股票持有者各种需求的自由。相互保险公司向股份保险公司转化,可以使公司具有更灵活的组织结构,更容易进入资本市场,更容易吸收高层管理者,获取公司所有者对公司有更积极的内在和外在利益。除股份公司与相互保险公司的转化趋势外,保险公司之间或保险公司与其他公司之间的合并、收购和战略联盟等也是当今世界保险市场中不应忽视的事实与潮流。保险公司之间合并的基本目的是通过合并使合并后的公司可以较充分地运用合并前各公司的优势。此外,保险公司之间或保险公司与其他公司之间的合并,还可以使合并后的公司发挥经济规模效益,增进客户的信赖。当保险公司与外界的有独立经营目标的公司有长期的、深远的且共同承担风险和分享利益的关系时,保险公司与这家或这些公司之间便形成了战略联盟。目前,由于全球信息技术的高速发展,保险产品在形式与内容上的变化,来自传统和新的竞争者的激烈竞争以及金融市场的全球化等,已使战略联盟深受保险公司的青睐,通过战略联盟可以使得保险公司提高能力以适应变化的经济金融环境。为提高保险公司经营效率、增加公司综合绩效、节约保险交易成本、增强市场势力,经过保险公司之间的重组、兼并或收购等途径,市场上出现了很多跨国保险集团和控股保险集团。随着保险市场的国际化和多边、双边交易的逐步实现,这些跨国保险集团将在保险服务国际化上通过提供境外保险服务,在第三国以商业形式存在,并在自由人流动以及资本技术的跨国运动上表现出较强的全球化态势。

4. 保险供给经营模式与方式的创新与发展

一些发达国家保险业经历了从分业经营、分业管理到兼营和兼业模式的转化,亦即同一保险公司不仅经营人寿保险业务,而且还经营财产保险业务;保险业也不仅限于从事传统和现代的保险业务,而且还渗透进证券业、银行业及其他金融业务。目前,个别发达国家适应混业经营制度的出现,使得保险公司经营模式发生了变化。保险公司不再是一个传统意义上的保险公司,它逐步向着全功能的金融主体过渡,一方面多元化的经营增强了其竞争力,另一方面系统风险一定程度上可以在内部得以分散和分担。目前,在混业经营的跨行业中,银行与保险的结合已经在一些国家,尤其在欧洲得到了较好的发展。一则银行保险可以扩大保险的营销渠道;二则银行保险可以使得银行传统业务得到保险的配套;三则银保结合使得保险的运行突破了仅有保险公司经营的局限。此外,新保险公司经营方式的发展,还在于电子商务在保险领域的广泛应用。

(二)中国保险的产生与发展

1. 中国保险的产生

中国资本主义形式的保险业是随着帝国主义对中国的通商贸易和经济侵略而来的。1805 年,英国驻印度加尔各答和孟买的洋行与其在广州的洋行成立了谏当保安行,这是外商在中国开设最早的保险公司,标志着近代西方保险制度开始传入中国。

第二次鸦片战争和甲午战争后,帝国主义列强对中国的侵略对一些进步知识分子产生了重大影响,他们纷纷阐述各自的保险观点,为中国民族保险业的创建做了思想、舆论准备。

清廷维新派发动的戊戌变法运动也为民族保险业的兴起提供了有利条件。1865 年 5 月 25 日,华商德盛号在上海设立义和公司保险行,这是我国第一家民族保险企业,它打破了外国保险公司对中国保险市场的垄断局面,标志着中国民族保险业的诞生。1875 年 12 月 28 日,在李鸿章的倡议下,清政府成立了官督商办的保险招商局。半年后,增设仁和水险公司和济和水火险公司, 1886 年,仁和、济和两家保险公司合并为仁济和保险公司,主要承保招商局所有轮船、货栈及货物运输,这是中国本民族近代保险发展的开始。1929 年 11 月 20 日,太平保险有限公司在上海成立,成为当时我国保险市场上一家实力雄厚的民族保险公司。

至 20 世纪 20 年代中后期,金融资本投入保险业,民族银行开始兴办保险企业,保险业有了突破性的发展,中国市场出现了太平保险公司这样实力雄厚、信誉卓著,在国际上也有一定声誉的民族保险公司。但是日本侵华战争的爆发,使保险业受到巨大的冲击。

2. 改造中国保险业

为建立起新的适应社会主义建设需要的保险业, 1949 年中央人民政府对中国保险业进行了全面的清理、整顿和改造。

1)接管官僚资本保险企业

中央人民政府接管官僚资本保险机构的工作以上海为重点。接管工作从 1949 年 5 月开始至 10 月底基本结束,当时的官僚资本保险机构,因资金转移和负责人贪污挪用,资产已枯竭殆尽。

2)改造私营保险企业

中华人民共和国成立后,各地相继制定经营保险企业管理办法,并加强督促检查。根据新的管理规定,中外私营保险公司在各地复业,但大部分保险公司资力薄弱,承保能力有限。

在军管会的支持下, 1949 年 7 月 20 日在上海成立了由私营保险公司自愿参加的分保组织——民承分保交换处(简称“民联”),主要经办火险的分保业务。民联的成立,促进了私营华商保险公司的业务发展,提高了保险业的信誉。

1951 年和 1952 年,公私合营的太平保险公司、新丰保险公司相继成立。1956 年,太平和新丰两公司合并为太平保险公司。两家公司的合并实现了全保险行业公私合营,标志着中国保险业社会主义改造的完成。从此,中国国内保险业务开始了由中国人民保险公司独家经营的局面。

3)外国保险公司退出中国保险市场

新中国成立后,中央人民政府采取限制和利用并重的政策,废除外国保险公司的特权并加强监管,要求其重新登记和交纳保证金。随着国有保险公司业务迅速增长,外商保险公司不仅失去依靠政府特权获取的高额利润,也失去了份额很大的分保收入。到 1952 年年底,外国在华保险公司陆续申请停业,撤出中国保险市场。

3. 中国人民保险公司的诞生

1949 年 8 月，中央人民政府在上海举行了第一次全国财经会议。会上，中国人民银行建议成立中国人民保险公司，并在会后立即组织筹备。后经党中央批准，中国人民保险公司于 1949 年 10 月 20 日正式成立，这是新中国成立后第一家国有保险公司。

为配合国民经济的恢复和发展，中国人民保险公司积极开展业务，重点承办了国有企业、县以上供销合作社及国家机关财产和铁路、轮船、飞机旅客的强制保险。在城市与农村积极试办各种保险。为摆脱西方国家对中国保险市场的控制，中国人民保险公司还致力于发展国外业务。经过努力，中国人民保险公司迅速成为全国保险业的领导力量，从根本上结束了外国保险公司垄断中国保险市场的局面。

4. 国内保险业务停办

1）保险业务的挫折

20 世纪 50 年代初，中国人民保险公司各地机构在执行政策和具体做法上出现很多问题，主要表现为依靠行政命令开展业务，内部管理比较混乱。1953 年 3 月，中国人民保险公司第三次全国保险工作会议对上述失误和偏差进行了纠正，确定了“整理城市业务，停办农村业务，整顿机构，在巩固的基础上稳步前进”的方针。到 1953 年年底，各地基本停办了农业保险。同年，国家对城市强制保险业务做了调整：①停办国家机关财产强制保险和基本建设工地强制保险；②国有企业（包括合作社）的强制保险仍继续办理；③其他业务，按对生产有无积极作用、群众是否需要和自愿、自己有无条件、是否符合经济核算四项原则，分为巩固、收缩、停办三类进行清理，由于资本主义工商业社会主义改造的推进，城市自愿保险业务明显下降。

2）国内保险业务的停办

1958 年 10 月，西安全国财贸工作会议提出：人民公社化后，保险工作的作用已经消失。1959 年 1 月，全国的国内保险业务除上海、哈尔滨等地继续维持了一段时间外，其他地方全部停办。从 1966 年到 1976 年的“文革”期间，中国国内保险业务彻底停办。

5. 国内保险业务全面恢复

中国人民银行在 1979 年 2 月召开的全国分行行长会议上提出了恢复国内保险业务。1979 年 4 月，国务院批准《中国人民银行分行行长会议纪要》，做出“逐步恢复国内保险业务”的重大决策。中国人民银行立即颁布《关于恢复国内保险业务和加强保险机构的通知》，对恢复国内保险业务和设置保险机构做出了具体部署。

6. 保险市场逐步多元化

国内保险业务恢复后，中国保险市场由中国人民保险公司一统天下。随着社会主义市场经济的迅猛发展，中国人民保险公司对市场的完全垄断，暴露了许多固有弊端。因此，改变中国人民保险公司一统天下的保险体制已成为当时迫切需要解决的问题。

1986 年 2 月，中国人民银行批准设立新疆生产建设兵团农牧业保险公司。它的成立，打破了中国人民保险公司独家垄断保险市场的局面。

改革开放后，许多外国保险公司看好中国保险市场的巨大发展潜力，希望早日进入中国保险市场。从1980年开始，截至1999年年底，共有17个国家和地区的外国保险机构在我国设立196个代表处。

1999年度，全国共有28家保险公司。保险市场初步形成了以国有商业保险公司为主体、中外保险公司并存、多家保险公司竞争发展的新格局。

7. 保险业务的快速增长

随着国内保险业务的全面恢复，各项保险业务取得了令人瞩目的成就。1980年全国保险费收入4.6亿元，到1999年已发展到1 393.2亿元，增长300多倍，平均每年增长35.08%，开办的险种也由最初单一的财产保险，扩展到包括财产险、人身险、责任险和信用险四大类几百个险种。

1)财产保险

1979年恢复国内保险业务，首先是从恢复财产险业务开始的。从1980年到1995年，财产险业务在国内业务中占绝对优势。随着其他保险业务的发展，财产险比重逐年降低。在财产保险中，企业财产险和运输工具及第三者责任险是主要险种。

2)人身保险

1982年，中国人民保险公司恢复开办了人身保险业务。人身险业务恢复初期，开办的险种主要有团体人身意外伤害保险、简易人身保险、养老金保险等，以后陆续扩展到各种医疗保险、子女教育保险、婚嫁保险、团体人寿保险等险种。

3)农业保险

1982年农业保险开始恢复试办，试办后发展很快，试办范围逐渐扩大。恢复试办时只有生猪保险、棉花保险等几个险种，到1990年已达100多个险种。

4)涉外保险

改革开放前涉外保险业务虽没有中断，但长期以来，发展缓慢。1980年后，随着改革开放的不断深入，涉外保险业务快速发展。目前中国保险业已与世界上100多个国家和地区的上千家保险公司建立了分保业务关系。

8. 保险法制和监管逐步健全

1)保险法制不断完善

从保险业务恢复以来，我国保险法制建设取得很大成绩。1982年开始实施的《中华人民共和国经济合同法》对财产保险合同做了专门规定，这是新中国首次有了实质意义上的有关保险的法律规定。

2)保险监管不断加强

随着金融体制改革的逐步深入和保险业的不断发展，保险监管不断强化。1998年，党中央、国务院决定成立中国保险监督管理委员会。中国保险监督管理委员会的成立，是我国保险发展史上的一个重要里程碑，从此，中国保险业进入一个新的历史发展阶段。

9. 保险业发展新时期

进入 20 世纪以来，我国保险业正步入一个全新的发展阶段，进入了全面对外开放的新时期，呈现出日渐市场化、专业化、国际化、规范化的新特点。

统观国内外经济形势，我国保险业正处于难得的发展机遇期。经过近四十年的发展，保险业基础不断加强，改革向纵深推进，我国保险业正在转型，主要表现在五方面：一是市场化程度提高；二是增长方式出现了转变；保险公司的经营观念发生深刻变化；三是保险的功能作用向纵深发展；四是保险业的外部关联性不断增强；五是国际化程度不断加深。加入世贸组织过渡期结束后，我国保险市场对外开放进一步扩大，将逐步融入国际保险市场，成为国际保险市场的重要组成部分。

第二节　保险的概念及特征

一、保险的概念

（一）保险性质说

关于保险性质的学说，国内外学术界颇不一致，至今仍然争论不休，主要分歧在于财产保险与人身保险是否具有共同性质的问题。日本学者园乾治教授就以此为界，把近现代保险学理论归纳为损失说、非损失说和介于两者之间的二元说这三大流派“十三说”。本部分只对各流派中的主要说法做些评介，以此作为保险学说的基本理论线索。

1. 损失说

保险产生的最初目的，是要解决物质损害的补偿问题。从这个概念出发来阐述保险机制特征的，主要有以下三说。

1）损失赔偿说

损失赔偿说认为保险是一种损失赔偿合同。英国的马歇尔（S.Marshal）说：“保险是当事人的一方收受商定的金额，对于对方所受的损失或发生的危险予以补偿的合同。”德国马修斯（E.A.Masius）说：“保险是约定当事人的一方，根据等价支付或商定，承保某标的物发生的危险，当该项危险发生时，负责赔偿对方损失的合同。”

显然，该学说是从合同的角度给保险下定义的，但保险与合同本来就是两个不同的概念。

保险是经济范畴，经济范畴是经济关系在理论上的抽象，而合同是法律行为，是经济关系赖以实现的形式，因此把保险合同等同于保险是错误的，此其一；其二，该学说即使从合同角度来解释保险的概念，也仅局限于合同保险，即私法上的合同概念，而不能解释公法上强制成立的保险关系，如社会保险、存款保险等。

2）损失分担说

损失分担说强调在损失赔偿中，多数人互相合作的事实，因而把损失分担这一概念视为保险的性质。此学说的倡导者德国的华格纳（A.Wagner）认为："从经济意义上说，保险是把个别人由于未来特定的、偶然的、不可预测的事故在财产上所受的不利结果，由处于同一危险之中、但未遭遇事故的多数人予以分担以排除或减轻灾害的一种经济补偿制度。"又说："这个定义既能适用于任何组织、任何险种、任何部门的保险，同时也可适用于财产保险、人身保险，甚至还可适用于自保。"并强调："所有的保险都是损害保险。"

该学说抛开了对保险概念的法律上的解释，而从经济角度指出保险是多数被保险人之间的相互关系，即分担损失赔偿，实际上已经阐明了保险的本质，这是一大进步。但华格纳把"自保"纳入保险范畴，则显然是错误的。因为"自保"在风险准备金上的摊提与单独的储蓄并无任何区别。

3）危险转嫁说

危险转嫁说是从危险处理的角度来阐释保险的本质，认为保险是一种危险转嫁机制，个人或企业可以支付一定的代价为条件将日常生活和经济活动中可能遭遇到的各种风险转嫁出去。最早提出危险转嫁说的美国学者魏兰脱（A.H.Willett）说："保险是为了资本的不确定损失而积累资金的一种社会制度，它依靠把多数的个人危险转嫁给他人或团体来进行。"

美国的另一位学者克劳斯塔（B.Kosta）则是从保险人集散风险的功能进一步阐明保险的性质。他说："被保险人转嫁给保险人的仅仅是危险，也就是损失发生的可能性，所以是可以承保的。保险人把这种共同性质的危险大量汇集起来，就能将危险进行分摊。"在这里克劳斯塔认为在危险转嫁的同时，也就实现了危险的均摊，因此他给保险所下的定义是："保险是以收受等价、实现均摊为目的而进行的危险汇集。"

危险转嫁说的观点至今仍广泛运用于危险管理和保险领域。由于新的风险单位随着科学技术的发展而不断涌现，它可能带来十分巨大的损失，使个别单位或个人根本无法独自承担损失，只能将这种危险转嫁出去，以减少对危险损失的负担。就连保险人为了经营财务成果的稳定，也需要将承保的巨额危险用分保的形式予以转嫁。但该学说还是隐含了商业保险合同。

4）人格保险说

人格保险说从人格上也存在损失的角度解释保险性质。其代表人物美国的休勃纳（S.S.Huebner）认为："人寿保险之所以成为保险，不仅因为它能赔偿由于人身事故所引起的经济损失，而且在于它还能赔偿道德方面和精神方面的损失。纯粹的精神损失构成人格的一种损毁，可以通过人寿保险提供特殊的补偿，即精神安慰来实现。"

总而言之，前述损失赔偿说、损失分担说、危险转嫁说和人格保险说都是以损失补偿的概念来阐明保险的性质。相比较之下，其中损失分担说是比较严谨的经济学上的保险定义。

2. 非损失说

非损失说认为:保险应该有一个统一的性质,既然损失说不能涵盖人身保险,那么就要在损失观念之外另寻解释。因此就有了以下各种观点。

1)技术说

技术说认为保险是把可能遭受同样事故的多数人组织起来,结成团体,测定事故发生的比例(即概率),按照此比例进行分摊,这种特殊技术就是人身保险或财产保险的共同特征。

提出技术说的费芳德(C.Vivante)认为:保险不能没有保险基金,在计算这种保险基金时定要使保险人实际支出的保险总额和全体被保险人交纳的净保险费总额相等,这种保险基金要通过特殊技术,保持保险费和保险价值的平衡。保险的特性就在于采用这种特殊技术科学地建立保险基金。此外,这种技术不一定要按照统计学或概率论等科学的方法,凭经验或推测也可以求得。概率论是研究普遍存在的随机现象的一门学科。保险经营运用概率论原理,仅仅是解决保险的对价问题,用它来解释保险的特性显然是文不对题。

2)欲望满足说

与技术说相反,欲望满足说是从经济学角度探索保险性质,其倡导者是拉扎路斯,他说“保险是以赔偿和满足经济需要为其性质的,是当意外事故发生时,最少的费用满足该偶发欲望所需要的资金,并予以充分可靠的经济保障。”

该学说受到不少学者的支持,威尔纳(G.Wormer)说:“保险是处于同样经济不安定的情况下,许多企业经营单位把偶发的且能计算出来的财产上的欲望,根据互助原则予以保障的手段。”后来他又把“财产上的欲望”改成了“金钱上的欲望”,并做了最广义的解释,包括直接损失、利益丧失、储蓄能力停止、防止紧急损失费用以及其他不得已的开支等,存在于与货币价值有关的一切场合。

3)财产共同准备说

财产共同准备说认为:保险是为了安定经济生活,将多数经营单位组织起来,根据大数法则积聚经济上的财富并留为共同准备。日本学者小岛昌太郎就主张这个观点,实际上该学说是从保险基金机能上解释保险性质的。具体来说,保险对于应付意外事故的损失和支出的增加是很有必要的。意外事故在每个具体的事件上虽然是偶然的,但在不特定的多数事件中,就成为必然的情况,这是保险存在的基础。然而,化偶然为必然,要按照大数法则积蓄货币,即作为财产准备不是单独的,而是多数人经济结合的集体,向各成员收取分担金,积聚为财产共同准备,委托保险人管理、经营。但是,此学说不能解释无须建立保险基金条件下的合作保险形态。

4)相互金融机关说

由于在货币经济条件下,所有的经济活动都是用货币的收支来实现的。因此,保险作为应对经济不安定的善后措施需要以调整货币的收支为目的,所以保险是金融机关,是以发生偶然性事实为条件的相互金融机构。

该学说的倡导者米谷隆三认为,保险费的积累在经济上是投保人的共同基金,保险的性质不在于财产的准备,而在于集体成员为相互通融资金而结成多数人的联系,进而强调保险不只是准金融机构和辅助金融机关,而是真正的金融机关,保险公司本来就是金融机构。但是,保险公司是经济法人,而保险是经济范畴,把两者统一起来是错误的,此其一。其二,所谓金融即资金的融通,是指资金盈余的单位或个人以一定的条件把暂时不用的资金交给资金短缺的单位或个人使用,并获得相应的回报。而在保险行为中的保险费支出和保险金的赔付均不含有金融的特性,所以保险与金融应为两个不同的概念,不能把保险等同于金融。

3. 二元说

二元说论者认为,财产保险与人身保险两者具有不同的性质,前者以经济补偿为目的,后者以给付一定金额为目的。人身保险是非损失保险,主要观点如下。

1)否定人身保险说

否定人身保险说认为,人身保险并不体现保险的性质,它是和保险不相同的另外一种合同。经济学家科恩(G.Cohn)说:“因为在人身保险中,损失赔偿的性质极少,它不是真正的保险而是混合性质的保险。”埃斯特(L.Elster)更直截了当地说:“在人身保险中完全没有损失赔偿的性质,从国民经济来看,人身保险不过是储蓄而已。”威特(J.D.Wi)也持相同观点,认为:“人身保险不是保险,而是一种投资。”

埃斯特和威特主要是从人寿保险中的储蓄成分来否定人身保险的性质。实际上,人寿保险是保险与储蓄的结合,即通常所说的储蓄性保险或储蓄性险种。单就这一点论之科恩的见解是正确的,尽管他否定人身保险是真正的保险,但承认了人身保险中的保险成分。

2)择一说

择一说与否定人身保险说不同,承认人身保险是真正的保险,但主张把人身保险与财产保险分别以不同的概念进行阐明。主张该学说的德国法学家爱伦贝堡给保险合同下了个综合性定义,即“保险合同不是损失赔偿的合同,就是以给付一定金额为目的的合同”,二者只能择一。

择一说对各国保险合同有广泛的影响,《保险法》中的合同部分也是对财产保险合同和人身保险合同分别定义的。但从严格意义上察之,择一说与“损失赔偿说”一样是在法律关系上解释保险,而不是在对保险经济范畴下定义。凡是二元说论者都只是强调了保险的种概念(种概念 = 属概念 + 种差),而不是在对保险这一属概念下定义。也就是说,财产保险和人身保险相对于保险来说都是种概念,当然在内涵上仍有所差异。可见,二元说是在对两者分别下定义。但是,保险作为独立的经济范畴应该有一个统一的概念,所以二元说是不能接受的。

(二)保险的概念

1. 广义保险

无论何种形式的保险,就其自然属性而言,都可以将其概括为:保险是集合具有同类风险的众多单位和个人，以合理计算分担金额的形式，向少数因该风险事故发生而导致经济损失的成员提供保险经济保障的一种行为。这一概念具有普遍的适用性，它不仅适用于古代低级形式的行会合作保险或相互保险（不一定体现大数法则），而且适用于法令保险（强制保险）；不仅适用于财产保险，而且适用于人身保险。但是，财政救灾后备和经济单位或个人自保不能被认为是保险，因为前者是以国家为主体的无偿分配，后者是一种储蓄或风险准备金，都与保险的内涵相悖。

2. 狭义保险

通常，我们所说的保险是狭义的保险，即商业保险。商业保险，又称合同保险或自愿保险。它是以保险合同的形式确立保险人与投保人之间的关系，并且按照保险合同的规定，由保险人向投保人收取保险费，建立保险基金，当保险合同约定的保险事故（事件）发生或约定的期限届满时，保险人对被保险人履行赔偿和给付保险金的义务。

《保险法》中明确指出：本法所称保险，是指投保人根据合同约定，向保险人支付保险费，保险人对于合同约定的可能发生的事故因其发生所造成的财产损失承担赔偿保险金责任，或者当被保险人死亡、伤残、疾病或者达到合同约定的年龄、期限等条件时承担给付保险金责任的商业保险行为。

保险是一门综合性学科，集经济学、法学、数学为一身，涉及经济、金融、法律、精算、风险管理和社会保障等知识，因此对保险的概念可以从不同领域的不同角度来看，从经济角度上来说，保险是分摊意外损失的一种财务安排，许多被保险人把损失风险转移给保险组织，由于保险组织集中了大量同质的风险，所以能借助大数法则来正确预见损失发生的金额并据此厘定保险费率，而后通过向所有被保险人收取保险费来补偿少数被保险人遭受的意外损失；从社会学角度，保险是一种保障经济社会生活安定的互助共济制度，是一种社会工具，这一社会工具可以进行损失的数理预测并对损失者提供补偿。补偿基金来自所有希望转移风险的社会成员所做的贡献；从风险管理角度，保险是经济单位和个人转移风险的一种措施。保险是最古老的风险管理方法之一。保险合约中，被保险人支付一个固定金额（保费）给保险人，前者在指定时期内获得保证，后者对特定事件或事件组造成的损失给予一定补偿；从金融角度看，保险是对不可预计的损失重新分配的损失融资活动，即单位或个人将损失风险转移给一个风险共担组织，然后在组织成员中重新分摊损失的经济活动；从精算角度看，保险是一种复杂而精巧的机制，它通过对损失的数理预测，将风险从某个个体转移到团体，并在一个公平基础上由团体中的所有成员来分担少数人的损失；从合同角度看，保险是一种损失赔偿合同。英国的马歇尔（S.Marsha）说："保险是当事人的一方收受商定的金额，对于对方所受的损失或发生的危险予以补偿的合同。"德国马修斯（E.A.Masius）说："保险是约定当事人的一方，根据等价支付或商定，承保某标的物发生的危险，当该项危险发生时，负责赔偿对方损失的合同。"

(三)保险与类似概念的辨析

人们常因保险的功能将其与其相似的其他概念混淆,我们应当从其概念入手,将保险的概念与其他相似概念进行辨析。

1. 保险与赌博

保险与赌博从表现形式上看具有相似之处。其一,单个的给付与反给付不均等。保险表面有给付而未能得到反给付或得到更多反给付(保费与赔款比较)两种形式,赌博也如此。其二,给付的确定性与反给付的不确定性。财产保险与赌博就完全贯彻这种随机现象,比如参与保险者给付保费是确定的,能否得到赔偿则是不确定的;参与赌博下赌注是确定的,而输赢是不确定的。尽管如此,两者还是存在着很大的差异

1)最终目的不同

保险的目的在于发扬互助共济精神,谋求经济的安定,利人利己,利国利民,受损失的被保险人所得到的赔偿是有限制的,不能超过损失之前的状态,即不能获得额外利益的目的,否则就是不当得利。

2)运用手段不同

保险利用科学的计算方法积聚保险基金,用于保险事故的赔偿,赌博则是利用欺诈的手段,投机取巧,冒险获利。

3)条件不同

参加保险不仅要交保费,而且必须对保险对象具有保险利益,所保的风险是静态风险,所以被保险人从保险事故赔偿中无法获得额外利益;而参加赌博,只要拿得出约定的赌注均可参加,赢者可获额外的大量钱财。

4)机制不同

保险的风险是客观存在的,风险损失在被保险人之间平均分担,达到互助共济处理善后的目的;赌博输赢的风险完全是人为的,输赢完全是赌博双方之间个人的事。

5)社会后果不同

从保险与赌博两者的目的、条件和机制看,保险是受国家鼓励的事业,保险合同受国家法律保护,保险发展的深度和密度,已经成为世界各国评价国家综合国力的重要指标之一;赌博则会带来家庭和社会经济生活的不安定,甚至引发刑事犯罪,除美国等一些国家和地区经特许设有经营性赌城外,一般国家和地区都明令取缔,赌博行为不受法律保护。

2. 保险与储蓄

保险和储蓄都可以作为处理经济不稳定的善后措施,尤其是人身保险(带储蓄性的)与储蓄几乎无甚差别,需求者也往往将之与储蓄进行比较。尽管如此,两者的差异还是很大的。具体表现为如下。

1)经济范畴不同

储蓄属于货币信用范畴,是货币借贷行为,可以单独、个别地进行,它作为经济生活中的

后备，只能是自助的行为；而保险则是独立于货币信用之外的另一个范畴，它必须依赖多数经济单位或个人才能实现，是一种联合互助的行为。经济范畴不同说明它们各自体现的经济关系不一样。

2）需求动机不同

储蓄需求的动机一般是基于购买准备、支付准备和预防准备，这些需求一般在时间上和数量上均可确定；而对保险的需求则是基于特定事故发生与否的不确定性，发生时间和损失程度的不确定性。

3）权利主张不同

储蓄是以存款自愿、取款自由为原则，谁的钱进谁的账，由谁支配，存款人对自己的存款有完全的随时主张权，支取未到期存款虽然将损失部分的利息收入，但本利和一定大于本金；保险贯彻投保自愿、退保自由原则，但中途退保所领回的退保金在扣除保险公司管理费、手续费等费用后一般小于所缴保险费总和，或小于保单的现金价值（指寿险保单），如果不是退保，被保险人的主张权要受保险合同条件的约束。

4）运行机制不同

储蓄行为主要受诸如利息率、物价水平、工资收入及流动性偏好等因素的影响，而且无须特殊技术进行计算；保险行为主要受危险损失的不确定性影响，而且需要特殊的技术，即概率论的方法计算保险费率，达到损失补偿均摊的目的。

5）用途不同

保险积聚的保险基金必须在合同条款规定的事故发生后或期限届满时，保险人才按合同规定履行赔偿或给付责任，即只能用于特定事故的损失补偿或给付；储蓄可以由存款人自由提取、自由使用。

3. 保险与救济

保险与救济都是补偿灾害事故损失的经济制度。保险高度体现了互助合作性质，许多面临类似损失风险的人联合起来分担灾害事故的损失后果，即使以营利为目的的私营股份保险公司客观上也起着这样的作用；社会救济也称社会救助，它是国家对遭受自然灾害和其他不幸事故以及生活在贫困线以下的人给予的一种临时性的或定期性的帮助。二者的区别如下。

1）权利义务不同

救济是一种基于人道主义的单方施舍行为，没有对应的权利义务关系，救济方没有义务一定要对受灾者或贫困者实施救济。由于救济是一种无偿援助，所以接受救济者也无须向救济方履行任何义务。如果从合同角度论之，救济是单务合同，而保险则是双务合同。保险合同行为要求合同双方必须权利义务相等，贯彻等价有偿原则。

2）给付对象不同

救济对象往往事先不能确定，且相当广泛，包括国内外受灾者或生活贫困者（老弱病残、单亲家庭等);而保险的保障对象都是在合同中事先确定的被保险人或保险金受领人。

3)主张权利不同

救济的数量可多可少,形式多种多样,金钱、实物均可,接受救济者无权提出自己的主张;保险金的赔付或给付则必须严格按照合同履约,被保险人可按合同的约定主张对保险金的请求权,如有异议还可向法院提出起诉或要求仲裁,以实现请求权。

4. 保险与自保

自保是指经济单位或个人预测在未来的一定时期内,将会发生某种灾害,而自己留存一定的货币和实物,以备损失补偿之用。由此可见保险和自保都是对灾害事故进行补偿的一种手段,两者又有如下区别。

1)性质不同

保险为多数经济单位的集合,各经济单位将危险转移给保险人承担,体现了互助关系;自保是个别经济单位的单独行为,体现的是自助行为关系。

2)保障的稳定程度不同

保险标的在遭受损失时,不论损失大小,被保险人都可以根据合同的规定,要求保险人赔偿,这种补偿是充分的、及时的、受法律保护的,因而这种保障具有较强的稳定性;自保要视经济单位情况,如果自留后备充足,则可及时得到保障,否则,保障就不充分,甚至得不到保障。

3)基金处理方式不同

投保人在交付保险费后,不论约定的保险事故发生与否,均不能收回;自保则不同,危险发生了,即从自留基金中拿出一部分予以补偿,危险不发生,所提留的基金仍属于原经济单位所有。

二、保险的要素

一般来说,现代商业保险的要素主要包括以下几方面。

(一)可保风险的存在

可保风险是指符合承保人承保条件的特定风险。尽管保险是人们处理风险的一种方式,能为人们在遭受损失时提供经济补偿,但并不是所有破坏物质财富或威胁人身安全的风险,保险人都承保。保险人承保的风险,一般是纯粹风险,即仅有损失机会而无获利可能的风险,例如火灾风险,只有给人的生命财产带来损害的可能。而投机风险如股市风险,投机股票既有因股市下跌遭到损失的可能,又有因股市上扬而获利的机会,对于这类风险保险人不能承保。

(二)大量同质风险的集合与分散

保险的过程,既是风险的集合过程,又是风险的分散过程。保险人通过保险将众多投保人所面临的分散性风险集合起来,当发生保险责任范围内的损失时,又将少数人发生的损失分摊给全部投保人，也就是通过保险的补偿或给付行为分摊损失，将集合的风险予以分散。保险风险的集合与分散应具备两个前提条件。

1. 风险的大量性

一方面是基于风险分散的技术要求，另一方面也是概率论和大数法则的原理在保险经营中得以运用的条件。根据概率论和大数法则的数理原理，集合的风险标的越多，风险就越分散，损失发生的概率也就越有规律性和相对稳定性，依此厘定的保险费率也才更为准确合理，收取保险费的金额也就越接近于实际损失额和赔付额。如果只有少量保险标的，就无所谓集合和分散，损失发生的概率也难以测定，大数法则更不能有效地发挥作用。

2. 风险的同质性

所谓的同质风险是指风险单位在种类、品质、性能、价值等方面大体相近。如果风险为不同质风险，则发生损失的概率不相同，风险也就无法进行统一的集合与分散。此外，不同质风险，损失发生的频率和幅度有差异，若进行统一的集合与分散，则会导致保险财务的不稳定性。

（三）保险费率的厘定

保险在形式上是一种经济保障活动，而实质上是一种特殊商品的交换行为，因此，制定保险商品的价格即厘定保险费率，便构成了保险的基本要素。但是，保险商品的交换行为又是一种特殊的经济行为，为保证保险双方当事人的利益，保险费率的厘定要遵循一些基本原则。其中，主要有公平性原则、合理性原则、适度性原则、稳定性原则和弹性原则。

公平性原则一方面要求保险人收取的保险费应与其承担的保险责任是对等的，另一方面要求投保人交纳的保险费应与其保险标的的风险状况是相适应的，或者说各个投保人或被保险人应按照其风险的大小，分担保险事故的损失和费用。

合理性原则是针对某险种的平均费率而言的。保险人向投保人收取的保险费，不应在抵补保险赔付或给付以及有关的营业费用后，获得过高的营业利润，即要求保险人不为获得非正常经营性利润而制定高费率。

适度性原则要求保险人根据厘定的费率收取的保险费应能足以抵补一切可能发生的损失以及有关的营业费用。如果保险费率偏高，超出投保人交纳保费的能力，就会影响投保人的积极性，不利于保险业务的发展；如果费率偏低，就会导致保险公司偿付能力不足，最终也将损害被保险人的利益。但是，保险费率是否适度应当是就保险整体业务而言的。

稳定性原则是指保险费率在短期内应该是相当稳定的，这样既有利于保险经营又有利于投保人续保。对于投保人而言，稳定的费率可使其支出确定，免遭费率变动之苦；对于保险人而言，尽管费率上涨可以使其获得一定的利润，但是费率的不稳定也势必导致投保人的不满，影响保险人的经营活动。

弹性原则要求保险费率在短期内应该保持稳定，在长期内应根据实际情况的变动做适当的调整，因为在较长的时期内，由于社会、经济、技术、文化的不断进步与变化，保险标的风险状况发生变化,保险费率水平也应随之变动。如随着医药卫生、社会福利的进步、人类命的延长、死亡率的降低、疾病的减少,过去厘定的人寿保险费率就需要进行调整以适应变化了的情况。因此从长期看,保险费率应该随着各种条件的变化而进行调整,以达到保费的适度、合理。

(四)保险基金的建立

保险准备金是指保险人为保证其如约履行保险赔偿或给付义务,根据政府有关法律规定或业务特定需要,从保费收入或盈余中提取的与其所承担的保险责任相对应的一定数量的基金。为了保证保险公司的正常经营,保护被保险人的利益,各国一般都以保险立法的形式规定保险公司应提存保险准备金,以确保保险公司具备与其保险业务规模相应的偿付能力。《保险法》规定:保险公司应当根据保障被保险人利益、保证偿付能力的原则,提取各项责任准备金。保险公司提取和结转责任准备金的具体办法由保险监督管理机构制定。

1. 未到期责任准备金

未到期责任准备金是指在准备金评估日为尚未履行的保险责任提取的准备金,主要是指保险公司为保险期间在一年以内(含一年)的保险合同项下尚未到期的保险责任而提取的准备金。

2. 未决赔款准备金

未决赔款准备金是指保险公司为尚未结案的赔案而提取的准备金,包括已发生已报案未决赔款准备金、已发生未报案未决赔款准备金和理赔费用准备金。已发生已报案未决赔款准备金是指为保险事故已经发生并已向保险公司提出索赔,保险公司尚未结案的赔案而提取的准备金。已发生未报案未决赔款准备金是指为保险事故已经发生,但尚未向保险公司提出索赔的赔案而提取的准备金。理赔费用准备金是指为尚未结案的赔案可能发生的费用而提取的准备金。其中,为直接发生于具体赔案的专家费、律师费、损失检验费等而提取的准备金称为直接理赔费用准备金;为非直接发生于具体赔案的费用而提取的准备金称为间接理赔费用准备金。

3. 总准备金

总准备金(或称"自由准备金")是用来满足风险损失超过损失期望以上部分的责任准备金。总准备金是从保险公司的税前利润中提取的。

4. 寿险责任准备金

寿险责任准备金是指保险人把投保人历年交纳的纯保险费和利息收入积累起来,为将来发生的保险给付和退保给付而提取的资金,也可以说是保险人还未履行保险责任的已收保费。

(五)保险合同的订立

1. 保险合同是体现保险关系存在的形式

保险作为一种民事法律关系,是投保人与保险人之间的合同关系,这种关系需要有法律关系对其进行保护和约束，即通过一定的法律形式固定下来，这种法律形式就是保险合同。

2. 保险合同是保险双方当事人履行各自权利与义务的依据

保险双方当事人的权利与义务是相互对应的。投保人为了获得保险赔偿或给付，要承担交纳保险费的义务；保险人收取保险费的权利就是以承担赔偿或给付被保险人的经济损失的义务为前提的。而风险是否发生、何时发生、损失程度如何，均具有不确定性，这就要求保险人与投保人在确定的法律或契约关系约束下履行各自的权利与义务。

三、保险的特征

根据保险的概念我们可知，保险体现的是一种社会经济关系，是经济关系与民事法律关系的综合，这就决定了保险具有其自身的基本特征。

1. 经济性

保险是通过保险补偿或给付而实现的一种经济保障活动。其保障对象财产和人身都直接或间接属于社会再生产中的生产资料和劳动力两大经济要素；其实现保障的手段，大多最终都必须采取支付货币的形式进行补偿或给付；其保障的根本目的，无论从宏观的角度，还是从微观的角度，都是与社会经济发展相关的。同时保险作为一种经济保障活动，是一个国家整个国民经济活动的一个重要的组成部分。因此，它体现了一种经济关系，这种经济关系表现为保险人为被保险人提供的经济保障关系。

从经济角度看，保险是分摊意外事故损失和提供经济保障的一种非常有效的财务安排。通过交纳保险费购买保险，将不确定的大额损失转变为确定性的小额支出（保费），或者将未来大额的或持续的支出转变成目前固定的或一次性的支出（保费），从而有利于提高投保人的资金效益。人寿保险中，保险作为一种财务安排的特性表现得尤为明显，因为人寿保险还具有储蓄和投资的作用，具有理财的特征。从这个意义上讲，保险公司属于金融机构，保险业是金融业的重要组成部分。

保险是一种商业行为。保险法意义上的保险，仅指以营利为目的商业保险行为，不包含社会保险、社会救济等法律强制推行或政府、社会团体建立的社会保障制度。从保险的经济性来看，是以集中起来的保险费建立保险基金，被保险人一旦受到保险责任范围内的损失，就可以获得经济补偿，这种经济补偿对被保险人来说，意味着风险的减少。

2. 商品性

保险经营具有商品属性，保险费率就是保险商品的价格。保险是有广泛社会需求的商品，根据美国心理学家马斯洛关于人的心理分析，人的需求可以归结为五种：生存的需求、安全的需求、社会交往的需求、尊重的需求以及自我实现的需求。保险是一种满足消费者安全需求的无形商品。人们对保险的需求不仅表现在物质方面即被保险人在遭受损失后会得到保险机构的经济补偿，还表现在精神方面即当购买了保险之后，被保险人认为自己的风险已被转嫁出去，心理上会获得一种安全感。保险在精神方面为人们提供的满足程度比物质方面大,它减少了人们由于担心损失而引发的后顾之忧。

保险体现了一种对价交换的经济关系,也就是商品经济关系。这种商品经济关系直接表现为个别保险人与个别投保人之间的交换关系,间接表现为在一定时期内全部保险人与全部投保人之间的交换关系,即保险人销售保险产品,投保人购买保险产品的关系。具体表现为,保险人通过提供保险的补偿或给付,保障社会生产的正常进行和人们生活的安定。

3. 互助性

就行为性质而言,保险是一种经济互助行为。其基本职能之一就是分摊损失,即在一定条件下由多数单位和个人来分担少数单位和个人所不能承担的自然灾害或意外事故导致的风险。

保险是建立在"我为人人,人人为我"这一理念基础上的一种风险分散制度,其基本原理是集合危险、分散损失,其根本目的是团体共济。具体包含以下几方面。

1)众人协力

从具体意义上说,保险是建立于投保人与保险人之间的法律关系,但这种具体法律关系不能孤立地存在,而是作为一个庞大群体中的一分子而存在。换句话说,保险的参加者不只是一个投保人和一个保险人,也不只是社会中的少部分个人或单位,而是面临同类危险和同样需要的大量社会成员。只有众多的社会成员参加保险,结成共同团体,才能积聚足够资金,才能确保少数人的意外损失得到及时和充分的补偿。因此,任何一种保险都是以一个共同团体的存在为先决条件。

2)合理分摊

保险的实质是由共同团体的全体成员分担个别成员的意外损失。但是在一个保险团体中,每一个成员所面临的风险是不同的,其所分摊的份额也应有所不同。否则,原来所形成的互助共济关系就会受到破坏,共同团体也将难以维系。因此,保险的成立不但须有众人协力,而且须做到合理分摊,使每个保险团体成员的负担相对公平合理,从而乐于参加,保险人也能收支平衡或有所盈余,确保这种互助共济关系的稳定发展。

4. 契约性

我国台湾有学者桂裕表述保险的法律特征为:保险为一种契约,或为由契约而发生之债权债务关系。保险的经济保障活动是根据合同来进行的,是将风险从被保险人转移给保险人。所以,从法律角度看,保险又是一种合同契约行为,体现的是一种民事法律关系。

保险是一方同意补偿另一方损失的契约。投保人购买保险、保险人出售保险是双方在法律地位平等的基础上,经过自愿的要约与承诺,达成一致意见并签订合同。保险合同明确规定了当事人双方的权利与义务关系。保险人的权利是向投保人收取保险费,其义务是当约定的保险事故发生时向被保险人进行赔偿或给付保险金。投保人的权利是当约定的保险事故发生后能够向保险人要求给付保险金,其义务是向保险人支付保险费并履行合同规定的其他义务。可以说,保险合同就是一种在约定的事件发生时立即生效的债权凭证,它是以投保人交纳了保险费为前提的。

5. 科学性

保险是通过对有可能发生的不确定事件以数理计算为依据而收取保险费的。保险经营的科学性是现代保险存在和发展的基础。

保险人对于风险可能造成的损失是用科学方法计算出来的,不是主观任意估计的。这种科学的方法就是大数法则和概率理论的运用。大数法则和概率理论作为统计抽样调查的数理理论依据,其作用是通过个别来概括总体,通过偶然性来发现必然性。保险人运用大数法则和概率理论可以比较精确地预测风险及其损失程度,从而厘定合适的保险费率。保险费率的高低与风险发生频率、损毁程度相适应,以保证缴付的保险费能够抵补风险事故发生后保险金的支出和保险业务经营管理所需要的费用开支。

保险人采用特殊的科技手段概率论中的大数法则进行论证,证明凭借收取保险费不仅可以补偿被保险人因保险事故造成的损失,并且还可以赢利(从事保险应该是有利可图的)。损失的可预测性是保险机制得以运作的基础。保险人通过集合足够多的同类风险单位,使得风险的准确预测成为可能,从而使损失的成本得以事先融通和重新分配。同时,保险公司将其经营保险业务的经营管理费用及利润加在保险费中,保证了保险机制的运营。保险基金是保险经济运行的经济基础,它是由全体被保险人的保险费构成的,其保险费也就是每个被保险人的分摊金。为使保险制度得以稳定和持续运行,分摊金的计算基础——保险费率必须科学计算、公平合理。对保险人来说,其收取的保险费应与其承担的风险相当;对于投保人来说,其负担的保险费应与被保险人获得的保障相对称。不同险种、不同标准的不同费率反映的是其风险的高低不同。

第三节　保险的职能与作用

一、保险的本质

保险的本质是由保险本身所固有的、内在的特殊性质的矛盾决定的。它可以概括为:由于种种风险事故的发生对生产要素和生活资料所造成的损失而形成的生产要素和生活资料的短缺与社会发展和人们生活对其需要之间的矛盾。

风险事故造成的“损失”所致的生产要素和生活资料的“短缺”,是保险自身所固有的特殊性矛盾的“核心”内容,也是保险区别于其他任何事物所特有的“标志”。只要这个矛盾存在,保险就必然存在;只要这个矛盾的性质不改变,保险的本质就不会改变。

二、保险的职能

自保险起源以来，随着经济社会的发展和保险分配关系内涵的不断丰富，保险所发挥的职能也在不断扩充和完善。其职能在不同历史阶段、不同政体及不同社会制度下也有所不同。保险的职能是指保险的内在的、固有的功能，它是由保险的本质和内容决定的。

（一）基本职能

1. 分散危险

从保险的源头即古中国和古罗马的两个案例看，保险在一开始的萌芽期就承担着分散危险（也被概括为分摊损失）的职能。古中国的“耕三余一”就是将灾害风险分散到各年，通过储蓄丰年粮食，未雨绸缪，避免因旱涝灾害导致饥荒；而古罗马的士兵用会费作为抚恤费用的方式，通过集体的力量将因个人牺牲导致的自身家庭所承担风险降到了最低。在本课程的学习中我们经常谈及大数法则，即随机事件的大量重复出现中，往往呈现几乎必然的规律，也就是说在样本足够大的情况下，随机事件的频率等于其出现的概率。具体应用于保险学，即事故发生在长期和集体上的必然性以及短期和个人的偶然性。而保险的分摊损失的职能将损失在时间和个体上都降到了最低，在参与人数足够多和时间足够长的前提下，保险的分摊损失职能几乎达到了利用偶然以除去偶然的目的。从现代保险的运作模式看出，大量投保人缴纳保险费，用这笔费用成立保险基金，当损失发生后赔付于受损方，即将损失总额分摊给大量投保人。这样的模式有其出现的必然性，损失发生在个体身上是小概率事件，但一旦发生巨额损失对于这个体是难以承受的。受其必然性影响，大量面临同样风险的人们愿意在损失发生前缴纳一小部分资金，达到在损失发生时能获得赔付，尽量避免巨额损失。分散风险虽不能避免风险的发生，但因大数法则的作用能在大范围内募集资金，是一种行之有效的处理风险的手段，也因此成为保险最基本的职能，也是其第一职能。

2. 经济补偿

经济与工商业的发展，催生了保险的第二个基本职能，即商业补偿。航海时代的到来使海运逐渐繁荣，变幻莫测的大海随时有可能给商人们造成巨额经济损失，水险便就此产生，富商由海运结缘，最终成立了劳合社；烧了伦敦城五天的大火让市民遭受巨大的经济损失，牙医巴蓬受此启发开始经营火险。在现代保险中，购买保险时保险人和被保险人签订合同，约定保险金额，当所承保的损失发生后，保险人就依合同向被保险人给付赔偿金，但赔偿金不高于保险金额，这既保护了保险人的利益，也降低了道德风险（被保险人可能为获得赔偿金违背道德或法律）的发生。

分散风险和经济补偿是保险相辅相成的两项的基本职能，保险的存在是为满足经济补偿的需要，分散风险是手段，经济补偿为目的，两项职能相辅相成，不可分割，体现了保险在参与平均分摊损失补偿的个体之间形成分配关系的本质特征。

（二）派生职能

保险的派生职能是在其基本职能的基础上产生的。随着保险行业的不断发展及保险内容的丰富和保险种类的增加，保险分配关系也逐渐发展出更复杂的内涵，由此产生了保险的派生职能。派生职能同样受保险资金的运动规律支配，由保险的内在动力产生。

1. 投资职能

从保险分摊风险的操作模式上看，保险费是一种预付金，保险的赔偿责任需要长期履行，但长时间跨度内可能出现各种不确定风险，因此保险公司需要预提保险金并进行合理的资金流动，即投资。投资是为了达到时间上分散风险的目的，合理的投资能增加收益和增强赔付能力，使公司内资金流动进入良性循环。随着保险业的发展，投资在保险经营中的重要性就越来越高。它已成为现代保险经营的主要业务，也是保险公司权益的重要来源，因为承保亏损发生时能够用投资收入弥补。以美国人寿公司为例，其投资涉及公司债券、公司股票、抵押贷款、政府债券、不动产、保单质押贷款等各个方面，投资既能为其增加收益，也能降低保险费率，从而吸引更多人购买保险。保险公司的投资既是金融市场资金的重要来源，也是保险公司收益的重要来源。此外投资还能促进社会生产和公共福利事业的发展，从而在公众心中树立良好形象，使公司发展进入良性循环的轨道。

2. 防灾防损职能

对于风险的防范是社会的共同任务，政府及社会也有大量专职的防灾防损部门，但监督险也是保险经营的重要手段，这是由保险经营的特点所决定的，也是保险分配关系所提出的要求。分散风险在经济上表现为保险费的分担，参保者要求尽量减少保费并同时获得同样保障，因此保险双方要发生相互的风险监督，尽量降低风险概率。保险赔偿只是分摊损失，经济与工商业的发展，催生了保险的第二个基本职能，但社会仍受到灾害的危害，被保险人参与保险只是为了预防灾害，他们宁可白白支付了保费也不愿意灾害发生，因此保险经营不能仅着眼于赔付，也要重视预防。保险公司参与防灾防损工作就是积极配合有关部门搞好这项工作。保险公司的日常业务涉及大量灾害事故，从计算费率到理赔都掌握了有关损失的统计资料和财产的分布情况，也进行了许多有关灾害事故的研究，所以公司有积极参与防灾防损工作的社会责任。若降低灾害事故的发生，保险公司也能减少相应的赔付，从而获得更大利润，这对社会各方都是有利的局面。美国的意外保险公司资助了全国安全委员会、公路安全保险协会等组织和研究机构，人寿保险也资助了医学院的医药保健研究项目，对公路安全的研究能使汽车公司生产出更安全的汽车，也能提高驾驶人的谨慎性，从而降低公路安全事故的发生。监督的风险来源于各个方面，包括自然灾害、社会事故乃至个人诚信。监督风险的目的是减少损失补偿，把监督风险列为保险职能，有助于使保险分配关系处于良性循环，也有助于把防灾防损放到保险经营的重要位置，从而促进社会的繁荣稳定。

3. 分配职能

保险在社会产品的分配体系中也占有一定的地位。保险分配通过经济合同的形式来参与社会总产品的分配，进一步讲，保险是对国民收入的再分配。保险费来源于企业和公众，个人和企业所交纳的保险费的来源要分别考察。保险费分配的收入越多，交付保险费所形成的保险基金量就越大；分配的收入越少，个人和企业所分配的收入的保证险基金的量也就越小。物质生产部门的企业和个人的收入是国民收入的初次分配，非物质生产部门非物质生产部门的企业和个人的收入则是对国民收入的再次分配。但无论物质生产部门还是非物质生产部门的企业和个人所交纳的保险费都是对国民收入的再分配，因为保险费是从企业和个人所分配的收入中计取的，是将企业和个人的收入的再次分配。

保险经济活动从本质上讲体现了资金的再分配关系。保险再分配的资金来源是被保险人的货币收入和资金收入的一部分，这部分收入作为保险费交给保险人之后，被保险人便失去了对这部分资金和货币的使用权和占有权，所得到的是遭灾受损后的经济补偿权。保险公司在支付了这部分资金后，便失去了对这部分资金的所有权，它转化为受灾企业或个人的所有权。由此可见，保险形式的再分配，实际上是对货币和资金占有权或所有权的再分配。保险资金收入与支出之间有一个时间差，这个差额部分的资金归入社会总资金，参与社会总资金的运动，从而充分发挥资金的时间价值。保险资金参与社会总资金的运动有两种表现，其一，保险资金存入银行同银行信贷资金一起在全社会进行资金的调剂与再分配；其二，保险公司直接投资参与社会生产活动。可见，保险的发展不仅可以消除风险对社会经济造成的损失，促进企业和个人收入的增加，还有利于社会资源的重新配置。

三、保险的作用

作用是人或事物在一定的环境或条件下对他人或其他事物所产生的影响。保险的作用就是保险产生的影响。简言之，保险的作用是保险执行其职能或发挥其职能时产生的社会效应。

1. 保险在经济方面的宏观作用

保险是全社会和国民经济总体产生经济效应助推器。具体表现在以下几个方面。

1)有助于保障社会再生产的正常进行

社会再生产过程由生产、分配、交换和消费四个环节组成，它们在时间上是连续的，在空间上是均衡的。也就是说社会总产品的物质流系统和价值流系统在这四个环节中的运动，时间上是连续的，空间分布上是均衡的。但是，再生产过程的这种连续性和均衡性会因遭遇各种灾害事故而被迫中断和失衡，这种情况是不可避免的。比如，一家大型钢铁厂因巨灾损失而无力及时恢复生产。社会正常的价值流系统和物质流系统也因该厂不能履行债务和供货合同而致中断，其连锁反应还将影响社会再生产过程的均衡发展。保险经济补偿能及时和迅速地对这种中断和失衡发挥修补作用，从而保证社会再生产的连续性和稳定性。

2)有助于完善和实现国家社会管理职能

保险是风险管理的财务处理手段，因此保险就完全可以被用来作为国家社会风险管理的政策性工具以完善和实现国家有关行政部门的社会管理职能。比如国家举办的强制性社会保险，就是合理运用保险机制管理社会经济生活和保证社会安定的一个最为典型的例子；再如强制性的机动车第三者责任险（我国称为“交强险”）则是国家为了在一定程度上保护被侵权人的合法权益而以法律的权威加以规范的险种。

当今世界上不少国家为了实现国家管理社会的不同目标而设立有相应的险种。诸如，为了防止商业银行发生系统性信用危机而建立的存款保险制度，为了应付巨灾风险的善后财务而建立的巨灾保险制度，为了刺激出口而设立的出口信用政策性保险，还有政策性农业保险等。可见，保险不仅像利率税率一样可以成为国家经济宏观管理工具，还可以成为国家社会宏观管理的工具。

3）有助于推动商品的流通和消费

商品必须通过流通过程的交换才能进入生产和生活消费，而在交换行为中难免存在着交易双方的资信风险和产品质量风险的障碍，保险为克服这些障碍提供了便利。比如出口信用保险为出口商提供了债权损失的经济补偿；履约保证保险为债权人提供了履约担保；产品质量保证保险不仅为消费者提供了产品质量问题上的经济补偿承诺，而且还为厂商的商品做了可信赖的广告。可见，保险在推动商品流通和消费方面的作用是不可低估的。

4）有助于推动科学技术向现实生产力转化

科学技术是第一生产力。在各种经济生活中，采用新技术比采用落后的技术显然具有更高的劳动生产率，当代的商品竞争越来越趋向于高新技术的竞争。在商品价值方面，技术附加值比重越来越大，但是对于熟悉了原有技术工艺的经济主体来说，采用新技术就意味着新的风险。保险则可以对采用新技术带来的风险提供保障，为企业开发新技术、新产品以及使用专利保驾护航，有助于促进先进技术的推广运用

5）有助于财政和信贷收支平衡的顺利实现

财政收支计划和信贷收支计划是国民经济宏观调控的两大资金调控计划。相对资金运动来说，物质资料的生产、流通与消费是第一性的，所以财政和信贷所支配的资金运动的规模与结构首先决定于生产、流通和消费的规模与结构。毫无疑问，自然灾害和意外事故发生的每次破坏都将或多或少地造成财政收入的减少和银行贷款归流的中断，同时还要增加财政支出和信贷支出，从而给国家宏观经济调控带来困难。而在生产单位参加保险的前提下，财产损失得到保险补偿，恢复生产经营就有了资金保证，生产经营一旦恢复正常，就保证了财政收入的基本稳定，银行贷款也能得到及时的清偿或者重新获得物质保证。由此可见，保险确实对财政和信贷收支的平衡发挥着保障性作用。此外，保险公司积蓄的巨额保险基金还是财政和信贷基金资源的重要补充。

6）有助于增加外汇收入和增强国际支付能力

保险是对外贸易和国际经济交往中必不可少的环节。按照国际惯例，进出口贸易都必须办理保险。保险费与商品的成本价和运费一起构成进出口商品价格的三要素。一国出口

商品时争取到到岸价格或进口商品时争取到离岸价格，即由己方负责保险，则可减少保险外汇支出。此外，当一国进入世界保险市场参与再保险业务时，应保持保险外汇收支平衡，力争保险外汇顺差。保险外汇收入是一种无形贸易收入，对于增强国家的国际支付能力起着积极的作用，历来为世界各国所重视。

7）有助于动员国际范围内的保险基金

保险公司虽是集散风险的中介，但就单个保险公司而言，其所能集中的风险量总要受自身承保能力的限制，超过的就要向其他保险人分出（再保险）或对巨额危险单位采取共保方式。因此，再保险机制或共保机制就可以把保险市场上彼此独立的保险基金联结为一体，共同承担某一特定的风险，这种行为一旦超越国界即可实现国际范围内的风险分散，从而将国际范围内的保险基金联结为一体。国际再保险是动员国际范围内的保险基金的一种主要形式。

2. 保险在经济方面上的微观作用

保险的微观作用，是指保险对企业、家庭和个人所起的保障作用。具体体现如下。

1）有助于受灾企业及时恢复生产

在物质资料生产过程中，自然灾害和意外事故是不可避免的，这是一条规律。保险赔偿具有合理、及时有效的特点，投保企业一旦遭遇灾害事故损失，就能够按照保险合同约定的条件及时得到保险赔偿，获得资金，重新购置资产，恢复生产经营，把因危险事故所造成的损失降到最低。

2）有助于企业加强经济核算

保险作为企业风险管理的财务手段之一，能够把企业不确定的巨额灾害损失转化为固定的少量的保险费支出，并摊入企业的生产成本。企业通过缴付保险费，可以把风险损失转嫁给保险公司，保证企业财务成果的稳定。

3）有助于安定人民生活

同企业一样，个人与家庭也面临着自然灾害和意外事故的威胁，如洪水、火灾、家庭成员的生老病死等。人身保险和家庭财产保险等针对家庭的保险品种在这方面起到积极作用，对人民生活起到了保障作用。

4）有助于均衡个人财务收支

人寿保险具有一定的储蓄的性质，在个人的生命周期中，收入和消费之间表现出一定的波动性，人寿保险的储蓄性质可以在一定程度上消除人们因收入不稳定所带来的波动，建立必要的财富储备，解决收入与消费间的不平衡问题。

第四节 保险形态分类

保险形态分类的标准产生于保险的社会实践,并且随着社会实践的变化而变化,随着社会实践的发展而发展。不同的历史时期有着不同的保险形态分类标准:同一时期,由于国别差异,保险形态分类标准也不尽相同。随着生产发展和科技进步,保险的领域不断扩大,险种日益增多,保险的分类还没有形成固定的原则和统一的标准。保险形态分类的标准不同,以这种标准划分的保险种类的名称也就不同。本章梳理了保险理论与实务研究中曾经使用或正在使用的保险形态分类标准。

一、按保险标的分类

《保险法》第九十五条将保险公司经营的业务分为两大类,即财产保险和人身保险,前者包括财产损失保险、责任保险、信用保险、保证保险等;后者包括人寿保险、意外伤害保险、健康保险等。除我国保险法外,我国台湾地区的“保险法”、美国若干州的保险法也有类似的保险立法分类。

(一)财产保险及特征

财产保险是指投保人根据合同约定向保险人交付保险费,保险人按保险合同的约定对所承保的财产及其有关利益因自然灾害或意外事故造成的损失承担赔偿责任的保险。财产保险有广义与狭义之分,广义财产保险是指以财产及其有关的经济利益和损害赔偿责任为保险标的的保险;狭义财产保险则是指以物质财产为保险标的的保险。在保险实务中,后者一般称为财产损失保险。

《保险法》第九十五条规定,财产保险业务,包括财产损失保险、责任保险、信用保险、保证保险等保险业务。可保财产,包括物质形态和非物质形态的财产及其有关利益。以物质形态的财产及其相关利益作为保险标的的,通常称为财产损失保险。例如飞机、卫星、电厂、大型工程、汽车、船舶、厂房、设备以及家庭财产保险等。财产保险的主要险种包括火灾保险、货物运输保险、工程保险、农业保险、海上保险、航空保险、利润损失保险等。

财产保险的特征如下。

1. 基于财产保险标的角度的特征分析

财产保险的保险标的价值是可以确定的,即其保险标的的价值是可以用货币来衡量的。对于有形财产而言,其本身就具有客观的市场价值;对于无形财产而言,投保人对其具有经济利益也是必须确定的或是由法律来规定的,否则不能作为保险标的。

财产保险的保险金额是依据保险标的的估价确定的,也就是说保险标的在投保时的实际价格是确定保险金额的客观依据,由于财产保险的保险标的本身具有保险价值,因此保险金额的确定是在对保险标的估价的基础上确定的。保险金额可以根据标的的市场价值确定,也可以按照账面价值或重置价值确定。

财产保险的业务承保范围覆盖着除自然人的身体和生命之外的一切风险,它不仅包括各种差异极大的财产物资损失风险,而且包括各种民事法律风险和商业信用风险等。例如,大到航空事业、核电工程、海洋石油开发,小到家庭或者个人的财产等,都可以从财产保险中获得风险保障。

财产保险业务承保范围的广泛性,决定了财产保险的具体对象必然存在着较大的差异性,也决定了财产保险公司对业务的经营方向具有更多的选择性。

无论是从财产保险经营内容的整体出发,还是从某一具体的财产保险业务经营的内容出发,其复杂性的特征均十分明显,而这主要表现在以下几个方面。

①投保对象复杂。既有法人团体投保,又有居民家庭和个人投保;既可能涉及单个保险客户,也可能涉及多个保险客户以及任何第三者。②投保标的复杂。财产保险的投保标的,包括从普通的财产物资到高科技产品或工程,从有实体的各种物质到无实体的法律、信用责任及政治、军事风险等。③承保过程复杂。在财产保险业务经营中,既强调承保前的风险检查、承保时的严格核保、又要重视保险期间的防灾防损和保险事故发生后的理赔物等,承保过程程序多、环节多。④风险管理复杂。对每一笔财产保险业务,保险人客观上需要进行风险评估、风险选择或风险抑制,并需要运用再保险的手段来分散风险。⑤经营技术复杂。要求保险人熟悉与各类型投保标的相关的技术知识。例如,责任保险业务的开展必须以熟悉各种民事法律、法规及相应的诉讼知识和技能为前提;再如,汽车保险业务的开展必须以同时具备保险经营能力和汽车方面的专业知识为前提。

2. 基于财产保险合同角度的特征分析

在财产保险中投保人、被保险人和受益人是高度一致的,由于是对财产进行保障,往往投保人是对自己的财产投保并在发生保险事故之后得到补偿,这就使投保人、被保险人和受益人之间有着高度的一致。

财产保险的保险期限一般为一年或者一年以内。由于期限短,在保险实务中要求投保时一次性缴清保险费,保险费不计利息,其形成的保险基金不能作为保险人的中长期投资资金来源。财产保险通常只有保障性,一般不具有储蓄功能,保险单也没有现金价值。

财产保险是一种商业性业务,它遵循市场经济条件下的等价交换、自愿成交的商业经营法则。保险人根据大数法则的损失概率来确定各种财产保险的费率(即价格),这就决定了保险人从保险客户那里所筹集的保险基金与其所承保的风险责任是相对称的,竞争越激烈,体现得越充分。因此,从总体的保险关系来看,保险人与被保险人的关系是完全平等的。

然而,就单个的保险关系而言,财产保险却又明显地体现了交换双方在实际支付的经济价值上的不平等。一方面被保险人发生保险损失,则保险人往往要付出高于保险费若干倍的保险赔款;而另一方面,被保险人在保险期限内并未发生保险事故或者保险损失,保险人即使收取了保险费,也不存在经济赔偿问题。可见,保险人在经营其中的某一笔保险业务时,收取的保险费与支付的保险赔款事实上并非是等价的。

3. 基于财产保险基本职能角度的特征分析

保险客户投保各种类别的财产保险,目的在于转嫁自己在有关财产物质和利益上的风险,并在保险事故发生后获得经济损失上的补偿。财产保险承保人通过各种保险业务的开办来筹集保险基金,用以在发生保险事故造成被保险人保险利益损失时,通过保险人的工作,对遭受损失的被保险人进行及时的经济补偿,受灾单位或个人就能够及时恢复受损的财产或利益,从而保障生产和经营持续不间断地进行。损失补偿职能也是保险区别于其他行业的最鲜明的特征,这一职能体现了保险的核心竞争力。例如,某企业将全部固定资产和物化流动资产投保财产基本险,按照一定的费率标准缴纳保险费,当其因保险合同约定的任何保险事故造成巨大损失时,其损失就可以从保险人那里获得补偿。

财产保险防灾防损工作的最大特点就在于积极主动地参与、配合其他防灾防损部门扩展防灾防损的工作。这主要体现在:从承保到理赔注重防灾防损工作,从而增加财产保险的经营效益;促进投保人的风险管理意识,从而促使其加强防灾防损工作。保险的基本职能是经济补偿,防灾防损是属于保险基本职能派生的,二者相辅相成,成为保险经营管理体系中不可缺少的一环。为了实现保险经营目标,为了减轻自身的风险负担,促进社会生产、生活的安全,保险公司理所当然地把防灾防损看成是自己的重要任务之一,看成是在激烈竞争的保险市场上促使自身业务发展走上良好循环轨道的重要条件。保险业务发展是保险经营的基础。保险业务发展需要有一个良性循环的体系。这个良性循环体系通常是指加强事先预防、防止事故发生,降低出险率、减少灾害损失,实行科学定损、降低赔付率。然后才能逐步实现降低费率、扩大保险责任,为保户提供尽可能大的经济保障来促进业务的巩固和发展。

由于单一保险合同的价值具有非对等性,财产保险在防灾防损方面更加重要,但是现阶段国内保险公司相关方面的工作还有所欠缺。

(二)人身保险及其特征

人身保险指以人的寿命(或称为生命)或身体为保险标的,当被保险人在保险期时限内发生死亡、伤残、疾病、年老等事故或生存之规定时间点时给付保险金的保险业务。从概念可以看出,人身保险的保险标的是人的寿命或身体,人的寿命以生存和死亡两种状态存在,而人的身体作为保险保障的对象时,以人的健康和生理机能、劳动能力等状态存在。人身保险的保险责任范围较广,包括死亡、伤残、疾病等事故或生存到一定时间点,若出现以上情况且同时符合投保人与保险人所签订的保险合同中的条件,保险公司将会按照合同规定的保险金额或保险金额的一定百分比支付保险金。人身保险的主要险种包括人寿保险、意外伤害保险和健康保险。

1. 人寿保险及特征

人寿保险是以被保险人的寿命作为保险标的,以被保险人的生存或死亡作为保险事故

（即给付保险金的条件）的一种人身保险业务。其特征如下。

1）基于人寿保险标的角度的特征分析

人寿保险的标的是人的生命，而人的生命是很难用货币来衡量其价值的。对于财产保险，保险标的在投保时的实际价值是确定保险金额的客观依据，而人寿保险金额的确定却没有人的生命的实际价值作为客观依据。

人寿保险承保的风险是人的死亡或者生存，其纯保险费依据被保险人在一定时期内死亡或生存的概率计算。在实际工作中，保险人依据生命表提供的死亡率或生存率计算纯保险费率，这里的生命表是根据多年业务经营实践中数以万计的被保险人的生命资料编制的，由于观察的时间长、样本多（被保险人的数量多），因而能够排除各种偶然因素，揭示生命运动的规律，符合大数法则的要求，呈现出相当大的稳定性。虽然随着生活水平的提高和医学的发展，人的寿命也在不断变动，总的变动趋势是寿命不断延长。但是这种寿命的变动相当缓慢，在一个不太长的时期里，这种寿命的微小变动可以忽略不计，从而保证生命表中的死亡率、生存率与被保险人实际发生的死亡率、生存率相差很小。

人寿保险所承保的风险的稳定性，决定了人寿保险业务经营的稳定性。只要保险人选用的生命表和预定利息率适当，则业务经营不会发生亏损，当然也不会出现很大的盈余。因此，寿险对于再保险手段的运用是相对较少的，保险公司主要对于大额保单和次标准保险进行再保险安排。

人寿保险的保费计算基础是各年龄的死亡率，死亡率的规律直接影响人寿保险的经营成本，对于死亡保险而言，死亡率越高则费率越高。死亡率受很多因素的影响，如年龄、性别、职业等，统计资料表明，每个人死亡的概率是随着年龄的增长而逐年增大、这种规律非常明显。同时死亡率也随着经济的发展，医疗卫生水平和生活水平的提高而不断降低，因此可以说死亡率是变动的。

2）基于人寿保险合同角度的特征分析

上文提到，人的死亡率除幼年外随年龄增长而升高，特别是老年以后，死亡率上升幅度明显加大。按照费率计算的一般原理，人寿保险的保险费应该是逐年递增的，这种按照各年龄死亡率计算而得的逐年更新的保费称为自然保费。

如果人寿保险收取的是自然保费，那么就会给寿险经营带来困难，表现为：①老年时的保险费高于年轻时数倍，使被保险人在年老最需要保障时，将因缺乏保费的负担能力无法参加保险，削弱了人寿保险的社会效益；②容易出现逆向选择，由于费率年年增加，往往身体好的人因负担过重而退出保险，而身体不好的人却坚持投保，从而使正常情况下计算出的费率难以维持。

为解决这一矛盾，人寿保险多采用均衡保费替代年年更新的自然保费。均衡保费是指投保人在保险年度内的每一年所交保费相等。均衡保费在早期高于自然保费，晚期低于自然保费，即用年轻时多交部分弥补年老时少交的部分，但是整个周期内的价值是相等的（类似于还房贷的不同还款方式，折现到同一时间点上价值相等)。将死亡风险造成的损失均匀地分摊于整个保险期间，使人寿保险具有与其他保险不同的特征。

因为人寿保险主要用于为被保险人提供生存、养老保障要求而且采用均衡保险费，所以人寿保险合同往往是长期合同，保险期限短则数年，长则数十年甚至一个人的一生。这种长期性的特点使寿险具有特殊性，而且更易受到诸多外界因素的影响，比如利率因素、通货膨胀因素等。

储蓄的特征是返还性和收益性。返还性即存款人经过一定时期以后可以领回存款本金，收益性即对存款要计算利息。由于人寿保险保险标的的特殊性和长期性的特征，使得其与储蓄有相似之处，主要表现是在以下两个方面。

A. 对保险费率计算利息

由于人寿保险采用均衡保险费，投保人每年缴纳的纯保险费可以分为两部分：一部分用于当年发生的死亡给付，称为危险保费；另一部分储存起来，用于以后年度发生的死亡给付，称为储蓄保费。储蓄保费实际上是投保人提前缴纳的保险费，是投保人存放于保险人处的资金，这部分资金存放的时间一般比较长，保险人可以对其加以运用增值，所以亦应对被保险人计算利息才公平。历年收取的储蓄保费及其所生利息就形成了责任准备金。人寿保险的责任准备金实质上归投保人所有，如果投保人在中途申请退保，保险人应把责任准备金退还给投保人。由于责任准备金中包含储蓄保费及其所生利息，退保金额往往大于投保人历年已缴保费的总额。从投保人方面来看，领取退保金额如同取回自己从前储蓄的资金，而且得到了一定的利息，与储蓄具有相似之处。如果投保人不中途退保，责任准备金最终将全部用于死亡给付或生存给付，被保险人得到的保险金给付中，不仅包括以前缴纳的保险费，而且还包含保险费所生的利息。从参加人寿保险的众多被保险人来看，他们得到的全部保险金给付总额大于他们历年交的全部保险费总额，其差额就是保险费所生的利息。在人寿保险中，对计算利息并给付被保险人，类似于储蓄中对存款计算利息并支付给存款人。

B. 返还性

现在的人寿保险往往把各种保险责任相结合，使保险金给付成为必然事件，只是给的时间和金额不同而已，投保人寿保险总能领取保险金，类似于参加储蓄总能够领回存款本金

由于人寿保险具有储蓄性，所以又被称为储蓄性保险、返还性保险。但是，人寿保险毕竟与储蓄性质不同。在储蓄中，不存在损失和利益分摊，存款人领回存款本息的时间和金额是确定的。人寿保险则存在损失和利益均摊，被保险人领取保险金的时间和金额是不确定的。

随着经济、金融形势的发展，人寿保险的产品不断创新，品种不断增多，已经开始由传统的保障性、储蓄性向分红型、投资型方向发展，客户可以与保险公司共同分享保险经营成果。此外，大多数人寿保险保单可以自由转让，这样更与股票证券等有价证券相类似，所以人寿保险日渐成为一种个人投资手段。

由于人寿保险标的的特殊性，在实务中，人寿保险的保险金额是由投保人和保险人双方约定后确定的，此约定金额既不能过高，也不宜过低。一般从两个方面来考虑这个问题，一方面是被保险人对人寿保险需要的程度，另一方面是投保人交纳保费的能力。对于人寿保险的需求程度可以采用“生命价值”理论或者“人寿保险设计”的方法进行粗略估算，而交费能力则主要是通过投保人的职业和经济收入来判断。

此外，人寿保险也是定额给付性保险，与属于补偿性保险的财产保险不同，它只能按照保险合同规定的保险金额，即签订合同时保险人双方协商确定的金额支付保险金，不能有所增减。

由于人寿保险的保险标的特殊性，其价值难以估量，因而不会发生多重收益的问题。而且人寿保险的保险合同又是给付性质，所以不存在差额投保和重复保险。人寿保险公司的大额给付往往对应的是大额保单，客户同时投保多款产品，同时在多家公司投保也是允许的。

3）基于人寿保险基本原则角度的特征分析

保险利益是指投保人或者被保险人对保险标的所具有的法律上或事实上的利益。由于人寿保险保险标的的特殊性，其保险利益与财产保险的保险利益有很大不同，主要表现在以下两个方面。

首先，从理论上来说，人寿保险没有金额上的限制，人寿保险的保险利益没有量的规定性，只是考虑投保人有无保险利益，而不考虑保险利益的金额是多少，即保险利益一般是无限的。在实际中，人寿保险的保险金额要受到投保人的交费能力的限制。在某些特殊情况下，人寿保险的保险利益有量的规定性。例如，债权人以债务人为被保险人的投保死亡保险，保险利益以债权金额为限。

其次，在人寿保险中，保险利益只是订立保险合同的前提条件，而不是维持保险合同效力、保险人给付保险金的条件。只要投保人在投保时对被保险人具有保险利益，那么此后即使投保人与被保险人的关系发生了变化，投保人对被保险人已丧失保险利益，也不影响保险合同的效力，若被保险人发生了保险事故，保险人仍要给付保险金。例如，丈夫为妻子投保人寿保险后，夫妻离婚；企业为雇员投保人寿保险后，雇员与企业解除劳动合同时调离原企业。在这两种情况下，虽然投保人对被保险人已丧失了保险利益，但人寿保险合同并不因此而失效，被保险人发生保险事故后，保险人仍要给付保险金。

因为人寿保险的保险标的价值无法估量，而且其保险金额是事先协商并定额给付的，因此人寿保险不适用于损失补偿原则，也就不适用于由损失补偿原则派生出来的比例分摊原则和代位追偿原则。

此外，《保险法》第四十六条规定：（人身保险合同）被保险人因第三者的行为而发生死亡、伤残或者疾病等保险事故的，保险人向被保险人或者受益人给付保险金后，不享有向第三者追偿的权利，但被保险人或者受益人仍有权向第三者请求赔偿。而人寿保险属于人身保险的一种,所以人寿保险不适用损失补偿原则,所以也不存在比例分摊和代位追偿的问题。

4)计算技术的特殊性

人寿保险计算保险费和责任准备金的方法与财产保险、人身意外伤害保险完全不同。因为人寿保险承保的风险是生存或死亡,而其发生的概率依被保险人年龄的不同而不同,又由于人寿保险的保险期限长,一般采用均衡保险费,因而要考虑到利息因素,所以人寿保险费和责任准备金的计算均要依据生命表和一定的利息率。在此基础上形成了一套人寿保险专用的计算技术——寿险精算。在保险期间内,财产保险所承担的风险基本上是均衡的,而人寿保险所承担的风险则随着责任准备金的积累而逐年降低。按照寿险精算原理,准备金随着保险年度的增加而逐年上升,到保单满期时准备金等于保险金额。国外把全部保险业务分为寿险和非寿险两大类,最主要的原因就是人寿保险使用的是这种特殊计算技术。

2. 意外伤害保险及特征

意外伤害保险是指被保险人在保险有效期间因遭遇非本意的、外来的、突然的意外事故,致使其身体蒙受伤害因而残废或死亡时,保险人按照合同约定给付保险金的一种人身保险。意外伤害保险的含义主要分为以下的三点:①所谓的意外指的就是被保险人的主观状态,是指被保险人并不能预见的伤害或者伤害的发生与被保险人的主观意愿相违背的,其险种的特征为非本意的、突发的、外来的;②该险种所指的伤害,是指被保险人的身体遭受到外来的事故的伤害,使得被保险人的人身受到了一定程度上的伤害,伤害要分为致害物、侵害对象、侵害事实三个要素过程;③意外伤害险非常清楚地划分了保险的责任以及免责的情况,让被保险人的利益得到了最大程度上的保障。

1)基于意外伤害保险标的角度的特征分析

《保险法》以保险标的为分类依据,将保险分为财产保险和人身保险,而人身意外伤害保险属于人身保险,其保险标的是人的生命和身体。同时,人身意外伤害保险是对可保风险进行保障,是具有预期的死差益的。

在意外伤害保险中,只要被保险人因遭受意外伤害造成死亡、残疾、支出医疗费、暂时不能工作的,就构成保险责任。保险人就要给付保险金。

意外伤害保险的保障对象只是作为受害人的被保险人,并不保障致害人。因此,如果被保险人所受伤害是由于第三方(致害人)造成的,那么保险人给付保险金以后,致害人仍需承担相应的民事赔偿责任。

意外伤害保险的年末未到期责任准备金是按当年保险费收入的一定百分比(如40%、50%)计算的,与财产保险相同。

2)基于意外伤害保险合同角度的特征分析

人身意外伤害保险合同中的投保人和被保险人可以是同一主体,也可以分离为两个不同的主体。投保人可以是自然人,也可以是法人,被保险人则只能是自然人。人身意外伤害保险合同的被保险人是有可能成为受害人的人，即有可能遭受意外伤害的人。意外伤害保险合同还需要指定受益人。

保险理论认为，人身意外伤害保险是给付性合同，而不是补偿性合同，因为它不可能完全弥补生命和健康所造成的经济和精神损失，而只能提供一定的帮助。基于相同的理由，保险立法一般规定，人身意外伤害保险不存在重复保险和代位追偿权转移等权益问题，投保人被保险人可以对同一人身标的重复投保，在人身事故由第三者肇事所致时，也可以获得双重的经济补偿，而无须向保险公司转移追偿权力。

在实际业务中，大多数意外伤害保险保单的订立，是经双方当事人协商一致，约定一个最高限额作为保险金额，签订协议书，保险责任范围也显得相对灵活。

意外伤害保险的保险期较短，一般不超过 1 年，最多 3 年或 5 年。这是因为，意外伤害保险的保险费率取决于被保险人的职业、工种或从事活动的危险程度，与被保险人的年龄和健康状况关系不大，如果保险期限较长，保险费每年缴纳一次，那么与保险期限定为一年，每年续保一次并无区别。

人身意外伤害保险的保险期较短，但是有些意外伤害造成的后果却需要一定时期以后才能确定。因此，人身意外伤害保险有一个关于责任期限的规定，即只要被保险人遭受意外伤害事件发生在保险期限内，自遭受意外伤害之日起的一定时期内，即责任期限内（通常为 90 天、180 天或一年）造成死亡或残疾的后果，保险人就要承担给付保险金的责任。即使在死亡或者被确定为残疾时保险期限已经结束，只要未超过责任期限，保险人就要承担给付保险金的责任。定残期限是指确定意外伤害或疾病造成残疾的最迟时间，实际上是确定残疾程度的期限。国内目前条款定残期限多规定为 180 天。

3）基于意外伤害保险经营角度的特征分析

人身意外伤害保险的承保条件较宽，被保险人不必进行体格检查。由于承保的宽松性也使得直复式或自助式销售保单成为必要且可行的方式。人身意外伤害保险的费率往往较低，个单交费有限，若采用代理方式或营销员登门营销式销单，势必加大销售成本，增加客户负担或影响保险企业的竞争力。直复式或自助式销售指被保险方可通过信函、网上点击、电话购买、自动保单销售机等方式向保险员直接购买意外伤害保险，特别是那些短期的只对从事单一活动的意外伤害保险更适合这种销售与消费方式。这种方式既便利购买，又降低成本，是双赢的好方法。

相对而言，春秋季节是旅游人身意外伤害保险的旺季；炎热的夏季，游泳池人身意外伤害保险必然集中。就出险的概率而言，台风季节，轮船事故导致的人身意外伤害相对较多；寒冬腊月，大雪天气导致跌倒摔伤的人身意外伤害相对较多。

人身意外伤害保险核赔涉及法律、医学、伤残鉴定等多学科知识，责任事件原因认定往往与疾病因素、人身伤害责任因素、本意因素等纠缠不清，不能完全以近因解释。保险理赔讲事实，重证据，出现纠纷，保险方负有举证责任，而某些时候保险人即便推断合理也难以获取确凿的证据，技术难度相当大。因此核赔人员需要有广泛的学科知识，丰富的实践经历，严谨的工作态度，较强的办事能力。

1年期意外伤害保险费的计算一般按保险人的职业分类来确定。对被保险人按职业分类划分工种档次，是一项技术极为复杂的工作。划分既要讲究科学性，又要考虑到实际工作中的可操作性，才能将工种档次划分得粗细适当。我国1年期的意外伤害保险，通常把被保险人的职业危险划分为三档：第一档为机关、团体、事业单位和一般工商企业单位的职工；第二档为从事建筑，航海、伐木，搬运、装卸、筑路、地面采矿，汽车驾驶、高空作业的人员；第三档是从事海上钻探、海上打捞、海上捕鱼、航空执勤的人员。

意外伤害保险的纯保险费是根据保险金额损失率计算的，这种方法认为被保险人遭受意外伤害的概率取决于其职业、工种或从事的活动，在其他条件都相同时，被保险人的职业工种、所从事活动的危险程度越高，应交的保险费就越多，一般与其年龄、性别、健康状况无必然的联系。

人身意外伤害保险的保险标的是被保险人的身体，其价值是无限的，而这类保险的保险金额却不是无限的。为规避道德风险，保险人在实务中依据不同情形对保险利益额度进行规定。人身意外伤害保险大多是定额给付性质的，即人身事故发生后依约给付的金额为事先约定值，不得有所增域。这是因为人的死亡，残疾是不可用金钱衡量其损失价值而决定的。人身意外伤害保险的给付额由保险人和投保人在拟定保险合同的时候共同协商确定。

意外伤害保险必须以意外伤害为近因。在意外伤害保险中，保险事故发生时，死亡保险的给付和残疾保险的给付条件是有差异性的。除了大多数定额给付以外，其医疗费用保险也是一种有价的费用损失，亦可得到完全补偿。死亡保险金按保险合同约定的保险金额定额给付，残废保险医疗费用损失通常按照被保险人实际医疗支出或按事先约定的比例来实现补偿，与补偿保险原则一样，其价值不允许超过被保险人实际费用支出的金额，而保险金额的给付比例一般由保险金额和残疾程度两个因素决定。

当一次意外伤害造成被保险人身体若干部位残废时，保险人按保险金额与被保险人身体部位残废程度百分率之和的乘积计算残废保险金，但如果各部位残废程度百分率之和为100%，则按保险金额给付残废保险金。

3. 健康保险及特征

健康保险是以被保险人的身体为保险标的，保证被保险人在疾病或意外事故所致伤害时的直接费用或间接损失获得补偿的一种保险。按照保险责任，健康保险分为医疗保险、疾病保险、收入保障保险、长期护理保险等。

1)基于健康保险合同角度的特征分析

健康保险多以一年期的短期合同为主，除重大疾病保险、特殊疾病保险和长期护理保险外，绝大多数健康保险的保险期限均为一年，尤其是医疗费用保险，由于医疗服务成本不断上涨和统计资料相对有限，保险人很难计算出一个长期适用的合理的保险费率，因而一般都采用短期合同。

长期或终身型个人健康保险合同只是一种补充形式,所占比例不大。健康保险合同的短期特征在目前的中国尤为明显,由于中国的商业健康保险市场正处在开发初期,为了降低经营风险,各保险公司推出的健康保险产品一般都是一年期产品,通常都没有续保的承诺,并且一般的健康保险条款都注明保单在什么条件下失效,在什么条件下可自动续保。

由于健康保险的赔付风险大,且风险具有变动性和不易预测性等特点,同时理赔认定带有一定的主观性,且保单有效期间可能会出现多次理赔,索赔金额的差异也较大,因此保险人对所承担的保险金给付责任往往带有许多特别规定,尽可能减少事故损失和赔付,尤其是有关保险责任部分的条款部分有很多的特殊条款。

A. 免赔额条款

在健康保险合同中,一般均对医疗费用采用免赔额的规定,即在一定金额下的费用支出由被保险人自理。一方面保险人不会加送自我保护、自我控制意识,减少因疏忽等原因导致的保险事故的发生和损失的扩大,以避免不必要的费用支出,减少道德危险;另一方面由被保险人承担可以承担的、较低的医疗费用支出,可以减少保险人大量的理赔工作,从而减少成本,对保险人和被保险人都有利。

免赔条款在健康保险业务中通常都用绝对免赔额,即在合同规定的免赔额以内的医疗费用支出由被保险人自己负担,保险人不予赔付。只有当实际支付的医疗费用超过免赔额时,保险人才负责赔偿。确定免赔额的方式有三种:每次医疗费用的免赔额;全年免赔额;集体免赔额。

B. 观望期条款

观望期又称为等待期,是指健康保险合同生效后到保险人可以开始行使保险金给付责任的一段时期。在健康保险合同生效后,保险人需经过一段时间的观望或等待,才会对被保险人因疾病发生的医疗费用履行给付责任。在观望期结束之前发生保险事故,保险人并不承担给付责任。该条款的规定是为了防止可能出现的逆向选择。

C. 比例给付条款

又称为共保比例条款,比例给付是保险人对超出免赔额以上部分医疗费用,采用与被保险人按一定比例共同分摊的方法进行保险赔付的方式。这种方式相当于保险人与被保险人的共同保险。在健康保险中,是以人的身体为标的,不存在是否足额投保的问题。但由于其承保的危险不易控制,因此在大多数健康保险合同中保险人对医疗保险金的支出有比例给付的规定。当然,通常是保险人承担其中的大部分费用,这样既有利于被保险人对医疗费用的控制,也有利于保障被保险人的经济利益,达到保险保障的目的。

D. 给付限额条款

在补偿性质的健康保险合同中,保险人给付的医疗保险金有最高限额规定。健康保险的被保险人的个体差异很大,其医疗费用支出的高低差异也很大。为保障保险人和大多数被保险人的利益，规定医疗保险金的最高给付限额，可以控制总的支出水平，而对于具有定额保险性质的健康保险，如大病保险等，通常没有赔偿限额，而是约定保险会实行定额赔偿。在健康保险中，只有当实际支付的医疗费用超过免赔额时，保险人才负责。但对于超过免赔额以上的医疗费用，保险人并不全额负责，而是规定一定的给付比例。如75%，即保险人负责补偿超过免赔额的医疗费用的75%，剩余部分由被保险人自行承担。但给付数额不得超过合同中规定的给付限额。总之，在健康保险中，保险人只对超过免赔额部分的医疗费用按给付比例补偿，以给付限额为限。

E. 犹豫期条款

投保人收到保单之日起10天内，可以无条件地要求保险公司退还保费，保险公司除收取最多10元的成本费以外，不得扣除任何费用。我国《健康保险管理办法》第五条规定：长期健康保险产品当设置合同犹豫期，在保险条款中列明投保人在犹豫期内的权利。长期健康保险产品的犹豫期不得少于10天期限条款。在健康保险中，责任期限是指被保险人自患病之日起的一段时间（如90天等）如被保险人病治疗超过保险期限，保险人只负责责任期限内的医疗费用开支。

2）基于健康保险精算角度的特征分析

首先，健康保险的定价采用非寿险精算技术，因此决定和影响健康保险费率的因素比一般寿险和其他保险要多，而且这些因素很难被可靠和稳定地测量。这些因素主要包括疾病发病率、疾病持续时间、利息率、费用率、失效率、死亡率、展业方式、承保习惯、理赔原则、医院管理和医疗方法、经济发展、地理环境等，其中主要考虑疾病发生率、伤残发生率和疾病（伤残）持续时间。此外，健康保险合同中规定的等待期、免责期、免额、共付比例和给付方式、给付限额等也会影响最终的费率。就准备金的计算和提取而言，健康保险有点类似于财产保险的以未到期责任准备金为最重要的准备金形式。但健康保险的未决赔款准备金与财产保险和其他责任保险相比也有较大的差异。此外，在长期性的健康保险合同中，也有类似寿险责任准备金的年龄准备金。

基于以上论述，健康保险有四点费率确定的基本原则，具体如下。

A. 统一费率原则

根据这个原则，保险费的收取不以年龄的变化而变化。或在较大的年龄档次间（如所有在职职工），对所有被保险人适用统一的费率。这种方法一般在赔付率与年龄关系不大的条件下采用。

B. 阶梯费率原则

根据这个原则，被保险人在不同的年龄段内缴纳不同的保险费。一般来说，保险费在达到某个规定的年龄时就会增加。例如，费率每隔5年增加一次，其费率随年龄段呈阶梯形式。

C. 逐年变动费率原则

这个原则规定了费率每年都发生变化，即每年采用新费率。这种方法一般适用于医疗费用保险单，因为医疗费用的增加是一种难以预测的因素。

D. 均衡保险费原则

这个原则规定每年收取相等的保险费，这与一般寿险的均衡保险费原理相同，要求逐年建立准备金以支付将来责任。

3）基于健康保险给付方式角度的特征分析

一般来说，健康保险的给付方式主要有三种，它们决定了健康保险给付有着区别于其他保险的特殊性。

A. 定额给付

这种给付方式类似于寿险的给付，即给付定额保险金。疾病保险、失能收入损失保险、护理保险以及定额给付型医疗保险中，保险金的支付都是定额给付性质。

B. 实际补偿

实际补偿是指在保额限度内依据实际发生的费用补偿，即根据被保险人实际发生的医疗费用支出，按照约定的标准确定保险金数额。如普通医疗保险。

C. 提供服务

这种方式是提供由保险组织直接支付住院、手术等医疗费用的服务。此外，在医疗费用保险方面，为了避免支付的赔款费用超过实际发生的费用的现象，通常采用"补偿性原则"和"费用分摊原则"。

4）基于健康保险经营角度的特征分析

健康保险是以疾病、生育、意外伤害为保险风险，以被保险人因疾病或生育所致的死亡或者残疾产生的医疗费用或造成的收入损失，或者因意外伤害所产生的医疗费用或收入损失为保险金给付条件，其承包范围既广泛又有严格限定。就其承保疾病来说，应符合内部原因、非先天性、偶然性三个基本条件。

第一，内部原因是指必须是由于明显非外来原因所造成的。由于外来的、剧烈的原因造成的病态视为意外伤害，而疾病是由身体内在的生理的原因所致。但若因饮食不慎、沾染细菌引起疾病，则不能简单视为外来因素。因为，外来的细菌是经过体内抗体的抵抗以后，最后再形成疾病。因此，一般要以是否是明显外来的原因作为疾病和意外伤害的分界线。

第二，必须是非先天性的原因所造成的。健康保险仅对被保险人的身体由健康状态转入病态承担责任。由于先天原因使身体发生缺陷，例如，先天视力、听力的缺陷或身体形态的不正常，则不能作为疾病由保险人负责。

第三，偶然性是指必须是由于非长存的原因所造成的。在人的一生中要经历生长、成年、衰老的过程，在机体衰老的过程中，身体会显示一些病态，这是人生必然要经历的生理现象。对每一个人来讲，衰老是必然的，但在衰老的同时诱发其他疾病却是偶然的，需要健康保险来提供保障。而属于生理上长存的原因，即对人到一定年龄以后出现的衰老现象，则不能称之为疾病，也不是健康保险的保障范围。

就被保险人来说，由于健康保险承保事故的特殊性，健康保险的承保条件比其他人身保险要复杂和严格得多，在健康保险的承保实务中，保险人按照风险程度将被保险人分为标准体保险和非标准体保险两类。

标准体保险是对那些身体健康、符合承保条件的人们，按正常费率予以承保的保险；非标准体保险又称次健体保险或弱体保险，是对那些没达到标准条款规定的身体健康标准的人们，可以通过提高保费或重新规定承保范围来予以承保的保险。而对于患有特殊疾病的人们，保险人制定特种条款，既可以使保险人的经营范围拓宽，又不至于给保险经营带来过大的风险压力。

有时健康保险还实行非保体规定，将完全不符合承保条件的人们视为拒保体，不予以承保。而对由于特殊原因时不符合承保要求、经过一定时期后可能符合要求的人们（如孕产妇）则进行延期保险。在健康保险的核保中，需要综合考虑被保险人的年龄病史、职业、居住环境及生活方式等多种因素。由于疾病是健康保险的主要风险，因而对疾病产生的因素需要相当严格的审查，一般是根据被保险人的病历来判断，了解被保险人身体的既往史、现病史，有时还需要了解被保险人的家族病史。

健康保险的经营风险主要是医疗费用或医疗成本的不确定性风险。影响医疗费用的因素非常复杂，这使得健康保险在经营风险上呈现出以下三个特点。

首先，健康保险经营管理环节复杂，其逆向选择和道德风险都较寿险等其他保险严重，风险管理难度较大，这对健康保险的核保和理赔工作提出了更高的要求。

其次，健康保险的业务管理涉及医学上的专业技术，因此保险精算人员在进行风险评估和产品定价时必须获得医学专家的帮助。

最后，在健康保险的风险控制中有不少外部因素是很难控制的。例如，在健康保险承保的风险之中，疾病具有出险频率高、损失概率大，且损失频率变化极不规则的特点。此外，科学的进步与推广，医疗器械、药品的更新换代、医疗技术和市场价格等原因的影响使健康保险的保险金给付呈上升趋势。由于医疗机构在很大程度上决定着医疗服务的数量和价格，进而决定着医疗费用和医疗成本，而保险公司要真正做好经营风险的控制，就必须与医疗机构这一第三方进行很好的合作。这些与人寿保险和意外伤害保险的经营有着显著的不同。

因为战争和军事行动造成的损失较大且难以预测，在制定正常的健康保险费率时，不可能将战争和军事行动的伤害因素和医疗费用因素计算在内，故将其作为除外责任；另外，健康保险只承担偶然发生事故的风险，对故意自杀或企图自杀造成的疾病、死亡和残疾，不属健康保险的责任。

（三）责任保险及特征

责任保险是以被保险人依法应负的民事损失赔偿责任或经过特别的规定的合同责任为保险标的一种保险。责任保险要险种有公众责任保险、产品责任保险、职业责任保险和雇主责任保险。

公众责任保险主要承保企业、机关团体、家庭个人以及各个组织在固定的场所因其疏忽、过失行为而造成的他人人身伤害或财产损失，依法应承担的经济赔偿责任的一种保险。

产品责任保险是指承保产品制造者、销售者因其产品缺陷致使他人的人身伤害或财产损失而依法应由其承担的经济赔偿损失的一种保险。

职业责任保险承保各种专业技术人员因工作上的疏忽或过失造成合同对方或他人的人身伤害或财产损失而依法应承担的经济赔偿责任的一种保险。

雇主责任保险是承保被保险人（雇主）的雇员在受雇期间从事业务时，因遭受意外事故，导致伤、残、死亡，或患有与职业有关的职业性疾病，依法或根据雇佣合同应由被保险人承担经济赔偿责任的一种保险。雇主雇佣劳工需要承担数种责任，其中代价最高的是按照劳工赔偿法或雇主责任法对雇员因工作而造成的伤亡和疾病应承担的法律赔偿责任。雇主责任保险以民法和雇主责任法或雇主与雇员之间的雇佣合同作为承保条件。

责任保险的特征如下。

1. 基于责任保险补偿对象的特征分析

在物质损失保险中，保险人的补偿对象都是被保险人或受益人，保险赔偿金或给付金完全归被保险人或受益人所有，不会涉及任何第三方。而责任保险则不同，其直接补偿对象虽然也是被保险人，但由于被保险人的利益损失表现为其对第三者的赔偿责任，这种赔偿是被保险人因意外事故造成的依法向事先不确定的第三者的损失赔偿。责任保险涉及保险人、致害人（被保险人），受害人（第三者）三个方面的关系。所谓“受害人”是相对保险人和被保险人而言，又称为第三者。保险人与致害人之间建立的是责任保险合同关系，受害人与致害人之间建立的是原告与被告的关系。三者的基本关系，如图 5-1 所示。

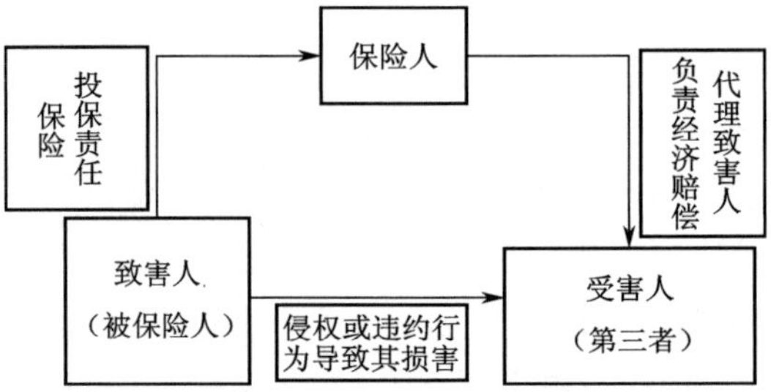

图 5-1　保险人、受害人、致害人关系示意图

由于责任保险的保险赔款实际是间接补偿给了受到损害的第三者，从而责任保险既替代了被保险人（致害人、加害人）的赔偿责任，又保障了受害人应有的合法权利。

在保险中，由于保险人对被保险人的“替代性”，引申出了责任保险不同于其他保险的一条基本原则——优先保护第三者利益原则，即在责任保险中第三者对保险金债权享有的法定的优先受偿权。根据《保险法》第六十五条规定，保险人对责任保险的被保险人给第三者造成的损害，可以依照法律的规定或者合同的约定，直接向该第三者赔偿保险金。责任保险的被保险人给第三者造成损害，被保险人对第三者应负的赔偿责任确定的，根据被保险人的请求，保险人应当直接向该第三者赔偿保险金。被保险人怠于请求的，第三者有权就其应获赔偿部分直接向保险人请求赔偿保险金。责任保险的被保险人给第三者造成损害，被保险人未向该第三者赔偿的，保险人不得向被保险人赔偿保险金。这就突破了保险合同的相对性原则，使保险人直接与没有合同关系的第三者发生直接联系，从而体现了法律对于保护第三者利益的考虑。

2. 基于责任保险标的角度的特征分析

一般的财产保险承保的是实体的财产物资，人身保险承保的是人的身体和生命，而责任保险承保的是各种没有实体的民事法律责任，这是责任保险区别于其他保险的重要特征。显然，前两者均可以在承保前确定一个保险金额作为保险人的最高赔偿限额。但责任保险却是无形的，其保险价值事先是无法确定和预料的，只能在保险事故发生后，依法按照法律法规来确定。

具体来看，责任保险的保险价值其实际就是被保险人依法应当承担的赔偿责任的货币数额，并且这种数额会随着人们生活水平的提高和社会关注程度的增加以及法院的认识变化而发生很大波动，其波动幅度远高于物质财产的市场价格变化。因而，保险人和被保险人无法在责任保险合同中事先约定保险金额。但若在责任保险中没有赔偿金额的限制，保险人就会陷入经营风险之中。

由于保险标的的不确定性，使得保险人在承保责任保险时，通常对每一种责任保险业务规定了不同等级的赔偿限额。这些赔偿限额可以由被保险人自己选择，被选定的赔偿限额便是保险人承担赔偿责任的最高限额，对于超过最高限额的部分，由被保险人自己承担。

由此可见，责任保险的承保标的是没有实体的各种民事法律责任，这种责任具有不确定性，因此保险人承担的责任只能采取赔偿限额的方式来确定。

3. 基于责任保险经营角度的特征分析

在保险实务中，责任保险的承保方式呈现出多样化的特征。在承保过程中，一般根据责任保险业务的种类或者被保险人的要求，采取独立承保、附加承保或者与其他保险业务组合承保的方式。

独立承保方式就是保险人签发专门的责任保险单，它与特定的物没有保险意义上的直接联系，而是进行完全独立操作的保险业务。如公众责任保险、产品责任保险等。责任保险的主要业务来源就是采取独立承保方式承保的责任保险。

附加承保方式就是被保险人必须先参加一般的财产保险，在此前提下保险人才可以签发专门的责任保险单。在这种方式下，一般财产保险是主险，责任保险是没有独立地位的附加险。如建筑工厂保险中的第三方责任保险，一般就是建筑工程保险附加第三者责任保险。与独立承保方式相比，附加承保方式只是在承保的形式方面与独立承保方式有所区别，而在业务性质和业务处理上则是完全一致的。

组合承保方式是指参加了财产保险以后相应的责任风险就得到了保险保障，无须保险人和投保人签订单独的责任保险合同，也无须签发附加或者特约条款。如船舶的责任保险就是与船舶财产保险进行组合承保的。

责任保险的赔偿均以被保险人对第三方的损害并依法应承担经济赔偿责任为前提条

件。责任保险存在两个法律关系:第一,投保人(被保险人)在将可能因自己的行为造成他人损害而产生的赔偿责任的风险转嫁给保险人时,与保险人之间形成的责任保险合同关系;第二,因被保险人的行为造成第三人的损害时,在被保险人(加害人)与第三人(受害人)之间形成的债权债务关系。当保险合同约定的损害赔偿责任发生之后,一般由被保险人因第三人的索赔而向保险人提出保险赔偿请求,让保险人直接向第三方赔付。显然,这一过程必然涉及受害的第三者,其理赔程序更为复杂,而一般财产保险或人身保险赔案只是保险双方的事情。

一般财产保险的赔偿金额是由保险人根据投保方式和保险金额以及保险标的实际损失等因素,并与被保险人协商确定的。但是责任保险的承保是以法律制度的规范为基础。这就决定了责任保险赔偿的处理除受责任限额的限制外,也需要以法院的判决或执法部门的裁决为依据,所以它需要更全面地运用法律制度。

总体看,责任保险赔偿是保险人代替致害人承担对受害人的赔偿责任,被保险人对各种责任事故处理的态度往往关系到保险人的利益,从而使保险人具有参与处理责任事故的权利。

具体看,被保险人造成第三者损害的事故发生后,被保险人会面临第三者的索赔请求,由于保险人对被保险人的赔偿以被保险人对第三者的赔偿为前提,二者息息相关,而被保险人多数情况下与保险人相比处理索赔的经验比较少,可能会与受害人达成高于合理赔偿额度的赔偿协议,进而使保险人支付更多的赔款。因此,为了避免发生这种情况的发生,责任保险合同中通常都规定,未经保险人许可,被保险人不得自行与受害人进行有关赔偿的协商,被保险人与受害人的赔偿协议需要由保险人事先认可。并且责任保险合同中通常还规定,被保险人知道可能发生诉讼、仲裁时,应立即以书面形式通知保险人,接到法院传票或其他法律文书后,应将其副本及时送交保险人,保险人有权以被保险人的名义对诉讼进行抗辩或处理有关仲裁事宜。保险人对索赔纠纷的提前介入,既是保险人的一种权利,目的是最终减少赔款支出,同时也是保险人为被保险人提供的一项服务,因此与被保险人相比,责任保险人通常具有更强的法律专业能力或者具有更丰富的法律和律师资源,可以帮助被保险人进行抗辩,避免被保险人承担不必要的责任。在国外,有些保单直接就规定保险人有义务代替被保险人进行抗辩,例如董事、监事及高级管理人员责任保险。

正如前文所提到的,由于被保险人的利益损失表现为其对第三者的赔偿责任。这种损失由保险公司代替被保险人向第三者赔偿,所以责任保险赔款不归被保险人所有,而实质上是支付给了受害方。

物质损失保险的承保以保险期间内发生保险事故为前提,只要在保险期间内发生保险事故,如果不存在属于责任免除的情形,就认定为保险责任。但责任保险不同,责任保险的赔偿以受害人对被保险人提出索赔为前提,有时被保险人对第三者造成损害的事实不是能够在侵权行为实施时就能立即发现的。例如,医生将手术刀遗留在病人体内,病人发现时已经足两年后,这时侵权行为的实施和损害后果的发现之间就间隔了两年。

为了避免保险责任确定上的混乱，责任保险通常采用两种方式归属保险责任，实践中也称为两种承保基础：一种是期内发生式；另一种是期内索赔式。

期内发生式是指保险人只对保险期限内发生的保险责任事故负赔偿责任，而无论受损害的第三者或被保险人何时提出索赔。对于此类保单，保险人必须随时准备处理那些保险期限早已到期却刚来保险索赔的案子，并对已经过去很多年的保单支付赔偿，这就使得精算师们很难准确估算应收取的保费和应当为已发生未报告的索赔而建立损失准备金。因此，保险人为了避免这一弊端，又推出了“期内索赔式”作为承保基础。

期内索赔式是指保险公司仅对保单有效期内提出的索赔负责，而不管导致索赔的事故是否发生在该保险有效期内。该类保单可以为在保单生效日之前发生的损失提供保障。保险人之所以采用期内索赔式是因为存在长尾索赔（即在保单签发多年后才提出的索赔）的缘故，但保险人为了对风险责任有所控制，通常在保单中规定有追溯日期，只有事故发生在追溯期以内，而索赔发生在目前的保险有效期限内的损失才能得到补偿。采用期内索赔方式有利于保险人准确估算保费、损失和损失准备金，从而达到控制风险的目的。

（四）信用保证保险及特征

信用保证保险是一种以经济合同所制定的有形财产或预期应得的经济利益为保险标的的保险。它实际上是由表现人（保证人）为信用关系中的义务人（被保证人）提供信用担保的一类保险业务。在业务关系上，因投保人在信用关系中的身份不同，而将其分为信用保险和保证保险两类。

信用保险是为权利人投保义务人信用的保险业务。例如，货物出口方担心进口方拖欠货款而要求保险人为其提供保险，保证其在遇到上述情况遭受损失时，由保险人赔偿。

保证保险是被保证人根据权利人的要求，请求保险人担保自己的信用的一种保险。例如，工程承包合同规定，承包人应在和业主签订承包合同后 20 个月内支付工程项目，业主（权利人）为能按时接收完工项目，要求承包人（被保证人）提供保险公司的履约保证，保证承包人不能如期完工而使业主受到经济损失时，由保险公司（保证人）给予赔偿。

信用保证保险的特征如下。

1. 基于信用保险标的角度的特征分析

信用保证保险承保的是一种信用风险。与其他财产保险和责任保险相比，信用保证保险的标的既不是被保险人自己的财产，也不是被保险人自己应当承担的损害赔偿责任，而是与被保险人存在债权债务关系的债务人的信用。当债务人的信用良好时，即债务人按时履行自己的义务，被保险人即债权人的债权就能顺利实现，如果债务人丧失了履行债务的能力或者不履行债务时，即失去信用，被保险人将因此而遭受经济损失。因此信用保证保险承保的是一种信用风险，而非承担物质损失或者意外伤害等造成保险标的的经济损失，因此不论是权利人还是义务人在进行投保时，保险人必须对被保证人的信用进行严格审查。

正是由于信用保证保险的保险标的是信用风险，所以其当事人与一般保险不同。一般保险合同是在投保人和保险人之间签订的，即保险合同的当事人只有投保人和保险人。但是信用保证保险合同的当事人有三方，即保证人、被保证人和权利人。信用保证保险中的保证人一般为保险人，被保证人是合同当事人的一方，权利人是享受保证保险合同保障的人，是享受与被保证人签订合同利益的一方。当被保证人违约或不忠诚致使权利人遭受经济损失时，权利人有权从保险人处依法获得补偿。

2. 基于信用保险合同角度的特征分析

在信用保证保险中，权利人与义务人之间首先要有贸易、借贷等经济合同，即主合同。保险合同则是建立在这种主合同的基础之上，因此属于附属合同。信用保证保险合同是保险人对义务人的债务偿付、违约或失误承担附属性责任的书面承诺。这种承诺是在信用保证保险合同规定的履行条件已具备，而被保证人不履行合同义务的情况下，保险人才能替被保证人对权利人履行赔偿责任。因此被保证人对权利人的履约属于第一性付款责任。保险人所承担的责任通常属于第二性付款责任。

一般保险合同在投保人与保险人之间确定保险关系，不涉及第三方。而信用保证保险建立在信用经济关系或经济合同基础之上，其保险合同一般涉及三方关系，即保证人（保险人）、权利人（被保险人）、义务人（被保证人）。信用保证保险关系，如图 5-2 所示。

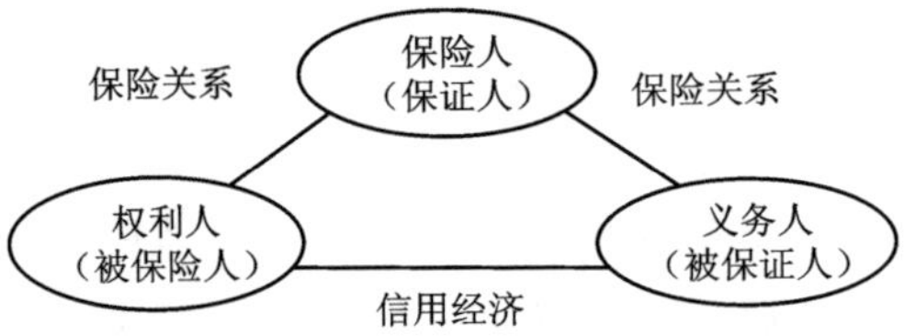

图 5-2　信用保证保险三者关系图

连带性，是指共同侵权人对受害人承担连带责任。受害人有权请求加害人中的任何人或者数人承担全部损害赔偿责任，任何加害人都有义务向受害人负全部赔偿责任。在信用保证保险中，涉及三方的利益关系，即保险人、债权人和债务人。只要主债务人有违法或违约行为引起保险事故发生，即可出现连带赔偿责任，被保险人（债权人）基于债务人的违法或违约行为和信用保证保险合同，可以向主债务人要求继续履行或赔偿，也可以向保险人提出保险索赔。

从理论上讲，信用保证保险均由直接责任者承担责任，保险人不是从抵押财物中得到补偿（保证保险），就是行使追偿权追回赔款。这使得保险人支付的赔款一般要由被保证人如数退还。因此，保险人收取的保险费，实际上是一种手续费或服务费。

3. 基于信用保险经营角度的特征分析

正是因为信用保证保险的标的是信用风险，它是一种主观风险（人为风险），具有特殊性，所以保险人在经营过程中，判断信用风险程度依据的是资信调查，而不是以往的损失概率和大数法则。经营信用保证保险必须靠信息奠定基础，因此保险人在承保前会对被保证人的资信情况进行严格的审查，或在承保时要求被担保人提供反担保，以便在保险公司向权利人支付赔款后，能向被保证人追回赔款。

因为信用保证保险的承保标的特殊，使其在经营过程中处理的方式与一般的保险也不同，所以这就意味着对于经营该业务的保险公司也有着更为特殊的严格要求。在国外，信用保证险必须由政府指定或批准的保险人或专门经营信用保证保险业务的保险人办理，禁止一般保险人承保该业务。例如，美国财政部每年公布一次保证保险人名单，并规定各公司承保限额。这样规定主要是因为：①该业务的经营较复杂，必须有专业人员办理；②保险人必须有可靠的偿付能力；③有些信用保证保险业务本身具有较强的政策性，如为了促进大国的商品出口而开办的出口信用保险业务，必须由指定的保险人或机构来办理。

信用保证保险只是保险人为被保证人的担保，保险人经营信用保证保险业务只是收取担保费而不从中赢利。因为信用保证保险均由直接责任者承担责任，保险人不是从抵押财物中得到补偿，而是行使追偿权追回赔款。同时也由于其经营目的的特殊性，信用保证保险的保险人必须事先对被保证人的资信事先进行审查，并要求被保证人提供反担保，以保障其对权利人支付的任何赔偿能从被保证人处获得返还。

二、按保险经营分类

以保险经营为标准区分保险形态，是古今中外保险研究中常用的一种方法。其具体标准分为以下两种。

（一）公营保险与私营保险

按照保险经营主体和所有权可分为公营（国营）保险和民营（私营）保险。

保险经营的主体有公法上人格与私法上人格之分，公法上团体经营的保险为公营保险，私法上团体经营的保险为民营保险。公营保险又分为国家经营的保险和地方政府或自治团体经营的保险，包括国家强制设立的保险机关经营的保险或国家机关提供补助金的保险。民营保险是由私人投资经营的保险，其形式主要有股份保险公司、相互保险公司、保险合作社、个人经营的保险等。

（二）营利保险与非营利保险

按照保险经营性质可分为营利保险与非营利保险。

营利保险又称商业保险，是指保险经营者以营利为目的而经营的保险。股份公司经营的保险是最常见的一种营利保险，劳合社个人经营者经营的保险也是营利保险。非营利保险又称非商业保险，经营此种保险的目的不是营利，它是由政府资助，以保证经济的协调发展和社会生活安定为目标而实施的保险，如社会保险、政策保险等或者是为保证加入保险者的相互利益为目的而办理的保险，如相互保险、交互保险、合作保险等。

相互保险，指具有同质风险保障需求的单位或个人，通过订立合同成为会员，并交纳保费形成互助基金。它是由该基金对合同约定的事故发生所造成的损失承担赔偿责任，是当被保险人死亡、伤残、疾病或者达到合同约定的年龄、期限等条件时承担给付保险金责任的保险活动。相互保险主要有相互保险社、保险合作社、交互保险社和相互保险公司四种形式。其中,发展最成熟的是相互保险公司——所有参加保险的人为自己办理保险而合作成立的法人组织。相互保险公司是一种非营利公司,它没有股东,由保险单持有人选举产生董事会。相互人寿保险公司一般出售不参与分红的人寿保险单,而股份人寿保险公司一般出售不参与分红的人寿保险单。2004 年 11 月 16 日中国保监会批准筹建中国第一家相互制保险公司,即黑龙江的阳光农业相互保险公司。此外,在许多国家还有非营利的合作保险,如美国的蓝十字会医疗保险组织、日本的农业合作社、中国总工会组织的职工保障互助会等。

交互保险公司是存在于美国的一种自然人相互合作的保险组织。产生于 1881 年,是一些商人对向商业性保险公司投保所必须交付的保险费难以负担,便相互组织起来共同承担保险责任。交相保险社的业务主要由社员大会通过的具有法人资格的代理人委托经营,负责处理有关保险的一切业务。

代理人通常受社员选举出来的指导委员会所控制,但不承担任何责任,实际责任仍由全体社员承担。交互保险社有两大特点:①被保险人以社员为限,只在社员间相互交换保险;②社员以个人资格在一定金额限度内承担其应接受的危险责任。

合作保险组织是保险的组织形式之一。社会上需要保险的单位或个人采取合作方式办理的保险。办理合作保险的机构有以下两种。

(1)相互保险社。该社为全体被保险人共有,被保险人同时也是保险人。每个社员入社时,需交纳一定数量的赔偿基金和管理费。若该社赔偿基金不足,可继续向社员收取,若有结余,可适当退给社员。

(2)相互保险公司。该公司是被保险人为自己办理保险的合作组织,为保险单持有人共有。保险单持有人的地位与股份公司的股东地位类似,公司托管人由保单持有人选举产生。

按保险经营分类总结,如图 5-3 所示。

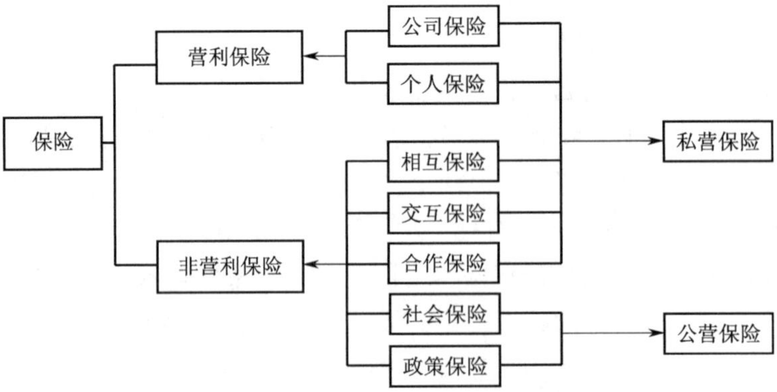

图 5-3　按保险经营分类示意图

三、按风险转嫁方式分类

按照风险转嫁方式可分为原保险、再保险。

1. 原保险

原保险是指投保人与保险人直接签订保险合同而建立保险关系的一种保险。在原保险关系中，保险需求者将其风险转嫁给保险人，当保险标的遭受保险责任范围内的损失时，保险人直接对被保险人负损失赔偿责任。

2. 再保险

再保险简称分保，是指保险人将其承担的保险业务，部分或全部转移给其他保险人的一种保险。适用于财产保险，尤其是财产保险中的海上保险和火灾保险。近些年，再保险已逐步发展至人身保险、责任保险等。再保险是保险的一种派生形式，原保险是再保险的基础和前提，没有原保险，也就没有再保险，再保险是保险的后盾和支柱，没有再保险，保险的发展就会受到限制。两者相辅相成，相互促进，相互发展。

最初承保业务的公司称为分出公司或原保险人，接受分出公司保险的公司称为再保险人。由于有些国家保险公司基数多，因此在其国内也会形成规模相当大的再保险市场。保险公司设立在保险子公司或部门，也有专门经营再保险业务的公司。伦敦劳合社就是经营国际再保险的重要场所。

再保险的方式多种多样，但通常有两种基本的分类标准：一是按责任限制划分；二是按分保安排方式划分。

按责任限制分类，再保险可分为比例再保险和非比例再保险。比例再保险是以保险金额为基础来确定分出公司自留额和分入公司分保额的再保险方式。比例再保险包括成数再保险、溢额再保险、成数和溢额混合再保险。非比例再保险以损失为基础来确定再保险当事人双方的责任，故又称损失再保险，一般称之为超过损失再保险。非比例再保险分为险位超额再保险、事故超赔再保险和赔付率超额再保险。

按分保安排方式分类，再保险可分为临时再保险、合同再保险和预约再保险。临时再保险是保险人根据自己的业务需要将有关风险或责任临时分给再保险人的再保险安排。合同再保险是分出公司和分入公司预先订立合同，分出公司按照合同的规定将有关风险或责任转让给分入公司的再保险安排。预约再保险是分出公司和分入公司预先订立合同，根据合同规定，分出公司可以决定是否将有关风险或责任转给分入公司，且一旦分出公司决定，分入公司必须接受。

四、按业务承保方式分类

按照业务承保方式可分为复合保险、重复保险和共同保险。

1. 复合保险

复合保险是指投保人以保险利益的全部或部分，分别向数个保险人投保相同种类保险，签订数个保险合同，其保险金额总和不超过保险价值的一种保险。复合保险的损失如何处理因保险业务性质的不同而不同，其方式主要有保险分摊法、超额承保法和优先承保法三种。

复合保险是数家保险公司承保了被保险人的相同保险利益，或者说一个保险标的有几份保险单或被保险人的几份保险单有同一保险责任。这种现象在资本主义国家比较常见，如企业购买了火灾保险，又购买了企业综合保险。

2. 重复保险

重复保险是指投保人以同一保险标的、同一保险利益、同一风险事故分别与数个保险人订立保险合同的一种保险。重复保险与复合保险的区别在于其保险金额的总和超过保险价值。重复保险与超额保险一样，弊端甚多，因此法律对此皆有特别的规定，要求具备一定的条件才能成立。

3. 共同保险

共同保险是指投保人与两个以上保险人之间，就同一保险利益，对同一风险共同缔结保险合同的一种保险。在实务中，数个保险人可能以某一保险公司的名义签发一张保险单，然后每个保险公司对保险事故损失比例分担责任。

共同保险在健康保险中是指保险双方按比例分担损失。如医疗保险规定，被保险人自负 30% 费用，保险公司负责报销其余 70% 费用。

从形式上看，共同保险与再保险相似，投保人仅需与某一保险公司接触，不必与各保险公司分别接洽，但两者之间存在着明显的不同。首先，反映的保险关系不同。共同保险反映的是投保人与各保险人之间的关系，这种保险关系是一种直接的法律关系，再保险反映的是保险人与保险人之间的关系，再保险接受人与原投保人之间并不发生直接的关系。其次，对风险的分摊方式不同。共同保险的各保险公司对其承担风险责任的分摊是第一次分摊，而再保险则是对风险责任进行的第二次分摊。共同保险是风险的横向分担，再保险则为风险的纵向分担。

尽管共同保险与再保险有所不同，但并非背道而驰。近代保险业发展显示，两者渐趋接近，且具相辅相成的作用。由于两者结合采用，可使风险分散更快、更彻底，因而日益受到人们的高度重视。

共同保险在英、美国家不具有普遍意义，但他们采用共同保险条款，保险公司承保 80 万元，其余 20 万元凭一方约定由被保险人自保。此种保险条款与不足额保险的区别在于，第一，共同保险条款经签订，被保险人不得将未经保险的部分向其他保险人投保，而不足额保险则无此种限制。第二，共同保险条款自始即为共同分担风险的一种约定，而不足额保险则为被保险人独自分担一部分风险的责任。

五、按给付形式分类

1. 定额保险与损失保险

定额保险是指在保险合同订立时，由保险双方当事人协商确定一定数额的保险金额，当保险事故发生时，保险人依照预先确定的金额给付保险金的一种保险。损失保险则是在保险事故发生后，由保险人估计保险标的的实际损失额而支付保险金的一种保险。前者适用于人身保险，后者适用于财产保险。

2. 定额保险与利益保险

这是风险减轻学说的代表人物、美国保险学者马赫尔等对保险进行的分类。马赫尔所说的定额保险，与其他定额保险一样，是指保险给付事先约定，与实际经济需要无关的一种保险。相比之下，利益保险则有其特定的概念，它不是作为保险险种的利益保险，而是从对被保险人的保险给付的利益关系确定给付标准的一种保险。衡量给付高低的标准是保险保障率，即必要的给付金额与实际给付金额的比率。以保险保障率为标准，可以将保险区分为1和1以下的两种形态。现实生活中的定额保险和超额保险的保险保障率为1，不足额保险的保障率为1以下。

3. 现金保险与实物保险

当被保险人因保险事故发生而遭受损失时，保险人以现金方式进行补偿的保险，被称为现金保险，如火灾保险、人寿保险等；当被保险人因保险事故发生而遭受损失时，保险人以实物方式进行补偿的保险，被称为实物保险，如玻璃保险，医疗保险等。

六、按保险实施方式分类

以保险政策为分类标准，保险可以被区分为自愿保险与法定保险、商业保险与社会保险、普通保险与政策保险等类别。

1. 自愿保险与法定保险

自愿保险也称作任意保险，是指保险双方当事人通过签订保险合同或是需要保险保障的人自愿组合，实施的一种保险。前者如商业保险、营利性保险等；后者如相互保险、合作保险等。自愿保险的保险关系，是由当事人之间自由决定、彼此合意后所成立的合同关系。投保人可以自由决定是否投保、向谁投保、中途退保等，也可以自由选择保障范围、保障程度和保险期限等。保险人也可以根据情况自愿决定是否承保、怎样承保，并且自由选择保险标的，选择设定投保条件等。

法定保险又称强制保险，是国家对一定的对象以法律法令或条例规定其必须投保的一种保险。法定保险的保险关系不是产生于投保人与保险人之间的合同行为，而是产生于国家或政府的法律效力。法定保险的范围可以是全国性的也可以是地方性的。法定保险的实施方式有两种选择：保险对象与保险人均由法律限定或是保险对象由法律限定。但投保人可以自由选择保险人。然而,不论哪种形式的法定保险都具有全面性和统一性。法定保险的实施以国家法律形式为依据,只要属于法律规定的对象都必须参保;法定保险的保险金额和保险费率由国家统一标准规定,不由投保人和保险人自行决定。例如,在德国的法律中,有"第三人可以对保险人行使损害赔偿请求权"。

自愿保险和法定保险的主要区别如下。

(1)两者的保险关系建立的根据不同。自愿保险的保险关系是通过订立保险合同建立的;法定保险的保险关系是根据国家法规建立的。

(2)两者涉及的危险性质不同。自愿保险所保的危险损失,一般仅与个别单位或个人的利益有关;法定保险所保的危险一般涉及多数人的利益,带有一定的社会性。

(3)实施的目标不同。自愿保险主要是为了满足经济单位或个人对于灾害损失补偿的需要;法定保险是政府为解决某个领域里的特殊危险,实现一定的社会目标或政策目标而实施的。

(4)保障的水平不同。自愿保险的保障水平较充分。

2. 商业保险与社会保险

商业保险又称合同保险或自愿保险,即保险人和投保人自愿订立保险合同,由投保人交纳保险费,用于建立保险基金;当被保险人发生合同约定的财产损失或人身事件时,保险人履行赔付或给付保险金的义务。商业保险的构成要素包括专营机构、保险合同、保险利益、大数法则和保险基金。

社会保险是为丧失劳动能力、暂时失去劳动岗位或因健康原因造成损失进行补偿的一种社会经济制度。社会保险由政府承办,强制某一群体将其收入的一部分作为社会保险税(费)形成社会保险基金,在满足一定条件的情况下,被保险人可从基金获得固定的收入或损失的补偿,它是一种再分配制度,它的目标是为其成员提供基本生活保障,维护社会和谐发展。社会保险的主要项目包括社会养老保险、医疗保险、失业保险、工伤保险、生育保险等。社会保险有三种主要的功能,分别是稳定社会的功能(提供收入损失的保障)、再分配的功能(缩小贫富差距)、促进社会经济发展的功能。

1)社会保险与商业保险之间的联系

(1)从功能上看,两者都是社会风险化解机制。社会保险是多层次社会保障体系的主体,商业保险可以作为对社会保险的补充,是多层次社会保障体系的一个组成部分。

(2)社会保险的产生晚于商业保险,它所使用的术语和计算、预测方法很多与商业保险有关。

2)社会保险与商业保险之间的区别

商业保险和社会保险有诸多不同。

(1)主体不同。商业保险可以国营、公私合营或私营;而社会保险承供的一般都是风险大、利薄甚至亏本的项目,商业保险公司一般都不愿承保,但这些项目又关乎社会稳定和促进经济发展，国家必须扶持。所以，社会保险一般都由政府专门成立的专业保险公司承保或由国家指定商业保险公司承保并给予政策优惠。

（2）经营目标不同。商业保险公司以利润最大化为经营目标；社会保险虽然也要求经济核算，但必须兼顾甚至注重社会的宏观经济效益，在亏损的项目上由财政给予适度支持或兜底。

（3）承保机制不同。商业保险的品种多可由投保人任意选择，在保险利益的价值范围内由投保人自己决定投保金额；社会保险则较为固定，甚至保险费率亦可谈判，能以有效的强制手段消除逆向选择的影响因素。

3. 普通保险与政策保险

普通保险是指基于个人或经济单位风险保障的需要，经过自由选择而形成保险关系的一种保险。普通保险保险关系的形成不含有执行特定国家政策的成分。属于这种保险关系的保险形式有人寿保险、财产保险、船东相互保险等。

政策保险则是政府为了政策上的目的，运用普通保险的技术而开办的一种保险。政策保险的种类包括社会政策保险和经济政策保险两大类。具体项目如下。

（1）为实施社会保障政策目的而经办的社会保险，如养老保险、医疗保险、工伤保险、失业保险、生育保险等。

（2）为实现公民生活安定的政策目的而经办的国民生活保险，如劳动者财产损失保险、汽车赔偿责任保险、地震保险、住宅融资保险等。

（3）为实现农业增产增收政策目的而经办的农业保险，如种植业保险、养殖业保险等。

（4）为实现扶持中小企业发展政策目的而经办的信用保险，如无担保保险、能源对策保险、预防公害保险、特别小额保险等。

（5）为实现促进国际贸易政策目的而开办的输出保险，如出口信用保险、外汇变动保险、出口票据保险、海外投资保险等。

政策保险具有以下特点。

（1）法令规定强制民众投保或强制保险公司不得拒保。

（2）由一般商业保险公司或是政府设订了专门设置机构承办该项业务。

（3）政策性保险仍为私法契约关系。

（4）部分保险已设有独立账户，保险人必须以专款专用、无盈无亏方式经营。

（5）仍要以保人有订立契约意思为契约生效要件。

（6）为实现某些公益政策，保险公司对于被保险人具有代位权的行使资格。

（7）具有保障社会安全的政策性目的。

（8）政府补助该类保险保险费为推动方式之一。

七、按经济关系分类

以经济关系因素为分类标准，保险可以被区分为企业保险与个人保险，团体保险与个人保险，工作收入保险、财产保险、费用保险等。

1. 企业保险与个人保险

从保险费承担者的角度看，保险可以被区分为企业保险与个人保险。前者以企业作为保障主体，保险费由投保企业的法人负担，从企业经费中支出；后者是以个人和家庭为保障主体，保险费由个人或家庭负担，从个人可支配收入中支付。

2. 团体保险与个人保险

这种分类主要适用于早期的人身保险。世界上许多国家将人寿保险公司经营的人身保险业务分为两大类，即普通人寿保险与团体人寿保险。前者是指个人为满足自己和家庭需要而购买的人身保险，简称个人保险；后者是指由雇主、工会或其他团体为其雇员或成员购买的人身保险，简称团体保险。团体保险的种类主要包括团体人寿保险、团体健康保险、团体养老保险、团体年金等。近些年来，团体保险范围发生了变化，已由过去的人身保险领域延伸到财产保险、责任保险领域，如美国有些企业的雇员福利计划中的团体私用汽车保险和团体房主保险等。

3. 收入保险、财产保险、费用保险

作为以伴有经济损失的偶然事件为前提的经济制度的保险，应该以承担的经济损失类别为标准进行分类。其保险可以被分为三种类别：收入保险、财产保险和费用保险。

收入保险是指承保与工作能力的暂时或永久地、部分地丧失有关的经济损失。这种保险的特点是以未来和过去的时间要素为标准。损失分担学说的倡导人、德国保险学家华格纳认为，收入能力的丧失是未来可能得到的财产的损失。这个财产现在不存在，它是由未来的努力而获得的工资、利息、收入、房租等构成。这种收入能力的丧失，对个人来说是由于死亡、疾病、衰老等，对企业来说是由于灾害事故的发生而营业中断、房租损失等。收入损失分为个人和企业两种。与此相适应，收入保险也可分为个人收入保险和企业收入保险。前者包括人寿保险、健康保险、伤害保险、失业保险、收入补偿保险等；后者包括营业中断保险、房租损失保险等。

财产保险承保的损失包括积极的财产和消极的财产两个部分的经济损失。前者包括已有财产的损坏或损失，如火灾、海难等；不诚实，如伪造偷窃等；第三者的违约，如不履行合同等。后者包括因承担法律赔偿责任而造成的经济损失，如雇主责任、过失责任等。财产保险就是承保与上述损失有关的一种保险。

费用保险是指承保因无法预测的异常支出而造成的财产和收入上的损失。这种未来费用仅限于临时生活费、残余整理费等保险事故发生后的间接费用。如果说收入保险和财产保险是承保死亡、火灾、交通事故等危险发生时的经济损失，那么费用保险则是承保未来费用支出的经济损失，即以危险事故发生时为准，承担事后的费用。

复习思考题

1. 某大学生（20岁）对他的朋友说：“我不购买任何人寿保险，因为我知道在我这个年龄死亡的可能性很小。”你对这段话作何评价？

2. 保险与赌博、储蓄、救济有何联系与区别？

3. 简述保险的本质与职能。

4. 保险是如何稳定社会生产、促进经济发展的？

5. 为什么说共同海损分摊是海上保险的萌芽？

6. 按保险标的分类，保险分为哪些内容？

7. 什么是责任保险？有哪些种类？责任保险的特征是什么？

8. 什么是再保险、重复保险、共同保险？简述三者的区别。

案 例 分 析

上海的私营企业主黄老板因车祸离世，经银行调查，黄老板还有未还贷款800万元，其妻子（吴女士）、企业和自己的银行账户余额合计260万元，银行冻结并申请拍卖其固定资产。但由于其妻吴女士自从结婚后就一直照料丈夫和孩子的生活，未就业，也没有固定的经济收入来源。房子拍卖后，吴女士只能带着两个还在上学的孩子租房居住，没有了经济来源，生活举步维艰，连交纳孩子的学费都成了问题，一个原来一直维持着小康生活水平的家庭走到了崩塌的边缘。

悲痛渐渐平息后，吴女士在整理丈夫遗物的时候意外地发现了两张保单，和保险公司取得联系后，理赔款很快打到了吴女士的账户上。两个月后，银行发现吴女士的账户突然入账300万元，立刻申请予以冻结，法院经查后认定不予支持，原因很简单，因为那300万元来自保险公司的赔付。

分析问题：法院为何不予支持银行冻结的申请，原因是什么？

1. 受益保险金不用于抵债

《中华人民共和国合同法》（以下简称《合同法》）第七十三条规定：因债务人怠于行使其到期债权，对债权人造成损害的，债权人可以向人民法院请求以自己的名义代位行使债务人的债权，但该债权专属于债务人自身的除外。《最高人民法院关于适用〈中华人民共和国合同法〉若干问题的解释（一）》第十二条规定：专属于债务人自身的债权是指基于扶养关系、抚养关系、赡养关系、继承关系产生的给付请求权和劳动报酬、退休金、养老金、抚恤金、安置费、人寿保险、人身伤害赔偿请求权等权利。

因此,人寿保险是不受债权债务干扰的金融工具,能为个人在企业资产和个人资产之间建立起一道防火墙。

2. 保险是不存在争议的财产分配

《保险法》第六十一条规定,人身保险的受益人由被保险人或者投保人指定。《保险法》第四十条至第四十二条规定,被保险人死亡后,没有明确指定受益人的,保险金作为被保险人的遗产,按照《中华人民共和国继承法》分配。如果有明确指定受益人的,则保险金不作为遗产分配,并可规避遗产税。

3. 保单是不被查封罚没的财产

《保险法》第二十四条:任何单位和个人不得非法干预保险人履行赔偿或者给付保险金的义务,也不得限制被保险人或者受益人取得保险金的权利。因此,保险被誉为全球公认的财富保全最佳方案。

4. 保险是免税的财产

《中华人民共和国税法》第四条第五款规定:保险赔款免纳个人所得税。因此,保险是合理避税的工具。

5. 保险是不用公证的婚前专属财产

《中华人民共和国婚姻法》第十八条规定,有下列情形之一的为夫妻一方的财产:①一方的婚前财产;②一方因身体受到伤害获得的医疗费、残疾人生活补助费等费用;③遗嘱或赠与合同中确定只归夫妻一方的财产;④一方专用的生活用品;⑤其他应当归一方的财产。

注:在夫妻关系存续期间因人身伤害或患疾病所获得的人身保险赔偿金,因与该个人有密切关系,主要用于受害人的治疗、生活,具有特定的用途,因此该类财产不属于夫妻共同财产,应当归取得保险金的一方所有。

第六章

保险合同

第一节　保险合同概述

一、保险合同的概念

合同又称契约，是指平等主体的当事人为了实现一定的目的，以双方或多方意思表示一致设立、变更和终止权利义务关系的协议。

《保险法》第十条规定："保险合同是投保人与保险人约定权利义务关系的协议。"保险合同又称保险契约，它是保险关系当事人之间订立的一种在法律上具有约束力的协议。保险合同的当事人是投保人和保险人，保险合同的内容是保险双方的权利义务关系。根据保险合同的约定，收取保险费是保险人的基本权利，赔偿或给付保险金是保险人的基本义务。与此相对应，缴纳保险费是投保人的基本义务，请求赔偿是投保人的基本权利。

保险合同属于民商合同的一种，是反映法律通则的复杂法律文件，其设立、变更或终止的是具有保险内容的民事法律关系。因此，保险合同不仅适用于《保险法》，也适用于《合同法》和《民法通则》。

二、保险合同的特征

(一)保险合同与一般合同的共性

保险合同属于合同的一种，它具有一般合同共有的法律特征。保险合同的一般特征表现在以下几个方面。

①合同的当事人必须具有民事行为能力。

②保险合同是双方当事人意思表示一致的行为,而不是单方的法律行为。任何一方都不能把自己的意志强加给另一方;任何单位或个人对当事人的意思表示不能进行非法干预。

③保险合同必须合法,否则不能得到法律的保护。在一方不能履行义务时,另一方可向国家规定的合同管理机关申请调解或仲裁;或者争议双方按照仲裁协议,将彼此间的争议交由双方共同信任、法律认可的仲裁机构的仲裁员居中调解,并做出裁决;也可直接向人民法院起诉。

(二)保险合同的特性

与一般合同相比较,保险合同又是一种特殊类型的合同。作为一种特殊类型的民商合同,除具有一般的法律特征外还具有一些特有的法律特征。

1. 双务性

合同有单务合同和双务合同之分。单务合同是指当事人一方只享有权利,对另一方只发生义务的合同,如赠与合同、无偿保管合同、无偿借贷合同等。而双务合同则是当事人双方都享有权利和承担义务,一方的权利即为另一方的义务。在等价交换的经济关系中,绝大多数合同都是双务合同。保险合同具有双务性,其理由在于保险合同的投保人有按约定缴付保险费的义务,而保险人则承担在保险事故发生时赔偿或给付保险金的义务。而保险合同与一般的双务合同又有不同。在一般的双务合同中,除法律或合同另有规定以外,双方应同时对等给付,而不能一方要求他方先行给付。比如在买卖合同中,买方付款以后,卖方应按照合同规定给付标的物,不存在其他任何条件。而在保险合同中,虽然投保人缴纳了保险费,但只有在保险合同事故发生后,保险人才履行赔偿或给付保险金的义务。

2. 射幸性

保险合同是典型的射幸合同。所谓射幸性,是指保险合同履行的结果建立在事件可能发生,也可能不发生的基础之上。在合同的有效期内,假如保险标的发生损失,则被保险人从保险人那里得到的赔偿金额可能远远超出其所支付的保险费;反之,如无损失发生,被保险人只付出了保费而没有得到任何的货币补偿。保险人的情况则正好与此相反。当保险事故发生时,它所赔付的金额可能大于它所收缴的保费;而如果保险事故没有发生,则它只有收取保费的权利,没有赔付的责任。

保险合同的射幸性特点来源于保险事故发生的偶然性,这在财产保险合同中表现得尤为明显。而在人寿保险中,在大部分场合由于保险人给付保险金的义务是确定的,只是存在一个给付的时间不同的问题,因此许多人寿保险合同具有储蓄性,射幸性特点较弱。

还需要指出的是,所谓保险合同的射幸性特点是就单个保险合同而且是就有形保障而言的。如果从全部承保的保险合同总体来看,保险费与赔偿金额的关系以精确的数理计算为基础确定,从原则上来说,收入与支出保持平衡,因此,保险合同又不存在射幸性的问题。

3. 补偿性

这主要是针对财产保险合同而言的，所谓补偿合同即保险人对投保人所承担的义务仅限于损失部分的补偿，补偿不能高于损失的数额。保险的一个最主要的目的就是让被保险人恢复到损失发生前的经济状况，而不是改善被保险人的经济状况。这样做既是为了保险人，也是为了整个社会，因为如果不这样加以规定，被保险人能够通过保险而获利，有些被保险人就会故意犯罪，就会引发道德风险。

4. 附和性

附和合同即由当事人的一方提出合同的主要内容，另一方只是做出取或舍的决定，一般没有商议变更的余地。保险合同就具有这样的特点。保险人依照一定的规定，制定出保险合同的基本条款；投保人依照该条款，或同意接受，或拒绝投保，一般没有修改某项条款的权利。如果有必要修改或变更保单的某项内容，通常也只能够采用保险人事先准备的附加条款或附属保单，而不能完全按照投保人的意思来做出改变。

但是保险合同也并非全部采取标准合同的形式，因此，不能说所有的保险合同均为附和合同。有些特殊险种的合同也采取双方协商的办法来签订，这与一般的民事合同性质是相同的。所以说，保险合同不是典型的附和合同，而只是具有附和合同的性质。保险合同之所以具有附和合同的性质，其原因在于保险人掌握保险技术和业务经验，投保人往往不熟悉保险业务，因此很难对条款提出异议。但正因为如此，当保险合同出现由于条款的歧义而导致法律纠纷时，按照国际上的通常做法，法院往往会做出有利于被保险人的判决。

5. 要式合同

要式合同是指根据法律规定应当采取特定形式订立的合同。《保险法》第十三条规定：保险合同应当以书面形式订立。这种书面形式既可以详细记载双方当事人的权利义务，有利于合同履行，又对保险合同的成立起到证明作用，因此保险合同是要式合同。尽管随着承保技术的进步，国外允许电话投保或 E-mail 投保，但最终还要以出具保单作为保险关系成立和有效的证明。

6. 最大诚信合同

在我国《保险法》中，明确地规定了从事保险活动必须遵守最大诚信原则。最大诚信原则是保险的基本原则，每个保险合同的订立、履行都应当遵守最大诚信原则。对保险合同双方当事人违反最大诚信原则的行为，《保险法》规定了相应的严厉处罚措施。

三、保险合同的分类

保险合同以不同的分类方式可以分为很多种，以下是几种常见的分类方式。

（一）以保险标的的性质分类

以保险标的的性质划分，可将保险合同分为财产保险合同和人身保险合同。

财产保险合同是指以财产及其有关利益为保险标的的保险合同。财产保险以补偿投保人的财产损失为目的。该财产损失不仅可因被保险人的财物或无形利益直接受到损害,也可因被保险人对第三人负有损害赔偿责任而发生。财产保险既然以保险利益为标的,那么被保险人在保险事故发生时应取得的赔偿保险金,也仅能限于补偿保险利益遭受侵害的范围内。

人身保险合同是以人的生命和身体为保险标的的保险合同。由于人身保险基于生命身体的无价性,所以保险合同当事人可自由约定保险金额,在保险事故发生时,直接以保险合同约定的金额作为赔偿额加以支付。因此,人身保险又称为“定额保险”或“补偿抽象损失保险”,而不存在超额保险或重复保险的问题。

(二)以保险合同的经济性质分类

根据保险合同的经济性质的不同,可将其分为补偿性合同和给付性合同。

补偿性合同是保险人根据保险标的所遭受的实际损失进行经济补偿的合同。给付性合同是事先由保险合同双方当事人约定保险金额,当被保险人发生保险事故时,由保险人按约定的保险金额给付保险金的合同。

(三)以保险合同所负责任的顺序分类

依保险合同所负责任的顺序为区分标准,将保险分成再保险合同和原保险合同。

原保险合同是指保险人与投保人直接订立的保险合同。再保险合同是以原保险合同为基础,原保险人将其承担的风险责任部分或全部转嫁给再保险人,由原保险人与再保险人签订的保险合同。

(四)以保险合同承保的风险分类

按保险合同承保的风险划分,可将保险合同分为指定险保险合同、单一风险合同、综合风险合同及一切险保险合同。

指定险保险合同是指保险人承保一种或几种指定或特定风险的保险合同。单一保险合同是指只承保一种风险责任的保险合同。综合风险合同是指承保两种以上的多种特定风险责任的保险合同。一切险保险合同是指保险人承保除“除外责任”以外的一切风险的保险合同。

(五)以保险标的价值在订立合同时是否确定分类

这是《保险法》所作的分类,依《保险法》第五十五条规定:保险标的的保险价值,可以由投保人和保险人约定并在合同中载明,也可以按照保险事故发生时保险标的实际价值确定。按保险标的价值在订立合同时是否确定划分,可将保险合同分为定值保险合同和不定值保险合同。

定值保险合同:在订立保险合同时,投保人和保险人事先约定保险标的的价值(即保险价值)作为保险金额,并将二者都载明于保险合同中,在保险事故发生时,不管实际价值发生变化与否,保险人均以保险金额作为赔偿的依据。赔偿额计算公式如下:

损失程度 =(保险标的实际价值 - 保险标的残值)/保险标的实际价值

赔偿额 = 保险金额 × 损失程度

不定值保险合同：在订立保险合同时并不约定保险标的的价值（即保险价值），只列明保险金额作为赔偿的最高限额，当发生保险事故时，由保险人核定实际损失价值，在实际损失范围内按照保障程度计赔。赔偿额计算公式如下：

保障程度 = 保险金额 / 损失当时保险标的的完好的实际价值

损失额 = 损失当时保险标的的完好的实际价值 - 残值

保险赔偿额 = 损失额 × 保障程度

不定值保险有三种情况：

足额保险——保险金额等于保险标的的实际价值；

不足额保险——保险金额小于保险标的的实际价值；

超额保险——保险金额大于保险标的的实际价值。

第二节　保险合同的要素

合同要素包括主体，客体，内容三个部分。保险合同的法律关系也是由三个要素组成的。保险的主体为保险合同的当事人和关系人，保险合同的客体为保险利益，保险合同的内容为保险合同当事人和关系人的权利义务关系，包括合同的主要条款和合同形式（图 6-1）。

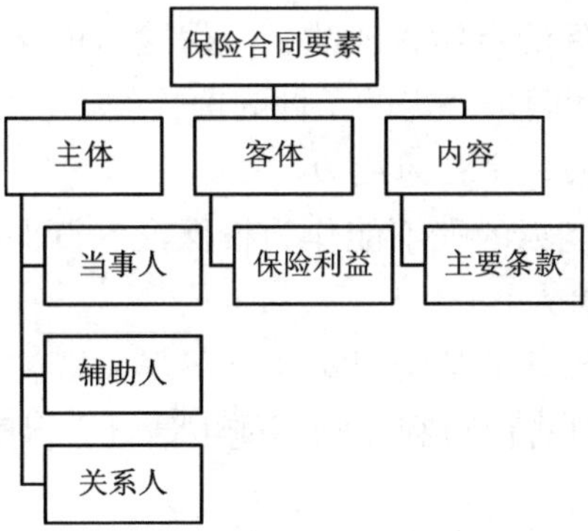

图 6-1　保险合同要素示意图

一、保险合同的主体

保险合同的主体为保险合同的当事人和关系人。保险合同的当事人，保险合同的关系人即为被保险人，保单所有人和受益人（图 6-2）。

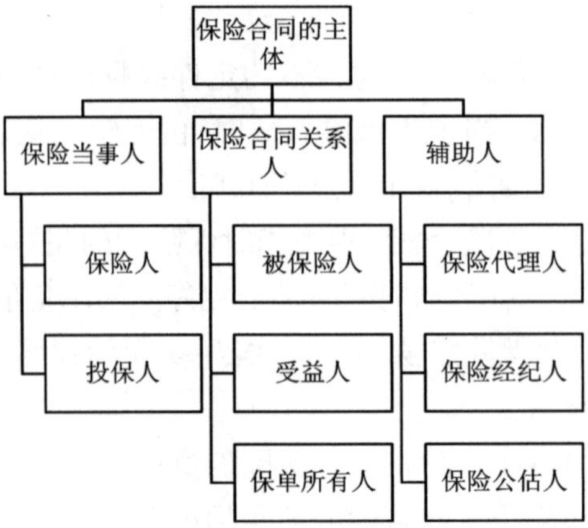

图 6-2　保险合同的主体示意图

(一)保险合同的当事人

1. 保险人

保险人又称承保人，是从事保险业务经营的法人，即保险公司。保险人享有收取保险费的权利，同时当约定的保险事故发生时，承担损失赔偿或给付保险金的责任。由于保险人的特殊地位和作用，各国政府对保险公司的设立和业务经营都做了严格规定，以确保保险公司经营的稳定性，保证社会公众利益。

2. 投保人

投保人又称要保人，是对保险标的具有保险利益，与保险人订立保险合同，并按照保险合同规定负有支付保险费义务的自然人或法人。保险人的义务正是投保人的权利，但投保人要获得权利是以履行义务和满足一定的条件为前提的。投保人通常应具备以下条件。

1)投保人必须具备相应的民事行为能力

限制行为能力和无行为能力的人不能作为投保人签订保险合同，未取得法人资格的组织也不能成为保险合同的当事人。

2)投保人对保险标的必须具有保险利益

投保人如对保险标的不具有保险利益则不能申请订立保险合同。已订立的合同也为无效合同。

3)投保人负有缴纳保险费的义务

保险合同是有偿合同，无论投保人为了什么利益订立保险合同都要承担支付保险费的义务。

(二)保险合同的关系人

1. 被保险人

被保险人是指其财产或者人身受保险合同保障，享有保险金请求权的人。投保人可以为被保险人。当投保人为自己利益投保时，投保人、被保险人为同一人。当投保人为他人利益投保时，须遵守以下规定：被保险人应是投保人在保险合同中指定的人；投保人要征得被保险人同意；投保人不得为无民事行为能力人投保以死亡为给付保险金条件的人身保险。但父母为未成年子女投保的人身保险不受此限制，只是死亡给付保险金额总和不得超过保险监督管理机构规定的限额。

被保险人的成立应具备以下条件。

（1）被保险人必须是财产或人身受保险合同保障的人，在财产保险合同中，当发生保险事故致使被保财产遭受损失后，被保险人可依照保险合同获得补偿；在人身保险合同中，当被保险人死亡、伤残、疾病或达到约定年龄期限时，保险人要根据保险合同赔偿或给付保险金。

（2）保险金请求权的享有以保险合同的订立为前提，其行使则以保险事故或事件的发生为条件。在财产保险合同中，保险事故发生后，未造成被保险人死亡的，保险金请求权由被保险人本人行使；造成被保险人死亡的，保险金请求权由其继承人依《中华人民共和国继承法》继承。在人身保险合同中，保险事故或事件发生后，被保险人仍然生存的，保险金请求权由被保险人本人行使；被保险人死亡的，保险金请求权由被保险人或者投保人指定的受益人行使；未指定受益人的，保险金请求权由被保险人的继承人行使。

2. 保单所有人

保单持有人又叫保单所有人，是指拥有保单各项权利的人，如变更受益权、领取保险红利、领取退保金等。以下是保单所有人的权利与义务。

保单持有人的称谓主要在人身保险中使用。由于财产保险合同大多为一年期的合同，保单不具有现金价值且大多数投保人都是以自己的财产来投保，发生损失时投保人来索赔，即投保人、被保险人、受益人、保单持有人为同一人，此时有无保单持有人这一主体并无大碍。但在人身保险中，由于人寿保险单具有储蓄性，在很多场合被保险人、受益人、保单所有人并非同一人。如下例：

甲买了高额的死亡险，其子为受益人。甲是保单持有人也是被保险人。现在甲因经济窘迫需将保单抵押到金融机构取得贷款。因种种原因，到期甲仍不能偿还贷款，保单就归金融机构所有，金融机构成为保单持有人。但被保险人是甲，受益人是其子，此时，保单持有人就和其他主体分离，成为独立主体。

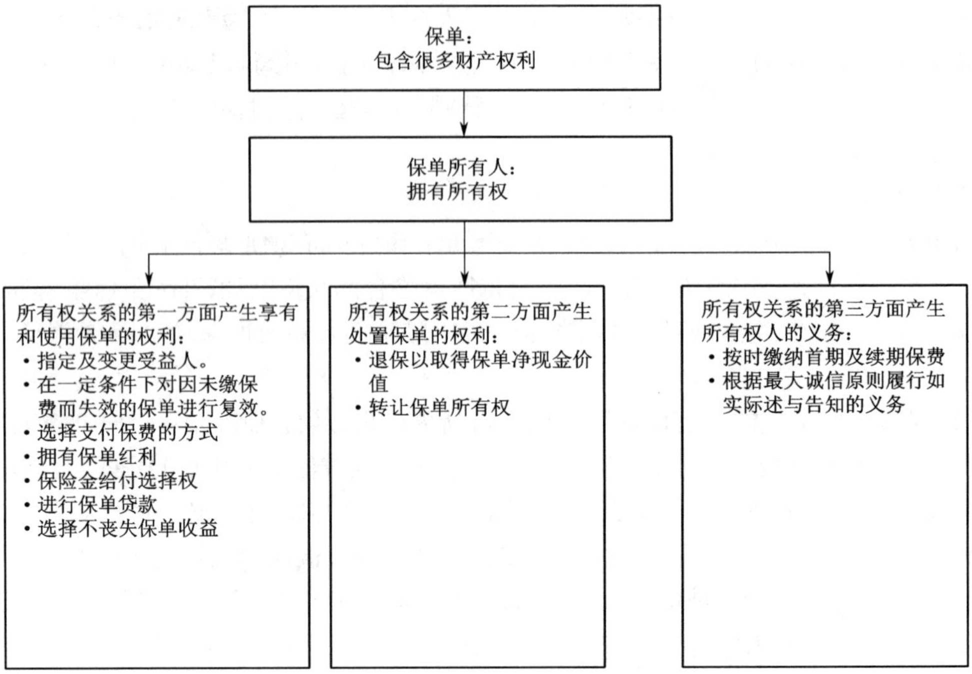

图 6-3　保单所有人拥有权利

3. 受益人

受益人即保险合同约定的、在保险事故发生后享有保险赔偿与保险金请求权的人。由于财产保险中，投保人、被保险人与受益人均为同一个人，无须在合同中另行指定。而人寿保险合同可能出现投保人、被保险人与受益人分属不同的人。

受益人由被保险人指定，或经被保险人同意后由投保人指定。一份保险合同中受益人可以有一个到多个，当指定多个受益人时，可以明确受益人的受益顺序和受益份额。当出现没有指定受益人、受益人依法失去受益权或受益人主动放弃受益权之中的任何一种情况时，保险金作为被保险人的遗产，归被保险人的法定继承人所有。此外，受益人的受益权可以被剥夺，由被保险人或投保人经被保险人同意变更受益人，但应当以书面形式通知保险人。当原始受益人先于被保险人死亡，而又没有重新指定受益人时，则受益权由后继受益人享有，无后继受益人则视为没有指定受益人论处。当受益人和被保险人同时死亡，习惯上推定受益人先于被保险人死亡。

受益人一般没有资格限制，自然人，法人均可以为受益人，胎儿充当受益人时须以出生为限，已经死亡的人不得被指定为受益人。受益人无偿享受保险合同规定的利益，不负缴纳保险费的义务，保险人也无权向受益人追索保险费。但是，受益人也应承担《保险法》及其他法律规范、道德规范所规定的义务，如受益人知道保险事故发生后及时通知保险人，受益人不得谎称发生了保险事故而向保险人提出赔偿。

由于受益人的受益权是依照保险合同约定而取得的，不是作为遗产继承的，在指定受益人情况下，寿险保险金除受益人外，任何人无权享用。受益人领取的保险金不能视为遗产偿还被保险人生前债务，不能在继承人之间进行分割，也不能因受益人是抚恤金、补助金享受人影响抚恤金、补助金的发放。

（三）保险合同的辅助人

1. 保险代理人

保险代理人是根据保险人的委托，向保险人收取佣金，并在保险人授权的范围内代为办理保险业务的机构或者个人。保险代理人在保险人授权的范围内以保险人的名义进行业务活动，包括招揽业务的宣传推销活动、接受投保、出立暂保单或保险单、代收保险费、代理查勘理赔等。

我国对取得保险代理人资格和代理人的业务范围有所限定。我国《保险代理人管理规定（试行）》中规定，保险代理人包括专业代理人，兼业代理人和个人代理人三类。专业代理人是指专门从事保险代理业务的保险代理公司，其业务范围比较广泛，包括代理销售保险单、代理收取保险费、进行保险和风险管理咨询服务、代理保险人进行损失查勘和理赔服务。兼业代理人是指受保险人委托，在从事自身业务的同时，指定专人为保险人代办保险业务的单位，其业务只限于代理销售保险单和代理收取保险费。个人代理人是指根据保险人委托，向保险人收取代理手续费，并在保险人授权范围内代为办理保险业务的人，主要是指销售员。

保险代理人应当具备保险监管部门规定的资格条件，代理机构应当取得其颁发的经营保险代理业务许可证，向工商行政管理机关办理登记，领取营业执照，并缴存保证金或投保职业责任保险。

保险代理人在授权范围内，以被代理人保险公司的名义独立实施的一切法律行为，其后果由保险人承担；但是代理人不得滥用代理权，不得超出代理权的范围，因保险代理人越权行为造成的损失后果，代理人应对保险人承担赔偿责任。

2. 保险经纪人

保险经纪人是基于投保人的利益，为投保人与保险人订立保险合同提供中介服务，并依法收取佣金的机构。与保险代理人不同，保险经纪人是基于投保人的利益，向保险人或其代理人洽定保险合同。

保险经纪人同样要具备一定的资格条件。《保险法》规定，保险经纪人应当具备保险监管部门规定的资格条件，并取得其颁发的经营保险经纪业务许可证，向工商行政管理机关办理登记，领取营业执照，并缴存保证金或投保职业责任保险。因保险经纪人在办理保险业务中的过失给投保人或被保险人造成损失的，则由保险经纪人承担赔偿责任。

因保险经纪人在向投保方提供保险服务的同时，也为保险公司拓展了业务；同时因其帮助投保人分析估算风险，寻求最佳承保条件，促进了保险业的经营与业务竞争，所以一般在保险人签订保险合同之后，向保险经纪人支付一定比例的佣金。

3. 保险公估人

保险公估人是由保险活动当事人委托，以第三者立场，凭其专业知识、技术及客观公正的态度，对保险标的进行查勘、鉴定、估价，对损失事故进行原因分析、赔款估计、理算，并予以证明的人。

保险公估人不代表任何一方的利益，因其过错给保险人、被保险人造成损失时，应由其本人承担相应的法律责任及民事赔偿责任。

保险公估人也须具备特定的资格，并只能在其业务范围内从事公正活动，其报酬由委托人支付。

保险公估人的出现，使保险赔付趋于公平、合理，有利于调停保险当事人之间关于保险理赔方面的矛盾。

二、保险合同的客体

保险合同客体是指在一般合同中的成果物、行为、智力等。保险合同虽属民事法律关系范畴，但它的客体不是保险标的本身，而是投保人对保险标的所具有的法律上承认的利益，即保险利益。

1. 概念

保险利益是指投保人或被保险人对保险标的所具有的法律上承认的利益。保险标的指保险合同中所载明的投保对象，是保险事故发生所在的本体，即作为保险对象的财产及其有关利益或人的生命、身体和健康。

2. 内容

首先，根据《保险法》第十二条规定："人身保险的投保人在保险合同订立时，对保险人应当具有保险利益。财产保险的被保险人在保险事故发生时，对保险标的应当具有保险利益。"因此，投保人必须凭借保险利益投保，而保险人必须凭借投保人对保险标的的保险利益才可以接受投保人的投保申请，并以保险利益作为保险金额的确定依据和赔偿依据。其次，保险合同不能保障保险标的不受损失，而只能是保障投保人的利益不变。再次，保险合同成立后，因某种原因保险利益消失，保险合同也随之失效。所以，保险利益是保险合同的保险合同客体，是保险合同成立的要素之一，如果缺少了这一要素，保险合同就不能成立。

3. 保险利益与保险标的的关系

一般来说，在被保险人没有转让保险标的的情况下，保险利益以保险标的的存在为条件。

1）保险标的是保险利益的载体

保险标的就是保险的对象，也叫保险标的物。保险标的是作为保险对象的财产及其有关利益的人的生命和身体，它是保险利益的载体。

2)保险利益是保险生效的根据

索赔时,被保险人要具有保险利益才能向保险人索赔。否则,即使保险标的遭到事故的损毁,被保险人也无权索赔。因为"没有利益"就"没有损失"。

3)保险利益并非保险合同的利益

保险利益是指投保人或者被保险人对保险标的具有法律上承认的利益,这种关系一般在保险合同订立之前已经存在。

保险合同的利益则是因为保险合同生效而产生的利益。如果被保险人因为保险事故发生的有依约定索取赔偿的利益,这种利益又可称为保险权益。保险合同所产生的保险权益,可由权利人自由转让。

三、保险合同的内容

保险合同的内容是指保险合同上所约定的条款。保险合同的条款,可分为基本条款及特约条款。通常所谓"基本条款",是指一般的基本条款,也就是《保险法》第十八条所规定的必备的法定事项。

(一)基本条款

1. 基本条款的内容

依《保险法》第十八条规定,保险合同应当包括下列事项:保险人名称和住所,投保人、被保险人名称和住所以及人身保险的受益人的名称和住所;保险标的;保险责任和责任免除;保险期间和保险责任开始时间;保险价值;保险金额;保险费以及支付方法;保险金赔偿或者给付办法;违约责任和争议处理;订立合同的年、月、日。

1)保险合同当事人的名称及住所

关于名称,是企业法人的,应当使用工商行政管理机关核准登记的名称;是机关事业单位的,应当使用机关事业法人登记的名称;是个人的,应当使用身份证或者户口本所记载的姓名。法人应当使用登记的住所,个人应当使用保险期间能与之联系的经常居所。

2)保险标的

根据我国《保险法》的规定,保险标的是指作为保险对象的财产及其有关利益或人的寿命和身体。当事人在订立合同时,保险标的必须明确记载于合同中。

3)保险责任和责任免除

保险责任是指保险单上记载的保险事故发生时,保险人所承担的赔偿或者给付责任。在保险合同中保险责任条款也称危险条款,它具体规定了保险人所承担的风险范围。

4)保险期间

保险期间指保险合同的有效期限,也即保险合同从生效到终止的整个期间。保险期间既是计算保险费的依据,也是保险人履行赔偿或者给付义务的根据。

5)保险价值

保险价值又称为保险价额,是指当事人在订立保险合同时估定的保险标的的实际价值或者在发生保险事故时保险标的所具有的实际价值。

6)保险金额

保险金额指投保人和保险人在保险单证上载明的,投保人对于保险标的实际投保的金额以及保险人承担给付保险金义务的最高限额。

7)保险费及其支付办法

保险费简称保费。它是投保人向保险人支付的费用,作为保险人根据保险合同的内容承担赔偿或者给付责任的代价。保险费是保险基金的来源,缴纳保险费是投保方应尽的基本义务。

8)违约责任和争议处理

违约责任是指合同当事人不履行或不完全履行保险合同时,基于法律规定或者合同约定必须承受的法律制裁。争议处理,是指保险合同当事人发生纠纷以何种方式解决争议。

2. 基本条款的效力

1)原则

《保险法》第十八条所规定的保险合同必须具备的法定事项,通称为保险合同的基本条款,经投保人与保险人双方当事人约定后,对投保人以及被保险人均发生约束力。

2)漏列或欠缺法定事项,而事后补充的效力

《保险法》第十八条所列的法定事项,当事人理应在订约时议定。保险人交付保险单时,应将之记载于保险单上,如果保险单漏列或欠缺时,并无碍于合同的成立与效力,投保人可以要求保险人填列,或以投保单或其他文件加以补充。

(二)特约条款

1. 特约条款的内容

特约条款是指保险合同的当事人在保险合同基本条款外另加约定,承认必须履行某些特种义务的条款。特约条款的事项,应由当事人自定,即使属于本质上与保险合同无关的事项,也可以由当事人约定后,列为特约条款。

2. 特约条款的性质

特约条款是保险人控制危险的方法。凡对于过去、现在或未来的事项,无论其本质上是否重要,一经特约即成为保险合同的一部分,有绝对的效力。该特约除有利于被保险人外,不得违反《保险法》的强制规定。法院无须审查特约内容是否重要,可直接做出有利于被保险人的判决。

3. 特约条款的形式

常见的形式,大约有下列四种。

1）附带条款

附带条款又称为协议条款或会定条款，仅见于海上保险合同中，是由保险业各同业者因实际需要而共同议定。

2）保证条款

保证条款是指当事人约定为达成所同意的合同内容中的重要事项为条件，如果不履行该项合同内容时，则有解除合同的权利。

3）追加条款

保险合同的当事人，在保险合同订立时或订立后，为适合特殊情形的需要，又经当事人双方同意，对于原有基本条款的规定，加以补充或变更的规定，称为追加条款或补充条款或附加条款。

4）共保条款

共保条款，是指保险人与投保人约定就保险标的物的一部分，由投保人自行负担因危害而产生的损失。

保险合同示例见图 6-4。

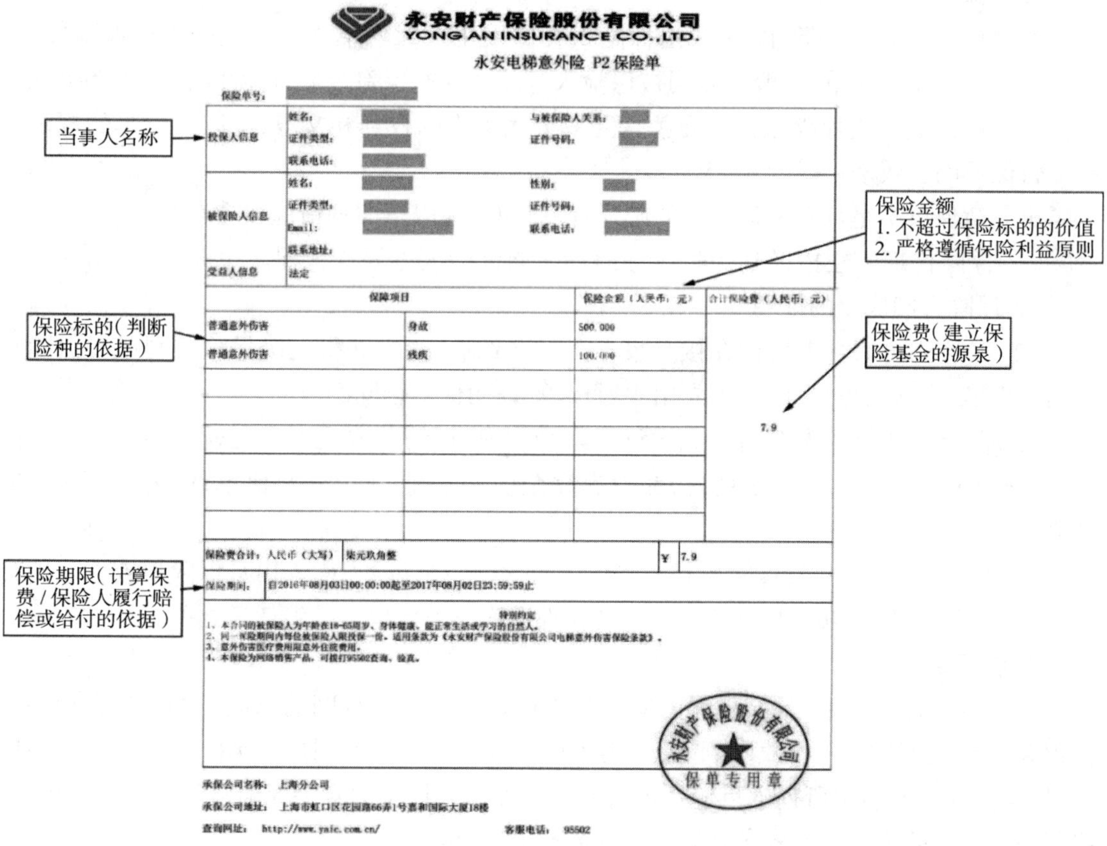
永安财产保险股份有限公司
YONG AN INSURANCE CO.,LTD.
永安电梯意外险 P2保险单

保险单号：[redacted]

投保人信息	姓名：	[redacted]	与被保险人关系：	[redacted]
	证件类型：	[redacted]	证件号码：	[redacted]
	联系电话：	[redacted]		
被保险人信息	姓名：	[redacted]	性别：	[redacted]
	证件类型：	[redacted]	证件号码：	[redacted]
	Email:	[redacted]	联系电话：	[redacted]
	联系地址：			
受益人信息	法定			

保障项目		保险金额（人民币：元）	合计保险费（人民币：元）
普通意外伤害	身故	500,000	7.9
普通意外伤害	残疾	100,000	

保险费合计：人民币（大写）柒元玖角整　¥ 7.9

保险期间：自2016年08月03日00:00:00起至2017年08月02日23:59:59止

特别约定

1、本合同的被保险人为年龄在18-65周岁、身体健康、能正常生活或学习的自然人。
2、同一保险期间内每位被保险人限投保一份。适用条款为《永安财产保险股份有限公司电梯意外伤害保险条款》。
3、意外伤害医疗费用限意外住院费用。
4、本保险为网络销售产品，可拨打95502查询、验真。

永安财产保险股份有限公司 保单专用章

承保公司名称：上海分公司
承保公司地址：上海市虹口区花园路66弄1号嘉和国际大厦18楼
查询网址：http://www.yaic.com.cn/　客服电话：95502

图 6-4　保险合同示例

四、保险合同的形式

1. 保险单

保险单也称要保书或称“大保单”，是指保险合同成立后，保险人向投保人（被保险人）签发的正式书面凭证。保险单由保险人制作，经签章后交付给投保人。根据《保险法》第十三条的规定，保险合同成立后，保险人应当及时向投保人签发保险单或其他保险凭证，保险单或其他保险凭证应载明合同内容。保险单具有证明保险合同的成立、确立保险合同内容、明确当事人双方履行保险合同的依据及保险证券等作用。

2. 保险凭证

保险凭证也称“小保单”，是指保险人向投保人签发的证明保险合同已经成立的书面凭证，是一种简化了的保险单。保险凭证的法律效力与保险单相同，只是内容较为简单，实践中只在少数几种保险业务，如货物运输保险、汽车险及第三者责任保险中使用。另外，在团体保险中也使用保险凭证，即在主保险单之外，对参加团体保险的个人再分别签发保险凭证。

3. 暂保单

暂保单也称临时保险单，是指由保险人在签发正式保险单之前出立的临时保险凭证。暂保单的内容比较简单，一般只载明被保险人、保险标的、保险金额、保险险种等重要事项以及保险单以外的特别保险条件。有关保险双方当事人的权利和义务，都以保险单的规定为准。暂保单的有效期一般为 30 天。

出立暂保单不是订立保险合同的必经程序，通常在以下四种情况才会存在。

（1）保险代理人在招揽到保险业务但还未向保险人办妥正式保险单时，可先出立暂保单，作为保险合同成立的证明。

（2）保险公司的分支机构在接受投保人的要约后，尚需获得上级保险公司或者保险总公司的批准，在未获得批准前，可先出立暂保单，证明保险合同的成立。

（3）保险人和投保人在洽谈或续订保险合同时，订约双方当事人已就主要条款达成协议，但还有些条款需要进一步商讨，在没有完全谈妥之前，先出立暂保单，作为合同成立的证明。

（4）出口贸易结汇时，保险单是必备的文件之一，在保险人尚未出具保险单或保险凭证之前，先出立暂保单，以证明出口货物已经办理保险。暂保单是结汇凭证之一。

4. 投保单

投保单也称要保书，是指投保人向保险人申请订立保险合同的书面要约。投保单一般由保险人按照事先统一格式印制，通常为表格形式。投保单所列项目因险种不同而有所区别，投保人应按照表格所列项目逐一填写并回答保险人提出的有关保险标的的情况和事实。投保单一经保险人接受并签章，即成为保险合同的组成部分。

5. 批单

批单也称背书，是指保险双方当事人协商修改和变更保险单的一种凭证，也是保险合同变更时最常用的书面凭证。批单实际上是对已签订的保险合同进行修改、补充或增减内容的批注，一般由保险人出具。批单列明的变更条款内容事项，须由保险人签章，一般附贴在原保险单或保险凭证上。批单的法律效力优于原保险单的同类款目。凡经批单改过的内容均以批单为准，多次批改，应以最后批改为准。批单也是保险合同的重要组成部分。

6.其他书面形式

除了以上书面形式外，保险合同也可以采取其他书面协议形式，如保险协议书、电报、电传等形式。《保险法》第十三条规定："投保人提出保险要求，经保险人同意承保，保险合同成立。保险人应当及时向投保人签发保险单或者其他保险凭证。"

保险协议书也是重要的书面形式。当保险标的较为特殊或投保人的要求较为特殊，不能采用标准化的保险单或保险凭证时，可以采用保险协议书的形式。保险协议书是投保人与保险人经协商一致后共同拟定的书面协议，当事人的权利义务在协议书中载明，并由当事人双方盖章或签字。

上述保险合同的书面形式只是保险合同最重要的组成部分，而不是保险合同的全部。在订立和履行保险合同过程中形成的所有文件和书面材料都是保险合同的组成部分，不仅包括保险单、保险凭证等，还包括投保单，投保人的说明、保证，关于保险标的风险程度的证明、图表、鉴定报告（如人身保险中被保险人的体检报告），保险费收据，变更保险合同的申请，发生保险事故的通知、索赔申请、损失清单、损失鉴定等，都可以作为保险合同关系的证明。

第三节 保险合同的生效与履行

一、保险合同的订立

（一）保险合同订立概述

1. 概念

合同的订立，是指当事人双方以缔结合同为意思表示，并达成合意的过程和状态。在保险合同中，表现为投保人与保险人之间基于意思表示一致而做出的法律行为。《保险法》第十一条规定："订立保险合同，应当协商一致，遵循公平原则确定各方的权利和义务。"

2. 内容

合同的订立，是动态行为与静态协议的统一体。

1)动态行为

动态行为包括要约和承诺两个必备阶段。在保险合同的订立中即为投保人提出要求和保险人同意两个阶段。

2)静态协议

静态协议是达成合意的合同成立状态,表现为合同的主要权利义务和条款已经确定。

3. 意义

合同订立是交易最核心的部分,交易规模、价格、条件均在此阶段确定,保险公司业务流程中的产品设计、销售、核保均属于保险合同的订立过程。

(二)保险合同订立的条件

1. 要约与承诺

(1)要约

要约亦称"提议",它是指当事人一方以订立合同为目的而向对方做出的意思表示。一个有效的要约应具备三个条件:①要约须明确表示订约愿望;②要约须具备合同的主要内容;③要约在其有效期内对要约人具有约束力。

在订立保险合同的过程中,一般先由投保人向保险人提出要约,即投保申请。虽然在许多场合,看起来是保险公司或其代理人在积极主动地向投保人"推销"保险,但其实质仍然是投保人提出要约,即投保人是要约方。投保人首先对自己面临的风险以及所需要的风险保障进行全面的评估,然后通过咨询或保险业务人员的宣传,结合自身的财务计划安排,明确所要投保的保险险种,并以填写投保单的方式向投保人或保险代理人提出投保的申请。

2)承诺

承诺是指当事人另一方就要约方的提议而做出的意思表示。做出承诺的人即为承诺人或受约人。在投保人提出投保申请后,保险人通过对投保单的审核、对保险标的的查勘以及对投保人的询问,确定承保的具体条件,对投保人做出承保的承诺,保险合同正式成立。需要注意的是,承诺需由受约人本人或其合法代理人做出,承诺须在要约的有效期内做出。保险合同的承诺也叫承保,它是由保险人做出的。保险人做出承诺的表示方式有以下几种。

①保险人在投保单上签章。

②保险人向投保人出具保险费收据。

③保险人向投保人出具保险单或暂保单等保险凭证。

④保险人以其他书面形式表示同意承保。

判断保险人的承诺是否具有法律效力,关键是看保险人的承诺内容是否包括了保险合同的实质内容,如保险标的、保险金额、保险险种等,并且双方就这些内容完全协商一致。

2.合同有效的对价

对价是指合同一方作为交换给予另一方的有价值的物品、服务或承诺。换言之,对价是指双方承担的义务是对等的。在订立保险合同过程中,投保人的对价是支付保费和同意遵守合同的规定;保险人的对价是承诺当被保险人发生承保损失时,按合同规定履行赔偿或给付义务。

3. 双方当事人具有法定资格

保险合同的当事人必须有订立合同的民事权利能力和民事行为能力。对投保人来说,法人一般都具有民事行为能力,自然人中的成年人大多数有民事行为能力,但精神患者、醉酒的人,通常不具有订约的法定资格,未成年人一般也有没订约的法定资格。保险人一般是法人,都有订立合同的法定资格。

4. 保险合同订立符合法律规定

保险合同的合法性是指保险合同必须涉及合法的保险标的。例如,承保非法获得或违禁走私物品的保险合同无效;承保责任明显违反公共利益的保险合同无效;可能产生鼓励投保人或被保险人错误行为后果的保险合同也无效。

(三)保险合同的订立的原则

1. 公平互利原则

公平互利原则是指保险合同的订立,应当对合同双方当事人都有利。它要求双方当事人所享有的权利与承担的义务对等,不应存在保险合同只为一方享有权利而另一方只承担义务的现象。如果一个合同明显失去公平,就是违反公平互利原则,一旦经人民法院确认,即可宣布合同无效。

2. 协商一致原则

协商一致原则是指在保险合同订立过程中,双方当事人应当在法律地位完全平等的基础上,在法律、行政法规允许的范围内,充分协商,在充分表达各自意愿的前提下达成协议,任何一方不得将自己的意愿强加给对方。

3. 自愿订立原则

自愿订立的原则是指双方当事人在订立保险合同时,意志是独立的,不受他人意志的干涉与强迫。当事人有权在法律允许的范围和方式内自主决定保险合同的订立,任何在威胁、强迫、欺诈等不自愿的情况下签订的保险合同都是无效的。此项原则也是市场经济运行的基本原则。

二、保险合同的成立与生效

(一)保险合同成立及成立条件

1. 概念

《保险法》第十条规定:“保险合同是投保人与保险人约定保险权利义务关系的协议。”也就是说当事人双方就保险合同的内容协商达成一致,保险合同即告成立。

2. 成立要件

《保险法》第十三条规定:“投保人提出保险要求,经保险人同意承保,保险合同成立。

保险人应当及时向投保人签发保险单或者其他保险凭证。保险单或者其他保险凭证应当载明当事人双方约定的合同内容。当事人也可以约定采用其他书面形式载明合同内容。依法成立的保险合同,自成立时生效。投保人和保险人可以对合同的效力约定附条件或者附期限。”依照这一规定,保险合同的一般成立要件有三个。

1)投保人提出保险要求

投保人提出保险要求即投保人以订立保险合同为目的的意思表示,在实践中表现为投保人主动要求填写投保单,或经保险代理人的要约引诱而填写投保单,即投保人向保险人发出申请订立保险合同的书面要约。

2)保险人同意承保

保险人收到投保人所填写的投保单后,经逐项审查,认为符合保险条件,愿意接受投保人的保险要求并表示同意。这种同意承保在实践中主要表现为保险人的言词、书信表示同意,或者保险人将保险费收据交付投保人,也表明同意承保。

3)保险人与投保人就合同的条款达成协议

在保险合同的成立过程中,无论是通过投保单的形式,还是通过保险人与投保人当面洽谈协商或者其他形式,订立保险合同都是投保人与保险人就保险合同条款不断协商的过程,是要约、反要约、再要约直至承诺的过程。应当明确的是,投保单虽然为要约,但如果保险人签发的保险单或保险费收据内载有其他条件,且必须由投保人同意的,则保险单或保险费收据应视为保险人向投保人发出的新要约,只有经过投保人的反承诺,保险合同方能成立。因此,一项保险合同的成立关键在于保险人与投保人双方是否就保险合同的主要条款达成了一致的协议,达成一致即告成立。

(二)保险合同生效及生效要件

1. 概念

保险合同的生效是指已经成立的保险合同对当事人产生的法律约束力。我国《合同法》第八条规定:“依法成立的合同,对当事人具有法律约束力。当事人应当按照约定履行自己的义务,不得擅自变更或者解除合同。”据此,依法成立的保险合同具有法律效力,产生一定的法律后果,对投保人和保险人具有约束力,双方当事人中任何一方不得擅自变更和解除。

2. 生效要件

保险合同经双方当事人协商达成一致后是否会产生法律效力,受到法律保护呢?答案显然是否定的,只有依法成立的保险合同才具有法律效力,依法成立即依照《保险法》及其他法律法规规定的条件而成立。具体言之,保险合同的生效条件有三。

1)主体合格

主体合格即双方当事人在订立保险合同时具有相应的民事权利能力和民事行为能力。就投保人而言,必须是具有完全民事行为能力的自然人、依法成立的法人或者其他经济组织；就保险人而言，必须是依法成立的保险公司，且须在其营业执照核准的营业范围内订立保险合同。

2）意思表示真实

意思表示真实即双方当事人在订立保险合同时的意思表示必须符合自己的真实内在意思。如投保人故意谎报被保险人的年龄、健康状况，隐瞒保险标的真实情况而与保险人签订的保险合同，保险人由于受欺诈，虽然与投保人就保险合同达成了协议，但没有反映出当事人的真实内在意思，也即表意与真意不一致，由此产生的保险合同应属无效合同。

3）合同内容合法

合同内容合法即保险合同的内容不得违反法律或社会公共利益。《合同法》第五十二条规定，有下列情况之一的合同无效。

（1）一方以欺诈、胁迫的手段订立合同，损害国家利益。

（2）恶意串通，损害国家、集体或者第三人利益。

（3）以合法形式掩盖非法目的。

（4）损害社会公共利益。

（5）违反法律、行政法规的强制性规定。

就保险合同而言，则要求双方当事人签订保险合同应严格遵守《保险法》及有关法律法规，否则保险合同无效。如《保险法》第三十一条规定："订立合同时，投保人对被保险人不具有保险利益的，合同无效。"

从保险合同的成立要件与保险合同的生效条件，我们不难看出，保险合同的成立即双方当事人意思表示的一致，是一种合意。判断保险合同是否成立，只需考察双方当事人是否通过意思表示确立了双方之间的保险权利义务关系，这种判断只是事实上的判断，而保险合同的生效即已订立的保险合同的内容开始产生法律效力，受到法律保护。判断保险合同是否有效是法律对于已成立的保险合同的评价，这种评价是对保险合同法律价值的评价，它已超出保险合同双方当事人各自的角度，而是从更公平、公正的法律角度，全社会公共利益的角度来评价保险合同，维护保险合同的安全与信誉的。因此，判断保险合同是否生效，无论从理论上还是在实践中处理保险合同纠纷时，都具有重要意义。

（三）合同成立与合同生效的区别

合同的成立与生效是两个既有联系又有区别的概念，是两个不同性质的问题。一般来说，保险合同成立是指签了投保单，保险公司盖章同意承保，合同就成立；而合同生效则是指交纳了首期保费后的次日零时就生效。而详细来看，两者的区别表现在，合同的成立是指合同订立过程的完成，也即主体对合同的基本内容达成一致意见。合同的生效则指依法成立的合同为使其具有法律所赋予的约束力而产生的效力。

合同的成立适用意思自治原则，只要具备意思表示一致这一基本事实，合同即告成立。而合同的生效必须在国家的干预下，依法判断合同是否合乎法律，只有合法的合同才能有效。合同的成立主要是强调当事人合意,体现了合同自由原则。合同的生效则强调立法者对合同关系的评价,反映了立法者对合同的干预。因此,对于无效合同,国家会主动进行干预。

综上可以看出,保险合同成立是投保人与保险人之间达成的保险意思表示的合意,是经过了订立程序而致的静态结果。保险合同生效是指已经成立的保险合同在当事人之间产生法律约束力。

三、保险合同的履行

保险合同履行是指保险合同当事人双方依法全面完成合同约定义务的行为。保险合同一经成立,投保人及保险人都必须各自承担自己的义务。一方履行义务,他方则得以享受其权利或利益。保险合同履行包括投保人的义务履行和保险人的义务履行两方面。

(一)投保人的义务履行

1. 如实告知

如实告知是指投保人在订立保险合同时将保险标的重要事实,以口头或书面形式向保险人做真实陈述。所谓保险标的重要事实,是指对保险人决定是否承保及影响保险费率的事实。如实告知是投保人必须履行的基本义务,也是保险人实现其权利的必要条件。《保险法》实行"询问告知"的原则,即投保人对保险人询问的问题必须如实告知,而对询问以外的问题,投保人没有义务告知;保险人没有询问到的问题,投保人不告知不构成对告知义务的违反。

2. 交付保险费

交付保险费是投保人的最基本的义务,也是保险合同生效的必要条件。《保险法》第三十五条规定:"投保人可以按照合同约定向保险人一次支付全部保险费或者分期支付保险费。"

3. 维护保险标的安全

保险合同订立后,财产保险合同的投保人、被保险人应当遵守国家有关消防、安全、生产操作、劳动保护等方面的规定,维护保险标的安全。保险人有权对保险标的安全工作进行检查,经被保险人同意,可以对保险标的采取安全防范措施。投保人、被保险人未按约定维护保险标的安全的,保险人有权要求增加保险费或解除保险合同。

4. 危险增加通知

按照权利义务对等和公平原则,被保险人在保险标的危险程度增加时,应及时通知保险人,保险人则可以根据保险标的危险增加的程度决定是否提高保险费和是否继续承保。若保险人未继续承保,应将已收取的保险费,按照合同约定自保险责任开始之日起至合同结束之日止应收的部分,退还投保人。被保险人未履行危险增加通知义务,导致保险标的因危险程度增加而发生的保险事故,保险人不负赔偿责任。

5. 保险事故发生通知

《保险法》第二十一条规定："投保人、被保险人或者受益人知道保险事故发生后，应当及时通知保险人。故意或者因重大过失未及时通知，致使保险事故的性质、原因、损失程度等难以确定的，保险人对无法确定的部分，不承担赔偿或者给付保险金的责任。"目的在于：①使保险人得以迅速调查事实真相，不致因拖延时日而使证据灭失，影响责任的确定；②便于保险人及时采取措施，协助被保险人抢救被保险财产，处理保险事故，使损失不致扩大；③使保险人有准备赔偿或给付保险金的必要时间。

同时，履行保险事故发生通知义务，是被保险人或受益人获得保险赔偿或给付的必要程序。保险事故发生后的通知可以采取书面或口头形式，法律要求采取书面形式的应当采取书面形式。

6. 财产保险的出险施救

《保险法》第五十七条规定："保险事故发生时，被保险人应当尽力采取必要的措施，防止或者减少损失。"为鼓励投保人、被保险人积极履行施救义务，《保险法》第五十七条还规定，保险事故发生后，被保险人为防止或者减少保险标的的损失所支付的必要的、合理的费用，由保险人承担；保险人所承担的费用数额在保险标的损失赔偿金额以外另行计算，最高不超过保险金额的数额。

7. 提供索赔单证

《保险法》第二十二条规定，保险事故发生后，按照保险合同请求保险人赔偿或者给付保险金时，投保人、被保险人或者受益人应当向保险人提供其所能提供的与确认保险事故的性质、原因、损失程度等有关的证明和资料。保险事故发生后，向保险人提供索赔单证是投保人、被保险人或受益人的一项法定义务。向保险人索赔应当提供的单证，是指与确认保险事故的性质、原因、损失程度等有关的证明和资料，包括保险单、批单、检验报告、证明材料等。财产保险合同、人身保险合同的保险金请求均应履行该项义务。

8. 协助追偿

在财产保险中由第三人行为造成保险事故的保险人在向被保险人履行赔偿保险金后，享有代位求偿权，即保险人有权以被保险人名义向第三人索赔。《保险法》第六十三条规定："保险人向第三者行使代位请求赔偿的权利时，被保险人应当向保险人提供必要的文件和其所知道的有关情况。"《保险法》第六十一条还规定："被保险人故意或者因重大过失致使保险人不能行使代位请求赔偿的权利的，保险人可以扣减或者要求返还相应的保险金。"

（二）保险人的义务履行

保险合同成立后，一旦保险事故发生，保险人即要按照保险合同的规定给付或赔偿保险金，这是保险人的义务。在履行这一义务之前，保险人需要首先确定损失赔偿责任。

1. 确定损失赔偿责任

在保险条款中，关于保险人的损失赔偿或给付责任的规定成为"责任范围"。险种不同,保险人的责任范围也不同。对责任范围的限定一般从三个方面做出:基本责任、附加责任和除外责任。

1)基本责任

基本责任即保险人依据保险合同的基本条款对被保险人所承担的赔偿或给付的责任。

2)附加责任

附加责任即附加于保险人基本责任范围之上的责任。这部分责任是由投保人或被保险人提出要求并经保险人同意而增加的承保责任范围。附加责任一般不能单独承保,它们大多数是附加在基本责任之上的。

3)除外责任

除外责任即保险标的损失不属于由保险责任范围内的保险事故所导致的结果,因而保险人不予赔偿的责任。对保险人来说,除正面规定其应当承担的责任以外,又明确规定其不应承担的责任,目的是使保险人承担责任的范围更明确,防止发生法律纠纷。保险人之所以做出除外责任的规定,是与可保风险的条件联系在一起的。其理由在于避免保险人遭受重大损失、限制对非偶然事故的赔偿、避免逆选择。除外责任通常要就地点、风险、财产和损失等方面做出明确的限制。

需要说明的是,有些合同也可用附加责任的办法,将原来属于除外责任的内容扩大为承包责任。

2.承担保险赔偿(给付)的义务

承担保险赔偿(给付)的义务是保险人依照法律规定和合同约定所应承担的最重要、最基本的义务。

1)保险人承担保险赔偿(给付)义务的范围

A. 保险金

财产保险合同中,根据保险标的的实际损失确定,但最高不得超过合同约定的保险标的的保险价值。人身保险合同中,即为合同约定的保险金额。

B. 损失施救费

《保险法》第五十七条第二款规定:"保险事故发生后,被保险人为防止或者减少保险标的的损失所支付的必要的、合理的费用,由保险人承担;保险人所承担的数额在保险标的损失赔偿金额以外另行计算,最高不超过保险金额的数额。"

C. 查勘验损费

《保险法》第六十四条规定:"保险人、被保险人为查明和确定保险事故的性质、原因和保险标的的损失程度所支付的必要的、合理的费用,由保险人承担。"

D. 争议处理费

争议处理费是指责任保险的被保险人因给第三人造成损害的保险事故而被提起仲裁或诉讼的应由被保险人支付的费用,即责任保险中应由被保险人支付的仲裁费、诉讼费等。《保险法》第六十六条规定:"责任保险的被保险人因给第三者造成损害的保险事故而被提起仲裁或者诉讼的,被保险人支付的仲裁或者诉讼费用以及其他必要的、合理的费用,除合同另有约定外,由保险人承担。”

2)承担保险赔偿(给付)义务的时限

(1)保险人在收到被保险人或者受益人的赔偿或者给付保险金的请求后,应当及时做出核定,对于属于保险责任的,在与被保险人或者受益人达成有关赔偿或者给付保险金额的协议后10日内,履行赔偿或者给付保险金义务。

(2)保险合同对保险金额及赔付期限有约定的,保险人应依照合同的约定,履行赔偿或者给付保险金义务。

(3)《保险法》第二十五条规定,保险人自收到赔偿或者给付保险金的请求和有关证明、资料之日起60日内,对其赔偿或者给付保险金的数额不能确定的,应当根据已有证明和资料可以确定的数额先予支付;保险人最终确定赔偿或者给付保险金的数额后,应当支付相应的差额。

(3)遵守索赔时效

《保险法》第二十六条对索赔时效做了明确规定:①人寿保险的索赔时效。人寿保险的被保险人或者受益人向保险人请求给付保险金的诉讼时效期间为五年,自其知道或者应当知道保险事故发生之日起计算。②人寿保险以外的其他保险的索赔时效。人寿保险以外的其他保险的被保险人或者受益人,向保险人请求赔偿或者给付保险金的诉讼时效期间为两年,自其知道或者应当知道保险事故发生之日起计算。

3. 条款说明

《保险法》第十六条规定:“订立保险合同,保险人就保险标的或者被保险人的有关情况提出询问的,投保人应当如实告知。”保险人承担条款说明义务的原因是:保险人因其从事保险业经营而熟悉保险业务,精通保险合同条款,并且保险合同条款大都由保险人制定,而投保人则常常受到专业知识的限制,对保险业务和保险合同条款多不甚熟悉,加之对合同条款内容的理解亦可能存在偏差、误解,这些均可能导致被保险人、受益人在保险事故或事件发生后,得不到预期的保险保障。

《保险法》第十七条规定:“对保险合同中免除保险人责任的条款,保险人在订立保险合同时应当在投保单、保险单或其他保险凭证上作出足以引起投保人注意的提示,并对该条款的内容以书面或者口头的形式向投保人作出明确说明,未作提示或明确说明的,该条款不产生效力。”由于免责条款是当事人双方约定的免除保险人责任的条款,直接影响投保人、被保险人或者受益人的利益,被保险人、受益人可能因免责条款而在保险事故或事件发生后得不到预期的保险保障。因此,保险人在订立保险合同时,必须向投保人明确说明,否则免责条款不发生法律效力。

4. 及时签发保险单证

《保险法》第十三条规定:“投保人提出保险要求,经保险人同意承保,保险合同成立。

保险人应当及时向投保人签发保险单或者其他保险凭证。保险单或者其他保险凭证应当载明当事人双方约定的合同内容。当事人也可以约定采用其他书面形式载明合同内容。依法成立的保险合同,自成立时生效。投保人和保险人可以对合同的效力约定附条件或者附期限。”

保险合同成立后,及时签发保险单证是保险人的法定义务。保险单证即保险单或者其他保险凭证是保险合同成立的证明,也是履行保险合同的依据。

5. 为投保人被保险人或再保险分出人保密

保险人或者再保险接受人对在办理保险业务中,对投保人、被保险人或者再保险分出人的业务和财产情况,负有保密的义务。因此,为投保人被保险人或者再保险分出人保密是保险人或者再保险接受人的一项法定义务。

第四节 保险合同的变更

一、保险合同变更的概念

保险合同的变更是指在合同有效期内,基于一定的法律事实而改变合同内容或主体的法律行为,即订立的合同在履行过程中,由于某些情况的变化而对其内容进行补充、修改或保单转让。保险合同订立后,凡保险内容的修改或变更,均须经保险人审批同意,酌情增加或减少保费,并出具批单或进行批注,或者由投保人和保险人订立变更的书面协议。变更保险合同的结果是产生新的权利和义务关系。

从合同变更的原因和程序角度看,合同的变更大致可以分为以下三类。

(1)当事人各方协商一致,同意变更合同。

(2)合同订立过程中当事人意思表示不真实,或者履行过程中事情发生重大变化,造成合同重大误解或者明显失去公平的,当事人一方可以请求人民法院或者仲裁机构依法变更合同内容。

(3)法律直接变更或者对方当事人行使形成权直接变更合同。所谓形成权,是指依照权利人单方意思表示就可以使已经成立的民事法律关系发生变化的权利。

二、保险合同变更的分类

保险合同的变更通常包括合同主体的变更、客体变更和内容变更。

(一)保险合同主体的变更

保险合同主体的变更是指在不改变保险合同内容的前提下,依据法律的直接规定,保险合同主体自动、当然发生变动。其实质是保险合同主体在保险合同法律关系中的一切权利和义务所构成的法律地位自动地概括转移于第三人，原保险合同的主体完全退出保险合同法律关系，第三人概括承受原主体在保险合同法律关系中的法律地位，第三人当然取代原主体成为保险合同的新主体。保险合同的主体变更主要指保险人、投保人、被保险人的变更和收益人的变更。

1. 保险人的变更

保险人的变更是指保险人因经营上的原因出现破产、解散或者合并、分立的情况，经国家保险管理机关批准，将其所承担的全部保险合同责任转移给其他保险人。

《保险法》第九十二条规定："经营有人寿保险业务的保险公司被依法撤销或者被依法宣告破产的，其持有的人寿保险合同及责任准备金，必须转让给其他经营有人寿保险业务的保险公司；不能同其他保险公司达成转让协议的，由国务院保险监督管理机构指定经营有人寿保险业务的保险公司接受转让。转让或者由国务院保险监督管理机构指定接受转让前款规定的人寿保险合同及责任准备金的，应当维护被保险人、受益人的合法权益。"

在保险合同中，从投保人的角度来变更保险人是不允许的，投保人只能选择退保来变更保险人。

2. 投保人的法定变更

投保人的法定变更是指依据法律的规定，须经保险人和被保险人同意，投保人在合同法律关系中的一切权利和义务所构成的法律地位自动地概括转移于第三人，第三人当然取代原投保人而成为保险合同的新投保人。《保险法》第四十九条规定："保险标的转让的，被保险人或者受让人应当及时通知保险人，但货物运输保险合同和另有约定的合同除外。"

财产保险中，由于保险财产的出售、继承或者赠与等法律行为而引起保险标的的所有权转移，从而引起投保人的变更。一般情况下，投保人必须得到保险人同意后才能变更，保险合同才可继续有效。否则，保险合同终止，保险人不承担保险责任。在特殊情况下，投保人、被保险人可随保险标的的转让而自动变更，无须征得保险人的同意，保险合同继续有效。

人身保险合同中，投保人的变更须征得被保险人同意并通知保险人，保险人核准后方可变更。

3. 被保险人的法定变更

被保险人的法定变更是指依据法律的规定，须经投保人和保险人同意，被保险人在保险合同法律关系中的一切权利和义务所构成的法律地位自动地概括转移于第三人，第三人当然取代原保险人而成为保险合同的新被保险人。

被保险人的变更，只能发生在财产保险合同中。在人身保险合同中，保险标的即被保险人的生命或身体，这是保险关系确立的基础，是不能变更的。在财产保险合同中，保险标的的变更实际上意味着投保人的变更，虽说投保人对保险标的所具有的保险利益因保险标的的移转而消灭了，但是保险利益仍然存在，为受让人所有。

4. 受益人的变更

《保险法》第四十一条规定:"被保险人或者投保人可以变更受益人并书面通知保险人。保险人收到变更受益人的书面通知后,应当在保险单或者其他保险凭证上批注或者附贴批单。投保人变更受益人时须经被保险人同意。"

(二)保险客体的变更

保险合同的客体是保险利益,保险利益为投保人所有,其变更一定是投保人的变更所致。

(三)保险合同内容的变更

保险合同内容的变更指保险合同中规定的各种事项的变更。保险合同内容的变更有两类情况,一是投保人因自己的实际需要提出变更,二是因一定法定情况的发生,保险合同一方须予提出变更,另一方亦不得拒绝变更。例如,财产保险合同中保险标的价值、数量、存放地点、危险程度、保险期限等发生变化;人身保险合同中被保险人职业、保险金额、缴费方法等发生变化。

《保险法》第二十条规定,投保人和保险人可以协商变更合同内容。变更保险合同的,应当由保险人在保险单或者其他保险凭证上批注或者附贴批单,或者由投保人和保险人订立变更的书面协议。这一规定是内容变更的总原则,即须双方协商同意后由保险人批注或者附贴批单或者双方订立变更的书面协议。保险合同内容的变更须经保险人同意,这样会出现保险人故意或是无意拖延的情况,为求实际便利和保险关系的确定,有些国家规定在一定情况下(如仅限在财产保险合同中),经一定期间如保险人并无反对之意即视为同意。

1. 投保人变更保险合同内容的情形

1)投保人根据自身需要提出变更保险合同的内容

例如,增加或减少保险金额,延长或缩短保险期限,等等。在这种情况下,保险合同内容的变更主要取决投保人或被保险人的主观意志。

2)投保人根据客观情况提出变更保险合同的内容

在保险合同的履行过程中,当某些客观情况发生变化(如保险标的危险情况发生变化)时,投保人必须根据法律规定及时通知保险人。在这种情况下,变更保险合同的内容,不是取决于投保人的主观意志,而是取决于法律的规定。

2. 法定须予变更的情况

保险合同内容的变更包括保费的变更及其他内容的变更,主要是保费的变更。法定须予的情况如下。

1)保费的增加

《保险法》第五十一条规定:"投保人、被保险人未按照约定履行其对保险标的的安全应尽责任的,保险人有权要求增加保险费或者解除合同。保险人为维护保险标的的安全,经被保险人同意,可以采取安全预防措施。"

《保险法》第五十二条规定:“在合同有效期内,保险标的的危险程度显著增加的,被保险人应当按照合同约定及时通知保险人,保险人可以按照合同约定增加保险费或者解除合同。”

《保险法》第三十二条规定:“投保人申报的被保险人年龄不真实,致使投保人支付的保险费少于应付保险费的,保险人有权更正并要求投保人补交保险费,或者在给付保险金时按照实付保险费与应付保险费的比例支付。”

2)保费的减少

根据以确定保险费率的有关情况发生变化,保险标的危险程度明显减少,或是保险标的的保险价值明显减少的,除合同另有约定外,保险人应当降低保险费,并按日计算退还相应的保险费。投保人因自己的实际需要提出变更请求主要是因变更保险金额而变更保费。

3)保险金额的增加

保险金额的增加,如保险价值因市场价格上涨,投保人可提出按照或者不按照保险价值的增加比例增加保险金额,当然亦需增加保费;投保人亦可在保险价值并无增加的情况下,在保险价值限度内提出增加保险金额的请求。

4)保险金额的减少

保险金额的减少,如因有保险价值减少的情况,或者即使无减少情况,投保人亦可提出减少保险金额的请求,只是一些保单规定保险人并不受理保险金额减少的请求,此种保单多为人寿保险保单。

(四)保险合同效力的变更

1. 合同的无效

合同的无效是指合同虽已订立,但在法律上不发生任何效力。按照不同的因素来划分,合同的无效有以下几种形式。

1)约定无效与法定无效

根据不同的原因来划分,无效有约定无效和法定无效两种。约定无效由合同的当事人任意约定,只要约定的理由出现则合同无效。法定无效有法律明文规定的无效原因一旦出现,则合同无效。各国的保险法通常都规定,符合下列情况之一者,保险合同无效。

(1)投保人对保险标的不具有保险利益。

(2)恶意地重复保险或超额保险。

(3)人身保险中未经保险人同意并认可保险金额的死亡保险(父母为未成年子女投保的人身保险不受该限制)。

(4)保险人未明确向投保人说明合同中规定的“责任免除”条款。

(5)其他依据法律规定可以明确判定合同无效的情况。如一方以欺诈、胁迫手段订立合同,并损害国家利益的;以合法形式掩盖非法目的的;损害社会公共利益的。

2)全部无效与部分无效

根据不同的范围来划分,无效合同有全部无效合同与部分无效合同两种。全部无效合同是指保险合同全部不发生效力,上述几种情况就属于全部无效;部分无效是指保险合同中仅有一部分无效,其余部分仍然有效。如善意的超额保险,保险金额超过保险价值的部分无效,但在保险价值限额以内的部分仍然有效,如在人身保险中,被保险人的年龄与保单所填写的不符(只要没有超过保险人所规定的保险年龄的限度),保险人按照被保险人的实际年龄给付保险金额,这也是部分无效。

3)自始无效与失效

根据时间来划分,无效有自始无效和失效两种。自始无效是指合同自成立就不具备生效的条件,合同从一开始就不生效;失效是指合同成立后,因某种原因而导致合同无效。如被保险人因对保险标的失去保险利益,保险合同即失去效力。失效不需要当事人做意思表示,只要失效的原因已出现,合同即失去效力。

2. 合同的解除

保险合同的解除是指当事人基于合同成立后所发生的情况,使合同无效的一种单独的行为。即当事人一方行使解除权(或法律赋予,或合同中约定),使合同的一切效果消失并恢复到合同订立前的状态。

保险合同的解除按解约的主体可以分为投保人解除保险合同、保险人解除保险合同和保险双方约定解除保险合同三种情况。

1)投保人解除保险合同

由于保险合同是在平等自愿的基础上订立的,因而在一般情况下,投保人可以随时提出解除保险合同,《保险法》第十五条规定:“除本法另有规定或者保险合同另有约定之外,保险合同成立后,投保人可以解除保险合同,保险人不得解除保险合同。”根据《保险法》的规定,保险合同成立以后,投保人一般可以解除保险合同,而不需承担违约责任。但是,某些保险合同具有特殊性,如货物运输保险合同和运输工具航程保险合同,保险责任开始后,难以确定终止责任的具体时间、空间,因此,投保人不能要求解除保险合同。如果保险双方当事人通过合同约定,对投保人解除合同做出了限制,投保人也不得解除保险合同。

2)保险人解除保险合同

按照各国的保险法规定,保险人一般不能解除保险合同,否则应承担违约责任。因为如果允许保险人任意解除保险合同,可能严重损害被保险人的利益。例如:保险人可能在得悉风险增大(如洪灾预报)时解除合同,使被保险人得不到解除应有的保险保障。如前所述,《保险法》第十五条中明确规定,保险人不得解除保险合同。也就是说,为了保障被保险人的合法权益,在一般情况下,保险人不能随意解除保险合同,但是如果《保险法》另有规定或保险合同另有规定,保险人仍然可以解除保险合同。

根据《保险法》的规定,保险人在下列情况下有权解除保险合同。

（1）投保人故意或者因重大过失未履行如实告知义务，足以影响保险人决定是否同意承保或者提高保险费率的，保险人有权解除合同。

（2）未发生保险事故，被保险人或者受益人谎称发生了保险事故，向保险人提出赔偿或者给付保险金请求的，保险人有权解除合同，并不退还保险费。

（3）被保险人故意制造保险事故的，保险人有权解除合同，不承担赔偿或者给付保险金的责任。除本法第四十三条规定外，不退还保险费。（《保险法》第四十三条规定，投保人已交足二年以上保险费的，保险人应当按照合同约定向其他权利人退还保险单的现金价值。）

（4）投保人、被保险人未按照约定履行其对保险标的的安全应尽的责任的，保险人有权要求增加保险费或者解除合同。

（5）在合同有效期内，保险标的的危险程度显著增加的，被保险人应当按照合同约定及时通知保险人，保险人可以按照合同约定增加保险费或者解除合同。保险人解除合同的，应当将已收取的保险费，按照合同约定扣除自保险责任开始之日起至合同解除之日止应收的部分后，退还投保人。被保险人未履行前款规定的通知义务的，因保险标的的危险程度显著增加而发生的保险事故，保险人不承担赔偿保险金的责任。

（6）人身保险的投保人申报的被保险人年龄不真实，并且其真实年龄不符合合同的年龄限制的，保险人可以解除合同，并按照合同约定退还保险单的现金价值。

（7）合同约定分期支付保险费，投保人支付首期保险费后，除合同另有约定外，投保人自保险人催告之日起超过 30 日未支付当期保险费，或者超过约定的期限 60 日未支付当期保险费的，合同效力中止。自保险合同效力终止之日起满 2 年，保险双方当事人未达成复效协议的，保险人有权解除保险合同，并按照合同约定退还保险单的现金价值。

《保险法》的上述规定，赋予了保险人在投保人、被保险人和受益人严重违反法律规定及合同约定的情况下解除保险合同的权利，这既是对被保险人及其关系人违反行为的惩戒，又是对保险人合法权益的维护，体现了诚实信用原则和公平互利原则。

3）保险双方约定解除保险合同

这种情况简称为约定解除或协议注销。保险合同当事人在不违反法律法规或公共利益的前提下，可以在合同中约定，当一定的事实发生时，一方或双方当事人有权解除合同，并且可以约定行使解除权的期限。如中国人民保险公司船舶战争险条款规定，对于定期保险，保险人有权在任何时候向被保险人发出注销战争险的通知，在发出通知后 14 天期限满时终止战争险责任。

可见，所谓约定解除是指保险双方经过协商可以在保险中规定一方或双方当事人一定条件注销保险合同的权利。

保险合同解除的程序是：在法律规定或保险合同约定的条件下，具有解约权的一方当事人，可以单方面决定解除保险合同，但解约方应将解除保险合同的通知做成书面文件并及时通知对方当事人。任何一方不遵守法律的规定或保险合同约定，擅自解除保险合同的，应当承担相应的违约责任及其他法律责任。

3. 合同的复效

保险合同的复效是指保险合同的效力在中止以后又重新生效。保险合同生效后,由于某种原因,合同的效力中止。在此期间,如果发生保险事故,保险人不负支付保险金的责任。但保险合同效力的中止并非终止。投保人可以在一定的条件下,提出恢复保险合同的效力,经保险人同意,合同的效力即可恢复,即合同复效。在我国,只有在被保险人危险程度显著增加的情形下,保险公司才能拒绝复效。已恢复效力的保险合同应视为自始未失效的保险合同。

4. 合同的终止

保险合同的终止是指合同双方当事人之间由合同所确定的权利义务因法律规定的原因出现时合同关系的消灭。保险合同订立后,可以因下列原因终止。

1)自然终止

保险合同一般都规定保险期限,如保险期限届满后,保险人的责任即告消失,合同因此而终止。如果被保险人在保险合同到期后办理续保手续,则属于新合同的开始。此外,如果因发生非保险事故而导致保险标的灭失,保险标的实际上已经不存在,那么保险合同也就自然终止。

2)协议终止

保险合同双方当事人在订立保险合同时,订明可以终止合同的条款,在合同自然终止前,若出现约定的终止条件,保险合同即终止。协议注销保险合同规定了对注销条件的限制,对保险人提出注销保险合同的限制更加严格。明确规定了保险人要注销合同须先发注销通知,经过一段时间后合同才终止。这主要是为被保险人对注销保险合同后的安排有所准备。

3)履约终止

履约终止是指在保险合同有效期内,一旦发生保险事故,保险人在履行赔偿财产损失或给付人伤亡保险金后,达到保险金额全数时,保险合同终止。例如,在人寿保险合同中,保险人按合同规定的条件给付了保险金额全数时或给付期届满时,保险合同即终止;在财产保险合同中,保险标的一次或数次遭受保险事故,可以得到数次赔款,而当保险人给付的保险赔偿额达到保险金额全数时,保险合同也即终止。但船舶保险是个例外,若船舶连续数次部分损失,每次损失都在保险金额限度内赔付,经数次赔付后,即使赔款总额已达到或超过保险金额,但保险人仍需负责到保险合同自然终止,这是国际通行惯例,目的是保证遭受保险事故的船舶修复后继续航行。

4)解约终止

解约终止是指在保险合同有效期限尚未届满前,投保人依照法律或约定解除原有的法律关系的行为。对于投保人来说,除《保险法》另有规定或合同另有约定外,保险合同成立后,投保人有权随时解除保险合同。但是《保险法》规定对于货物运输保险合同和运输工具航程保险合同,保险人不得随意解除合同。这两种保险合同的性质比较特殊,保险标的流动性很大，航程或运输中所遇风险经常发生变化，保险人所承受的风险更是难以估计，因此此类险种保险责任开始后保险合同双方当事人都不得解除保险合同。如果允许双方当事人随意解除，那么双方的利益都将难以得到根本的保障。

5)违约终止

因为投保人或被保险人违反合同的基本条件，保险人有权自违约之日起终止保险合同。例如，被保险人没有履行保险标的危险程度增加应当立即通知保险人的义务，没有如实告知保险人询问的重要事实，没有按规定交纳保险费，或者没有履行保险合同规定的其他业务，等等。在这种情况下，保险人有权自被保险人违约之日起，终止保险合同。

6)自始无效

投保人或被保险人以欺诈、捏造、隐瞒事实情况等不正当手段蒙骗保险人而签订的保险合同自始无效，即无效时间应追溯到保险合同签订之时。保险人已经履行的赔偿义务将追回，并且追究被保险人的法律责任，不予退还保险费。例如，保险合同订立的时间为2016年9月20日，期限为1年。要是2017年7月20日发生保险事故，如果保险人已经履行了合同，就可以向被保险人索回已经支付的赔款，必要时可追究其责任。因为该保险合同从一开始就是无效的，而并不是说保险合同无效部分仅限于保险人发现被保险人不诚实行为以后的期间。

7)保险标的发生部分或全部损失而终止

《保险法》第五十八条规定："保险标的发生部分损失的，自保险人赔偿之日起三十日内，投保人可以解除合同；除合同另有约定外，保险人也可以解除合同，但应当提前十五日通知投保人。合同解除的，保险人应当将保险标的未受损部分的保险费，按照合同约定扣除自保险责任开始之日起至合同解除之日止应收的部分后，退还投保人。"保险标的发生部分损失后，保险标的本身的状况及面临风险已经有所变化，因此，《保险法》允许保险双方当事人终止保险合同。

保险标的发生全部损失，保险合同也应该终止。一方面，保险标的可能因保险事故全部灭失。此情况下保险人按保险金额全额赔付后，保险合同如前所述因履约而终止，例如人身意外伤害保险中，被保险人因疾病而死亡，就属于这种情况；另一方面，如果保险标的因除外责任而全损（例如被保险人故意烧毁保险房屋），由于保险标的已不存在，因而保险合同失去了保障对象只能终止。

第五节 保险合同的争议处理

一、保险合同争议的原因

保险合同争议是指保险合同在履行过程中，合同当事人等有关主体之间常常会因为对合同的条款理解有分歧，对索赔、拒赔等处理不一致而发生纠纷。由于保险合同比较特殊，主体之间的争议不仅产生于投保人和保险人之间，有时还会产生于投保人与被保险人、被保险人与受益人以及上述主体与第三人之间，加之保险实务的专业性和技术性，保险合同表现出的争议问题非常复杂。这种意见分歧或纠纷，有些是由于合同双方对合同条款的理解互异造成的，有些则是由于违约造成的。保险合同争议的原因有如下几点。

(1)合同条款的文字表达不清、不够准确。

(2)合同条款及文字表述模棱两可。

(3)对合同条款及文字的解释有分歧。

(4)保险责任与除外责任交织。

保险合同争议会影响保险合同的正常履行，产生不良的社会影响。因此，及时合理地处理保险合同争议，有利于规范保险活动，保护保险双方当事人的合法权益，促进保险事业的稳定发展。

二、保险合同的解释原则

保险合同的解释即指对保险合同条款的理解和说明。对合同的解释，其首要任务是寻找法律依据，通常会有三种结果：有明确而直接的法律依据；没有直接的法律依据；法律有规定但其内涵与外延相当模糊。《合同法》第一百二十五条规定："当事人对合同条款的理解有争议的，应当按照合同所使用的词句、合同的有关条款、合同的目的、交易习惯以及诚实信用原则，确定该条款的真实意思，合同文本采用两种以上文字订立并约定具有同等效力的，对各文本使用的词句推定具有相同含义。各文本使用的词句不一致的，应当根据合同的目的予以解释。"在保险实务中，由于各种复杂的原因，如观念的不同、经济利益的冲突、业务习惯差异和情势变更以及不可预期因素的发生等原因常会导致保险合同当事人对合同条款内容有各不相同的解释，以致造成保险合同履行的困难。因此，确定保险合同的解释原则具有重要的意义。

保险合同双方当事人就条款发生争议，又无法自行协商解决时，就要通过人民法院或是仲裁机关解决合同纠纷。法院和仲裁机关对争议条款做出的解释具有法律约束力，所以保险合同的解释实质上就是人民法院仲裁机关就保险合同当事人的争议条款所做出的具有约束力的解释。

保险合同的解释一般要遵循以下原则。

(一)文义解释原则

文义解释即按照保险合同条款通常的文字概念并结合上下文来解释，它是解释保险合同条款的最主要方法。当保险合同双方当事人就合同内容理解有分歧，而条款的文字表达又比较明确时，应按照条款的文义进行解释。如果同一词语出现在不同地方且多次出现，前后解释应一致。

文本解释必须要求被解释的合同字句本身具有单一且明确的概念。如果有关术语本来就只有唯一的一种意思，或联系上下文只能具有某种特定含义，或根据商业习惯通常仅指某种意思，那就必须按照它们的本意去理解。例如暴风、地震、泥石流等，这些字句都有非常明确特定的概念。

我国保险合同的文义解释主要有以下两种情形。

1. 保险合同一般文句的解释

对保险合同条款适用的一般文句通常应尽可能按文句公认的表面概念和其他语法意义去解释。双方有争议的，按权威性工具书或专家的解释为准。

2. 保险专业术语和法律专业术语的解释

对保险专业术语或其他法律术语，有立法解释的，以立法解释为准；没有立法解释的，以司法解释、行政解释为准；无以上解释的，亦可按行业习惯或保险业公认的概念解释。

例：中国人民保险公司（家庭财产保险条款）中承包危险之一"火灾"，是指在时间或空间上失去控制的燃烧所造成的伤害。构成火灾责任必须同时具备以下三个条件：有燃烧现象，即有热有光有火焰；偶然或意外发生的燃烧；燃烧失去控制并有蔓延扩大的趋势。而有的被保险人把平时用熨斗熨衣所造成焦煳变质损失，也列为"火灾"责任要求赔偿。显然，按文义解释原则不应赔偿。

（二）意图解释原则

意图解释是指在无法运用文字解释方式时，通过其他背景资料进行逻辑分析来判断合同当事人订约时的真实意图，由此解释保险合同条款的内容。

保险合同的真实内容应是当事人通过协商后形成的一致意思表示。因此，解释时必须要尊重双方当时的真实意图。意图解释只适用于合同的条款不精当、语义混乱，不同的当事人对同一条款所表达的实际意思理解有分歧的情况。解释时要根据保险合同的文字、订约时的背景、客观实际情况进行分析推定。意图解释是在无法用文义解释方式时的辅助性解释方法，如果文字表达清楚，不存在含糊不清，则必须按照字义解释，而不能运用意图解释方式，任意推测。

具体做法：书面约定与口头约定不一致时，以书面约定为准；保险单及其他保险凭证与投保单及其他合同文件不一致时，以保险单及其他保险凭证中载明的合同内容为准；特约条款与基本条款不一致时，以特约条款为准。保险合同的条款内容按照批单优于正文，后批注优于先批注，手写优于打印，加贴批注优于正文批注的规则解释，即以更能反映当事人真实意图的手写的、后批注的文句为准。

（三）专业解释原则

专业解释原则是指对保险合同中使用的专业术语，应按照其所属专业的特定概念解释。在保险合同中除了保险术语、法律术语之外，还会出现某些其他专业术语。对于这些具有特定概念的专业术语，应按其所属行业或学科的技术标准或公认的概念来解释。如重大疾病保险合同中，对疾病的解释，应按医学界公认的标准来解释。

（四）有利于被保险人和受益人的原则

有利于被保险人和受益人的原则是指当保险合同的当事人对合同条款有争议时，法院或仲裁机构往往会做出有利于被保险人的解释。例如，《保险法》第三十条规定，采用保险人提供的格式条款订立的保险合同，保险人与投保人、被保险人或者受益人对合同条款有争议的，应当按照通常理解予以解释。对合同条款有两种以上解释的，人民法院或仲裁机构应当做出有利于被保险人和受益人的解释。

之所以如此，是因为保险合同是附合性合同，有很强的专业性。在订立保险合同时，一般来说，投保方只能表示接受或不接受保险人事先已经拟定好的条款。为了避免保险人利用其有利地位，侵害投保方的利益，各国普遍使用这一原则来解决保险合同当事人之间的争议。鉴于此，保险人在拟定合同条款时应尽量使用语言明确的表述；在订立合同时向投保方准确地说明合同的主要内容。

正确运用此原则应从两方面来理解。

1. 正确理解其适用范围

"有利于被保险人的解释原则"是在双方当事人因保险合同的条款表述理解不同，引起纠纷时，所适用的一项原则，并不是在因保险合同关系引起的其他任何纠纷中都采用有利于被保险人的处理原则。

2. 正确理解其适用程度

"有利于被保险人的解释原则"仅仅是保险合同的解释原则之一，它只有与其他的合同解释原则共同作用，才能实现对保险合同条款的正确理解。

需要指出的是，这一原则不能滥用。只能运用于保险合同所用语言文字不清或者在一词多义的情况下，在尊重保险条款的原义的基础上进行解释。人民法院或仲裁机关在使用"有利于被保险人和受益人"的原则时要特别慎重，只有在顺次使用前述文义、意图原则后，保险合同条款仍概念不清的情形才能使用这一原则。在此，应注意的是对于由保险法律、法规确定的条款或由国家保险监督管理机关指定的条款，如产生争议，应提请有关的机关进行立法、司法或行政解释，而不能擅自运用以上的解释原则对争议进行解释。此外，采用保险协议书形式订立保险合同时，由保险人与投保人共同拟定的保险条款，如果因概念不清而发生争议时，并非保险人一方的过错，其不利的后果不能仅由保险人一方承担。如果保险双方发生争议时一律做对被保险人有利的解释，显然是不公平的。

三、保险合同争议的解决方式

保险合同争议是指在保险合同成立后，双方甚至多方当事人在履行合同的过程中，围绕理赔、追偿、缴费以及责任归属等问题容易产生争议。因此，如何采用适当的方式，公平合理地处理这些争议，是一个十分重要的问题。按照惯例以及我国相关法律，对于保险业务中发生的争议,可采取和解、调解、仲裁、诉讼等方式予以解决。对合同条款有两种以上解释的,人民法院或者仲裁机构应当做出有利于被保险人和受益人的解释。

1. 协商

协商是指合同双方当事人在平等、自愿、互谅的基础上直接进行和解,没有第三者介入,双方按照法律、政策的规定,通过摆事实,讲道理,求大同、存小异来解决纠纷。

协商解决争议不仅可以节约时间、节约费用,更重要的是可以在协商过程中,增进对彼此的了解,提高双方之间的信任度,有利于圆满解决纠纷,并继续执行合同。该方法是解决争议最常用、最基本的方法。

2. 调解

调解是指在合同管理机关或法院等第三方的参与下,通过说服教育,使双方自愿达成协议、平息争端。

调解必须遵循法律、政策与平等自愿原则。只有依法调解,才能保证调解工作的顺利进行。如果一方当事人不愿意调解,就不能进行调解。如调解不成立或调解后又反悔,可以申请仲裁或直接向法院起诉。

根据调解时第三者身份的不同,保险合同的调解分为行政调解、仲裁调解和司法调解。行政调解是各级保险管理机关主持下的调解,仲裁调解和司法调解则是在仲裁机关和人民法院主持下的调节。从法律效果来看,行政调解不具有强制执行的效力, 一方当事人不履行调节协议,另一方当事人只能就该争议提交仲裁机关或人民法院进行解决,而不能直接请求人民法院强制执行调解协议。仲裁调解和司法调解则具有强制执行的效力,对于已经生效的仲裁调解协议或司法调解协议,当事人必须严格履行,任何一方不履行调解协议,另一方当事人都可以向人民法院提出申请,由人民法院强制其履行调解协议。当事人不得再就同一争议提交仲裁或提交诉讼。

3. 仲裁

仲裁是指争议双方依照仲裁协议,自愿将彼此间的争议交由双方共同信任、法律认可的仲裁机构的仲裁员居中调解,并做出裁决。仲裁结果具有法律效力,当事人必须予以执行。

仲裁机构主要是指依法设立的仲裁委员会,它是独立于国家行政机关的民间团体,而且不实行级别管辖和地域管辖。仲裁委员会由争议双方当事人协议选定。仲裁实行"一裁终局"的制度,即裁决书做出之日即发生法律效力,一方不履行仲裁裁决的,另一方当事人可以根据民事诉讼的有关规定向法院申请执行仲裁裁决。当事人就同一纠纷不得向同一仲裁委员会或其他仲裁委员会再次提出仲裁申请,也不得向法院提起诉讼,仲裁委员会和法院也不予受理,除非申请撤销原仲裁裁决。

在仲裁裁决生效后 6 个月内,当事人提出符合法定撤销裁决书的条件的证据的,可以向仲裁委员会所在地的中级人民法院申请撤销裁决。

应当注意的是,申请仲裁必须以双方在自愿基础上达成的仲裁协议为前提,没有达成仲裁协议或单方申请仲裁的,仲裁委员会将不予受理。协议应以书面形式订立,并应写明仲裁意愿、事项及双方所共同选定的仲裁委员会。协议可以是保险合同订立时订立的仲裁条款,也可以是在争议发生前、发生时及发生后达成的仲裁协议。订有仲裁协议的一方向人民法院起诉,人民法院将不予受理。

4. 诉讼

诉讼是指争议双方当事人通过国家审判机关——人民法院进行裁决的一种方式,它是解决争议时最激烈的方式。当保险合同双方的纠纷不能用前三种方式解决时,就采取诉讼的方式。

当事人双方因保险合同产生纠纷时,有权以自己的名义直接请求法院通过审判给予法律上的保护。当事人提起诉讼应当在法律规定的时效以内。

在我国,保险合同纠纷案属民事诉讼法范畴。与仲裁发生不同,法院在受理案件时,实行级别管辖和地域管辖、专属管辖和选择管辖相结合的方式。在违反民事诉讼法对级别管辖和专属管辖的规定的前提下,合同双方当事人可以在书面合同中协议选择被告住所地、合同履行地、合同签订地、原告住所地、标的物所在地人民法院管辖,当事人首先应依法或按照合同约定到有权受理该案件的法院提起诉讼,人民法院可受理并按相应的民事程序进行审理、判决。如合同中未有约定,而根据法律规定有两个以上人民法院具有管辖权的,原告可以选择向其中一个人民法院起诉。

我国现行保险合同纠纷诉讼案件与其他诉讼案一样实行的是先调解后审判,两审终审制。如果调解成功,要形成调解书,由审判人员和书记员签名并盖人民法院的印章。如果调解不成功,人民法院要依法判决,并做出判决书。当事人不服一审法院判决的,可以在法定的上诉期内向高一级人民法院上诉,申请再审。第二审判决为最终判决,一经终审判决,立即发生法律效力,当事人必须执行;否则,法院有权强制执行。当事人对二审判决还不服的,只能通过申诉和抗诉程序,但不影响第二审判决的执行。

复习思考题

1. 保险合同的法律特征是什么?
2. 在订立保险合同时投保人应具备哪些条件?
3. 简述保险合同的基本内容。
4. 哪些原因会导致保险合同终止?
5. 保险合同双方当事人应如何处理争议?
6. 简述保险合同条款解释的原则和方法。

案 例 分 析

2008 年 2 月 9 日，家住江苏省如东县的曹正银以本人为被保险人，向被告民生保险投保民生金玉满堂两全保险 D 款（分红型），受益人栏为空白，保险期间为 5 年，保险金额为 11 000 元，意外身故保险金按 3 倍基本保险金额给付，保险费 10 000 元。保险人责任免除条款规定，被保险人无合法有效驾驶证驾驶或驾驶无有效行驶证的机动车导致身故的，保险人不承担赔偿责任。保险人责任免除条款以及保险条款的释义中，没有对机动车的认定标准做出规定。投保人于当日全额缴纳了保险费，保险合同于次日生效。曹正银在投保单中投保人签名处签字。

2011 年 9 月 5 日 5 时 40 分左右，案外人李朋驾驶苏 FL1512 号轿车由南向北行驶至苏 225 复线如东县河口镇荷园村村部西侧十字路口，遇曹正银驾驶未经登记的轻便二轮摩托车由西向东行驶，相撞发生交通事故，致曹正银受伤，经抢救无效于次日死亡，两车局部受损。李朋负事故主要责任，曹正银负次要责任。

经法院查明，曹正银所购案涉事故车辆的产品说明书及产品检验合格证均显示，该车为济南轻骑摩托车股份有限公司出产的 XF48cc“先锋”牌助力车。事故发生当日的道路交通事故现场图显示，曹正银驾驶的为 48cc 助力车。而同年 9 月 22 日，如东县公安局物证鉴定室出具的物证检验意见书载明，案涉曹正银所驾驶车辆为无号牌的先锋 48cc 轻便摩托车。交通事故车辆技术检验报告显示，该车为无号牌轻便摩托车，检验结果为制动合格，没有车辆经改装的记录。

原告为投保人父亲曹连成，其妻胡桂兰，其长子曹新建、次子曹显忠。案件审理中，原、被告双方对投保人免责条款中所称的机动车如何定义存在不同解释：原告认为，案涉事故车辆的产品说明书及产品检验合格证均显示，该车为助力车。且事故发生当日的道路交通事故现场图示，亦说明被保险人曹正银驾驶的为 48cc 助力车。而助力车不属于机动车，不应根据责任免除条框理解为机动车而适用保险人责任免除条款。而被告则认为，根据交警部门出具的交通事故认定书、物证检验意见书以及交通事故车辆技术检验报告，案涉车辆为轻便摩托车，应解释为机动车辆，符合保险人责任免除条款中规定的免责情形。经原告方申请，法院向如东县车管所调查得知，案涉 XF48cc“先锋”牌车辆，因在全国车辆产品公告查询服务系统中没有相关信息，故无法在当地交管部门登记，亦无法取得机动车号牌及证照。

分析问题：你若是法官，该怎么判决？并说明理由。

判决结果：应判决民生保险依约向原告赔偿保险金。

通过分析案情总结出本案的争议焦点为案涉被保险人驾驶的车辆是否能解释为保险人免责条款中所规定的机动车？

分析如下：

关于案涉被保险人驾驶的车辆是否能解释为保险人免责条款中所规定的机动车的问题，根据《保险法》的有关规定，采用保险人提供的格式条款订立的保险合同，保险人与投保人、被保险人或者受益人对合同条款有争议的，应当按照通常理解给予解释。对合同条款有两种以上解释的，人民法院或者仲裁机构应当做出有利于被保险人和受益人的解释。本案中，保险人免责条款以及保险条款的释义中，均未对机动车的认定标准做出规定。事故发生当日交管部门出具的道路交通事故现场图显示，曹正银驾驶的为48cc助力车。而之后交管部门出具的物证检验意见书、车辆技术检验报告及交通事故认定书，又将该车定性为轻便摩托车。可见，即使是交管部门在处理本案交通事故过程中，对案涉车辆属性的认知也存在差异。

原、被告双方对被保险人发生交通事故所驾驶的案涉车辆是否属于免责条款中所指的机动车存在不同解释。虽然，被告根据上述交通认定书、物证检验意见书以及交通事故车辆技术检验报告，认为案涉车辆属于机动车的解释，符合相关国家标准对机动车的规定。但是，原告对案涉车辆不符合免责条款中规定机动车的解释，符合一个没有专业知识的普通人的认知标准，理由如下：首先，一个普通的投保人、被保险人或受益人对机动车的概念，只能是根据其日常生活经验法则来做出解释。消费者对其所购买的产品的认识，通常是基于产品的说明书及合格证书形成的。由于案涉事故车辆的产品说明书及产品检验合格证均显示，该车为“先锋”牌助力车，生产厂商这种对产品性质的误导行为，使得被保险人曹正银作为一个普通的购买者无法知晓其所购买的车辆就是机动车，不可能产生该车系保险人责任免除条款中所指的机动车的认识，亦无从根据机动车的管理需要去办理相关的驾驶证和机动车辆行驶证。因此，被保险人主观上没有违反保险人免责条款中相关规定的故意与过失；其次，被保险人客观上无法对案涉车辆进行登记并取得机动车号牌。因为该型号车辆的数据未进入车管部门颁发证照所依据的全国机动车辆产品公告查询服务系统，根据对机动车辆管理的规定，该车无法进行登记并取得机动车号牌及证照。因此，原告在保险人免责条款以及保险条款的释义中，没有对机动车的认定标准做出规定的情况下，基于存在生产厂家误导的产品说明书、产品检验合格证以及被保险人客观上无法取得机动车号牌的事实，做出案涉车辆不属于保险人免责条款中所规定的机动车之解释，符合一个普通车辆购买人及使用人的认知标准，应做出有利于被保险人的解释，案涉车辆应认定为不属于本案保险人免责条款中所规定的无证驾驶情形。综上所述，对被告主张被保险人曹正银无驾驶证驾驶无有效行驶证的轻便摩托车导致身故的属于保险人免责事由而不承担赔偿责任的抗辩意见，法院不予以采纳。

根据《保险法》的有关规定，没有指定受益人的或者受益人指定不明无法确定的，被保险人死亡后，保险金作为被保险人的遗产，由保险人依照《中华人民共和国继承法》的规定向被保险人的继承人履行给付保险金的义务。投保人曹正银与被告民生保险之间所签订的保险合同合法有效，被保险人曹正银在保险责任期间意外死亡，已构成保险事故。四位原告系被保险人曹正银的法定第一顺序继承人，有权向被告主张赔偿保证金。保险合同约定，意外身故保险金按三倍基本保险金额给付，保险金额为 11 000 元。故原告要求被告赔偿保险金 33 000 元的诉讼请求，法院予以支持。

第七章

保险基本原则

第一节　保险利益原则

一、保险利益原则概念

保险利益又称为可保利益，是指投保人或被保险人对保险标的所具有的法律上认可的、经济上的利害关系，即投保人或被保险人因保险标的的损害或丧失而遭受的经济上的损失。保险利益体现了投保人或被保险人与保险标的之间存在的利害关系，倘若保险标的安全，投保人或被保险人可以从中获益；倘若保险标的受损，投保人或被保险人必然会蒙受经济损失。

所谓保险利益原则，是指在签订和履行保险合同的过程中，投保人或被保险人对保险标的必须具有保险利益。保险利益既是订立保险合同的前提条件，也是保险合同生效及在存续期间保持效力的前提条件。无论是财产保险还是人身保险，只有投保人对保险标的具有保险利益，才有条件或有资格与保险人订立保险合同，签订的保险合同才能生效，否则为非法的或者无效的合同。而在保险合同生效履行过程中，如果投保人或被保险人失去对保险标的的保险利益，保险合同也随之失效。

二、保险利益原则的意义

在保险理论与实践中，坚持保险合同的成立必须具有保险利益这一原则的意义如下。

1. 避免保险赌博

保险利益原则的使用可以有效防止和遏止投机行为的发生。保险合同是投机性合同（射幸合同），当事人义务的履行取决于机会的发生或是不发生，即保险金的给付以保险合同中约定的保险事故的发生为条件，具有一定的投机性。如果允许不具有保险利益的人以他人的生命或是财产作为保险标的，以自己作为受益方进行投保，那么一旦发生保险事故，他就不承担任何损失而获取远远超过保险费的保险给付，保险活动就完全成为投机赌博行为，而丧失了具有转移风险减少损失的作用。受益方是保险赔偿金的接受者，对保险合同有直接的利益，如果不规定受益方须有保险利益，必然使得投机性大大增加。

2. 防止道德风险的发生

保险利益原则的适用是防止道德风险的必备要件。道德风险是保险理论中的固有名词，是指被保险人为了索取保险人赔款而故意促使保险事故的发生或在保险事故发生时，放任损失的扩大。受益方是保险金给付的直接承受者，如果保险合同不以受益方具有保险利益为前提，那么为了获取保险赔偿，往往会出现故意破坏作为保险标的人或物的行为，从而导致道德风险。保险利益原则的使用较好地避免了这个问题。

3. 规定保险保障的最高限度

保险作为一种经济补偿制度，其宗旨是补偿被保险人因保险标的出险所遭受的经济损失，但不允许被保险人通过保险而获得额外的利益。所以，为了使被保险人既能够得到足够的、充分的补偿，又不会由于保险而获得额外的利益，就必须以投保人或被保险人在保险标的上所具有的经济利益即保险利益，作为保险保障的最高限度。投保人依据保险利益确定保险金额，保险人在保险利益的限度内支付保险赔款或保险金，这样就可以实现在被保险人得到充分补偿的前提下，有效避免被保险人不当得利。所以保险利益为投保人取得保险保障和保险人的保险补偿提供了客观的依据，否则，保险保障和保险赔偿就无法可依，无章可循，从而也可能使被保险人通过保险而获取额外的利益。

三、保险利益原则在保险务实中的应用

（一）保险利益的成立条件

并非投保人或被保险人对保险标的所拥有的任何利益都可成为保险利益，保险利益的构成必须具备下列条件。

1. 保险利益必须是合法的利益

只有在法律上可以主张的合法利益才能受到国家法律的保护，因此保险利益必须是符合法律规定的、为法律所认可并受到法律保护的利益，因违反法律规定或损害社会公共利益而产生的利益，不能作为保险利益。例如，以盗窃、诈骗、贪污、走私等手段所获取的财物都不能成为保险合同的标的物，由此而产生的利益不能构成保险利益。

2. 保险利益必须是确定的利益

保险利益必须是投保人对保险标的在客观上或事实上已经存在或可以确定的利益。这种利益是可以用货币形式估价的，而且是客观存在的利益，不是当事人主观臆断的利益。这种客观存在的确定利益包括现有利益和期待利益。现有利益是指在客观上或事实上已经存在的经济利益，如投保人已取得财产所有权或使用权而由此享有的利益；期待利益是指在客观上或事实上尚未存在，但根据法律、法规、有效合同的约定等可以确定在将来某一时期内将会产生的经济利益，如货物运输保险的保险金额可以按货物到达目的地的销售价格确定，其中包括预期利润，又如果农可对自己种植的果树的未来收获量进行投保，这些均为预期利益。

3. 保险利益必须是经济上的利益

所谓经济上的利益是指投保人或被保险人对保险标的的利益价值必须能够用货币来衡量。因为保险的目的是弥补被投保人因保险标的出险而遭受的经济损失，这种经济损失正是基于当事人对保险标的所拥有的经济利益。如果当事人对保险标的不具有经济利益或具有的经济利益不能够用货币来衡量，则保险赔偿金或保险金的给付就无法实现。所以，无法用货币衡量其价值的利益不能成为保险利益。而由于人身无价，一般情况下人身保险合同的保险利益具有特殊性，人身保险的保险利益不纯粹以经济上的利益为限。

（二）保险利益原则在财产保险中的应用

《保险法》第十二条规定，财产保险是以财产及其有关利益为保险标的的保险。凡因财产及其相关利益而遭受损失的被保险人，对其财产及相关利益都具有保险利益。

在实务上，学者一般将财产上的保险利益抽象概括为财产权利、合同权利和法律责任三类。财产权利包括基于财产权利而享有的财产利益，包括所有权利益、占有利益、股权利益、担保利益等；合同权利为依照合同产生的债权请求权；法律责任是因为侵权行为、合同或者法律规定而发生的责任。也有学者依照保险利益的直观形式，将财产保险利益归结为所有利益、支付利益、使用利益、受益利益、责任利益、费用利益、抵押利益等七类。

学者普遍将财产保险的保险利益分为投保人（被保险人）对保险标的具有的现有利益，因保险利益的现有利益而产生的预期利益、责任利益三类。

1. 现有利益

现有利益是投保人或被保险人对财产已享有且继续可享有的利益。投保人对财产具有合法的所有权、抵押权、质权、留置权、典权等关系且继续存在者，均具有保险利益。现有利益随物权的存在而产生。

1）所有权人对所拥有的财产具有保险利益

财产的所有权人，由于其所拥有的财产一旦遭受损失就会给自己带来经济损失，因此其对该财产具有保险利益，可以为该项财产进行投保。例如，房屋所有权人可以为其房屋投保家庭财产险，货物所有人可以为其货物投保运输保险等。

2)抵押权人、质押权人对抵押、出质的财产具有保险利益

抵押与出质都是债权的一种担保,当债权不能获得清偿时,抵押权人或质押权人具有从抵押或出质的财产价值中优先受偿的权利,因而对抵押、出质的财产具有保险利益,可以作为被保险人存在。就银行抵押贷款的抵押物而言,在贷款未还清之前,抵押物如果遭受损失会使银行蒙受经济上的损失,因而银行对抵押物具有保险利益;在借款人还清款项之后,银行对抵押物的抵押权消失,其保险利益也随之消失。

3)经营管理人对其经营管理的财产具有保险利益

财产的经营管理人,因其经营管理的财产一旦遭受损失就会给自己带来经济损失而对该财产具有保险利益,可以为该项财产投保。即企业的经营者,可以为其经营的财产投保企业财产险。

4)财产的保管人对其保管的财产具有保险利益

财产的保管人对其所保管的财产只要负有经济责任,就具有保险利益。例如,洗衣店对于客人已经洗完的衣物,在顾客还没有取走之前,对衣物负有保管的责任,衣物如果损坏是需要进行赔偿的,因而其对那些被保管的衣物具有保险利益。

2. 预期利益

预期利益指投保人(被保险人)在订立保险合同时对保险标的的利益尚未存在,但基于其现有权利而未来可获得的利益;或因财产的现有利益而存在,依法律或合同产生的未来一定时期的利益。它包括利润利益、租金收入利益、运费收入利益等。如出租房屋而预期可以获得的租金收入;维修设备而预期可以得到的修理费收入;承运人预期获得的到付的运费收入等。在海上保险中,一旦船舶在运输途中遭遇海难,承运人由于没有把货物运到目的地,因此就收不到运费,就会遭受运费收入的损失,即承运人对到付的运费收入具有保险利益。

3. 责任利益

责任利益指投保人(被保险人)对于保险标的所承担的合同上的责任、侵权损害赔偿责任以及其他依法应当承担的责任。责任利益,属于法律上的责任,一般以民事赔偿责任为限,非法律上的责任不能称之为责任利益。依通常的见解,民事赔偿责任产生于侵权行为和违反合同的行为,也可因法律规定而发生。

(三)保险利益在人身保险中的应用

人身保险按投保方式不同,一般可分为投保人以自己的生命或身体投保的人身保险和投保人以他人的生命或身体投保的人身保险两种。《保险法》第三十一条规定,投保人对下列人员具有保险利益:①本人;②配偶、子女、父母;③前项以外与投保人有抚养、赡养或者扶养关系的家庭其他成员、近亲属;④与投保人有劳动关系的劳动者。除前款规定外,被保险人同意投保人为其订立合同的,视为投保人对被保险人具有保险利益。订立合同时,投保人对被保险人不具有保险利益的,合同无效。任何人对自己的生命或身体具有无限的保险利益,因此,在投保人以自己的生命或身体投保人身保险的情形下,自当不发生保险利益的认

定问题。这里主要讨论投保人以他人的生命或身体投保人身保险所包括的各种情况。

1. 配偶

各国法律均规定，配偶间互有保险利益。美国少数州规定，妻子为丈夫投保死亡险时，无须获得丈夫的同意或书面承认。

2. 亲属关系

英美法系为“利益主义”，其要求在确定保险利益主体资格时，必须与被保险人存在经济上的利益关系。如美国纽约州保险法规定：以下两种情况下，具有人寿保险的保险利益：①以感情为基础有切实利益的血亲或姻亲；②上列人员以外对被保险人的生命、健康具有合法及实际经济利益的人。但由于美国采用的是联邦制，没有统一的保险，各州对于投保人与被保险人间存有亲属关系是否足以构成保险利益，法院的见解并不一致。少数法院认为如果是血亲，且血亲关系较近，应承认其有保险利益。因为血亲间关系密切，不至于谋害被保险人以达到其谋取保险金的目的。但法院也没有明确血亲间应以几亲等内才有保险利益，通常仅认为父母子女间、祖父母孙子女间、兄弟姊妹间，才可互为被保险人。叔侄之间及堂兄弟姊妹间，除非有经济上的利害关系，否则不认为有保险利益。至于姻亲关系，如岳父母与女婿间、翁姑与媳妇间、妯娌之间、继父母与继子妇之间皆无保险利益。但是，美国绝大多数法院则认为仅亲属关系本身不足以构成保险利益。亲属间须一方对他方有法律上的权利，以要求他方提供劳务或利益，或因他方的死亡而蒙受损失或担负责任，视为能签订有效的保险合同。至于事实上他方是否曾提供劳务或利益，无关紧要。因此，投保人如果对于被保险人有利益的期待，即已满足法定要件。

大陆法系为“同意主义”，投保人以第三人的身体或者生命投保，仅需要取得该第三人的同意即可，并不需要与该被保险人有经济利益关系。如德国的《普鲁士一般国法》规定：父母、子女、未婚夫（妻）可以无条件地以子女、父母、未婚妻（夫）的生命担保；投保人以除自己以外第三人之生命为标的且以投保人自己为受益者的进行人身保险投保时，该合同的成立以第三人的书面同意为条件。

我国《保险法》采取的是将利益主义和同意主义相结合的第三种认定标准，即“折中主义”。在形式上，采纳的是英美法系的主要做法，对保险利益原则在人身保险中的适用承认，而在具体制度安排方面，却又采用了兼顾利益主义和同意主义的这一立法模式。《保险法》第三十一条的规定来看，除本人、配偶、子女、父母以外，投保人对与其有抚养、赡养或者扶养关系的家庭其他成员、近亲属，均具有保险利益。因此，有抚养关系的兄弟姊妹之间、继父母与继子女之间及对公婆、岳父母尽了主要赡养义务的丧偶儿媳、丧偶女婿与公婆、岳父母之间，都互有保险利益。

3. 债权人对于债务人

债权人具有对债务人的保险利益，债务人对于债权人具有给付债务的义务，但债权人对于债务人的财产，除设有担保物权外，不得主张任何权利。因此，在一般债权债务关系中，如果债务人死亡或者因意外而丧失偿还能力导致无法偿清债务时，会给债权人造成经济损失，债权人将无法实现对债务人的相关债权。故许多国家的保险法均规定债权人对债务人的生命有保险利益，以使债权人能借保险措施于债务人为清偿前死亡而保全其债权。

但如何决定此种保险利益的范围及其保险金额与债权额间的比例似乎极为困难。如认为保险金额应与债权额相等，而债务人于生前又未清偿其债务的，则保险金由于其为债权人所缴保费及利息的总和，自不足以补偿债权人的损失。反之，如容许债权人超额投保，又可能导致债权人为获取额外利益而谋害债务人。因此，通常的做法是，当债权人就债务人投保人寿保险时，如出于善意，则其投保金额不受债权额限制，保险合同不因投保金额高于债权额而无效。就《中华人民共和国保险法》第三十一条的规定来看，应认为债权人对债务人的生命有保险利益，除非债务人不同意。

4. 雇佣人与受雇人

雇佣人与受雇人在经济上有较为密切的利益关系，应承认其彼此间互有保险利益。有的国家主张受雇人或公司职员虽经辞职或因其他原因而离开公司，公司仍可继续支付保险费，保险事故发生后，可请求保险人给付约定的保险金。换言之，受雇人的离职不影响已生效的保险合同。英美法系只承认公司对其董事及重要职员有保险利益，至于公司对于股东有无保险利益，美国法系持否定的见解。我国台湾学者施文森认为，公司与无限责任的股东有经济上极密切的关系，应认为公司对无限责任股东有保险利益。就《保险法》第三十一条的规定来看，应认为雇佣人与其生命有保险利益，除非受雇人不同意。

5. 合伙人

合伙是两人以上共同出资、共同经营、共担风险的协议。合伙人之间经济上的利害关系至为密切，因此，应认为合伙人相互间互有保险利益，任何一个合伙人均可以其他合伙人为被保险人而投保人身保险。英美法系都认为，两人以上经签订合伙合同的，合伙人的一方对于他方的生命即取得保险利益，而且合伙人间出于善意约定合伙人各应签订寿险合同的，可由合伙财产支付保险费，合伙人中一人死亡时，其他合伙人可用保险金额来收购该已故合伙人的合伙利益。就《保险法》第三十一条的规定来看，应合伙人之间有保险利益，除非不同意。

6. 其他情形

凡当事人之间有合同或商务关系，一方的生死足可影响他方因基于此种关系所可获得法律上及经济上的利益或期待利益的，也被认为有保险利益，可能受损失的一方也可以他方为被保险人而订立保险合同。在英美法系中上，还承认下列各种人之间有保险利益：①未婚妻对于未婚夫；②继承人或利害关系人对于遗嘱执行人或遗产管理人；③破产债权人对于破产管理人或破产监护人；④保证人对于主债务人；⑤在以第三人生存为期的租赁合同中，承租人对于该第三人。我国台湾地区“保险法”第十六条还把“生活费或教育费所仰给之人”单列为一项，专门规定对于此种人有保险利益，可以为被保险人投保人寿保险。

（四）保险利益原则在责任保险中的应用

责任保险的保险标的是被保险人对他人的财产损失或人身伤亡依法（或合同）应承担的民事损害的经济赔偿责任。因而投保人与其所应负的民事损害赔偿责任之间的法律关系便构成了责任保险的保险利益，即凡是法律、行政法规或合同所规定的应对他人的财产损失或人身伤亡负有经济赔偿责任者，都可以投保责任保险。

1. 公众责任保险

各种固定场所如饭店、旅馆、影剧院、体育场馆等的所有人、管理人，对因固定场所的缺陷或管理上的过失及其他意外事件导致消费者等人身伤害或财产损失依法应承担的经济赔偿责任具有保险利益，可以投保公众责任保险。

2. 产品责任保险

产品的制造商、销售商、修理商对因其制造、销售、修理的产品有缺陷，而使用户或消费者造成财产损失或人身伤害依法应承担的经济赔偿责任具有保险利益，可以投保产品责任保险；被保险人所生产、出售的产品或商品在承保区域内发生事故，造成使用、消费或操作该产品或商品的人或其他任何人的人身伤害、疾病、死亡或财产损失，依法应由被保险人负责时，保险人在约定的赔偿限额内负责赔偿、提供保障的一种保险。

3. 职业责任保险

各类专业技术人员如医师、药剂师、美容师、会计师、律师、建筑师等对因其工作上的疏忽或过失造成他人财产损失或人身伤害的依法应承担的经济赔偿责任具有保险利益，可以投保职业责任保险。

4. 雇主责任保险

雇主对其雇员在受雇期间因从事与职业行为有关的工作而患职业病或伤、残、亡等依法应承担医疗费、工伤补贴、家属抚恤等责任具有保险利益，可以投保雇主责任保险。

（五）保险利益原则在信用保证险中的应用

信用保证险是指权利人向保险人投保债务人的信用风险的一种保险，是一项企业用于风险管理的保险产品。其主要功能是保障企业应收账款的安全，其原理是把债务人的保证责任转移给保险人，当债务人不能履行其义务时，由保险人承担赔偿责任。它是以信用关系为保险标的的保险。保险人对信用关系的一方因对方未履行义务或有犯罪行为而蒙受的经济损失提供经济赔偿。信用保证险包括两种形式。

1. 保证保险

由保险人代被保险人（被保证人）向权利人提供担保，即保证被保证人履行合同义务。如由于被保证人不履行合同的有关义务或者有违法犯罪行为，致使权利人受到经济损失时保险人负赔偿责任。这种保险是建立在“没有损失”基础上的担保业务。

2. 信用保险

权利人投保他人的信用。在信用保证保险中，权利人与被保险人必须建立合同关系，它们之间存在着经济上的利害关系。不仅债权人对债务人的信用具有保险利益,可以投保信用保险,而且债务人对自身的信用也具有保险利益,可以按照债权人的要求投保自身信用的保险,即保证保险。

可保利益,因对方未履行其应尽义务而可能蒙受经济损失的人,或自己不法行为使他人受损的人,或者可能因雇员不法行为引起经济损失的雇主都有可保利益。

(六)保险利益的时效

1. 财产保险保险利益的时效规定

在财产保险中,一般要求从保险合同订立到合同终止,始终都应存在保险利益。财产保险保险利益来源于投保人或被保险人对保险标的所拥有的各种权利。《保险法》第十二条规定:"财产保险的被保险人在保险事故发生时,对保险标的应当具有保险利益。"如果投保时具有保险利益,发生损失时已丧失保险利益,则保险合同无效,被保险人无权获得赔偿。但为适应国际贸易的习惯,海洋运输货物保险的保险利益在时效上具有一定的灵活性,规定在投保时可以不具有保险利益,但索赔时被保险人对保险标的必须具有保险利益。

2. 人身保险保险利益的时效规定

人身保险的保险利益来源于投保人与被保险人之间的各种利害关系。《保险法》第十二条规定:"人身保险的投保人在保险合同订立时,对被保险人应当具有保险利益";《保险法》第三十九条规定:"人身保险的受益人由被保险人或者投保人指定。"我国《保险法》规定由受益人领取保险金,坚持利益主义原则并要求受益人对被保险人有保险利益。这样一方面可以避免有些保险合同因对投保人的保险利益要求而出现效力瑕疵,另一方面也可以真正起到防止把人身保险合同演变成赌博的情形。

在人身保险中,由于保险期限长并具有储蓄性,因而强调在订立保险合同时,投保人必须具有保险利益,而索赔时不追究有无保险利益,即使投保人对被保险人因离异、雇佣合同解除或其他原因而丧失保险利益,但并不影响保险合同效力,保险人仍负给付被保险人保险金的责任。例如,甲某以自己为受益人为其丈夫乙某投保死亡保险,并征得乙某的同意,后双方离婚,被保险人未变更受益人,这样,在乙某因保险事故死亡后,甲某作为受益人并不因丧失妻子的身份而丧失保险金的请求权。

第二节 最大诚信原则

一、最大诚信原则的概念

任何一项民事活动,各方当事人都应遵循诚信原则。诚信原则是世界各国立法对民事、商事活动的基本要求。英国《1906 年海上保险法》规定:海上保险是建立在最大诚信原则的基础上的保险合同，如果任何一方不遵守这一原则，他方可以宣告合同无效。《保险法》第五条规定："保险活动当事人行使权利、履行义务应当遵循诚实信用原则。"由于保险自身的特殊性，所以在保险合同关系中对当事人诚信的要求比一般民事活动更严格，要求当事人具有"最大诚信"。最大诚信的含义是指当事人要向双方充分而准确地告知有关保险的所有重要事实，不允许任何的虚伪、欺骗和隐瞒行为。最大诚信原则包括诚实和信用两个方面。诚实是指一方当事人对另一方当事人不得隐瞒、欺骗；信用是指任何一方当事人都必须善意地、全面地履行自己的义务。最大诚信原则的基本概念可表述为：保险双方在签订和履行保险合同时，必须以最大的诚意，履行自己应尽的义务，互不欺骗和隐瞒，恪守合同的认定与承诺，否则保险合同无效。

二、规定最大诚信原则的原因

为了确保保险合同的顺利履行，维护保险双方当事人的利益，必须坚持最大诚信原则，理由如下。

（一）保险事故发生及其损失程度的射幸性

由于保险事故的发生是不确定的、随机的，其损失程度也是不确定的，具有射幸性。对于保险人而言，承保风险是不确定的，保险人的费率厘定、承保条件等方面的考虑主要依赖投保人对保险标的的告知和保证，因此需要投保人坚持最大诚信原则。

（二）保险双方信息的不对称性

在保险经营中，无论是保险合同订立时，还是保险合同成立后，投保人与保险人对有关保险的重要信息的拥有程度都是不对称的。一方面，投保人可能利用自己更了解保险标的的危险情况，进行影响保险人的风险估算；另一方面，保险人也可能利用自己的专业知识优势，在缔约中给被保险人不公平的对待，损害其合法利益。

（三）保险人对保险标的的非控制性

在保险经营过程中，保险标的始终控制在投保人、被保险人的手中，投保人对保险标的的价值及风险状况最为了解，保险人往往没有足够的人力、物力、财力和时间对投保人、被保险人及保险标的进行详细的调查。投保人的任何欺骗或隐瞒行为必然会侵害保险人的利益。

（四）保险合同的附和性

保险条款一般由保险人单方面先拟定，属于附和性合同，具有较强的专业性和技术性。一般的投保人或被保险人不易理解和掌握，为避免保险人利用保险条款中容易使人产生误解的用词来逃避自己的责任，保险人应履行其对保险条款的告知与说明义务。

三、最大诚信原则的内容

最大诚信原则的基本内容包括告知、保证、弃权和禁止反言。早期的保险合同及有关法律规定中的告知与保证是对投保人与被保险人的约束，现代保险合同及有关法律规定中的告知与保证则是对投保人、保险人等保险合同关系人的共同约束，弃权与禁止反言的规定主要是约束保险人的。最大诚信原则是签订和履行保险合同所必须遵守的一项基本原则，坚持最大诚信原则是为了确保合同的公平，维护保险合同双方当事人的利益。

（一）告知

《保险法》第十六条分别用七个条款来详细规定保险缔约告知义务，第一款规定："订立保险合同，保险人就保险标的或者被保险人的有关情况提出询问的，投保人应当如实告知。"最大诚信原则作为保险法的首要原则同时也蕴含着合同当事人之间相互平等的基本概念，当事人之间应当秉承最大诚信理念，如果立法仅仅要求一方交易人尽全面告知义务，对其他交易主体不做任何要求，是不能够真正体现最大诚信原则的。保险活动中不同的主体对于和投保有关的合同信息、重要事实的了解和掌握程度各不同，当事人之间存在着不同程度的信息不对称情况，为了保证保险活动的安全和金融秩序的稳定，要求所有交易相对人都要承担如实告知义务。

对于投保时被保险人未尽到如实告知义务的状况，按照《保险法》法律条文的规定，仅仅存在投保人因为"故意"或者"因重大过失"没有履行如实告知义务两种情况，忽略了由于投保人或者被保险人一时的粗心大意造成的，诸如笔误这样的非本意的"未如实告知"情况。

翻阅美国现行的最大诚信原则条款时，发现了一个独特的原则——错误原则，这个原则旨在保护被保险人及投保人的利益。对于投保人或被保险人在投保时犯的无意识、非本意的错误（如笔误），且合同双方在签约时都没有发现并及时纠正，在理赔时要明确按照投保时的意愿进行赔付。对比美国现行的保险原则，我国《保险法》在对投保人和被保险人投保时的利益的保护上显然不够充分，完善之路仍然任重道远。

1. 告知的概念

告知（也称"披露"或"陈述"）是指合同订立前、订立时及在合同有效期内，要求当事人实事求是、尽自己所知，毫无保留地向对方所做的口头或书面陈述。具体而言，是投保人对已知或应知的与风险和标的有关的实质性重要事实向保险人做口头或书面的申报；保险人也应将对投保人利害相关的重要条款内容据实告知投保人。投保人与保险人的告知也是投保人与保险人应当履行的义务之一。

2. 告知的内容

在保险合同中，对应于各自的权利和义务，保险双方当事人告知的内容各不相同。

1）投保人应告知的内容

投保人的告知通常称为如实告知，投保人应告知的内容如下。

（1）在保险合同订立前根据保险人的询问，对已知或应知的与保险标的及其危险有关的重要事实做如实回答。

(2)保险合同订立后,当保险标的危险增加时应及时通知保险人。

(3)保险标的转移时或保险合同有关事项有变动时,投保人或被保险人应通知保险人,经保险人的确认后,方可变更合同并保证合同的效力。

(4)保险事故发生后,投保人应及时通知保险人。

(5)有重复保险的投保人应将重复保险的有关情况通知保险人。

2)保险人的告知内容

保险人应告知的内容主要是保险合同条款的内容,尤其是免责条款。保险合同订立时,保险人应主动向投保人说明保险合同条款的内容,尤其应当向投保人明确说明免责条款的概念和具体规定。保险事故发生时或保险合同约定的条件满足后,保险人应按合同约定如实履行赔偿或给付义务;若拒赔条件存在,应发送拒赔通知书。

3. 告知的形式

在保险合同中,投保人与保险人各自履行告知义务的形式也不同。

1)投保人的告知形式

按照惯例,投保人的告知形式有无限告知和询问回答告知两种。

无限告知是指法律或保险人对告知的内容没有明确性的规定,投保人应将保险标的的危险状况及有关重要事实如实告知保险人。

询问回答告知是指投保人只对保险人所询问的问题必须如实回答,而对询问以外的问题投保人无须告知。在我国,保险立法要求投保人采取询问回答的形式履行其告知义务。

2)保险人的告知形式

保险人的告知形式有明确列明和明确说明两种。

明确列明是指保险人只需将保险的主要内容明确列明在保险合同之中,即视为已告知投保人;明确说明是指保险人不仅应将保险的主要内容明确列明在保险合同之中,还必须对投保人进行正确的解释。

在国际保险市场上,一般只要求保险人做到明确列明保险合同的主要内容。我国则对保险人的告知形式采用明确列明与明确说明相结合的方式,要求保险人对保险合同的主要条款尤其是责任免责条款,不仅要明确列明,还要明确说明。

(二)保 证

1. 保证的概念

一般意义上的保证为允诺、担保,这里的保证是指保险人和投保人在保险合同中约定,投保人或被保险人在保险期限内担保对某种特定事项的作为或不作为或担保其真实性。可见,保险合同保证义务的履行主体是投保人或被保险人。

保证是保险人接受承保或承担保险责任所需投保人或被保险人履行某种义务的条件。由于保险合同的生效是以某种促使风险增加的事实不能存在为先决条件,保险人所收取的保险费也是以被保险风险不能增加为前提,或不能存在其他风险标的为前提,如果被保险人未经保险人同意而进行风险较大的活动，必然会影响保险双方事先确定的等价地位，例如，某商店在投保企财险时，在合同内承诺不在店内放置危险品，此项承诺即保证。如果没有此项保证则保险人将不接受承保，或将调整保单所适用的费率，因此保证是影响保险合同效力的重要因素，保险保证的内容是合同的组成部分。

2. 保证的形式

保证通常分为明示保证和默示保证。

1）明示保证

明示保证是在保险单中订明的保证。明示保证作为一种保证条款，必须写入保险合同或写入与保险合同一起的其他文件内，如批单等。明示保证通常用文字来表示，以文字的规定为依据。明示保证又可分为确认保证和承诺保证，确认保证事项涉及过去与现在，它是投保人或被保险人对过去或现在某一特定事实存在或不存在的保证。例如，某人确认他从未得过重病，意指他在此事项认定以前与认定时他从未得过重病，但并不涉及今后他是否会患重病。承诺保证是指投保人对将来某一特定事项的作为或不作为，其保证事项涉及现在与将来，但不包括过去，例如，某人承诺今后不再吸烟，意为他保证从现在开始不再吸烟，但在此之前他是否吸烟则不予追究。

2）默示保证

默示保证则是指一些重要保证并未在保单中订明，但却为订约双方在订约时都清楚的保证。与明示保证不同，默示保证不通过文字来说明，而是根据有关的法律、惯例及行业习惯来决定。虽然没有文字规定，但是被保险人应按照习惯保证作为或不作为。默示保证实际上是法庭判例影响的结果，也是某行业习惯的合法化。因此，默示保证与明示保证具有同等的法律效力，对被保险人具有同等的约束力。例如，在海上保险合同中通常有三项默示保证：船舶的适航保证、不改变航道的保证和航行合法的保证。

（三）弃权与禁止反言

1. 弃权

1）弃权的概念

弃权是指保险合同中一方当事人自愿放弃其在保险合同中享有的某项权利的承诺，这项权利大多数情况下是解约权和抗辩权。

2）弃权的构成条件

（1）必须有依法成立并生效的合同存在。弃权的对象是合同抗辩权或解除权，因此有成立生效的合同是构成弃权的前提条件之一，这是弃权与禁止反言的重要区别。

（2）权利人必须知道其权利的存在。如果权利人不知道义务人存在违反合同义务的情况及因此可享有抗辩权或解除权，则其作为或不作为均不得视为弃权。此外，权利人已知道有关事实，并从相关事实中可推知义务人存在违反合同义务的情况的，也应视为知道。

③权利人必须通过意思表示自愿放弃其权利，这种自愿表示包括明示表示和默示表示。

（4）弃权的结果不能违反法律强制性规定或社会公共利益。如：人身保险合同的投保人没有保险利益的，保险合同无效。即使保险人有放弃合同无效所产生的利益的意思表示，被保人或者受益人也不能取得该保险合同约定的利益。

（5）尽管从理论上来说，弃权的主体可以是保险人，也可以是投保人或被保险人，但在大数情况下是针对保险人而言。因此（2）（3）中的权利人大多数情况下所指的即是保险人。

3）弃权的形式

A. 放弃条件

保险合同可以附条件。附停止条件的保险合同在所附条件成立时生效，保险人明示或者默示放弃保险合同所附的生效条件，不得再主张条件未成进而否认保险合同的效力。保险责任的承担也可以附条件，保险人唯有在所附条件获得满足时，才开始承担保险责任，保险人在保险合同中约定有承担保险责任的条件，其明示或者默示放弃该条件的，不得再以该条件未获满足而拒绝承担保险责任。

B. 放弃解除权

保险人已知被保险人或投保人违反保险条款，而该违反保险条款的行为构成保险人解除保险合同或者终止合同的充分基础，但保险人默示或者明示不行使其解除或者终止保险合同的权利的，不得再行使此项权利。投保人或被保险人违反保险条件，如未能按照保险合同的约定缴纳保险费，或者投保人违反如实告知义务，保险人均可以解除保险合同。但是如果保险人在知悉投保人或被保险人违反保险条件或如实告知义务后，没有解除合同的意思表示，在前种情形下仍收取逾期缴纳的保险费或者在后种情形下继续收取保险费并签发保险单的，应当视为保险人放弃解除权。另外，投保人或被保险人违反保险条件或如实告知义务，保险人在知悉后超过保险合同约定的期间，或者经过法定期间或合理期间，不为解除保险合同的意思表示的，也应当视为保险人放弃解除权。

C. 放弃抗辩权

保险人已知被保险人或者投保人违反保险条款，保险人据此产生对抗被保险人的给付请求权的权利，但保险人默示或者明示不行使其抗辩权的，不得再行使此项权利。应当注意的是，保险人明示或默示放弃抗辩权的，并不表明保险人放弃了保险合同对保险责任范围的限制，保险人因放弃抗辩权所承担的保险责任范围，并不包括保险条款明示除外的责任范围。

4）弃权的适用范围

（1）在保险合同订立以前，投保人在投保申请书中就有关事项未予回答或未全面回答时，保险人未做进一步的询问或仅就有限的范围做询问即同意承保而签发保险单的。

（2）投保人违反足以构成取消保险合同的条件包括迟延付款后，保险人仍然接受投保人逾期交付或对将来承保范围而交付的保险费的。

（3）保险事故发生后，投保人超过约定或法定期限通知保险人而为其所接受的。

（4）保险事故发生后，保险人明知享有拒绝给付的抗辩权，但仍寄送损失证明表，要求投保人做出损失证明，因而增加投保人在时间上及金钱上负担的。

（5）保险人在收到投保人或被保险人提供的损失证明书后，明知该证明书存在瑕疵而仍无条件予以接受的。

（6）保险人根据保险单的其他任何权利的行使或任何要求的提出与撤销保险单或否认基于保险单责任的目的不一致的。

2. 禁止反言

1）禁止反言的概念

禁止反言原则又称为禁止抗辩，是对保险人解约权的制约，在投保人违反告知义务时，保险人为保护自己的利益，本可行使合同解除权，但若保险人明示或默示抛弃该权利，事后不得再行使。

2）禁止反言的构成条件

（1）保险人对与保险合同有关的重要事实做出清楚和确定的虚假意思表示。在实践中，多数情况下，禁止反言的发生是由保险人的代理人在开展保险业务时向投保人或被保险人做出虚假的意思表示，保险人的代理人所实施的代理行为的法律后果自然应当由其被代理人——保险人予以承受，保险人所做的虚假意思表示是指对于保险合同的重要事项，其表示的内容与现实情况不一致。所谓重要事项是足以影响保险合同的订立、生效或其内容的确定的事项。此外，保险人的虚假意思表示必须是清楚的和确定的。

（2）保险人合理预期其虚假的意思表示将导致投保人或被保险人之作为或不作为。这是自保险人的立场而言，凡一般人处于与保险人相同情形时，可“合理预期”投保人或被保险人将因该意思表示而作为或不作为。也就是说，保险人预期其虚假意思表示为投保人或被保险人所信赖，或者投保人或被保险人的信赖并不违背保险人的原意。

（3）投保人或被保险人对于保险人的虚假意思表示予以合理信赖。在保险人实施虚假意思表示的情况下，投保人或被保险人不知道保险人的意思表示为虚假而信以为真，信赖意味着投保人或被保险人采取某种于己不利的作为或不作为。要求投保人或被保险人在信赖保险人时不知道其为虚假的意思表示，即投保人或被保险人是善意的，其原因主要在于，禁止反言是衡平法规则，根据衡平法规则，投保人或被保险人必须因此净手进入衡平状态，即请求衡平救济者应是善意的，或求助衡平法者必须自身清白。

（4）投保人或被保险人对保险人的信赖必须是合理的，这通常以一般人的判断能力作为标准，或综合考虑该当事人予以信赖时的外部环境加以认定。如果投保人或被保险人对保险人的代理人的表示予以信赖，则代理人必须以实际的或表面的授权做出表示、若投保人或被保险人已经注意到保险合同中代理人没有这种授权，则其任何信赖都是不合理的。并且若投保人或被保险人知道或怀疑保险人不知其违反合同的约定，信赖也是不合理的。

3）禁止反言的适用范围

（1）在保险人向投保人发出保险单的情况下，保险人通过其代理人知道投保单中的虚假陈述或存在对保险单中条件或保证的违反的。

（2）保险人的代理人为了协助投保人取得保险或为其本人得到销售保险单的佣金，在代替投保人填写投保申请书时，故意篡改投保人的回答或隐瞒某些事项而投保人并不知道的。

（3）保险人的代理人知道预期的投保人的处境，但是未意识到保险单中向投保人提出的条件或保证，在保险合同订立之前就存在着违反、过失将保险单出让给不知情的投保人的。

（4）投保人请求保险人的代理人，为其在保险单上得到适当的许可，允许其实施某行为，否则违反保险单中的条件或保证的。

第三节　损失补偿原则

一、损失补偿原则的概念

损失补偿原则是指保险合同生效后，如果发生保险责任范围内的损失，被保险人有权按照合同的约定，获得全面、充分的赔偿。保险赔偿的目的是弥补被保险人由于保险标的遭受损失而失去的经济利益，被保险人不能因保险赔偿而获得额外的利益。

概念包含两层含义：一是只有保险事故发生造成保险标的毁损致使被保险人遭受经济损失时，保险人才承担损失补偿的责任，否则，即使在保险期限内发生了保险事故，而被保险人没有遭受损失，就无权要求保险人赔偿，这是损失补偿原则质的规定；二是被保险人可获得的补偿量仅以其保险标的在经济上恢复到保险事故发生之前的状态，而不能使被保险人获得多于或少于损失的补偿，尤其是不能让被保险人通过保险获得额外的收益，这是损失补偿原则量的限定。

损失补偿原则体现了保险的宗旨，即确保被保险人通过保险可以获得经济保障，同时又要防止被保险人利用保险从中牟利，从而保证保险事业健康、有序地发展。该原则符合保险概念中“损失说”的一元论。

损失补偿原则主要适用于财产保险以及其他补偿性保险合同。

损失补偿原则的产生主要基于以下两点原因。

1. 维护保险双方的正当权益

坚持损失补偿原则能真正发挥保险的损失补偿功能，同时也维护了保险双方的正当权益。对被保险人而言，保险事故造成的经济损失能得到保险公司及时的补偿，生产生活能及时得到恢复；对保险公司而言，其权益也通过损失补偿的限额得到了保护。

2. 防止道德风险的发生

损失补偿原则中关于有损失则赔偿、无损失无赔偿的规定，还有被保险人所获得的补偿总额不能超过其损失总额的规定，都可以防止被保险人通过保险赔偿得到额外利益，从而防止被保险人故意购买高额保险，以获得赔款为目的而故意制造事故。因此，坚持损失补偿原则避免了通过保险来谋利的现象，有利于防止道德风险的发生。

二、损失补偿原则的基本内容

（一）损失补偿的限度

坚持损失补偿原则，就要求保险人在履行赔偿责任时，必须把握以下三个限度，以保证被保险人既能恢复失去的经济利益，又不会由于保险赔款而额外受益。

1. 以实际损失为限

当投保财产遭受保险责任范围内的损失时，保险人按合同规定承担赔偿责任，其支付的保险赔款不得超过被保险人的实际损失。实际损失是根据损失当时财产的实际价值来确定的，而财产的价值与市价有关，所以实际损失通常要根据损失当时财产的市价来确定（定值保险和重置保险例外）。例如，某幢建筑物按实际价值 100 万元投保，因火灾遭受全损，损失发生时市场房价跌落，该建筑物的市价为 80 万元，则保险人只能按市价，即实际损失赔偿被保险人 80 万元。

2. 以保险金额为限

保险金额是保险保障的最高限度，所以保险赔款不能超过保险金额，只能低于或等于保险金额。如上例，假设损失当时市场房价上涨，该建筑物的市价是 120 万元，这时虽然被保险人的实际损失是 120 万元，但由于保险金额是 100 万元，所以保险人只能以保险金额为限，赔付 100 万元。

3. 以保险利益为限

保险利益是保险保障的最高限度，保险赔款不得超过被保险人对遭受损失的财产所具有的保险利益。例如，在抵押贷款中，借款人为取得 60 万元贷款而将价值 100 万元的房子抵押给贷款人（如银行），贷款人为保证贷款的安全，将抵押品——房子投保财产保险，由于贷款人对该房子只有 60 万元的保险利益，所以，当房子遭受损失时，保险人只能根据保险利益最多赔偿被保险人 60 万元。

（二）损失赔偿方式

损失赔偿方式是损失补偿原则的具体应用。财产保险赔偿方式主要有以下几种。

1. 第一损失赔偿方式

即在保险金额限度内，按照实际损失赔偿。超过保险金额的损失部分，保险人不予赔偿。其计算公式如下。

当损失金额 < 保险金额时：

$$赔偿金额 = 损失金额$$

当损失金额≥保险金额时：

$$赔偿金额 = 保险金额$$

$$赔偿金额 = \min\{损失金额,保险金额\}$$

2. 比例计算赔偿方式

这种赔偿方式是按保障程度，即保险金额与损失当时保险财产的实际价值的比例计算赔偿金额，投保金额越大，保险事故发生后被保险人获得补偿就越多、保障程度就越高。其计算公式为：

$$赔偿金额 = 损失金额 \times 保险金额 / 损失当时保险财产的实际价值$$

采用比例计算赔偿方式，保障程度越高，即保险金额越接近保险财产的实际价值，赔偿金额也就越接近损失金额。如果保障程度是百分之百，赔偿金额就等于损失金额。所以被保险人若想得到十足的补偿，就必须按财产的实际价值足额投保。

在该方式下，被保险人可依据保险标的保险事故发生风险大小自主选择投保额度来决定保险人对投保标的的保障程度。

3. 限额责任赔偿方式

农作物常采用限额责任赔偿方式。一般预先规定一个固定的标准额度作为被保险人取得受益的标准，如果被保险人实际受益达不到规定的标准额度则被认为保险事故发生，保险人赔偿实际受益额与规定额度之间的差额；如果被保险人实际受益达到或超过规定的标准额度则被认为保险事故未发生，保险人不负赔偿责任。限额责任赔偿方式不仅减轻了投保人的保险费负担，而且有利于增强投保人和被保险人的责任感。限额责任赔偿方式的计算公式为：

$$赔偿金额 = 标准额度 - 实际受益$$

如西瓜收获保险，以常年产量每亩 1 500 公斤，收购价 2 角计算，以保险金额 300 元为限额。当实际收获量为 1 250 公斤时，因被保险人仅得 250 元的收益，故保险人应赔付 250 公斤的损失，即 50 元。

4. 免责制度赔偿方式

免责制度赔偿方式是由保险人对一些保险标的的损失，参照它的自然损耗，规定一个最小限度，在这个限度内发生损失，保险人不负赔偿责任，这一限度又称免赔额、免赔率。

免责额的计算基础可以有不同的方法，如可按实际损失数额计算，也可按应付金额计算；可以按照每一标的物计算，也可按每一地点或一次承保事故计算；责任保险中，可以按每一次索赔计算，也可以按每一次事故发生计算。另外，有的险种（如汽车保险）习惯上对某些承保责任免赔额的计算不根据金额而是根据时间，如承保汽车被盗或发生事故后的赔付，承保事故发生后 48 小时（也有规定为两天）内发生的费用，保险人不承担赔偿责任，属于免责范围。免责限度赔偿方式又分为绝对限度免责方式和相对限度免责方式。

绝对限度免责方式是指保险标的物受损程度超过规定的免责额时,保险人仅就超过免责额部分承担保险责任,对免责额内的损失不承担责任。绝对免责额可以是一个固定的数额,也可以是保险金额的百分比。其计算公式为:

赔偿金额 = 损失金额 ×(损失率 - 免赔率)

或

赔偿金额 = 损失金额 - 免责额

相对免责限度赔偿方式是指保险标的物受损程度超过规定的免责额时,保险人就保险标的的全部损失承担赔偿责任。即实际损失超过免赔额时,保险人全赔;实际损失不超过免赔额时,保险人全不赔。

与绝对免责额一样,相对免责额可以是一个固定的数额,也可以是保险金额的百分比。从保险人的角度来看,相对免责限度赔偿方式的最大缺点在于一定程度上鼓励被保险人增加恰好少于免责额的损失金额,从而对保险人进行索赔。因此,只有当被保险人不能影响或控制损失金额时,它才是恰当的。其计算公式为:

赔偿金额 = 保险金额 × 损失率

可以看出,限额责任赔偿方式一定程度上减少了保险标的自然折旧等对保险金额的影响,一定程度上减少了通过保险获取利益的情况的发生。

例如,一批酒具共 5 箱,每箱价值 200 元,投保平安险,加保破碎险,约定每箱(相对、绝对)免赔率为 2%,后发现第一货箱无损,第二货箱损失 2%,第三、四、五货箱各损失 5%、4% 和 3%。

相对免责限度情况下:

赔偿金额 =(200 × 5%)+(200 × 4%)+(200 × 3%)=24(元)

绝对免责限度情况下:

赔偿金额 =200 ×(5%-2%)+200 ×(4%-2%)+200 ×(3%-2%)=12(元)

(三)损失补偿原则的特例

损失补偿原则虽然是财产保险的一项基本原则,但在保险实务中,会有一些特殊的情况,这些情况中赔偿金额可能超过保险金额限度。

1. 定值保险

所谓定值保险是指保险合同双方当事人在订立保险合同时,约定保险标的的价值,并以此确定为保险金额,视为足额投保。当保险事故发生时,保险人不论保险标的的损失当时的市价如何,即不论保险标的的实际价值大于或小于保险金额,均按损失程度足额赔付。其计算公式为

保险赔款 = 保险金额 × 损失程度(%)

在这种情况下,保险赔款可能超过实际损失,如市价跌落,则保险金额可能大于保险标

的的实际价值。因此定值保险是损失补偿原则的特例。海洋运输货物保险通常采用定值保险的方式,这是因为运输货物出险地点不固定,各地的市价也不一样,如果按照损失当时的市价确定损失,不仅比较麻烦,而且容易引起纠纷,故采用定值保险的方式。

定值保险的补偿方式并非对损失补偿原则的否定,而是对损失补偿原则应用的变形。某些保险标的的价格的确定,缺乏同类商品价格的比较,即使在市场上主观性也较强,为避免保险合同的订立及保险理赔的延滞,投保人和保险人才在合同中约定保险标的的价值,但投保人和保险人对保险价值的约定是对保险标的实际价值或市价的估计,并不是以脱离保险价值的实际价值确定保险价值。同时定值保险并不意味着保险人的补偿义务不以保险价值为限额,保险金额不得超过保险利益,保险人依定值保险合同的补偿义务仍是以约定的保险价值为依据的。

2. 重置价值保险

所谓重置价值保险是指以被保险人重置或重建保险标的所需费用或成本确定保险金额的保险。一般财产保险是按保险标的的实际价值投保,损失发生时按实际损失赔付,使受损的财产恢复到原来的状态,由此恢复被保险人失去的经济利益。但是由于通货膨胀、物价上涨等因素,有些财产(如建筑物或机器设备)即使按照实际价值足额投保,保险赔款也不足以进行重置或重建。为了满足被保险人对受损的财产进行重置或重建的需要,保险人允许投保人按照超过保险标的实际价值的重置或重建价值投保,发生损失时按重置费用或成本赔付。这样就可能出现保险赔款大于实际损失的情况,所以重置价值保险也是损失补偿原则的特例。重置价值保险的目的在于充分发挥保险的经济补偿功能,体现了补偿的充分性,使被保险人在发生保险事故时能获得重置保险标的的经济补偿。但由于建立在重置成本基础上的补偿可能超过实际损失,容易导致被保险人放松责任心甚至造成道德风险。不过即使这样,一般还是认为被保险人是诚实的,可以获得重置成本补偿。

三、损失补偿原则的派生原则

(一)代位追偿原则

1. 代位追偿原则的概念及意义

代位追偿原则是损失补偿原则派生的原则,代位追偿原则是指在财产保险中,保险标的发生保险事故造成推定全损,或者保险标的由于第三者责任导致保险损失,保险人按照合同中的约定履行赔偿责任后,依法取得对保险标的所有权或对保险标的损失负有责任的第三者的追偿权。

代位追偿原则根源于补偿性的保险合同.绝大多数国家的保险法都规定,保险人在赔付被保险人之后,可以采取代位追偿的方式向负有责任的第三者索赔。坚持代位追偿原则首先是为了防止被保险人由于保险事故的发生,从保险人和第三者责任方同时获得双重赔偿而额外获利,确保损失补偿原则的贯彻执行。其次是为了维护社会公共利益、保障公民、法人的合法权益不受侵害。另外代位追偿原则的实行还有利于被保险人及时获得经济补偿。通过代位追偿，不仅防止了有人从中逃脱责任，而且保障了保险人的利益不受侵害。

2. 代位追偿原则的主要内容

代位追偿原则的主要内容包括权利代位和物上代位。

1）权利代位

权利代位即追偿权的代位，是指在财产保险中，保险标的由于第三者责任导致保险损失，保险人向被保险人支付保险赔款后，依法取得对第三者的索赔权。《保险法》第六十条规定："因第三者对保险标的的损害而造成保险事故的，保险人自向被保险人赔偿保险金之日起，在赔偿金额范围内代为行使被保险人对第三者请求赔偿的权利。"《中华人民共和国海商法》第二百五十二条规定："保险标的发生保险责任范围内的损失是由第三人造成的，被保险人向第三人要求赔偿的权利，自保险人支付赔偿之日起，相应转移给保险人。"

在财产保险中，当保险标的发生损失既属于保险责任，又属于第三者负有经济赔偿责任时，被保险人有权向保险人请求赔偿，也可以向第三者责任方请求赔偿。如果被保险人已从责任方取得全部赔偿，保险人可免去赔偿责任；如果被保险人从责任方得到部分赔偿，保险人在支付赔偿金时，可以相应扣减被保险人从第三者已取得的赔偿；如果被保险人首先向保险人提出索赔，保险人应当按照保险合同的规定支付保险赔款，被保险人取得保险赔款后，应将向第三者责任方追偿的权利转移给保险人，由保险人代位行使向第三者追偿的权利。被保险人不能同时取得保险人和第三者的赔款而获得双重或多余保险标的实际损害的赔偿。由此可见，权利代位不仅防止了被保险人从保险人和第三者责任方之间获得双重利益，保障了三者的权益关系，而且保证了被保险人得到损失的相应保险赔偿。权利代位是代位追偿原则一个非常重要的组成部分。

A. 代位追偿权产生的条件

首先，损害事故发生的原因、受损的标的都属于保险责任范围。也就是说，只要在保险人责任范围内的事故造成保险标的的损失且原因明确，保险人就有责任赔偿被保险人的损失。否则，受害人只能向有关责任方索赔或自己承担损失，就不存在代位追偿权，也就不能利用代位追偿权向保险方索赔。

其次，保险事故的发生由第三者的责任造成的，肇事方依法应对被保险人承担民事损害赔偿责任，这样被保险人才有权向第三者请求赔偿，并在取得保险赔款后将向第三者请求赔偿权转移给保险人，由保险人代位追偿。如果事故是由保险人自己的过失引起的，保险人无权向第三者请求赔偿，即不存在保险人代位追偿的问题。

最后，保险人按合同规定已履行了对被保险人的补偿之后，才有权取得代位追偿权，因为代位追偿权是债权的转移，在债转移之前是被保险人与第三者之间特定的债的关系，与保险人没有直接的法律关系。保险人只有依照保险人合同的规定向被保险人给付保险赔偿金以后，才依法取得对第三者请求赔偿的权利。

B. 保险人在代位追偿中的权益范围

保险人在代位追偿中享有的权益以其对被保险人赔付金额为限，如果保险人从第三者处追偿的金额大于保险补偿额，其多余部分应归被保险人所有。当第三者造成的损失大于保险人支付的赔偿金额时，被保险人有权就未取得赔偿部分对第三者请求赔偿。例如，《保险法》第六十条第三款规定："保险人依照本条第一款行使代为请求赔偿的权利，不影响被保险人就未取得赔偿的部分向第三者请求赔偿的权利。"

C. 保险人取得代位追偿的方式

保险人代位追偿权益的取得一般有两种，一种是法定方式，即权益的取得无须经过任何人的确认；另一种是约定方式，即权益的取得必须经过当事人的磋商、确认。虽然法律规定上要求保险人支付保险赔款后，无须经过被保险人的确认。但是在实际生活中，却是相反的。"权益转让书"并非权益转移的要件，所以被保险人是否出具"权益转让书"并不影响保险人取得代位追偿权。

虽然保险人支付保险赔款后即依法取得代位追偿权，但由于代位追偿权是被保险人转移其债权的结果，因此被保险人与第三者之间债权债务的关系如何，对保险人能否顺利履行和实现其代位追偿权是至关重要的。所以，法律对被保险人放弃对第三者的请求赔偿权所应承担的责任做了规定。被保险人不得弃权或因过失而侵害保险人代位追偿的权益，同时还负有协助保险人向第三者追偿的义务，包括提供必要的文件和其所知道的有关情况。

D. 代位追偿的对象及其限制

保险代位追偿的对象为对保险事故的发生及保险标的的损失负有民事赔偿责任的第三者，它可以是自然人，也可以是法人。对代位追偿权的对象，许多国家的立法或惯例都有所限制。《保险法》第六十二条规定："除被保险人的家庭成员或者其组成人员故意造成本法第六十条第一款规定的保险事故外，保险人不得对被保险人的家庭成员或者其组成人员行使代位请求赔偿的权利。"但为了防止发生道德风险，同时也对故意行为进行制裁，保险人可以对上述人员因故意造成标的损害行使代位追偿权。

2）物上代位

物上代位是指保险标的遭受保险责任范围内的损失，保险人按保险金额全数赔付后，依法取得该项标的的所有权。

A. 物上代位产生的基础

物上代位通常产生于对保险标的做推定全损的处理，所谓推定全损是指保险标的遭受保险事故尚未达到完全损毁或完全灭失的状态，但实际全损已不可避免；或者修复和施救费用将超过保险价值；或者失踪达一定时间，保险人按照全损处理的一种推定性损失。由于保险标的不是一种完全的损毁，也就是说可能还有一定的价值，所以在保险人支付赔款后应该取得对该保险标的的所有权，保证了被保险人不会获得额外利益。

B. 物上代位权的取得

保险人物上代位权的取得是通过委付。委付的成立必须具备一定的条件。

首先，委付必须由被保险人向保险人提出。委付通知是被保险人向保险人做推定全损索赔之前必须提交的文件，被保险人不向保险人提出委托，保险人对受损的保险标的只能按部分损失处理。委付通知通常采用书面的形式。

其次，委付应就保险标的的全部。由于保险标的的不可分性，委付也具有不可分性，所以委付应为保险标的的全部，否则就容易产生纠纷，让双方都不能很好地保障自己的权益。

再次，委付不得附有条件。判定损毁并从保险人手中拿到赔偿的保险标的在日后被寻回时，不能要求其他条件。

最后，委付必须经过保险人的同意。被保险人提出委付后，保险人应当在合理的时间内将接受委付或不接受委付的决定通知被保险人。

3. 行使代位追偿权的几点说明

（1）只有当被保险人获得全部赔偿后，保险人才能保留通过代位追偿权所取得的任何补偿金额。有些被保险人由于保险金额不足免赔额和法律费用，所以在损失发生后不能获得全部赔偿。例如，在汽车保险中，如果保险人从过失的第三者取得全部补偿，还会再赔付被保险人自担的免赔额。

（2）被保险人不能损害保险人的代位追偿权。例如，如果被保险人放弃对过失方起诉的权利，他也就自动放弃了从保险人处获得损失赔偿的权利。

（3）保险人能放弃代位追偿权。为了满足有些被保险人的特殊需要，保险公司可以使用合同条款放弃代位追偿权。

（4）保险人不能对自己的被保险人行使代位追偿权。如果允许保险公司这样做，就会丧失保险的意义。

（5）代位追偿权不适用于人寿保险和大多数个人健康保险。由于人的价值和身体机能是无法用金钱估算出来的，很难预测人的死亡年龄或者患病情况，损失的发生也是不可预料的，所以不存在由于第三者侵权行为导致的人身伤害。由此，如果发生由于第三者而导致的人身伤害或者身体机能的损害，被保险人可以获得多方面的补偿，保险人也就没有必要、也没有权利代位追偿。

（二）重复保险分摊原则

1. 重复保险分摊原则的概念

重复分摊原则是投保人以同一保险标的，同一保险利益，同时向两个以上的保险人投保同一危险，且保险金额总和超过保险标的的价值。

一种观点认为重复保险适用于全部险种，但由于人身保险中人的身体和寿命都是无价的，因此此观点被否决；另有一种观点认为重复保险仅适用于财产保险，但忽略了人身保险中部分险种的损失补偿性质，因此这个观点不甚全面；另有观点认为重复保险适用于损失补偿类保险,作为损失补偿原则的派生原则,重复分摊原则适用于损失补偿类保险应是毋庸置疑的,下面进行说明。

1)责任保险

责任保险是指当被保险人依照法律需要对第三者负损害赔偿责任时,由承保人代其赔偿责任损失的一类保险。在责任保险中,被保险人的赔偿责任无法在订立保险合同之时就确定,因此被保险人与承保人无法约定保险金额,只能约定保险责任的最高限额,这将会导致无法判断被保险人的保险金额是否超过了保险价值,因此在责任保险中重复保险的分摊原则有一定的可行性。理由如下:

一方面,作为损失补偿原则的派生原则,重复保险分摊原则应适用于具有补偿性的保险之中。责任保险之中,被保险人因为保险事故的发生,需要向第三者赔偿,从而导致自己的财产利益遭受损失,因此责任保险应该属于补偿性保险,重复分摊原则才具有可行性;

另一方面,在责任保险中,投保人也可以通过订立数份保险合同从而获得超过其赔付责任的保险给付,产生重复保险牟利的情况。因此重复保险分摊原则在责任保险中有可行性。

2)人身保险

人身保险可以分为人寿保险、意外伤害保险与健康保险。

人寿保险是指承保人对被保险人死亡或者约定的期限届满时给付保险金的保险。但是,人身不能用金钱衡量,不存在保险金额超过保险标的价值的情况,因此重复保险分摊原则不适用。

意外伤害保险是指在保险期间内发生意外事故致使被保险人死亡或者伤残,承保人按照合同规定给付保险金的一种保险。当被保险人因意外导致残废时,保险公司根据人身意外的残废程度采取不同标准予以给付,这可以说明意外伤害保险具有损失补偿的性质,重复保险分摊原则可以适用。

健康保险是指以人的身体为保险标的,以人本身的疾病、死亡为保险事故的保险,可分为医疗保险与失能保险。其中医疗保险是在保险金额的限度内保险人根据保险合同给付被保险人医疗保险金的最高保险金额,保险人在保险金额限度内支付被保险人发生的医疗费用,符合损失补偿的基本特性,并且投保人存在获得超过实际支付医疗费用补偿的可能性,因此重复保险的分摊原则有存在的必要性。失能保险是指保险人因疾病或者意外伤害等原因无法工作时,其可以通过保险获得收入上的损失补偿。存在保险金总额超过了投保人实际劳动所得,造成牟利情况,因此失能保险有适用重复分摊原则的必要。

2. 重复保险分摊原则设立的原因

为了防止被保险人由于重复保险获得额外的利益,同时防范道德风险,使各保险人能按相应的责任,共同公平地分担损失赔款,从而被保险人能获得充分补偿,又不会超过实际损失而获中获利。具体说明如下。

1)有利于维护最大诚信原则

最大诚信原则指保险双方在签订和履行保险合同的时,必须以最大的诚意,履行自己应尽的义务,互不欺骗和隐瞒,恪守合同的认定与承诺,否则保险合同无效。对重复保险进行相关规定,有利于维护《保险法》的最大诚信原则,能倡导诚实有信的社会风尚。

2)可防止投保人或者承保人不得当牟利

当投保人通过重复保险获得多重利益,即通过保险仅支付少量保险费就获得多倍于自己损失的利益,就构成了不得当牟利。当其中一个承保人支付保险赔偿,则其他承保人既获得保险费,又没有做出相应的赔偿,构成了不得当牟利。

3)可使被保险人获得充分的补偿,体现保险中的损失补偿原则

损失补偿原则是《保险法》中的一大原则,是由保险的经济补偿性质和职能决定的,是指被保险人保险标的发生损失时,保险人的保险赔偿以其损失额为限的制度。设立重复保险分摊原则,既能使保险制度沿着既定的轨道运行,又能对重复保险加以有效控制。

3. 重复保险应具备的条件

1)同一保险标的

重复保险要求以同一保险标的即同一保险对象,进行保险。保险标的不同,不为重复保险。保险标的的同一可能有以下两种情况。

(1)多个保险合同承保同一个标的物,构成重复保险。例如:两家保险公司承担同一间房屋的火灾险,属于同类型保单的重复保险。

(2)多个保险合同承包的范围有所交叉,构成重复保险。例如:张某将房屋、电器向甲公司投保火灾险,向乙公司投保房屋的火灾险,两份保单中构成不同类型保单的重复保险。

2)同一保险利益

保险利益是指投保人或者保险人对保险标的具有的法律上承认的利益。根据"无保险利益则无损害,无损害则无填补"原则,不同的保险利益的受损代表着不同的损害,而对不同损害的补偿并不违反损失填补原则,被保险人并没有不当得利,因此当保险标的相同时,若保险利益不同,则不构成重复保险。保险利益不同可有如下情况。

(1)保险人不同。

(2)保险人对保险标的所拥有的权利不同。例如:2008 年我国某公司从德国 b 车场进口一批小汽车,该批由商品专用车装载的车辆在国内公路运输中发生碰撞而导致严重损失。其中, b 车场中国公司作为被保险人与甲保险公司签订货物运输保险合同,负责全程运输的 h 公司与乙保险公司签运人责任保险,负责将车送至 4s 店的 z 公司在丙保险公司投保国内货物运输保险。在该案例之中, b 车场中国公司拥有所有权, h 公司拥有承运权, z 公司拥有保管权,因此不存在保险重复。

3)同一保险期间

对于同一保险标的的同一保险利益,如果保险期间不同则不存在重复保险。但保险期

间的重复不以全部重复为必要，只要保险期间有交叉，则构成重复保险。如若保险合同到期续保，则不构成重复保险。并且重复保险是否成立的判断点应该是保险事故发生时，而不应该是保险合同订立时。换言之，只要在保险事故发生时，各保险合同都在有效期内，则构成重复保险。

4）同一保险危险

保险危险也可称为保险事故，是指造成保险标的损害的危险。对同一保险标的及同一保险利益投保不同风险，则不构成重复保险。例如：对所有同一财产同时投盗窃险和自然灾害险，虽然这两份保险合同的保险利益都是对此财产的所有权，但当盗窃或者自然灾害发生时，投保人只获得一个公司的赔偿，无不当得利，因此不构成重复保险。

5）与数个承保人签订数个保险合同

当投保人以同一保险利益，同一保险事故，在同一保险期间内与同一保险人分别订立数个保险合同时，应为超额保险，理由如下。

投保人向同一保险人重复投保已经暗含投保人已履行保险告知义务以及通知义务，因此承保人已经掌握该信息，不存在投保人保险欺诈的情形，不符合重复保险成立的原因。并且如果是同一家公司的几个分公司分别与投保人签订保险合同，应视为同一保险人。

6）保险金额总和超过保险价值

重复保险产生的原因是为了禁止不当得利。《保险法》上所谓的不当得利指：禁止任何人借由保险而获得比损害之数额较多之利益或在无损害发生的情形下而获取利益。因此，如果投保人签订了多份保险合同，但是获得的保险金额与其实际损失相一致，显然不存在不当得利，不应属于重复保险。

4. 重复保险的分摊方式

1）比例责任分摊方式

这种分摊方式是指将各保险人的保险金额相加作为分母，以各保险人承保的保险金额作为分子，得出各保险人应分摊的比例，然后按该比例分摊被保险人的损失金额。各保险人承担的保险赔偿责任总和不得超过保险价值或者实际损失额。

例如：张某将他的一辆价值100万的车同时向甲，乙两家保险公司投保一年的道路险。甲公司的保险金额为80万，乙公司的保险金额为60万，这构成了重复保险。假设在两个保险合同的有效期内，张某的车追尾，造成70万元的损失，则甲公司需赔付40万元，乙公司需赔付30万元。甲乙两家公司赔付的总额未超过张某的损失金额。

比例责任分摊方式是财产保险中最基本的分摊方式，当保险合同没有特别约定的情况下，均用比例责任分摊方式。但是比例责任分摊方式也有着它的优劣势：优势为保险人按照保险金额收取保险费，以保险金额为比例承担赔偿责任，能使保险人的权利与义务对等；劣势为当其中一名保险人支付能力发生困难时，投保人可能无法获得所有的保险赔偿。

2)限额责任分摊方式

这种分摊方式是指各保险人的分摊额不是以其承保的保险金额作为分摊基础,而是按照各保险人在没有其他保险人重复保险的情况下,单独应付的最高责任限额总和作为分母,以各保险人的最高责任限额作为分子,按比例分摊损失金额。

例如:在上面的例子中,按照限额责任分摊方式,甲公司需要赔付 37.69 万,乙公司需赔付 32.31 万。

在重复保险的情况下,不同保单的承保范围可能有很大不同。例如:张某向甲公司投保的保单可能只承担了道路险,而向乙公司投保的保单中,道路险可能只是其中一项,还包含房屋火灾险之类,则此时保单金额不能视为专门用于承保共同保险标的。在这种情况之下,使用限额责任分摊方式则可将每张保单视作独立存在,保险人对共同标的所负的责任独立于其他保单单独计算,重视了保单间性质和承保范围的差异。

3)顺序责任分摊方式

这种分摊方式是指由最先签发保险单的保险人首先负责赔偿,只有在最先签单的保险人依照保险金额承担赔偿责任之后,若有剩余损失或者前一保险人无力承担的损失,后面签单的保险人才负责赔偿。

例如:在上面的例子中,按照顺序责任分摊方式,甲公司需赔付 70 万,乙公司不需要赔付。

顺序分摊方式在赔付中有欠公允,一般较少运用。

第四节　近因原则

一、近因原则的概念

1. 近因

近因是指造成损失的最直接、最有效的起主导作用或支配性作用的原因,不一定是在时间上或者空间上与产生损失最近的原因。从时间上看,最初原因与最后原因都不一定是近因;从空间上看,间接原因与直接原因都不一定是近因,诱因也不一定是近因。

2. 近因原则

近因原则是一种根据近因的标准判断风险事故与保险标的损失的因果关系,从而确定保险赔偿责任的准则。

当保险标的遭受损害,近因属于保险责任的,保险人应承担损失赔偿责任;近因不属于保险责任的,保险人不负赔偿责任。即只有保险合同约定的风险引起保险标的发生损害时,保险人才给予保险赔付,否则保险人不赔付。

保险标的的损害并不是总由单一原因造成的,有的是多种原因时断时续地发生,其表现形式多种多样。近因原则就是要从中找出哪些属于保险责任,哪些不属于保险责任,并据此确定保险人是否进行赔偿。

3. 近因原则产生的原因

近因原则是判断风险事故与保险标的损失之间的因果关系,从而在确定发生事故是否属于保险责任事故,是否能够获得赔偿中起着至关重要的作用,是理赔中关键性的原则之一。在保险实践中,对保险标的的损害是否进行赔偿是由损害事故发生的原因是否属于保险责任来判断的。坚持近因原则,有利于正确合理地判定损害事故的责任归属,从而有利于维护保险双方当事人的合法权益。因此,近因原则是保险理赔中必须遵守的重要原则。

二、确定近因的方法

任何事件的发生都有其原因,任何发生的事件都有可能作为原因引发下一个事件,因此可以发现一条事件链,前后发生的事件具有因果关系。按照英国学者斯梯尔先生的建议,保险实务界一般采用两种方法确定保险事故的近因:顺推法和逆推法。

1. 顺推法

从第一发生的事件开始,按照逻辑关系,顺序探索由该事件可能引起的一系列事件。如果能确认第一事件肯定导致第二事件,第二事件肯定导致第三事件,如此能够一直推导至最终事件,而最终事件恰恰就是保险标的发生的损失,那么就能断定第一事件就是损失的近因。用这种方法确定近因,必须要能够保证事件链中的每一环节都存在确定的因果关系,如果某一环节上下事件之间不存在明显的因果关系,就不能断定第一事件是损失的近因。

2. 逆推法

逆推法从事故的损失事件开始分析,探索造成这个损失的上一事件,然后探索造成上一事件的原因,如此类推,直至推出初始原因。如果初始原因恰好属于保险合同中承保公司的范围,那么该原因就是近因,保险公司就应该对损失做出赔偿;如果推出的初始原因不属于保险合同中载明承保的责任范围,那么保险公司不赔偿损失。

例如,暴风吹倒了电线杆,电线短路引起火花,火花引燃房屋导致财产损失。对此,无论运用上述哪一种方法都会发现此例中的暴风、电线杆被刮倒、电线短路、火花、起火之间具有必然的因果关系,因而,财产受损的近因——暴风,也就随之确定了。

三、近因原则的应用

近因原则从理论上来说比较简单,但在实践中要从错综复杂的众多原因中找出近因则有相当大的难度,而近因判定的正确与否,关系到保险双方当事人的切身利益。在保险实务中致损的原因是各种各样的,因此确定损失近因要根据具体情况做具体分析。

1. 单一原因致损近因的判定

单一原因致损即造成损失的原因只有一个,该原因就为近因。如果这一原因又属于保险责任范围,保险人就应该履行赔偿责任;反之,不负赔偿责任。例如,某人投保人身意外伤害保险,而不幸死于癌症。由于死亡的近因癌症为人身意外伤害保险的除外责任,故保险人对其死亡不承担保险责任。

2. 多种原因同时致损近因的判定

多种原因同时致损即损失由多种原因造成,各原因的发生无先后之分、没有或者无法区分因果关系,且都对损害结果的形成有直接或实质的影响效果,则原则上它们都是损失的近因。此时保险人是否应负赔偿责任还要视情况而定。

1)多种原因均属保险责任

这种情况下保险人应在保险责任范围内全责赔付。例如,货物在海上运输途中无法判断是遭受雨淋而受损还是遭受海水浸渍而受损,但被保人在水渍险的基础上加保了淡水水淋险,无论是遭受雨淋还是海水浸渍都属于保险责任,因此保险人应在保险责任范围内全责赔偿。

2)多种原因均属于除外责任

这种情况下保险人不承担赔偿责任。接上面的例子,货物在海上运输途中无法判断是遭受雨淋还是遭受海水浸渍而受损,但被保人既没有投水渍险也没有投淡水水淋险,无论是遭受雨淋还是海水浸渍都不属于保险责任,因此保险人不承担赔偿责任。

3)多种原因既有保险责任又有除外责任

在这种情况下如果保险责任与所造成的损失能够划分,保险人只对保险责任范围内所引起的损失负赔偿责任;如果保险责任与除外责任所造成的损失无法分清则有三种主张:损失由保险人和被保险人平均分摊、保险人完全不负赔偿责任、保险人负完全赔偿责任。例如货物在海上运输途中无法判断是遭受雨淋而受损还是遭受海水浸渍而受损,但被保人只投了水渍险,遭受海水浸渍属于保险责任,遭受雨淋不属于保险责任,因此在核定赔偿时就要选择依据何种主张了。

3. 多种原因连续发生致损近因的判定

当损失发生是由一连串原因所致,且这一连串原因有前因后果的关系时,则最先发生并造成一连串事故的原因为近因。如果该近因为保险责任,保险人应负赔偿责任,否则不负责任。例如,某人对其拥有的住房投保了家庭财产保险,在一次地震中导致线路短路引起火灾,造成该住房全损。因地震是导致住房全损的根本原因,而地震又属于除外责任,所以保险公司不承担赔偿责任。

4. 多种原因间断发生致损近因的判定

当损失发生是由一连串原因所致,但这一连串原因关系有中断情形时,则其中对损失发生起根本作用的原因为近因。对其处理方法与多种原因同时致损基本相同。例如,某心脏病患者投保了人生意外伤害险后发生了交通事故并使下肢伤残，但在康复过程中，突发心脏病死亡。其中，交通事故与患心脏病没有因果关系，心脏病突发为其死亡近因，交通事故只是一个诱因，在人身意外伤害险中，不是属于保险责任范围，因此保险人对被保险人死亡不承担赔偿责任。但对其因交通事故造成的伤残，保险人应承担保险金的支付责任。

但是，对于某些前因，在新的原因已经介入时，其发生的作用或效力已经耗尽，或者损害的影响作用已被新原因取代，则该前因将成为远因而不被考虑，新介入的原因为近因。例如，某青年投保人身意外伤害险，后遭遇车祸，经救治痊愈出院，但因车祸毁容丧失生活信心，自杀死亡。该案中，虽然车祸致使被保险人毁容，但并未导致被保险人死亡这一结果，而被保险人自杀也不是毁容的必然结果。所以，车祸这一前因只是使被保险人处于一种非正常的境地，但不是被保险人死亡的充分或必要条件，随着被保险人被救治痊愈出院，车祸对被保险人死亡的影响作用已逐渐消失，被保险人的死亡是新介入的原因——自杀的结果，所以自杀是被保险人死亡的近因，而车祸则成为远因。故保险人不必承担给付保险金的责任。当然，也有可能是这样的情形，后因虽然作用于保险标的，但并未打断前因与损害结果的关系，则前因仍为近因。典型的案例是英国利兰船运有限公司诺威治联合火灾保险公司一案。第一次世界大战期间，英国利兰公司一艘货轮在英吉利海峡遭受德国潜水艇的袭击，被鱼雷击中严重受损，在拖轮的协助下抵达法国勒阿费尔港。港口当局担心船舶沉没将影响码头的使用，要求该船停靠在码头防波堤外，该船在那里受海浪的不断冲击而沉没。船舶所有人根据未包括战争原因在内的保险单，以损失为海难所致为由向保险人索赔遭拒后诉至法院，审理此案的英国上议院大法官认为导致船舶沉没的原因包括鱼雷击中和海浪冲击，但船舶在被鱼雷击中后始终没有脱离危险，因此船舶沉没的近因是鱼雷击中而不是海浪冲击，保险人不负赔偿责任。

复习思考题

1. 简述保险利益的含义、构成条件及其在财产保险和人身保险时效方面的要求。
2. 简述保险利益原则的重要意义及保险利益原则的运用。
3. 试述最大诚信原则的主要内容及现实意义。
4. 简述损失补偿原则的派生原则。
5. 简述近因原则的概念及其具体运用。

案例分析

2019年7月16日7点左右，张某某开着一辆带拖斗的大中型拖拉机在道路上行驶，途中被甩出车外，随即又被拖拉机的车头压在车下，不幸死亡。经齐齐哈尔市刑事技术支队法医大队鉴定，符合机动车作用致挤压性窒息死亡。8月30日，齐齐哈尔市公安局交通警察支队梅里斯大队认定，张某某负事故的全部责任。由于张某某驾驶的拖拉机在人保财险齐齐哈尔分公司投保了机动车第三者责任强制保险（即俗称的“交强险”，是由保险公司对被保险机动车发生道路交通事故，造成不包括本车人员和被保险人在内的受害人的人身伤亡、财产损失，在责任限额内予以赔偿的强制性责任保险。可以说，它是为交通事故不特定的多数受害人提供基本保障的一个公益险种），张某某的家属据此要求保险公司在交强险范围内，赔偿12万元。

在法庭调查中，双方都认可的一点是，张某某的拖拉机，在保险公司只投保了交强险，并没有其他投保。至此，这个案子的输赢，就集中在这一点上：驾驶员能不能转化为交强险的第三者？而作为被告的保险公司一方则认为，张某某是车上人员，同时又是被保险人，当然不在第三者险的理赔范畴。简单点说，就是不能要求自己赔偿自己。

被告方的代理律师：根据人保财险的机动车综合商业保险条款第三条的约定，本保险合同中的第三者是指因被保险机动车发生意外事故，遭受人身伤亡的或者财产损失的人，但不包括被保险机动车本车车上人员和被保险人，而本案受害人恰恰是本车车上人员，又是被保险人，所以无论根据法律规定还是保险条款的约定，他都不属于本车的第三者。

原告一方认为，驾驶员可以转化为交强险的第三者。死亡直接原因是被机动车砸死。所以当时虽然是他开的车，但是他被甩出以后，就变成了车外的人。而且他不是甩出车外后即死亡，是被四轮车砸死的。所以当车上人脱离了所在的乘车承载空间，又被车辆砸死了，所以应该认定为第三者。

近日，审理此案的齐齐哈尔市梅里斯达斡尔族区人民法院做出一审判决，支持原告的主张，保险公司应当在保险范围内理赔。此前，主审此案的法官在接受其他媒体采访时，解释了如此判决的理由。主审法官说，在界定交通事故中受害人是否属于被保险人车辆的第三人，应该从时间和空间两个方面把握：在时间上，以发生交通事故的那一瞬间为时间节点；在空间上，发生交通事故时，受害人所处的空间位置是在车内还是在车外。第三者和车上人员都是在特定时空条件下的临时身份，不是永久的、固定不变的。在这个案件当中，事故发生的时间节点应该是车辆压死张某某的时间，也就是说，此时，张某某已经由车上人员转化为第三者，应该属于因保险车辆发生意外事故遭受人身损害的保险车辆下的受害者。

分析问题：该案例中体现了保险的哪些原则？并加以解释。

1. 体现了保险利益原则

首先，根据保险利益的成立条件，保险利益必须是合法的利益。显而易见，案例中张某某与其机动车之间存在的利害关系，是符合法律规定的，为法律所认可并受到法律保护的利益。其次，保险利益必须是确定的、客观存在的。张某某对自己的机动车拥有所有权和使用权，其经济利益是客观上已经存在的，即现有利益，故张某某对其机动车具有保险利益。张某某在事故前投保了交强险，该保险的保险标的不是人的生命，属于财产保险的一种。在财产保险中，一般要求从保险合同订立到合同终止，始终都应存在保险利益。张某某投保时具有保险利益，发生意外事故时仍未丧失保险利益，因此他的交强险保险合同有效。另一方面，张某某的不幸死亡，是不确定的、随机的，而人的生命是无法估价的，即张某某这起保险事故的发生及其损失程度具有射幸性。对于张某某所投保的保险公司来说，承担风险是不确定的，而保险人的费用厘定、承保条件等方面的考虑主要依赖投保人对保险标的的告知和保证，因此张某某家属应该将有关此次保险事故的所有重要事实充分而准确地告知保险人，坚持最大诚信原则。

2. 体现了损失补偿原则

首先，本则事故所造成的损失是非故意的、非预期的、非计划的，属于风险损失。风险损失有直接损失与间接损失两种形态。在本则案例中，张某某的死亡便是直接损失。由于信息不足，能推测到的间接损失有：所驾驶拖拉机的维修，之后申诉所需的诉讼费，律师费。再来谈本次损失的补偿。根据法院的判决，可以认定张某某在本次事故中属于被保险人车辆的第三人，满足“交强险”的补偿范围。又由损失补偿原则，被保险人有权按照合同的约定，获得全面、充分的补偿，即死者家属要求的 12 万元。由交强险定义能看出其是一种强制性的补偿保险。在这则案例中，只是张某某同时成为被保险人与保险标的。由于保险标的的毁损致使被保险人遭受了经济损失，故保险人需要承担损失补偿的责任。在就补偿金额来说，其应低于实际损失，不能超过保险金额与保险利益，以防止被保险人从中获利，同时有利于维持保险行业的正常发展，维护双方正当利益，防止道德风险的发生。

3. 体现了近因原则

在处理赔案时，赔偿与给付保险金的条件是造成保险标的损失的近因，必须属于保险责任，若造成保险标的损失的近因属于保险责任范围内的事故，即如果本案驾驶员可算作交强险第三者，则保险人承担赔付责任；反之，若造成保险标的损失的近因属于责任免除，则保险公司不负赔付责任，不需要赔付 12 万元。只有当保险事故的发生与损失的形成有直接因果关系时，才构成保险人赔付的条件。《保险法》上的近因原则的含义为“保险人对于承保范围的保险事故作为直接的、最接近的原因所引起的损失，承担保险责任，而对于承保范围以外的原因造成的损失，不负赔偿责任。”在近因识别中，近因是效果上最接近于损失，而不是时间上最接近于损失的原因。按照该原则，虽然驾驶员不在第三者险的理赔范围，但是他被甩出以后,张某某死亡直接原因是被机动车砸死,所以当车上人脱离了所在的乘车承载空间,又被车辆砸死了,根据死亡的直接原因,应该判定张某某为因保险车辆发生意外事故遭受人身损害的保险车辆下的受害者。这个案件真正体现了近因原则,有利于正确合理地判定损害事故的责任归属,维护保险双方当事人的合法权益。

第八章

保险经营与风险

第一节　保险经营概述

一、保险经营的理念

保险经营是指保险行为主体所从事的保险展业、投保、承保、分保、防灾、理赔、投资等方面的活动，在保险经营中应遵循以下理念。

1. 市场理念

保险经营者在经营过程中要有强烈的市场意识，以市场需求为导向，按照保险市场的需求变化和市场经济规律来安排保险经营活动，实现资源的最佳配置。

2. 竞争理念

保险经营者应具有强烈的竞争意识，树立在竞争中求生存、求发展的经营理念，知晓优胜劣汰的市场竞争规则。

3. 效益理念

保险经营者在经营过程中必须树立效益观念，以追求经济效益最大化为自身经营目标

4. 信息理念

保险经营者在经营过程中必须具备对市场各种信息的敏感性以及对保险公司内部各种信息进行收集、整理、存储、分析和利用的主动意识。

二、保险经营目标

1. 国家层面目标

通过保险服务，充分发挥风险分摊和经济补偿的功能，保障社会再生产的持续进行，稳定社会秩序和安定人民生活，满足人们日益增长的物质和文化生活的需要。如银保监会提倡要发展责任保险、农业保险，要做大做强保险业等，这些并非某个保险公司的目标，而是从国家层面为保险公司规划的近期发展方向或目标。

2. 企业层面目标

（1）保险经营的经济目标，主要是指保险企业所要实现的经济结果，它集中表现为保险企业的利润量。（2）保险经营的社会目标，即保险经营所要达到的社会效果，主要是指保险企业在自身管理和保险赔付过程中所取得的社会效果，包括：增强风险意识；降低灾害事故和人身伤亡率，减少经济损失；安定社会生活；为国家提供税金等。

三、保险经营原则

保险经营原则是保险公司从事保险经济活动的行为准则，是适应、协调和改善保险经营环境的客观要求，也是保险经营策略得以顺利实施和保险经营目标得以圆满实现的保证。由于保险商品除了具有一般商品的共性之外，还具有自身的特性，因此保险经营的原则也有一般原则和特殊原则。

（一）一般原则

保险经营是一种商品经营，它的一般经营原则就是商品经营的一般原则。保险经营的一般原则包括经济核算原则、随行就市原则和薄利多销原则。

1. 经济核算原则

经济核算原则是所有以营利为目的的企业经营都要遵循的原则。保险经营实行经济核算，可以促使保险公司全面加强经营管理，提高经济效益，增强保险偿付能力。同时，经济核算还可以促使保险公司压缩各项费用支出，节约保险成本，提高利润水平。

保险经营的经济核算内容主要包括保险成本核算、保险资金核算、保险利润核算。其中保险经营的利润核算同其他生产经营企业的利润核算有着较大的差别。一般企业的利润是当年的生产经营收入减去当年的生产支出，而保险企业不能简单地把当年的保费收入减去当年的赔款和费用作为利润。保险公司经营利润的核算，除要从保险费收人中减去保险赔款、经营费用和税金外，还要减去保险公司的各项准备金。这是由各年保险风险发生的不平衡性和未了责任的延续性所决定的。保险公司经营中的各项准备金是保险公司对全体被保险人的负债。因此，在进行保险利润核算时，要特别注意未了责任。

2. 随行就市原则

随行就市原则是市场理念的具体体现。随行就市是商品经营者根据不断变化的市场行情,及时采取调整商品结构和价格水平的措施,以适应市场需求的主动行为。

保险经营也必须遵循随行就市原则。目前我国保险市场的竞争格局已基本形成,保险企业对市场的依赖越来越强,这就要求保险企业必须从实际出发,善于捕捉市场信息,及时做出灵敏的反应,随行就市,不断调整保险产品的品种和价格水平,做到适销对路,降低风险成本,在竞争中赢得主动权。

例:营销方式创新——体验式营销

以展厅的形式让客户进行保险产品体验,通过保险意义与功能展厅、保险法律及名人话保险展厅、保险影像厅、保险产品展示、客户疑问解答厅及促成、签单厅等五个展厅,使保险产品由抽象变得具体,由单一变得多样,让客户在体验中不断地认识保险、感受保险、触摸保险,最终做出购买行为。

①保险意义与功能展厅。主要版块:保险的起源;国际保险情况;保险案例。通过讲解员的语音讲述和图片视觉冲击,使客户对保险功能与意义形成基本概念。

②保险法律及名人话保险展厅。主要版块:保险相关法律;中外名人谈保险;当前保险动态。通过讲解员的语音讲述和图片视觉冲击,使客户掌握当前保险法律的重要条文;通过名人谈保险,使客户对保险的意义与功用进一步加强认识;通过当前保险动态了解当前关于保险的社会和市场动态。

③保险影像厅。将影音制品放映和讲师讲解相结合,根据客户情况有针对性地讲解某方面的保险功能,如意外、重疾、养老、财富传承、资产隔离等,使顾客对保险的理解和认识更加形象化、具体化。

④保险产品展示、客户疑问解答厅。公司保险产品资料,真实案例展示,并有讲解员进行案例讲述及进行客户答疑和促成签单。

⑤签单厅。填制“投保单”,收集相关信息资料,签订保险合同。

体验式营销能够有效提升销售业绩,降低营销员的工作难度;同时,客户通过系统性的全面的保险体验,能极大地提高保单质量,减少销售误导和纠纷。客户不是不需要保险,而是没有意识到需要保险,体验式营销能有效地解决这一问题。

3. 薄利多销原则

薄利多销有利于企业的资金周转,提高资金利用率;有利于降低单位产品成本,增加企业盈利;有利于扩大企业的市场占有率。因此,薄利多销原则成为一般商品经营的重要原则。

保险企业也要遵循薄利多销原则,具体体现在保险价格的确定上。合理的保险价格体现着等价交换的原则,是保险经营的中心问题。保险价格过高,不仅会损害投保人的利益,而且会使保险企业在竞争中处于不利地位,影响业务的拓展。保险价格过低,则会导致保险企业缺乏足够的偿付能力,甚至亏损,最终影响被保险人的利益。

例:网销推动保险进入薄利时代

性价比一直是消费者衡量商品的重要标尺。目前,个人营销、银行保险、电话销售、网络销售等多种销售方式同生共存。恰逢日新月异的互联网时代,网销模式被各大保险公司普遍看好,具有深远意义的是,互联网海量信息与便捷搜索的特性,能够带来保险销售成本的降低,提供远低于其他渠道甚至接近于零的“上架成本”,进而推动“保险超市”形态快速发展,加速推动保险公司在产品形态、产品内涵、产品费用等方面的创新,推动整个保险行业向更为理性的“薄利时代”迈进。

(二)特殊原则

保险经营是一种特殊的商品经营,除了遵循一般商品的经营原则外,还要遵循自己的特殊原则。

1. 风险大量原则

风险大量原则是指保险人在可保风险的范围内,应根据自己的承保能力,争取承保尽可能多的风险和标的。

风险大量原则是保险经营的首要原则,原因有以下 3 点。

(1)保险的经营过程实际上就是风险管理过程,而风险的发生是偶然的、不确定的,保险人只有承保尽可能多的风险和标的,才能建立起雄厚的保险基金,以保证保险经济补偿职能的履行。

(2)保险经营是以大数法则为基础的,只有承保大量的风险和标的,才能使风险发生的实际情形更接近预先计算的风险损失概率,以确保保险经营的稳定性。

(3)扩大承保数量是保险企业提高经济效益的一个重要途径。

2. 风险选择原则

风险选择原则是指保险人在承保时,对投保人所投保的风险种类、风险程度、保险金额以及被保险人的情况等要有充分、准确地评价和认识,并做出承保或不承保或有条件承保的选择。

保险经营要兼顾经济效益和社会效益。风险选择可以提高承保质量,降低经营风险,带来良好的经济效益;同时风险选择还可以杜绝投机行为和避免道德风险,带来良好的社会效益。

保险人对风险的选择表现在以下两方面。

1)对风险性质的选择

风险选择过程首先要在众多风险中判定哪些是可保风险,进而在可保风险中选择可承保的风险。对某一保险人来说,它承担风险的能力和承保技术有局限性,对于保险市场中的各种可保风险不可能全部承保,必须做出选择。可保风险转化为承保风险的条件为:①可保风险必须是保险人的资金力量和技术手段可以接受的;②可保风险必须在保险人的经营范围之内。

2)对保险合同主体的选择

在保险经营中,投保人、被保险人、受益人的道德水准、风险管理能力以及健康状况等因素都是必须慎重考虑的。

风险选择按发生的阶段不同,可分为事前选择、事中选择和事后选择。

A. 事前选择

事前选择是指保险人在承保前考虑是否接受投保。此种选择包括对人和物的选择。所谓对人的选择(包括自然人和法人),是指对投保人或被保险人的评价与选择。例如,在人寿保险业务中,应了解被保险人的年龄及其是否患有慢性疾病或重大疾病、是否从事危险职业等,必要时应直接对被保险人进行体检;在财产保险业务中,应了解被保险人的资金来源、经营能力、信誉程度、安全管理状况和道德等因素。所谓对物的选择,是指对保险标的及其利益的评估与选择。例如,在财产保险中,保险人要对投保标的的风险性质、存放或坐落地点及环境、风险管理状况进行了解;对投保的机动车辆、船舶、飞机等运输工具,应了解是否属于超龄服务的老车、老船、老飞机,它们的用途及运输区域等。通过各方面的调查了解,如若发现被保险人或保险标的已超出可保风险的范围,保险人就应拒绝承保。

B. 事中选择

事中选择指保险合同生效后至合同到期前这段时间里对风险的变化进行研究和选择,以决定是否变更保险合同,如增加或减少保险费、扩大或缩小保险责任,是否中止或解除保险合同。例如,当保险人发现被保险人有明显误告或欺诈行为,并且对保险人的经营十分不利时,保险人可以向被保险人说明理由,中途终止承保。

C. 事后选择

事后选择指对已发生的保险业务进行分析和研究,为以后的保险经营提供资料和经验,使保险经营保持动态平衡。事后选择通常与续保相联系,通过对某一到期或已履行保险责任的保险合同的业务总结,为续保提供选择依据。例如,有些超出可保风险的因素事先难以发现,承保后才会逐渐暴露出来,可以待保险合同期满后不再接受续保,或由代理人或经纪人介绍给其他愿意接受此种风险的保险人承保。

保险人对业务进行选择,目的在于使保险人在自身处于有利的条件下来承保风险,以便稳定保险业务经营,提高保险服务质量。在实行风险选择时,不能轻易做出拒绝承保的决定,而是要做周密、细致的工作,通过协商和调整保险条件(如提高保险费率、规定自负额、附加特殊风险责任或赔偿限制性条款、建议改善保险标的的安全管理等),以尽量满足社会对保险服务的需要。

3. 风险分散原则

风险分散原则,是指某一风险责任由众多的人共同分担。保险经营的实践证明,如果保险人承担的风险过于集中,那么一旦发生较大的风险事件,保险人就无法赔付巨额损失。这既威胁着保险企业的生存,也有损于被保险人的利益。因此,保险人为保证经营的稳定性,应使风险分散的范围尽可能扩大。

承保前实行风险分散，主要通过承保控制的方法进行，即保险人对所承保的风险责任加以适当控制。承保前控制的手段主要有：规定一定的免赔额；实行比例承保；规定按实际损失赔偿；控制高额保险。在承保时要合理划分危险单位，并使每个危险单位尽可能独立。例如，在承保火灾保险时，对于市区密集街道地域，可分成若干地段，并估测每一地段的最大损失可能，从而确定保险人对每一地段所能自负的最高限额。这样，就可使火灾风险有效分散，并使保险人所承担的保险责任被控制在可承受的范围之内。

承保后的风险分散，主要是采取再保险和共同保险的方法。共同保险，是由多个保险人共同承保风险较大的保险标的。如某企业有 150 万元财产要保险，由三家保险企业各承保 60 万元、50 万元和 40 万元，以此分散风险责任。再保险是指保险人为了分散风险，将所接受的保险业务之风险责任的一部分转让给其他保险人承担。例如，某保险人承担了 100 万元的保险标的，但因自己的条件有限，承保 80 万元较为适宜。为了保证财务收支平衡和经营稳定，将超过自己承保能力的 20 万元保险责任转让给其他保险人。共同保险和再保险的区别在于：共同保险是保险风险的第一次分担，属于横向分散；再保险是保险风险的第二次分担，属于纵向分散。

第二节　保险经营环节

保险经营活动通常包括展业、投保、承保、分保、防灾、理赔。这些经营活动均以实现保险保障为目的，因此保险人在注重保险业务的特殊性、安全性、效益性的同时，应力求经营的各环节连续通畅。

一、展业

展业即开展业务，是保险营销员为了寻找客户开展相应业务活动的总称。保险公司采用某些技巧和方法进行的，使潜在顾客知道保险、需要保险，使现实顾客更加深入地了解保险、信任保险乐于参加保险的活动。

在保险经营中，保险展业占据主导地位，可采取直接展业和间接展业两种方式。直接展业指保险公司直接接触顾客，完成投保手续的方式。它包括保险营销人员上门展业，通过电话、电视、网络、报刊、邮件等展业方式。直接展业具有能及时、准确获取客户信息，增进保险公司与顾客的感情等优点，但也存在保险公司人员编制多、淡季人浮于事、成本高等缺点。间接展业是指保险公司通过代理人或经纪人等中间人获得业务的方式，可节省管理费用，有利于扩大展业面，但保险公司与客户不接触，信息反馈难以达到准确、及时。保险公司可通过广播、电视、报刊等媒体进行广泛宣传、激发客户的保险需求，并做好信息的搜集反馈工作，树立公司、险种的良好形象，为保险公司长远发展创造有利条件。

随着国内经济的高速发展，保险市场的竞争日益激烈，靠直觉和经验来开展业务的决策方式已经不适应业务的快速发展。自 20 世纪 90 年代，我国保险代理行业在发展初期就采用了计算机和数据库来管理业务活动，建立了财务系统、保险展业管理系统、保险保单管理系统、保险理赔系统、保险客户管理系统等多种业务系统，积累了大量业务数据。这些数据中隐藏着规律，发现并量化这些规律并制成模型来为保险代理业务的开展提供有效的量化依据，可为保险公司展业发现 VIP 客户、推荐业务、维护客户管理以及风险防范提供最佳决策支持，从而提高保险公司竞争力。

二、投保

投保，是指购买保险，投保人通过保险公司营销人员或保险中介购买保险后，就与保险公司建立了一种较为长期的关系。正因为如此，在投保环节要注意两方面的问题：一方面保险人应加强对投保环节的经营管理，为投保人提供良好的服务，使投保人在投保时能真正享受到合理选择保险的权利；另一方面投保人有责任自觉地增强保险意识，为自身的利益做出明智的选择。

（一）保险人有义务为投保人提供良好投保指导服务

一般情况下，投保人愿意向资金雄厚、管理良好、保单和服务都能满足自己需要的保险公司投保。投保人在投保时有要求提供良好服务的权利，那么保险人应如何提供良好投保指导服务呢？

1. 帮助投保人分析自己所面临的风险

保险人要指导投保人分析哪些风险是足以导致企业或家庭经济生活陷入困境的，哪些风险是有可能减少投保人资产和收入的，对于这些风险，投保人应购买哪些合适的保险。

2. 帮助投保人确定自己的保险需求

保险人应当将投保人所面临的风险分为必保风险和非必保风险，那些对生产经营和生活健康将会产生严重威胁的风险，应当属于必保风险。也有些风险事故虽然会给企业和个人带来一定的损失和负担，但企业和个人尚可承受，因此如果有能力投保，就可以投保，如果没有足够的资金，也可以不投保。

一般来说，投保人确定保险需求的首要原则是“高额损失原则”，即某一风险事故发生的频率虽然不高，但造成的损失严重，应优先投保。相反，有些风险事故，虽然出现频率很高，但造成的经济损失却不严重，更值得去做的是采取各种预防措施降低其发生频率。

3. 帮助投保人估算可用来投保的资金

资金充裕，便可投保保额较高、保障较全的保险险种；资金不足，就先为那些必须保险的风险投保；资金紧张，就量力而行购买那些保险金额可以修订的险种。

4. 帮助投保人制订具体的保险计划

在制订保险计划时一般要注意处理好以下几个问题。

1)综合投保与单项投保

如果投保人需要保险的项目较多,且资金也充裕,保险人应当尽量安排综合性保单或以一揽子保险方式投保。

2)保障与收益

对投保人而言保险不是以谋利为目的的。保险人要提醒投保人注意买保险不是为了赚钱,而是为了获得保障,尤其是在投保人身保险时。如果投保人一味追求收益去投保某些具有较高保额的险种,就会破坏保险的保障功能,使自己在一些关键方面失去必要的保障,一旦这些风险发生,就会遭受到大大超过收益的损失。

3)保额与免赔额

保险人与投保人协商确定保险金额时,应提醒他在尽可能适当的范围内,根据财产的实际价值选择保险金额的额度。

(二)投保人有充分享受自由选择投保的权利

1. 选择保险中介人

一个好的保险中介人应该具有丰富的专业知识和技能;应该具有较高的道德标准,将委托人的利益放在首位;应该能清楚地传递信息,从而帮助投保人理解自己所需要的保险合同的含义。

2. 选择保险公司

选择保险公司的标准有以下几点。

(1)选择时要注意保险公司的类型。保险公司的组织形式有国有独资保险公司、股份有限保险公司和相互保险公司等。

(2)选择时要注意保险公司提供的险种与价格。投保人在选择保险公司时,首先要选择那些能为自己提供适当的、切实可行的保障的保险公司。便宜的保险不一定是合算的保险。因此,投保人选择保险价格时要注意选择公正的价格而不是最低的价格。选择公正的价格就是对各家公司相同险种的费率进行比较。

(3)选择时要考虑保险公司的偿付能力和经营状况。考察保险公司偿付能力的方法有两种:一是查看保险监管部门或评级机构对保险公司的评定结果,如果评定的等级越高,就表明该保险公司的偿付能力越强;二是对保险公司的年终报表进行直接分析,着重分析公司的资产与负债状况,如果净资产与负债的比率为 1 : 1,说明该公司有足够的偿付能力。此外,还要分析保险费与净资产的比率。一般来说,保险费与净资产的比率不超过 2 : 1 被视为安全。

(4)选择时要考虑保险公司提供的服务。投保人选择保险公司时,要从两个方面注意其服务,一是从其代理人那里获得的服务,二是从该公司本部那里获得的服务。前者的服务水准可以确定保险公司对其代理人的培训与管理水平;后者对于投保人来说更为重要,尤其是购买人寿保险时,一旦与保险公司订立保险合同,就会长期与该公司打交道,如交几十年的保险费、领取几十年的保险金。所以,保险公司在服务方面的任何一点微小的差异,都会影响投保人几十年。

三、承保

承保指保险人在投保人提出要保请求后,经审核认为符合承保条件并同意接受投保人申请,承担保单合同规定的保险责任的行为,是保险经营的重要环节。

承保决定是在审核投保申请、适当控制保险责任、分析评估保险风险的基础上展开的,因此承保的具体内容包括接受投保单、审核验险、接受业务、缮制单证、续保等步骤。

1. 接受投保单

投保人购买保险,首先要提出投保申请,即填写投保单,交给保险人。投保单是投保人向保险人申请订立保险合同的依据,也是保险人签发保险单的凭证。投保单的内容包括:投保人名称、投保日期、被保险人名称、保险标的名称、种类和数量、投保金额、保险标的的坐落地址或运输工具名称、保险期限、受益人和赔付地点等。

2. 审核验险

1)审核

保险人收到投保单后,应详细审核投保单的各项内容,如保险标的及其存放地址、运输工具行驶区域、保险期限、投保明细表、对特殊要求的申请等。

2)验险

验险是对保险标的的风险进行查验,以便对风险进行分类。验险的内容因保险标的的不同而有差异。

(1)财产保险的验险内容。第一,查验投保财产所处的环境;第二,查验投保财产的主要风险隐患和重要防护部位及防护措施状况;第三,查验有无正处在危险状态中的财产。第四,查验各种安全管理制度的制定和落实情况。

(2)人身保险的验险内容。人身保险的验险内容包括医务检验和事务检验。前者主要是检查被保险人的健康情况,如检查被保险人过去的病史,包括家庭病史,借以了解各种遗传因素可能对被保险人带来的影响,有时也根据投保险种的需要进行全面的身体检查;后者主要是对被保险人的工作环境、职业性质、生活习惯、经济状况等方面的情况进行调查了解。

3. 接受业务

保险人按照规定的业务范围和承保权限,在审核验险之后,有权做出拒保或承保的决定。如果投保金额或标的风险超出了保险人的承保权限,保险人只能向上一级主管部门做出建议,而无权决定是否承保。

4. 缮制单证

缮制单证是在接受业务后，填制保险单或保险凭证等手续的过程。

5. 续保

续保是在原有的保险合同即将期满时，投保人在原有保险合同的基础上向保险人提出续保申请，保险人根据投保人的实际情况，对原合同条件稍加修改而继续签约承保的行为。

保险人在续保时应注意的问题如下。

（1）及时对保险标的进行再次审核，以避免保险期间中断。

（2）如果保险标的的危险程度有增加或减少时，应对保险费率做出相应调整。

（3）保险人应根据上一年的经营情况，对承保条件与费率进行适当调整。

（4）保险人应考虑通货膨胀因素的影响，要随着生活费用指数的变化而调整保险金额。

四、分保

（一）分保的概念

分保也称再保险或“保险的保险”。《保险法》第二十八条规定：“保险人将其承担的保险业务，以分保形式部分转移给其他保险人的，为再保险。应再保险接受人的要求，再保险分出人应当将其自负责任及原保险的有关情况书面告知再保险接受人。”

再保险业务中分出保险的一方为原保险人，接受再保险的一方为再保险人。原保险人与再保险人的关系是责任共担，盈利共享。当被保险人发生保险责任范围内的灾害损失或人身事故时，原保险人按保险合同约定负债赔偿被保险人的损失或给付保险金，再保险人承担责任份额分摊赔款，即责任共担；当再保险人获得盈利的时候，按合同规定应从中提取一定比例的盈余佣金作为支付给原保险人的报酬或奖励，这种盈余佣金又称为利润手续费，即盈利共享。

（二）分保的职能和作用

1. 控制承保责任，稳定经营成果

保险业是集中承担风险又有效分担风险的经营机构，虽然它可以免除被保险人的各种风险，但本身却内含着一定的经营风险。这是因为保险公司从社会上承揽的各种危险责任，毕竟有其多种不确定性，即使按照大数法则、概率规则和平均律来承担业务，也很难使承揽的业务险种在数量上都达到大量，在保险金额上都达到自然均衡，使经营的实际赔付率完全与预定的比率相符，在经营的各个年度都不致遭遇巨灾损失。然而借助了再保险机制，保险公司就可依据其资本和准备金的实际情况，确定每类保险的自留限额，然后将超出自留额的部分分出，以使同类危险单位的保险金额均衡，使实际的平均损失更能接近于预期的平均损失。同时可通过分出、分入的调剂，使各险种的数量达到足够大量，使原集中于某一区域的危险责任得到了分散，从而减少了经营风险。即使有的年份，保险事故损失较少，保险公司可能因为再保险费的支出而减少其利润额，但却能在损失较多年份，从再保险人处摊回赔偿金额，而控制其损失赔付，最终使其各年经营成果趋于稳定，而可获正常利润。

此外，通过再保险还可控制每次损失的最高赔付额和责任积累额。保险公司承接的各险种业务有时在地区上会比较集中，一次灾害可能会累及诸多危险单位。如一次火灾可能会殃及一片房屋，一次风灾可摧毁广大地区的农作物，尽管每一危险单位的自留责任有了控制，但若相距甚近的众多危险单位一齐受灾，则保险公司赔付责任依然很大，甚至可能会不堪负担。此时，保险公司就可通过巨灾损失赔付再保险控制责任，同样还可通过赔付率超赔再保险，控制时间跨度内的责任累积，一年内的赔付责任总额得到了控制，就能保证其经营的稳健。

2. 增大承保规模，扩大经营范围

保险公司的承保能力受其自身财务状况的限制，为了保证保险公司有足够的偿付力，保障被保险人的利益，许多国家的保险法都对每一危险单位的最高自留额与其资本加准备金的比例做了具体规定。如我国规定，每一危险单位，即对一次保险事故可能造成的最大损失范围所承担的责任，不得超过保险公司实有资本金加公积金总和的百分之十。如一家保险公司的资本金加公积金总和为 2.5 亿元，那么其承保的每一危险单位的最高责任就不能超过 2 500 万元。如若没有再保险，那么该保险公司就无法承接飞机、核电站、海上石油勘探和卫星发射的保险业务，甚至连大型企业集团的财产保险和远洋运输保险也难以承担。这样，各个保险公司就可能在承揽业务时受到种种限制，或不得不拒保，或寻找伙伴共同保险，但共同保险往往既费时，又有诸多不便，且较适合于特殊风险的承担（如卫星发射、原子能财产保险），结果会使保险公司减少许多营业机会和获利能力，同时也影响了保险公司的信誉和保险保障作用的发挥。因此，没有再保险，保险公司业务规模就不可能逐年发展，而有了再保险的安排，保险公司就可招揽大保额的保险业务，而且可扩大险种范围，为发展卫星发射、海上石油勘探等高风险的保险业务提供了必要条件。

3. 便于业务指导，形成联合保险基金

再保险关系的确立，使原保险人的利益与再保险人的利益联系在一起。原保险人经营不善、防灾不力、事故赔付增加，再保险人的摊赔也就必然增多，因而再保险人对原保险人的经营情况十分关注，从而能促使原保险人业务的规范化经营。再保险关系的确立，一般有一定的接受条件，分入业务的同时，也是对原保险业务费率和承保条件的审核。如若原保险业务风险很大，经营又不规范，或者费率过低，违背实际要求，则再保险人就不愿接受。因而从某种意义上说，每一项再保险业务的洽谈，实际上都是对原有业务的一次再审核。同时由于再保险关系的存在，也使新成立的保险公司获得经验丰富的再保险公司的业务指导机会，促使其业务迅速纳入正常轨道。此外，由于再保险关系的确立，使原来各家独立的保险公司有了携手合作的机会，原来各家独立保险公司筹集的保险基金也因此而汇集成了联合的保险基金。这样，通过再保险，既分担了危险责任，降低了保险成本，又提高了保障程度，保全了被保险人的合法权益。

五、防灾

保险防灾是保险防灾防损的简称，是指保险人与被保险人对所承保的保险标的采取措施，减少或消除风险发生的因素，防止或减少灾害事故所造成的损失，从而降低保险成本，增加经济效益的一种经营活动。

保险防灾的方法包括法律方法、经济方法、技术方法。法律方法指通过国家颁布有关的法律来实施保险防灾管理。《保险法》第五十一条规定："投保人、被保险人必须按约定履行其对保险标的的安全应尽的责任的，保险人有权增加保险费或解除合同。"经济方法指保险人通过调整保险费率来促进投保人重视防灾活动。对于防灾措施完备的投保人采用优惠费率，以资鼓励；反之，对懈怠防灾，缺乏必要防灾措施的投保人则采用较高的费率，促使其加强防灾。技术方法包括通过保险条款和保险责任的制定技术、专门设立防灾技术研究部门。

保险防灾的主要内容如下。

1. 加强同各防灾部门的联系与合作

保险企业作为社会防灾防损组织体系中的重要一员，以其特有的经营性质和技术力量受到社会各界的重视，发挥着越来越大的作用。因此，保险人一方面要注意保持和加强与专业防灾部门的联系，并积极派人参加各种专业防灾部门的活动，如公安消防部门对危险建筑的防灾检查、防汛指挥部对防汛措施落实的检查、商检部门对进出口货物的商品检验等。另一方面要充分利用保险企业的信息和技术优势，向社会提供各项防灾防损服务，例如，防灾技术咨询服务、风险评估服务、社会协调服务、事故调查服务、灾情信息服务和安全技术成果推广服务等。

2. 及时处理不安全因素和事故隐患

通过防灾防损检查，发现不安全因素和事故隐患时，保险人要及时向被保险人提出整改意见并在技术上予以指导和帮助，将事故隐患消灭在萌芽状态。同时保险人在接到重大保险事故通知时，应立即赶赴事故现场，直接参与抢险救灾。抢险救灾的主要目的在于防止灾害蔓延并妥善处理好残余物质。

3. 提取防灾费用，建立防灾基金

保险企业每年要从保险费收入中提取一定比例的费用作为防灾专项费用，建立防灾基金。防灾基金主要用于增强社会防灾设施和保险公司应付突发性的重大灾害时的急用。例如，用于资助地方消防、交通、航运、医疗、卫生部门，帮助它们添置公共防灾设备，奖励防灾部门和人员。建立防灾基金充分体现了保险企业积极参与社会防灾工作的作用。

4. 积累灾情资料提供防灾技术服务

保险人除了搞好防灾工作以外，还要经常对各种灾情进行调查研究并积累丰富的灾情资料，掌握灾害发生的规律性，提高防灾工作的效果。例如，有的保险公司要求对资产在500 万元以上的投保人建立防灾档案。此外，保险人还应开展防灾技术服务活动，帮助事故

发生频繁、损失较大的投保人开展防灾技术研究。

5. 进行防灾宣传和检查

目前，人们对风险的防范意识还比较薄弱，保险人应运用各种宣传方式，向投保人宣传防灾防损的重要性，提高安全意识，普及防灾防损知识。保险防灾宣传的内容包括：保险与防灾的关系、消防条例和有关法律规定、防灾防损的基本常识（如救火抗洪防震的常用措施）。

保险防灾的检查应以所承保的单位和个人为主要对象，具体的做法有以下 4 点。

（1）借助防灾主管部门的行政手段，对投保人提出切实可行的整改建议。

（2）配合行业的主管部门、根据该行业特点，进行有针对性的风险防范检查。

（3）聘请专家和技术人员对某些专业性强、技术要求高的投保单位进行重点防灾检查。

（4）保险人在承保前和出险时应对投保单位进行风险查验，尤其是对一些重点防灾企业，例如，有些保险公司规定保险金额在 1 亿元以上，保险费超过 10 万元以上或是五六级工业险的企业都属于防灾检查的重点单位。

六、理赔

保险理赔是指在保险标的发生保险事故而使被保险人财产受到损失或人身生命受到损害时，或保单约定的其他保险事故出险而需要给付保险金时，保险公司根据合同规定，履行赔偿或给付责任的行为，是直接体现保险职能和履行保险责任的工作。简单地说，保险理赔是保险人在保险标的发生风险事故后，对被保险人提出的索赔请求进行处理的行为。在保险经营中，保险理赔是保险补偿职能的具体体现。

保险公司在出险后依据保险合同约定向保户理赔有两种方式：赔偿和给付。赔偿与财产保险对应，指保险公司根据保险财产出险时的受损情况，在保险额的基础上对被保险人的损失进行的赔偿。保险赔偿是补偿性质的，只对实际损失的部分进行赔偿，最多与受损财产的价值相当，而永远不会多于其价值。而人身保险是以人的生命或身体作为保险标的，因人的生命和身体是不能用金钱衡量的，所以人身保险出险而使生命或身体所受到的损害是不能用金钱衡量的。故在出险时，保险公司只能在保单约定的额度内对被保险人或受益人给付保险金，即人身保险是以给付的方式支付保险金的。

保险理赔的主要内容如下。

1. 立案查勘

保险人在接到出险通知后，应当立即派人进行现场查勘，了解损失情况及原因，查对保险单，登记立案。

2. 审核证明和资料

保险人对投保人、被保险人或者受益人提供的有关证明和资料进行审核，以确定保险合同是否有效，保险期限是否届满，受损失的是否是保险财产，索赔人是否有权主张赔付，事故发生的地点是否在承保范围内等。

3. 核定保险责任

保险人收到被保险人或者受益人的赔偿或者给付保险金的请求，经过对事实的查验和对各项单证的审核后，应当及时做出自己是否应承担保险责任及承担多大责任的核定，并将核定结果通知被保险人或者受益人。

4. 履行赔付义务

保险人在核定责任的基础上，对属于保险责任的，在与被保险人或者受益人达成有关赔偿或者给付保险金额的协议后十日内，履行赔偿或者给付保险金义务。保险合同对保险金额及赔偿或者给付期限有约定的，保险人应当依照保险合同的约定，履行赔偿或者给付保险金义务。

保险人按照法定程序履行赔偿或者给付保险金的义务后，保险理赔就告结束。如果保险人未及时履行赔偿或者给付保险金义务的，就构成一种违约行为，按照规定应当承担相应的责任，即除支付保险金外，应当赔偿被保险人或者受益人因此受到的损失，这里的赔偿损失是指保险人应当支付的保险金的利息损失。为了保证保险人依法履行赔付义务，同时保护被保险人或者受益人的合法权益，明确规定，任何单位或者个人都不得非法干预保险人履行赔偿或者给付保险金的义务，也不得限制被保险人或者受益人取得保险金的权利。

第三节　保险基金及运用

一、保险基金的概念和特征

保险基金，是由专门的保险机构根据不同险种的保险费率，通过向参加保险的单位或个人收取保险费的方式，建立的一种专门用于补偿被保险人因受到约定的保险事件发生所致经济损失或满足被保险人给付要求的货币形态的后备金。

保险基金的主要特征如下。

1. 专用性

保险基金是保险公司专门用来履行保险合同所规定的赔付或给付义务的专项资金，保险基金的专用性是由保险基金筹集过程中的等价有偿原则所决定的，是保险公司实现保险的补偿职能和给付职能的前提条件，也是保险基金完整性、独立性和可靠性的保证。

2. 契约性

保险合同（契约）是一种法律文书，受法律保护。保险基金的筹集和支付受保险契约的制约，所以保险基金在履行经济损失补偿和给付义务方面就具有保证性、及时性和条件性的特点。

3. 互助性

保险经济的运行机制是受自千家万户，予之个别保户。也就是说，任何单位和个人根据自身转嫁危险的需要，交纳相应的保险费以换取保险保障，但是根据危险发生的大数法则，因灾害事故取得保险赔付的单位或个人毕竟是少数。保险基金的这种运行机制最充分地体现了人类为应付自然灾害和意外事故的互助共济思想。

4. 科学性

保险基金的科学性存在于保险费率计算的合理性。由于保险费率是根据大数法则和概率论原理厘定的，具有时间上和空间上的充分分散性。

5. 金融性

保险基金的金融性来自两个方面：①储蓄寿险中的储金部分；②保险基金中的总准备金部分。这两部分基金都是长期性闲置资金，而且都具有负债的性质，保险人必然要在金融市场上运用保险基金，使之构成融通资金的一个主要组成部分。

二、保险基金的来源

保险基金是以法定的或合同的方式，由作为被保险人的经济单位或个人交纳的保险费汇集而成的，因此，保险基金的主要来源实际上就是保险费。

（一）公共部门保险费支出

1. 公共部门保险费支出的来源

公共部门一般指政府机关、团体和事业单位，它们的经费来源是财政拨款，它们的保险费支出只能来源于社会净增价值的剩余（m）部分。

2. 公共部门保费支出的对象

1）公共部门商业保险费的支出

它包括以下3个方面。

（1）公共部门财产保险支出，包括公共部门所有的楼堂馆所、办公设施、通信设备、运输工具等财产保险。

（2）公共部门责任保险支出，包括公共部门的公众责任、公务责任、运输工具第三者责任、雇主责任等民事赔偿责任保险。

（3）公共部门人身保险支出，包括公务意外伤害险、旅行意外伤害险、特种人员（公检法、工商税务、城管环保、卫生检疫等执法部门的工作人员）意外伤害险等。

2）公共部门社会保险费支出

它包括以下2个方面。（1）公务员社会保险支出。政府部门的公务员一般不参加社会统筹保险，相当于社会保险项目的由国家另行规定，比如公务员退休养老采用退休金制公务员的社会保险费支出列入国家预算支出。

（2）社会保险统筹支出。这部分支出是指财政对社会保险的兜底部分，只有在社会保险费收入不抵支出时才有此项支出,即财政贴补部分。

3. 公共部门保险费支出的性质

公共部门上述两项保险费支出,应被认为是国家财政支出的公共消费部分。这部分支出不是为了满足公共需要就是为了“官办济贫”事业,对促进社会安定发挥着积极作用。

(二)居民个人保险费支出

1. 居民个人保险费支出的来源

这部分保险费支出可来源于社会总产品价值构成中的V和m两部分:一是物质生产部门的劳动者,他们的保险费支出来源于收入的V部分;一是非物质生产部门的劳动者或其他收入者,他们的保险费支出则来源于国民收入的m部分。

2. 居民个人保险费支出的对象

1)居民个人财产保险及附加险支出

它主要包括家庭财产保险、机动车及第三者责任险、盗窃险等。随着城乡居民收入的不断提高,居民个人拥有财产的数量与质量不断增长,这部分保险需求也随之增长。

2)居民个人人身保险支出

人身保险的种类繁多,有简易人身险、团体人身险、健康保险、年金保险、意外伤害保险等,随着我国居民收入的提高,这部分保险需求将呈上升趋势。

3)居民个人社会保险支出

居民个人社会保险支出,指实施社会保险条例的企事业单位的职工,按工资比例交纳社会保险费。个人社会保险费所占比例一般都很小。

4)居民个人职业责任险支出

个人职业责任险指医生、律师、会计师等自由职业者,由于职业上的过失或不当行为使他人遭受痛苦或经济上的损失所必须承担的民事赔偿责任,通过支出保险费的办法将风险转嫁给保险人。

3. 居民个人保险费支出的性质

居民个人保险费支出因对象不同而性质各异。

1)纯消费性支出

它包括财产保险、第三者责任险、意外伤害险、健康险、盗窃险等。

2)储蓄性支出

人寿保险中的储蓄性险种对于居民是一种投资行为,此类保险单可视为金融资产,寿险市场可归为资本市场,该类保险费支出受市场利率、通货膨胀、机会成本与流动性偏好等影响,波动性较大。

3)工资税性质的支出

居民个人社会保险支出部分,因是强制性保险,并按工资额比例征收,故带有税收的性质。其中,用于养老金部分的带有储蓄的性质,用于医疗等方面的则为消费性支出。

4)营业成本性的支出

自由职业者的职业责任保险等,应纳入他们的生产成本或服务成本范围内的保险费支出。

(三)企业保险费支出

1. 企业保险费支出的来源

企业保险费支出来自企业净增价值 m 部分,职工的一部分剩余劳动是企业保险费的源泉。由于企业是以收抵支的经济核算单位,保险费支出在成本中列支,由销售收入补偿。

2. 企业保险费支出的对象

1)企业财产保险和责任保险支出

财产保险包括固定资产保险和流动资产保险,以及与之相联系的预期利润保险和费用损失保险等,责任保险有雇主责任、营业责任、产品责任、第三者责任等民事赔偿责任保险。这部分支出相当于马克思扣除原理中第一部分的第三项扣除,用来应付不幸事故和自然灾害等。尤其是财产保险费支出是为了维系社会再生产的继续进行。

2)企业社会保险费支出

这部分支出是企业根据法律或条例要求,为本企业职工的医疗保健、失业补偿、退休养老等所必须交纳的费用,可归入马克思扣除原理中的第二部分第三项保证职工病有所医、老有所养。

3. 企业保险费支出的性质

1)纯消费性支出

企业财产保险、责任保险、医疗保险、失业补偿等保险费支出均为纯消费性支出。

2)储蓄性支出

企业为职工养老保险所支出的社会保险费属于储蓄性支出,这部分支出带有强制性、统筹兼顾性、保障性等特征,而且往往以企业工资总额作为计算标准。

3)不追加商品价值的非生产费用

(1)保险费支出表现在它在单个资本循环中并没有被消费掉,只是由保险公司聚积起来形成对个别资本价值损失的赔付基金。这一特征与其他非生产费用不同,其他非生产费用不是在生产中就是在流通中被消费掉。

(2)保险费支出并没有被转移到产品价值中去,即不追加商品价值。因为“平均化的损失仍然是损失”,既然是损失就只会增加成本而不增加商品价值。

(3)保险费支出是对预付资本价值所做保障的代价,其目的在于预付资本的使用价值遭到意外损失时恢复其价值。

(4)保险费支出是对预付生产资本的一种扣除,它既不执行生产剩余价值的机能,也不执行实现剩余价值的机能。

(5)保险费支出作为预付资本的一部分计入生产成本,是资本化了的一部分剩余价值。

马克思指出：一部分剩余价值，作为总利润的一部分，必须形成一个生产保险基金。这个保险基金是由一部分剩余劳动创造出来的，就这一点说，剩余劳动直接生产那种要用在再生产上的基金。通过以上 5 点分析，明确了企业保险费支出是一种不追加商品价值的非生产性费用，是一种平均化了的损失，是对剩余价值的一种扣除。尽管它作为预付资本的一部分计入生产成本，从出售商品的收入中得到补偿，但它是垫支在先补偿在后，一点也不会改变来源于剩余价值这一事实。因此，保险费支出会通过商品价格最终转嫁给消费者负担的看法是错误的。也正是因为保险费从商品价格中得到补偿，所以，一旦资本主义生产和与之相连的保险事业发展起来，风险对一切生产部门来说实际上都一样了，风险较大的部门要支付较高的保险费，但会从它们的商品价格中得到补偿。

三、保险基金的运用

保险资金运用是保险企业在经营过程中，将积聚的各种保险资金部分用于投资或融资，使资金增值的活动。保险人通过资金运用增强自身竞争能力，同时也使保险企业从单纯的补偿机构转变为既有补偿职能又有金融职能的综合性企业，为金融市场增添了活力。保险资金是保险企业偿付能力的保证，从一定意义上讲，保险资金只能运用于补偿被保险人的经济损失，不能用于其他方面的投资。但是保险资金在其运动过程中具有三大特征，即负债性、间歇性和不定性，这些特性赋予了保险人极其有利的投资条件。保险资金运用要遵循安全性、流动性、收益性原则。

1. 保险资金运用原则

1）安全性原则

安全性原则是保险资金运用的首要原则。因为保险基金是保险人对全体被保险人的负债。从数量上看，保险基金总量应与未来损失赔偿和保险给付的总量一致，若不能安全返还，必将影响保险企业的经济补偿能力。为保证保险资金运用的安全，保险人一定要做好投资预测，选择安全性较高的投资项目，以小额、短期、形式多样化来分散风险，增加投资的安全性。

2）流动性原则

保险具有经济补偿的功能，保险事故的发生又具有随机性特点，这就要求保险资金运用要保持足够的流动性，以便随时满足保险赔偿和给付的需要。保险人应根据不同业务对资金运用流动性的不同要求，选择恰当的投资项目。

3）收益性原则

保险资金运用的主要目的就是赢利。赢利能给保险人带来企业效益，增强保险企业的偿付能力。这就要求保险资金运用中选择高效益的投资项目，在一定风险限度内力求实现收益最大化。

以上三原则相互联系，相互制约。其中收益性是主要目的，而安全性、流动性是资金运用赢利的基础。稳健的资金运用，应该首先保证资金的安全性和流动性，在此基础上努力追求资金运用的收益性。

2. 保险资金运用形式

1)债券

债券是国家或企业信用的一种形式。按发行者不同分为公债和公司债。保险企业可针对不同业务的特点,投资于长期债券或短期债券。

2)股票

股票一般分为普通股和优先股。优先股同时具有债券和普通股的特点,有固定的收益率,风险比普通股小,较适合保险投资。

3)不动产

不动产投资在各国保险业中非常普遍。优点是便于对资产项目进行管理和控制,且营利性和安全性较好,但流动性差,故各国保险法对其严加限制。

4)贷款

保险人发放的贷款一般为抵押放款,即以不动产、有价证券或寿险保单为抵押的放款,安全性较好。

5)银行存款

银行存款是保险公司存放在银行,获取利息收入的资金。银行存款以银行作为保险资金的投资中介,保险公司承担的风险较小,安全性较高,但收益相对较低,在一般情况下不可能成为真正意义上的投资利润。

6)投资基金

投资基金是指汇集不特定多数且有共同投资目的的投资者的资金,委托专业的金融投资机构进行组合投资,以实现风险的分散和降低,共同分享收益的一种集合投资方式。

7)资金拆借

资金拆借是指具有法人资格的金融机构之间或具有法人资格的金融机构与经法人授权的非法人金融机构之间进行的短期资金融通。资金拆借包括资金拆入和资金拆出。

8)金融衍生工具

金融衍生工具是随着金融市场发展而出现的新兴产品,主要包括期货、期权、互换等。期货和期权可用来抵消现有资产组合的风险,锁定将来保费收入和投资的当期收益率。

3. 保险基金运用的结构

中国保险监督管理委员会2010年颁布的《保险资金运用管理暂行办法》第十六条规定:“保险集团(控股)公司、保险公司从事保险资金运用应当符合下列比例要求:(一)投资于银行活期存款、政府债券、中央银行票据、政策性银行债券和货币市场基金等资产的账面余额,合计不低于本公司上季末总资产的5%;(二)投资于无担保企业(公司)债券和非金融企业债务融资工具的账面余额,合计不高于本公司上季末总资产的20%;(三)投资于股票和股票型基金的账面余额,合计不高于本公司上季末总资产的20%;(四)投资于未上市企业股权的账面余额，不高于本公司上季末总资产的5%；投资于未上市企业股权相关金融产品的账面余额，不高于本公司上季末总资产的4%，两项合计不高于本公司上季末总资产的5%；（五）投资于不动产的账面余额，不高于本公司上季末总资产的10%；投资于不动产相关金融产品的账面余额，不高于本公司上季末总资产的3%，两项合计不高于本公司上季末总资产的10%；（六）投资于基础设施等债权投资计划的账面余额不高于本公司上季末总资产的10%；（七）保险集团（控股）公司、保险公司对其他企业实现控股的股权投资，累计投资成本不得超过其净资产。"

4. 保险基金运用的意义

1）促使保险业务既成为聚积资金的手段，又实现组织经济补偿的目的

保险公司以保险业务为手段聚积保险基金，把长期性资金运用于投资以增加盈利。反过来，营利目的促使保险公司不断开拓新险种、扩大承保面、防灾防损以减少赔付支出，从而求得聚积更多的资金实现其融通资金职能，支援国民经济建设。

2）缓解保险费率与利润之间的矛盾

当保险公司的管理费用相对稳定时，保险公司的费率开价高低与利润成正相关关系。当然，降低费率还可以通过扩大承保面、减少费用支出、防灾防损等途径实现。但是，保险公司必须考虑危险的偶然性对其利润的影响，所以不可能轻易降低费率。另一方面，由于保险市场竞争和刺激保险需求必然引致保险费率下降，其结果是保险公司直接业务的利润下降，甚至降到临界点以下。在这种情况下，保险公司只有通过其间接业务（投资业务）来获取厚利以保证资本的合理利润，甚至在抵补直接业务亏损后还能获取资本的合理利润。

3）推动保险公司积极开发寿险业务

人寿保险期限一般为5~20年，可为保险公司提供长期性资金。由于寿险市场和储蓄市场具有共性，使它们能够相互替代，况且储蓄期限相对比较短，储户动用存款相对灵活，预防通货膨胀损失的机动性相对强。但人寿保险的收益如果仅相当于储蓄收益，那么它尽管附有保险因素，可在替代竞争上它仍然处于劣势。因此，寿险准备金的保值增值就不能依靠银行存款利息，保险公司本身应自主地运用资金和投资取得收益，以提高寿险的预定年息率，给被保险人尽可能高的效益。寿险公司的生命力在于取得资金与运用资金，为了取得资金，寿险公司就得不断开发新险种以满足不同的需要。

第四节　保险经营中的风险

一、保险经营风险的概念和特征

保险经营风险是指保险在经营过程中的各种风险因素。

保险公司是集散风险的中介。它通过收取保险费，分散风险，同时把客户的风险损失概率集中在自己的身上，当保险事故发生时履行赔付义务或给付义务。保险公司这一特有的运行机制决定了其经营风险有如下特征：

1. 射幸性

保险的风险是一种不确定的风险，这种风险的发生在时空上和损害程度上都是不确定的。因此，就单个保险合同而言，有时保险公司收取了保费而用不着赔偿（履约终止的寿险合同除外），有时则要上百倍、上千倍、上万倍地赔付。保险合同的这种射幸性既给保险公司创造了盈利机会，又给保险公司的经营带来了极大的风险。

2. 非控性

保险标的是风险作用的对象，而保险标的又是在投保人或被保险人控制之中，保险人所承担的风险责任基本上都是外在的风险，诸如自然灾害、道德风险、意外事故、伤病死亡等，这些风险都不是保险公司所能控制的。保险公司的防险防灾固然重要，但只能是对保险标的的安全起外部的警示或监督作用，推动投保人或被保险人加强风险管理。而且，有些风险是不可抗力的，如自然风险、突发性疫病等，都是不可控的。

3. 突发性

保险事故的发生都是意外的和偶然的，因而都是突发性的。有些巨灾风险积累到一定程度，其出险已是不可避免，像1998年的长江特大洪灾，其事前是难以预料的，对保险事故来说也是意外的。突发的保险事故，损失严重，往往要求保险公司持有的资产必须具备充分的流动性。

4. 联动性

由于保险公司的保险业务与融资业务具有相互渗透、互动发展的关系，因而保险公司的投资风险与承保风险也就具有了联动关系。比如，保险公司为了取得可供投资的资金来源，不惜降低费率以增加保费收入；另一方面，为了抵补承保利润的损失或承保业务的亏损，追寻高收益投资，从而增加了投资的风险倾向。

二、保险经营风险的分类

1. 承保与理赔风险

1）承保与核保风险

承保与核保是保险业务经营的第一环节，其质量的好坏直接对保险公司的经济效益与社会效益产生重要影响。但是在委托代理关系中，由于保险公司层层设置机构，经理人员与实际业务操作人员的信息交流十分有限，业务人员在负责承保与核保时，可能明知保险标的不符合承保要求，但为了实现自身效用最大化而盲目承保，加大承保风险。从动态的发展眼光来分析，比如说解约风险，看起来属于保险理赔阶段的工作，实际上却是保险公司承保与核保质量不高所造成的。

2）理赔风险

随着保险公司的增多，投保人选择保险公司的余地较大，投保人和被保险人可能在理赔环节上与保险人展开利益的争夺。也就是说，投保人或被保险人可能要求保险人对除外责任进行保险赔偿，即通融赔付。业务人员理赔时，可能不按理赔程序办事、收受贿赂，加大了理赔风险。理赔环节的逆选择与道德风险的发生，直接为保险诈骗风险的产生提供了可乘之机，这样的损失的最终支付者是保险公司的其他客户。

2. 道德风险

道德风险就是由于投保人、被保险人或受益人道德上的原因而做出的某些行为给保险公司经营所带来的风险。道德风险的两大表现形式就是对保险公司进行欺诈和逆选择。道德风险会给保险公司的经营造成极坏的影响，致使公司赔付增多，利润下降，影响保险公司的正常经营和偿付能力，最终也会影响到其他保户的正当权益。

3. 投资风险

经理人员只是保险公司的经营者，而不是所有者，他对经营成果不拥有所有权，也不需要承担经营亏损的责任，为追求高利润，他们可能会盲目投资，造成一些非系统性风险。另外，一些保险的系统风险如商业周期风险、利率风险、汇率风险、政治风险、政策风险等等，虽然是保险公司不可控的，但也会因为盲目投资而加大损失程度。

4. 市场竞争风险

市场竞争风险主要是保险公司之间的价格竞争，出现恶性竞争往往是因为经理人员为了考虑自己任期内的业绩从而采取粗放式经营方式，盲目扩大机构，加大恶性竞争风险。恶性价格竞争给保险公司带来了极大的经营风险，严重威胁着公司的偿付能力。

三、保险经营风险的防范与化解

1. 建立科学的核保规则

保险公司应建立保险险种的规则和险种的行政管理规则。关于保险产品的核保规则就是要充分意识到保险公司制定的保险产品的特征，并据此特征对不同保险产品进行不同的核保。保险公司必须建立起一套行之有效的核保规则，制定核保规则，提高核保人员素质，并配套行政管理系统，使核保工作落到实处。

2. 承保前选择和承保后选择双管齐下

在承保前选择过程中，保险公司核保人员一方面要告诫代理人员对投保人员做初步的取舍，另一方面核保人员必须充分掌握资料和信息，对代理人初步筛选的投保人做出承保决定。当投保人、核保人员认为使用“标准风险”时，则以标准费率签发保单；而当投保人认为比“标准风险”高或低时，则按统一的核保标准规范费率或微调幅度，给予相应的费率配套调整。

3. 合理定价保险产品

一般而言保险公司在定价保险产品时是根据以往的数据和经验，考虑预期经营成本和预期损失等因素及保险公司和投保人双方利益，做到充分性、合理性和公平性。尽管费率自由化是发展趋势，但由于我国保险业发展历史较短，风险损失信息的不完全性尤为突出，恶性竞争仍然存在，保险监管部门严格监管费率，对防范保险公司费率风险，保护被保险人的利益十分重要。

4. 防范巨灾风险，建立利率波动准备金

应对巨灾风险的一种方法是提取总准备金。为了保证保险业务经营的稳定性和组织经济补偿的需要，保险公司从每年利润分配后的余额中提取一定比例的资金建立总准备金，并逐笔积累，以应付巨灾发生时弥补亏损之用。严格来讲，总准备金是财产保险领域的准备金之一，是构成保险公司偿付能力的重要内容。

5. 依法治“诈”，降低理赔风险

保险欺诈的道德危险主要存在于保险关系中被保险人一方，在这方面，保险公司实际上处于被动地位。随着保险业的发展，保险欺诈已经逐渐成为一个严重的社会问题，不仅令保险公司备感担忧，也使保险业本身面临尴尬的境地。鉴于保险诈骗主要体现在理赔过程中，保险公司以《保险法》及实施细则为理赔指南，严格遵循保险理赔程序和工作内容；规范保险合同的有关条款，减少模棱两可的条文和词句，减少理赔双方为此可能产生的利益冲突；定期或不定期总结交流理赔工作难点和棘手问题，分析案情，总结经验，提高办案素质；尽力杜绝“通融赔付”的发生，建立系统规范的理赔章程，同时，不定期对理赔工作进行督察检查，针对通融赔付的案件建立一套审批制度。

保险公司的稳定经营不仅涉及保险公司自身的可持续发展，而且涉及金融业乃至其他行业的风险抵抗能力高低。它具有稳定社会、促进资金聚集，推动经济增长等重要职能。在经营上，保险具有金融行业特有的脆弱性和敏感性。随着经济金融全球化、自由化和市场化的发展，全球经济发展的影响速度不断提高，冲击性不断增强，如何在该背景下有效防范控制保险企业的经营风险，已成为保险业实现可持续发展的核心问题。因此保险公司经营风险的防范必须引起重视。

复习思考题

1. 简述保险经营的理念与目标。
2. 保险经营的特殊原则有哪些？
3. 简述保险经营的环节。
4. 保险基金的来源有哪些？

5. 简述保险经营中的风险。

6. 如何应对保险经营中的风险？

案 例 分 析

2016 年上半年，非上市财险公司年报披露拉开帷幕，当时共有六家财险公司披露了年报，分别是 A 保险公司安华农险、B 保险公司诚泰保险、C 保险公司鑫安车险、D 保险公司中银保险、E 保险公司紫金财险以及 F 保险公司中原农业。

不过，无一例外的是，这六家财险公司的车险承保业务全部处于亏损状态，这与上市的“老三家”（人保财险、平安产险和太保产险）的车险承保全部实现承保盈利的情形截然相反。

分析问题：结合保险经营原理，分析为什么上市与非上市财险公司存在如此大的区别？

查阅这些财险公司的车险保险业务发现，2015 年，A 保险公司取得保险业务收入 39.79 亿元，实现净利润 8 757.6 万元。从具体的承保业务来看，其车险保费为 18.35 亿元，车险承保利润为 -1.3 亿元；B 保险公司 2015 年实现保险业务收入 7.93 亿元，净利润为 1528.1 万元，其车险保费收入为 4.12 亿元，承保利润为 -1.8 亿元；C 保险公司 2015 年实现保险业务收入 4.19 亿元，净利润为 1 124 万元，其车险保费收入为 2.6 亿元，承保利润为 -7 747 万元；D 保险公司 2015 年取得营业收入 50.45 亿元，实现归属于母公司所有者的净利润 2.37 亿元，其车险保费收入为 19.37 亿元，承保利润为 -3.69 亿元；E 保险公司 2015 年的保费收入为 42.27 亿元，实现净利润 1 亿元，其车险保费收入为 33.9 亿元，承保利润为 -2.9 亿元；F 保险公司 2015 年 5 月开业，去年实现保险业务收入 7 540 万元，净利润为 -5 041 万元，其车险保费收入为 173.32 万元，承保利润为 -346.72 万元。

与非上市财险公司形成鲜明对比的是，三家上市财险公司的车险承保业务皆取得了较好的承保利润。其中，人保财险 2015 年取得车险保费收入 2 042.66 亿元，承保利润为 73.86 亿元；平安产险 2015 年取得车险保费收入 1 309.8 亿元，承保利润为 13.21 亿元；太保产险取得车险保费收入 749.6 亿元，承保利润为 13.73 亿元。

因此，非上市财险公司和上市的“老三家”的车险承保业务呈现相反的情况，主要是车险经营规模的差异化以及保险经营管理的差异化导致的。

第九章

保险监管

第一节　保险监管的概述

保险监管在国民经济中的重要地位和作用,各国大多采用比较严格的监管制度,以维护市场的效率、公平和稳定。当前,随着金融全球化和一体化的发展趋势,保险监管更需要不断创新监管理念,建立科学的监管体系和监管工具。

一、保险监管的概念

保险监管是指一个国家对本国保险业的监督管理。一个国家的保险监管制度通常由两大部分构成:一是国家通过制定保险法律法规,对本国保险业进行宏观指导与管理,在我国,具体的监管部门分别是中国银行保险监督管理委员会、人力资源和社会保障部;二是国家专门的保险监管职能机构依据法律或行政授权对保险业进行行政管理,以保证保险法规的贯彻执行。保险监管是控制保险市场参与者市场行为的一个完整系统,在该系统中,保险监管的主体包括国家立法、司法和行政部门,监管对象包括保险业务本身以及与保险业相关的其他利益组织或个人。

保险监管体系包括了保险监管法规、保险监管机构、保险行业自律和保险信用评级四大部分。

(一)保险监管法规

保险监管法规又称保险业法,是指调整国家对保险业进行管理过程中所形成的权利和义务关系的一种法律规范。尽管各国保险监管法规在形式上有所不同,但其内容基本一致,主要包括:保险业务许可;保险企业组织形式;最低偿付能力;保险准备金;再保险安排;保险资金的运用;保险企业的资产评估;会计制度;审计制度;财务报表;破产和清算;保险中介人的管理等法律规定。

(二)保险监管机构

不同国家的保险监管机构有着不同的称谓和形式。从国际上看,保险监管机构大致可分为两类:一类是直属政府的保险监管机构;另一类是在直属政府机构下设立保险监管机构,执行保险监管的部门隶属于财政部、商业部、中央银行或金融监管局等。我国保险监管机构是中国银行保险监督管理委员,简称银保监会。银保监会根据国务院授权履行行政管理职能,依照法律、法规统一监管中国保险市场。

1. 保险行业自律

保险行业自律即保险行业自我管理,是指保险行业通过建立行业公会等行业组织形式,在遵守国家对保险业管理法律法规的前提下,对保险行业内部相互关系进行的自我约束和协调。

以保险同业公会或保险行业协会为基本形式的保险行业自律组织,具有非官方性,是保险人或保险中介人自己的社团组织,其作用主要包括:对政府有关保险业立法施加影响;协调会员在市场竞争中的行为规范;制定供市场统一使用的保单及其费率最低标准等。

2. 保险信用评级

保险信用评级是指保险信用评级机构利用保险市场公开信息和部分保险企业内部信息,通过加工并出售保险信息产品的方式,为保险市场参与者提供服务的一种制度。保险信用评级制度增加了保险市场的透明度,同时能够降低监管成本,提高监管效率,并为市场参与各方,特别是为保险监管部门提供预警信号,从而减少监管失误。

二、保险监管的原因

(一)从保险交易角度考虑

1. 保证保险人的偿付能力

提高保险人的偿付能力是保险监管最重要的目标。偿付能力使保险交易的结果具有确定性和可预测性。

(1)作为个人的被保险人在交易中无法实现真正的自我保护。保险只不过是一种有待将来履行的、视情况而定的承诺。该承诺的最大价值莫过于保险公司做其后盾。这个承诺能否兑现关键在于保险公司。普通的消费者无法衡量或监视保险公司的偿付能力。保险核算和精算程序都具有极强技术性,因此只好由政府来代表公众监督保险公司的偿付能力。

(2)如果保险人没有偿付能力,被保险人面临的问题将相当严重。保险人无偿付能力可能引起诸多的潜在后果,如毁坏的房屋无资金修复、孤寡儿童无人供养等。保险公司的破产所引起问题的广泛性和严重性正是公众和监管部门对保险人偿付能力倍加关注的原因。

(3)保险公司特别是寿险公司对相当数量的顾客存款负有责任。法律上,保险人和被保险人的关系可比作债务人和债权人的关系,但是这种关系更像银行和储户之间的信用委托关系。受托者的活动受到严格要求的限定,因为他们是在公众信任的基础上运作的。保险公司的操作和受托人相似,所以保险人的偿付能力是公众监管的一个目标。

2. 平衡保险买卖双方知识水平和议价能力

保险人相对于普通的消费者具有强大的专业技术优势。例如:大多数被保险人不了解保险单和销售保险单的保险人。当损失理算中发生冲突时,很多投保人认为承保人不公平。因此,保险监管的目的之一就是补偿这种不平衡性。

完全竞争的市场模式要有信息灵通的买方和卖方。如果市场偏离这一理想模式,竞争就会恶化,问题则随之产生。竞争恶化的表现之一,就是相同产品存在的不同价格。明智的消费者不会为劣等的产品多付价款。不幸的是,尽管存在监管,但是在当今的保险市场上,我们仍不能避免这样的情况发生。

保险人与被保险人之间的这种知识的不平衡。一是由于保险合同的复杂性。大部分保险合同都很长,而且其中的措辞只有律师可以理解,而普通大众却难知其解。这就需要对保险市场进行监管,通过在保险市场上消除内在的不公平的保险合同,防止一些不道德的保险人利用消费者相对不明智的优势来欺骗被保险人。二是基于保险是一种无形产品的事实。这样对消费者来说,除非问题已经发生且为时已晚,否则很难评价保险产品的优劣。因此,管理者或监管者必须提供帮助。

3. 规范价格

在市场中,大多数商品和服务按照供需法则,通过竞争决定价格。虽然理想的完全竞争不易实现,但在我们的经济中,通常可以取得一个满意的水平或可行的竞争状况。然而,在保险市场上,竞争未必都有利于消费者。

保险业竞争的问题之一,就是保险人要在保险成本完全实现之前确定价格。如果设置保费时保险人高估了成本,保险公司就赚取了更多利润。如果过低估计了成本,保险公司最终可能会丧失偿付能力。消费者或为了取得保障而支出较多的保险费,或购买定低了价格的保险而节约保险费。两者相比,后者在保险公司丧失偿付能力时,他们所面临的情况会更糟。然而无论如何,在以上两种情况中,消费者都不会获得最大利益。

4. 促进实现社会目标

一些保险法规的制定是为了促进实现社会目标。例如,使更广泛负担得起的人可购买到保险,消除不尽如人意的歧视。这个观念促使很多地区通过立法的形式强迫保险人承保那些有可能被拒绝承保的投保人,甚至强迫保险公司采用比原来更低的费率。

对某些险种保险公司通常拒绝承保,如贫民区财产、不良驾驶记录司机或艾滋病病毒携带者,这意味着有一批人不能购买私人保险或买不起保险。我们可以假定,可广泛购买保险的社会目标优于诸如保险人自由签约的其他目标。然而,如果强迫保险公司以过低的费率来承保太多的高风险保单，就会使保险的广泛有效的社会目标与保持保险人偿付能力的目标相矛盾。同样的，如果法规强迫保险公司忽略正当有效的核保标准，以实现其社会目标，诸如使社会更加公平等，毫无疑问这样做的结果造成的人为补贴，将与对所有被保险人的公平目标相冲突。

（二）从经济学角度考虑

对保险业进行监管主要是为了维护市场配置资源的有效性，避免市场失灵，以追求社会福利最大化。因为在现实生活中往往存在市场失灵的情况，市场无法依靠自身的力量克服，需要外部力量的介入。

1. 市场存在垄断

根据西方经济学的一般概念，在完全竞争市场中，资源在“看不见的手”的支配下能自动实现全社会的最优配置。但这是在严格的假设条件下才能实现的，而这些条件在现实中是难以满足的，因此资源配置总是存在一定的无效性。事实上，目前世界各国的保险市场都不同程度地存在市场支配力现象，即一个或多个销售者具有影响他们所交易商品或服务价格的能力。在垄断条件下，保险公司通过制定高于其边际成本的价格，以牺牲消费者利益为代价，实现个别企业的高额垄断利润。

从整个社会的角度来衡量，我们有必要对市场行为加以干涉，以实现帕累托改进，即在不损害其他人利益的前提下，考虑如何增进部分人的利益。

2. 信息不完全

信息不完全表现为交易双方信息不对称、市场信息缺乏或者信息获得成本过高等。所谓信息的不对称性，是指交易方拥有另一方缺少的有关信息，包括事先信息不对称和事后信息不对称两个方面。

1）事前信息不对称

交易双方事先信息不对称的例子是次品市场，其所产生的后果是逆向选择。作为保险销售者，他对保险产品的了解比保险购买者多，而个人和小企业等保险购买者也无力评估和监督保险企业的财务状况，从而有可能导致问题发生；而保险购买者对自身情况的了解往往多于保险销售者，因此他们就有可能以低于合理保费的价格取得保险，这种倾向叫作逆向选择，例如知道自己可能生病的人投保健康保险的可能性就会大于健康的人。缺乏充分信息会使保险人难以准确判定每个人适合什么水平的保费，从而给保险经营带来问题。

2）事后信息不对称

交易双方事后信息不对称的例子是委托人—代理人问题（在信息经济学中，委托人—代理人关系泛指信息不对称的交易，具有信息优势的一方是代理人，另一方是委托人），它所产生的后果是道德危险，表现在保险市场上，即个人行为由于受到保险保障有发生变化的倾向。对此，在发展较为成熟的保险市场上，保险人实行较有约束力的措施控制被保险人的行为。国家没有以监管人的身份直接介入，而是依靠保险人设立的约束机制实现控制不对称信息造成的不利后果。因此，国家保险监管部门一方面要尽力提供信息传递渠道，减少信息不对称性；另一方面，需要采取法律手段控制道德危险，减少信息不对称造成的不利结果，尽力维护处于信息弱势一方的利益。

3. 存在外部效应

外部效应指一个经济行为主体的经济活动对另一个经济行为主体的福利产生的效应，但这种效应并没有通过市场交易体现出来。

完全竞争市场要求成本和效益的内在化，产品生产者要负担全部成本，同时获取全部收益。但由于外部效应的存在，使得私人的成本收益与社会成本收益不完全相符，这种利益的偏差使得资源不能实现最有效配置，从而导致无效经济。当出现正外部效应时，生产者的成本大于效益，他们得不到应有的效益补偿，从而导致商品提供不足；当出现负外部效应时，生产者的成本小于效益，受损者得不到损失补偿，生产者可能提供过多商品，因而市场竞争就不可能形成理想的效率配置。保险本身是一种社会共济机制，保险公司的经营建立在大数法则基础上，集合了众多危险单位，一旦公司丧失偿付能力、以各种手段损害被保险人利益，那么其对社会稳定和经济发展的破坏性就是巨大的。从交易成本角度看，外部性是无法通过市场机制的自发作用消除的，因此需要市场之外力量的介入来限制这种负外部性的影响。

4. 保险业的特殊性

主要表现在保险经营和保险合同方面。保险经营具有负债性、保障性和广泛性等特点，保险公司收取大量保费建立保险基金，是对被保险人的负债。保险基金的基本职能是补偿经济损失或给付保险金，并通过补偿和给付来保障社会生产和人民生活的安定。因此，如果保险公司因经营不善而导致亏损或倒闭，不仅损害保险公司的自身利益，更损害了广大投保人和被保险人的利益，甚至会因金融体系的脆弱性而引发金融危机，从而对社会经济造成严重破坏。保险合同本身的特殊性决定了购买者在购买保险产品前是无法进行取样或运作来观察决定的，其期限一般较长，购买保单与发生损失之间也可能存在一个较长的时间差，购买者不能在保单持有期内长期对保险公司的偿付能力进行跟踪监视。

（三）从保险行业自身看

综观世界各国，无论是经济发达国家还是发展中国家，无论是崇尚自由经济的国家还是政府积极干预经济的国家，无不对保险业实施监管。保险监管之所以具有国际普遍性，这主要是由保险行业本身的特点所决定的。

1. 保险业涉及公众利益

与银行业类似，保险业涉及众多家庭和企业的安全对保障问题。从范围上看，一家保险企业涉及众多家庭和企业的安全保障问题；从期限上看，一家保险企业可能涉及投保人的终生生活保障。一旦一家保险企业经营失败，众多家庭和企业将失去保障，众多被保险人的晚年生活可能失去保障，并造成社会震荡。保险业的这一特点，使之不适应一般工商企业的自由竞争机制，即用市场的力量优胜劣汰，任保险企业自生自灭。为了维护众多家庭和企业的利益,保证社会稳定,政府应将保险业置于其监管之下,而不是任其破产、倒闭。

2. 保险业具有很强的技术性

保险业的经营有很强的技术性,保单条款的制定、费率的计算都需要专业人员。投保人在投保时,保单的条款和保险费率都是由保险人设计好的,投保人可能很难辨别这条款和费率是否公正。因而保险监管机构需对保单条款和费率水平进行审核,以保护投保人的利益。

3. 保险业是易于产生过度竞争的行业

保险企业的经营一般来说,不需要很多的固定资产投入,雇用较多的员工。如果政府不规定市场准入者的标准,则社会上可能有很多资格很差的人(或机构)投资于保险业,造成保险业过度竞争,结果可能造成破产现象频频发生。保险监管机构则应根据市场供求情况,对保险市场的介入者提出一定的资格要求,限制保险业的自由出入。

4. 保险监管有利于促进民族保险业的发展

对保险业实施有效监管是发展本国民族保险业,保证其与国际保险业接轨的需要。要通过实施有效地监管,引导保险业的正确发展方向,及时发现问题,规范保险业活动,不断改善保险业的经营管理水平,促进保险业健康、快速的发展。

三、保险监管的主要理论

(一)"公共利益"理论

公共利益理论属于规范经济学的范畴。该理论认为监管的存在是为了保护消费者免遭侵害,是服务于公共利益的。该理论的基本出发点是政府是为了矫正市场失灵而存在的,其目标是追求经济效益最大化。该理论假设政府会为全体公众利益服务,会超脱于各种利益集团的冲突。

(二)"私人利益"理论

不同于"公共利益"理论,"私人利益"理论属于实证经济学的范畴,认为监管的存在是为了私人团体的利益。监管者是自利的,他们会在监管活动中会不断追求政治支持的最大化。一方面,为了获得业界的资金支持或其他支持,监管者在监管活动中可能会偏向业界利益;另一方面,为了获得消费者的支持,监管者可能又会压制保险产品价格,即使从长远看这样做可能是有害的。

最有名的"私人利益"理论是"捕获理论",意即监管常常为被监管的业界的利益服务。施蒂格勒(1971 年)以及加德纳和格雷丝(1993 年)等学者指出,组织严密、资金雄厚的特殊利益集团会为自身利益不断去"寻租",即对监管行为施加影响。寻租行为本身是非生产性的,它们会造成社会福利的净损失及市场扭曲,从而降低社会效率。保险业中的特殊利益集团包括保险公司、再保险公司、代理人、银行、证券公司,经纪人以及为行业参与者提供服务的各种公司。消费者因分散、不易组织,一般来说较难形成特殊利益集团。值得注意的是,特殊利益集团在监管者提出政策建议时,往往说是为了公众的利益,这时需要监管者做出一个判断,对监管者来说也是一个挑战。

(三)“经济管制”理论

迈那(1988)认为监管是不同私人利益集团在现有政治和行政管理框架内,相互讨价还价而达成的结果。利益集团包括消费者、监管者、立法者、司法者及被监管的业界。不同的利益集团的政治资源不同,对于不同的监管事件,讨价还价的结果也会不同。

政府通常宣称它愿意并且能够矫正市场失灵,但是正如市场失灵不可避免一样,政府失灵同样在所难免。造成政府失灵的一个原因是政府雇员可能缺乏彻底、公正地为公众利益服务的动机。比如,有的监管者经不起寻租者的诱惑被“捕获”了,开始滥用职权。而且,即使政府雇员有纯正的动机为公众利益服务,同样也可能存在政府失灵问题,因为政府同样存在信息不及时不准确问题。所以对监管者来说,制定正确的目标并非难事,但如何达到目标,如何及时发现问题、解决问题则是一件非常复杂的事情。

第二节　保险监管体系与方式

一、保险监管机构

国家的保险监管制度主要是通过其所设立的保险监管机关行使监管权力,实施保险监管职能来实现的。

1. 保险监管机构的概念

保险监管机构是指由国家政府设立的专门对保险市场的各类经营主体、保险经营活动进行监督和管理的机构,是依法履行保险监管职责的行政机构,即监管主体。它一般由财政部、商业部、工商业部或司法部等政府部门来承担。也有一些国家设有专门的保险监管机构。

事实上一个国家的保险监管机构是否有效,要取决于监管机构的职责及监管的范围、方式和方法等诸多因素。监管主体是一国历史和国情的产物,没有统一的格式,也不是一成不变的。

2. 保险监管机构的类型

1)单一制的保险监管机构

单一制的保险监管机构,就是国家成立单一的保险监管机关对全国范围内的保险市场实施统一的监督和管理。

2)双轨制的保险机构

双轨制的保险监管机构,则是指中央政府和地方政府分别设立保险监管机关,在各自的监管权限范围内分别行使保险监管权力的保险监管体制。

二、保险监管体系

保险监管体系有广义和狭义之分。狭义的保险监管主要为政府机构,即保险监管部门;广义的保险监管,是从服务现代保险市场发展的需要出发,现代保险监管体系的基本框架表现为三个方面,即政府对保险的监管是保险监管的基础,保险行业自律是保险监管的补充,社会监督是保险监管有效的辅助工具。被监管者即监管对象,包括保险人和保险中介。

1)政府保险监管

保险监管职能主要由依法设立的保险监管部门行使。国家对保险业的监管一般是由立法机构、司法机构和行政机构分层次运作的。

A. 立法机构

立法机构通过颁布法律,建立保险监管的法律基础和法律体系,明确执行保险法律的监管机构及其法定的职责范围。监管事项大多包括:①各类保险和再保险机构的设立和执照许可;②代理人和经纪人的执照许可;③保险费率的登记或审批;④投保书和保单格式的登记或审批;⑤对未经授权的保险行为和不公平交易行为的制裁;⑥保险人的财务报告、财务审查以及其他财务要求;⑦保险机构的整顿和清算。

B. 司法机构

法院在保险监管活动中扮演着重要的角色:①解决保险人和保单持有人之间的争议;②通过颁布支持保险监管机构的命令和判定违反保险法律行为的民事或刑事责任,以保证保险法律的实施;③处理保险人和保险中介人的有关申诉。

C. 行政机构

保险监管的具体职责由国家行政机构来履行,由于保险的复杂性,立法机构往往授权具体的行政机构来实施对保险业的监管。经立法机构授权执行保险法律的机构一般享有广泛的行政权、准立法权和准司法权。

2)保险行业自律

保险行业协会是保险人或保险中介机构(代理人、经纪人、公估人)自己的社团组织,对规范保险市场发挥着政府监管所不具备的协调作用,有效的保险行业协会既可以避免国家的过分干预,又可以加强各保险机构之间的交流与合作,维护保险市场正常的竞争秩序。这些协会参与保险市场管理主要体现在以下方面:对政府有关保险的立法与管理措施发表意见,反映情况,对政府决策产生直接或间接的影响;协调会员在市场竞争中的行为;在业务方面制定统一的保险条款格式,协调最低保险费率、统一回扣或佣金,为政府保险监管部门提供专业依据。

3)社会监督

社会监督包含非常丰富的内容,在此主要介绍以下 3 种组织的监督。

A. 保险信用评级机构

保险评级是由独立的信用评级机构采用一定的评级方法,把保险公司复杂的业务与财务信息转变为容易理解的反映其经济实力的不同级别,以供外界参考。

B. 独立审计机构

独立审计机构是指依法接受委托,对保险公司的会计报表及相关资料进行独立审计并发表审计意见的注册会计师事务所和审计师事务所。独立审计的目的是对被审计单位会计报表的合法性、公允性和会计处理方法的一贯性发表审计意见。

C. 社会媒体

当今社会,媒体的影响无处不在,媒体关于保险机构的经营行为、财务状况的披露报道,直接能影响保险公司的企业形象和市场份额,广泛而潜在地引导着消费者的判断和选择,在某种程度上还会引起保险监管部门的注意,影响其政策取向。因而,社会媒体的宣传监督对保险机构也具有不可忽视的约束作用。

三、保险监管的方式与手段

(一)监管方式

1. 公告管理方式

公告管理方式是指国家对保险业的实体不加以任何直接管理,仅规定保障企业必须按照政府规定的格式及内容,定期将资产负债、营业结果以及其他有关事项予以公告的方式。公告管理方式是国家对保险市场最为宽松的一种管理方式。其优点是使保险业在自由竞争的环境中得以自由发展。其局限性是一般公众对保险业的优劣的评判标准不易准确掌握、对不正当的经营无能为力。

2. 规范管理方式

规范管理方式是指由政府规定保险业经营的一些准则,要求保险业共同遵守的方式。政府对保险经营的重大事项,如最低资本额、资产负债比例、投资运用等,均有明确规定。但政府对保险业的管理只是形式上的合法审查,由于保险经营专业技术性强,有关法规很难适应各个方面。

3. 实体管理方式

实体管理方式指国家制定完善的保险管理规则。国家保险管理机关具有较高的权威和灵活处理的能力,对保险企业的设立、经营、财务、业务及破产清算等均实行有效监管,这是一种较为严格的监管方式。目前大多数国家包括我国均采用此种方式。

(二)保险监管的手段

1. 法律手段

法律手段是指制定有关经济法规和保险法规作为监管的手段。保险法规包括保险法律规定、法令和条例等多种形式。国家通过保险法规对保险公司的开业资本金、管理人员、经营范围、保险费率、保险条款等实质性问题,做出明确规定。现行的《保险法》采用保险公司法与保险合同法合二为一的体例,是我国保险法律体系的核心部分。法律规范是管理保险市场的重要手段之一。

2. 行政手段

行政手段就是依靠国家和政府以行政领导机构自上而下的行政隶属关系,采用指示、命令、规定等形式强制干预保险活动。在市场经济初级阶段,运用行政手段,为保险运行创造良好的外部环境和社会条件,及时纠正控制不良现象,是有效的。以该手段为保险市场健康运行服务,能充分发挥保险企业的积极性,使保险市场充满活力。

3. 经济手段

经济手段是根据市场客观经济规律,国家运用财政、税收、信贷等各种经济杠杆,正确处理各种经济关系来管理保险业的方法,是国家对保险业进行监管的主要方法。

4. 计划手段

计划手段是指国家通过计划指导保险业的监管方式。在市场经济条件下,国家运用指导性计划手段,促使保险业既能保障国民经济顺利进行,又能取得保险业自身的效益。

第三节　保险监管的内容

一、保险机构的监管

保险机构监管是对保险市场准入与退出的监管,它包括对保险机构设立、兼并、整顿、接管、分立、合并以及破产清算的监管等方面。对保险机构的监管,各国一般以公司法为母法,以保险业法为特别法,对其进行全面的监督和管理。

(一)保险机构设立的监管

保险机构设立的监管是创办保险公司的一系列法律行为及法律程序的总称,是对保险人资格的认定过程。各国对创设一家保险企业普遍要求需得到主管机关的批准。申请人申请设立保险机构时,必须向主管机关递交有关文件,以证明申请人具备从事保险经营的资格。《保险法》明确规定,设立保险公司应当经国务院保险监督管理机构批准,未经批准的,均为非法行为。

1. 保险机构的设立条件

《保险法》已经明确规定设立保险公司应具备的条件如下。

(1)主要股东具有持续赢利能力,信誉良好,最近三年内无重大违法违规记录,净资产不低于人民币两亿元。

(2)有符合本法和《中华人民共和国公司法》规定的章程。

(3)有符合本法规定的注册资本。

(4)有具备任职专业知识和业务工作经验的董事、监事和高级管理人员。

(5)有健全的组织机构和管理制度。

(6)有符合要求的营业场所和与经营业务有关的其他设施。

(7)法律、行政法规和国务院保险监督管理机构规定的其他条件。

2. 保险机构的设立程序

保险机构的设立从申请设立到营业开始,要经历申请核准、营业登记、缴存保证金、领取营业执照等程序。依照我国《保险法》《公司法》和《保险公司管理规定》,申请设立保险公司,应当向国务院保险监督管理机构提出书面申请,并提交相关材料。

申请人提交书面材料后,保险监管部门对申请进行审查,审查批准后申请人应当自收到批准筹建通知之日起一年内完成筹建工作,筹建期间不得从事保险经营活动。筹建工作完成后,申请人具备《保险法》规定的设立条件的,可以向国务院保险监督管理机构提出开业申请。国务院保险监督管理机构做出批准后,向申请人颁发经营保险业务许可证。最后保险公司到工商行政管理部门办理登记手续,领取营业执照并缴存保证金之后可正式营业。

(二)保险公司兼并的监管

企业兼并是市场竞争机制发挥作用的必然结果,覆盖范围涉及各个领域,保险业也不例外。西方保险公司兼并的情况比较常见,但截止到目前在我国尚未发生。随着社会主义商品经济的不断发展,行业竞争力的不断提高,保险公司的兼并行为终将出现。

保险公司兼并一方面可产生规模经济和范围经济效应,减少费用、降低成本,实现资源优化配置;另一方面还可能产生名牌效应,通过强强联合或强弱兼并增加公司无形资产,提高公司美誉度和知名度。国外立法为了对兼并行为加以规范约束,保证公平原则,对保险公司兼并的约束主要体现在以下几个方面:①反垄断法的限制;②公司组织形式上的限制;③股东利益上的限制。

(三)保险公司的整顿与接管

由于保险行业涉及各行各业和社会大众的活动,如果保险经营管理不善,导致其偿付能力不足,必然会损害广大被保险人的利益。为此各国法规都规定了一系列措施来防范保险业的风险。保险监管机构对有违规行为的保险公司的处理由轻到重。发现公司具有不法行为后,监管机构会责令其限期改正;如到限期未予改正,监管机构轻则可以停止保险公司的某些业务经营,重则对该保险公司实行接管。

1. 保险公司的整顿

整顿是由保险监管部门监督其清理整治业务状况。当保险公司出现不能在限期内执行保险监管纠正其不法行为的措施、财务状况或者资金运用状况、经营管理状况的行为时,进行整顿。《保险法》第一百四十条规定,保险公司出现下列情况时,监督管理机构责令其限期改正,并可以责令其调整负责人及有关管理人员:①未依法提取或者结转各项责任准备金;②未依法办理再保险;③严重违反资金运用的相关规定。

依照《保险法》第一百四十条规定,保险监督管理机构依照本法第一百四十条的规定做出限期改正的决定后,保险公司逾期未改正的,国务院保险监督管理机构可以决定选派保险专业人员和指定该保险公司的有关人员组成整顿组,对公司进行整顿。整顿决定应当载明被整顿公司的名称、整顿理由、整顿组成员和整顿期限,并予以公告。

2. 保险公司的接管

保险公司的接管是保险监管部门为了保护被保险人的利益、维护公司正常经营而采取的必要措施。在接管期间,由保险监管部门委派的接管组织直接介入保险公司的日常经营,负责保险公司的全部经营活动;而在整顿过程中整顿组织只对保险公司的日常经营进行监督,不直接介入。因此接管是更为严厉的措施。按照《保险法》第一百四十四条规定,保险公司有下列情形之一的,国务院保险监督管理机构可以对其实行接管:①公司的偿付能力严重不足的;②违反本法规定,损害社会公共利益,可能严重危及或者已经严重危及公司的偿付能力的。被接管的保险公司的债权债务关系不因接管而变化。

(四)保险公司解散、撤销、破产与清算的监管

为保障保险人的合法权益,避免保险企业破产,对经营不当、财务发生危机的保险企业,政府一般采取扶助政策,以助其得以继续正常营业。但是当保险企业违法经营或出现重大失误以致不得不破产时,政府便以监督者身份,委派清算员直接介入清算程序。其具体监管措施包括整顿、接管、解散与清算等。

1. 保险公司解散与清算的监管

保险公司的解散指依法设立的保险公司因为法定原因或者出现法定事由,经主管部门批准,关闭其公司,停止从事保险业务的行为。保险公司自行决定解散不利于保护被保险人的利益,也不利于保险市场的发展,因此保险公司解散必须经过保险监管部门的审批。保险公司解散的原因主要可以分为因分立、合并需要解散,股东大会决议解散,公司章程规定的事由解散。

保险公司的清算指保险公司解散时,为了明确其债权债务关系,处理其剩余财产,保护各方的利益,严格依照法律规定的程序对保险公司的资产、债务和债权进行清理处分的行为。清算是终结被解散的保险公司的有关法律关系,消灭其法人资格的必经程序。保险公司解散后,应当依法成立清算组进行清算,包括清理公司财产、通知债权人、处理与清算相关的公司未结业务、清缴税款、清理债权债务、处理公司剩余财产、代表公司参与民事诉讼等。

2. 保险公司撤销与清算的监管

保险公司撤销,是指由于保险公司违反法律、行政法规,保险监督管理部门吊销其经营保险业务许可证并强制保险公司关闭的行为。保险公司被撤销后,由保险监管部门指定人员组成清算组对其进行清算。按照《保险法》和《保险公司管理规定》,保险公司出现以下行为且情节严重的,有可能被依法撤销。

（1）违反《保险法》规定，超出核定的业务范围从事保险业务，逾期不改或者造成严重后果。

（2）未按规定提存准备金或者违反规定动用保证金。

（3）未按规定提取或者结转未到期责任准备金或者未按规定提取未决赔款准备金。

（4）未按规定提取保险保障基金、公积金。

（5）未按规定办理再保险分出业务。

（6）违反规定运用保险公司资金。

（7）未经批准设立分支机构或者代理机构。

（8）未经批准分立、合并。

3. 保险公司破产与清算的监管

破产是企业法人不能清偿到期债务，并且资产不足以清偿全部债务或者明显缺乏清偿能力的，经保险监管部门同意，依照规定清理债务。保险公司是依法设立的企业，在经营中如果不能清偿到期债务且明显丧失清偿可能的，就要依照《保险法》和其他有关法律、行政法规，宣告破产。依照《保险法》，经国家保险监督管理机构同意，保险公司或者其债权人可以依法向人民法院申请重整、和解或者破产清算；保险监督管理机构也可以依法向人民法院申请对该保险公司进行重整或者破产清算。《保险法》已经明确规定了清偿细则。

（五）保险中介机构的监管

保险中介机构主要包括保险代理机构、保险经纪机构和保险公估机构等。保险监管机构对保险中介进行监督管理以规范竞争秩序，发挥中介机构对保险业发展的推动作用。《保险法》《保险专业代理机构管理规定》等法律和规定分别对保险代理机构、保险经纪机构和保险公估机构的定义、职责、设立、变更和终止、从业资格、经营管理、监督检查、处罚等做了详尽规定。

1. 保险代理机构的监管

保险代理机构是根据保险公司的委托，向保险公司收取代理佣金，并在保险公司授权的范围内代为办理保险业务的机构。

根据《保险专业代理机构管理规定》，在我国设立保险专业代理机构必须具备以下条件。

（1）股东、发起人或者合伙人信誉良好，最近三年无重大违法违规记录。

（2）注册资本不得少于1000万元的实缴货币。

（3）公司章程或者合伙协议符合法律规定。

（4）具有符合规定任职资格条件的高级管理人员。

（5）有符合规定的公司名称、组织机构和固定住所。

（6）有与开展业务相适应的业务、财务等计算机软硬件设施。

（7）法律、行政法规要求具备的其他条件。

2. 保险经纪机构的监管

保险经纪机构是指经营保险经纪业务的机构。保险经纪包括直接保险经纪和再保险经纪。直接保险经纪是指保险经纪机构与投保人签订委托合同,基于投保人或者被保险人的利益,为投保人与保险公司订立保险合同提供中介服务,并按约定收取佣金的行为;再保险经纪是指保险经纪机构与再保险分出公司签订委托合同,基于再保险分出公司的利益,为再保险分出公司与再保险分入公司办理再保险业务提供中介服务,并按约定收取佣金的行为。各国监管机构都要求保险经纪人从业必须具备一定的条件。

在我国设立保险经纪机构必须经银保监会批准,才能取得经营保险经纪业务许可证。保险经纪机构在办理保险业务中因过错给投保人和被保险人造成损失的,应当承担赔偿责任。根据《保险经纪机构监管规定》,在我国设立保险经纪机构的条件与设立保险代理机构的条件相同。

3. 保险公估机构的监管

保险公估机构是指接受保险人或被保险人委托,专门从事保险标的或者保险事故评估、勘验、鉴定、估损理算等业务,并按约定收取报酬的机构。由于保险公估活动的技术性和专业性很强,其行为的后果直接对保险合同当事人的权益产生重大影响,因此,各国对保险公估人都规定了严格的资格限制,通常包括:保险公估人必须通过专门的资格考试;必须经保险监管部门批准,并向有关部门注册具有法定的最低资本金;必须缴存一定数额的保证金或投保规定金额以上的职业责任保险。

在中国境内设立保险公估机构,应当经银保监会批准,并且符合银保监会规定的资格条件,取得经营保险公估业务许可证。保险公估机构在办理保险业务中因过错给投保人和被保险人造成损失的,应当承担赔偿责任。

《保险法》第一百二十九条规定:“保险活动当事人可以委托保险公估机构等依法设立的独立评估机构或者具有相关专业知识的人员,对保险事故进行评估和鉴定。接受委托对保险事故进行评估和鉴定的机构和人员,应当依法、独立、客观、公正地进行评估和鉴定,任何单位和个人不得干涉。前款规定的机构和人员,因故意或者过失给保险人或者被保险人造成损失的,依法承担赔偿责任。”这规定确立了保险公估人的合法地位,为我国加强对保险公估人的监管提供了法律依据。

根据 2009 年 10 月 1 日起实施的《保险公估机构监管规定》,在我国设立保险公估机构与设立保险代理机构和保险基金机构的条件相同。

二、保险相关人员的监管

对保险相关人员的监管重点是对保险从业人员的监管。保险从业人员包括保险公司的高级管理人员、一般工作人员和保险中介人员。保险经营的专业化程度高、技术性强,从业人员的资格称职与否、业务水平高低与保险企业的经营业绩和财务管理有着密切的关系。

所以,对保险从业人员的监管成为保险监管的重要内容。

(一)保险机构高级管理人员的监管

《保险法》第八十一条规定,保险公司的董事、监事和高级管理人员,应当品行良好,熟悉与保险相关的法律、行政法规,具有履行职责所需的经营管理能力,并在任职前取得保险监督管理机构核准的任职资格。保险公司高级管理人员的范围由国务院保险监督管理机构规定。《保险法》还规定,保险公司的董事、监事、高级管理人员执行公司职务时违反法律、行政法规或者公司章程的规定,给公司造成损失的,应当承担赔偿责任;对保险机构出现违法行为,除依法对该机构给予处罚外,还对其直接负责的主管人员给予警告并处以罚款,情节严重的撤销任职资格或者从业资格。

(二)保险机构一般工作人员的监管

《保险法》明确规定保险公司及其工作人员在保险业务活动中不得有下列行为:①欺骗投保人、被保险人或者受益人;②对投保人隐瞒与保险合同有关的重要情况;③阻碍投保人履行本法规定的如实告知义务,或者诱导其不履行本法规定的如实告知义务;④给予或者承诺给予投保人、被保险人、受益人保险合同约定以外的保险费回扣或者其他利益;⑤拒不依法履行保险合同约定的赔偿或者给付保险金义务;⑥故意编造未曾发生的保险事故、虚构保险合同或者故意夸大已经发生的保险事故的损失程度进行虚假理赔,骗取保险金或者牟取其他不正当利益;⑦挪用、截留、侵占保险费;⑧委托未取得合法资格的机构从事保险销售活动;⑨利用开展保险业务为其他机构或者个人牟取不正当利益;⑩利用保险代理人、保险经纪人或者保险评估机构,从事以虚构保险中介业务或者编造退保等方式套取费用等违法活动;⑪以捏造、散布虚假事实等方式损害竞争对手的商业信誉,或者以其他不正当竞争行为扰乱保险市场秩序;⑫泄露在业务活动中知悉的投保人、被保险人的商业秘密;⑬违反法律、行政法规和国务院保险监督管理机构规定的其他行为。

(三)保险中介人员的监管

1. 资格监管

多数国家的保险法均规定,保险中介人员开展业务必须取得营业执照。保险中介人员一般需通过考试,合格后向保险监管部门注册登记,并缴存规定的保证金,方可经办保险业务。《保险法》规定保险专业代理机构、保险经纪人的高级管理人员应当品行良好,熟悉保险法律、行政法规,具有履行职责所需的经营管理能力,并在任职前取得保险监督管理机构核准的任职资格;个人保险代理人、保险代理机构的代理从业人员、保险经纪人的经纪从业人员,应当具备国务院保险监督管理机构规定的资格条件,取得保险监督管理机构颁发的资格证书。我国保险法规还要求保险代理人和保险公估人每年必须接受一定期限保险法律和业务知识培训以及职业道德教育。

2. 业务监管

保险中介人员收取佣金的标准由一般保险监管部门核定。许多国家保险法都规定保险中介人员在开展业务时不得采用不良手段从事非法经营活动，如禁止中介人采用佣金回扣、恶意招揽和误导陈述等方式招揽客户等规定。

《中华人民共和国保险法》第一百三十一条已经明文规定，保险代理人、保险经纪人及其从业人员在办理保险业务活动中不得有下列行为：①欺骗保险人、投保人、被保险人或者受益人；②隐瞒与保险合同有关的重要情况；③阻碍投保人履行本法规定的如实告知义务，或者诱导其不履行本法规定的如实告知义务；④给予或者承诺给予投保人、被保险人或者受益人保险合同约定以外的利益；⑤利用行政权力、职务或者职业便利以及其他不正当手段强迫、引诱或者限制投保人订立保险合同；⑥伪造、擅自变更保险合同，或者为保险合同当事人提供虚假证明材料；⑦挪用、截留、侵占保险费或者保险金；⑧利用业务便利为其他机构或者个人牟取不正当利益；⑨串通投保人、被保险人或者受益人，骗取保险金；⑩泄露在业务活动中知悉的保险人、投保人、被保险人的商业秘密。

保险监督管理部门对保险中介人员的业务活动进行监督和检查，发现有严重过失或违法行为，则给以罚款、吊销许可或支付惩罚性损害赔偿金的处罚。对于违反法律、行政法规的规定且情节严重的，中国银保监会可以撤销有关责任人员的任职资格或者从业资格，并可以取消其一定期限直至终身进入保险业的资格。

3. 财务监管

由于保险中介人员的经营业务直接关系到保险合同成立时间的确定、保险数量及核算，因此需要对其财务实行监管。《保险法》规定，保险代理机构、保险经纪人应当有自己的经营场所，设立专门账簿记载保险代理业务、经纪业务的收支情况；保险监管部门对账簿进行审查和监管。

（四）投保人、被保险人或受益人的监管

依照《中华人民共和国保险法》第一百七十四条所规定，投保人、被保险人或者受益人有下列行为之一，进行保险诈骗活动，尚不构成犯罪的，依法给予行政处罚：①投保人故意虚构保险标的，骗取保险金的；②编造未曾发生的保险事故，或者编造虚假的事故原因或者夸大损失程度，骗取保险金的；③故意造成保险事故，骗取保险金的。保险事故的鉴定人、评估人、证明人故意提供虚假的证明文件，为投保人、被保险人或者受益人进行保险诈骗提供条件的，依照前款规定给予处罚。

（五）保险监管机构和从事保险监管工作人员的监管

《保险法》第一百七十八条规定，保险监督管理机构从事监督管理工作的人员有下列情形之一的，依法给予处分：①违反规定批准机构的设立的；②违反规定进行保险条款、保险费率审批的；③违反规定进行现场检查的；④违反规定查询账户或者冻结资金的；⑤泄露其知悉的有关单位和个人的商业秘密的；⑥违反规定实施行政处罚的；⑦滥用职权、玩忽职守的其他行为。

三、保险业务的监管

(一)保险业务范围的监管

保险业务通常分为财产保险、人寿保险、意外伤害保险和健康保险四类。保险监管部门对保险业务范围的监管,是指对保险机构是否在规定范围内开展保险业务实施监管,禁止没有取得授权而开展保险业务的行为。各国保险监管机构对保险公司业务范围的监管基本采用“产寿险”分业经营的原则。《保险法》按保险标的的不同将保险公司的业务范围分为:①人身保险业务,包括人寿保险、健康保险、意外伤害保险等保险业务;②财产保险业务,包括财产损失保险、责任保险、信用保险、保证保险等保险业务;③国务院保险监督管理机构批准的与保险有关的其他业务。我国保险监管部门对保险公司业务范围的监管,包括禁止兼业和禁止兼营两个方面。

1. 禁止兼业

禁止兼业包括两个方面,即保险机构不得从事保险业务以外的业务和非保险机构不得经营保险业务。一方面由于保险事业的公共性,保险公司经营状况的好坏直接影响着社会经济的稳定性。为了保证保险金的专用性,规定保险公司不得经营非保险业务。另一方面由于保险经营的特殊性和风险性,对专业化的程度要求非常高。为了保障被保险人的利益,未经银保监会批准,擅自开办保险业务的法人或个人都属于非法经营。我国《保险法》规定,保险业务只能由依法设立的保险公司以及法律、行政法规规定的其他保险组织经营,其他单位和个人不得经营保险业务。

2. 禁止兼营

即同一保险公司不得同时兼营人身保险和财产保险两种业务。财产保险和人身保险在保险性质、经营技术、保险期限等方面存在差异。人身保险具有长期性和储蓄性,与财产保险兼营有可能产生将人身保险的储蓄挪用作为财产保险赔付的行为,导致人身保险的保险金缺乏保障。《保险法》第九十五条对保险公司的业务范围做出规定:保险人不得兼营人身保险业务和财产保险业务。但是,经营财产保险业务的保险公司经国务院保险监督管理机构批准,可以经营短期健康保险业务和意外伤害保险业务。保险公司应当在国务院保险监督管理机构依法批准的业务范围内从事保险经营活动。

(二)保险条款和保险费率的监管

1. 保险条款的监管

保险条款是保险合同的核心内容,是投保人与保险人双方关于各自权利与义务的有效约定。保险条款的内容一般包括保险标的、保险责任范围、除外责任、赔偿处理、争议处理以及其他事项。由于保险合同通常由保险人事先拟定,而保险条款的技术性又较强,如果缺乏对保险条款的有效监管,保险人可能会利用这一特点减少自己的责任而加大投保人或被保险人的责任,侵犯对方的利益。因此,各国保险监管机构都不同程度地对保险条款进行监管,以防保险公司对被保险人做出不合理的保险承诺。

保险监管部门主要通过对保险条款的审批和备案以实现监管目标。一般各国保险监管部门都对保险条款的内容加以规范。《保险法》规定,关系社会公众利益的保险险种、依法实行强制保险的险种和新开发的人寿保险险种等的保险条款,应获得银保监会批准。国务院保险监督管理机构审批时,应当遵循保护社会公众利益和防止不正当竞争的原则。其他保险险种的保险条款和保险费率,应当报银保监会备案。保险条款审批、备案的具体办法,由银保监会制定。

2. 保险费率的监管

保险费率监管是保险条款监管的主要内容。保险费率是保险产品的价格,是保险人用以计算保险费的标准。保险人通常根据保险标的的危险程度、损失概率、责任范围、保险期限和经营费用确定保险费率。一般地,危险性越大的标的费率越高;反之越低。保险费率的厘定需要科学地计算和预测,合理的费率可以保证保险人和被保险人双方的利益。不少国家都把费率监管列为保险监管的重要内容之一。保险费率的监管一般围绕着费率的合理性、公平性和适当性三方面进行。合理性体现在保险费率必须保障被保险人的权益并维持保险人的竞争力;公平性体现在保险费率应按照险种合理分类,反映其真实的危险性,相同危险性不得有差别费率;适当性体现在保险费率既保证保险人有充足的偿付能力,又可以保证保险人实现自身的经济利益。

我国保险费率的监管权限与保险条款的监管权限基本一致。银保监会主要制定商业保险的主要险种的费率,其他险种的费率由银保监会委托保险行业协会或保险公司拟定,并报银保监会备案。银保监会对报备的费率自收到备案申请文件之日起30日内未提出异议的,保险公司可以使用该费率。如果银保监会认为保险公司的费率存在价格垄断,侵害投保人、被保险人或受益人的合法权益,或低于成本价格构成不正当竞争,或费率过低,可能危及保险公司偿付能力,则银保监会可以要求保险公司修改或停止使用。

对保险条款和保险费率的严格监管能够保护被保险人的利益,但是从长期来看,随着保险市场的日益成熟,严格的审批程序降低了市场运作效率,不利于保险人运用价格策略和产品策略。因此,目前许多国家都开始考虑改变监管方式。

(三)再保险业务的监管

对再保险人的法律形式、整体业务、现场检查、内部控制制度等方面的监管与直接保险人相同。业务监管方面,《保险法》第九十六条规定再保险业务的种类为分出保险和分入保险。依照《保险法》第一百零三条,保险公司对每一危险单位、即对一次保险事故可能造成的最大损失范围所承担的责任,不得超过其实有资本金加公积金总和的百分之十;超出的部分应当办理再保险。保险公司对危险单位的划分应当符合国务院保险监督管理机构的规定。《保险法》第一百零五条规定,保险公司应当按照国务院保险监督管理机构的规定办理再保险,并审慎选择再保险接受人。

(四)保险合同履行情况的监管

保险合同监管主要包括对合同形式的监管,对合同当事人、关系人的监管以及合同订立、变更和终止的监管。

保险合同形式主要包括投保单、暂保单、保险单等。各国对保险合同形式采用不同程度的监管方法。美国大部分州规定保险合同在销售前须经过保险监管部门批准或备案,并且要求合同的免责条款必须印在醒目位置。我国银保监会统一监制航空人身保险、机动车辆等保险的保单,其他保险合同形式由保险公司自主制定。

保险合同的当事人指保险人和投保人,关系人包括被保险人和受益人。对保险合同的监管主要是对当事人和关系人的资格进行限制。投保人购买保险必须具有行为能力和权利能力。《保险法》规定,投保人不得为无民事行为能力人投保以死亡为给付保险金条件的人身保险,保险人也不得承保。父母为其未成年子女投保的人身保险不受此限制,但是因被保险人死亡给付的保险金总和不得超过银保监会规定的限额。以死亡为给付保险金条件的合同,未经被保险人同意并认可保险金额的,合同无效。为了防止道德风险的发生,法律规定投保人故意造成被保险人死亡、伤残或者疾病的,保险人不承担给付保险金的责任;受益人故意造成被保险人死亡、伤残、疾病的,或者故意杀害被保险人未遂的,该受益人丧失受益权;因被保险人故意犯罪或者抗拒依法采取的刑事强制措施导致其伤残或者死亡的,保险人不承担给付保险金的责任。

对保险合同的订立、变更和终止,保险监管部门也应进行监管。《保险法》规定投保人提出保险要求,经保险人同意承保,保险合同成立。保险合同依法订立后即产生法律约束力,任何一方不得擅自变更。若被保险人违反保险合同的某些条件,如未按期缴纳保费,保险人可根据约定终止保险合同效力,双方保险合同关系解除。

(五)保险资金运用的监管

各国保险法规一般都对保险资金运用的原则、范围、比例做出不同程度的要求规定。我国保险监管部门要求保险公司对资金的运用必须稳健,遵行安全性原则,并保证保险资金的保值增值及防范投资风险。《保险法》第一百零六条规定,保险公司的资金运用必须稳健,遵循安全性原则。保险公司的资金运用限于下列形式:①银行存款;②买卖债券、股票、证券投资基金份额等有价证券;③投资不动产;④国务院规定的其他资金运用形式。保险公司资金运用的具体管理办法,由国务院保险监督管理机构依照前两款的规定制定。

四、保险公司的财务监管

保险公司作为金融企业必须有健全的财务制度。对保险公司进行财务监管的目的在于保证保险公司财务状况的安全。保险监管部门要求保险公司及时公布其财务情况以进行监督管理。对保险公司财务的监督包括财务检查、财务报告及分析、财务核算管理和保险公司的破产预警监管等。

（一）保险公司的财务检查

保险公司财务检查是保险监管部门根据财务监管的总体要求，定期对保险公司的账务及财务情况进行检查，从而对保险公司经营活动进行监督和评价。财务检查是财务监督的重要方法和手段。

财务检查包括现场检查和非现场检查。非现场检查主要通过连续收集保险公司分散的报告和统计数据，按一定标准和程序进行审查核准、动态分析，检测评价保险公司的现状和发展趋势。现场检查是监管部门深入保险公司及其作业现场进行监督和管理，可以为监管机构提供日常监督所无法获得的信息，通过现场检查评估管理层的决策过程及内部控制能力，可以制止公司从事非法或不正当的经营行为。

在我国，《保险法》《中华人民共和国外资保险公司管理条例》《中国保险监督管理委员会主要职责内设机构和人员编制规定》赋予了中国银保监会实施非现场监控与现场检查的权力。《保险法》第一百五十五条规定了保险监督管理机构依法履行职责可以采取的措施。

（二）保险公司的财务报告及分析

1. 保险公司的财务报告

美国财务会计准则委员会（FASB）指出，财务报告一般应包括财务报表、其他财务信息和非财务信息、公司的年度报告等。同时强调，财务报告应提供对现在和潜在的投资决策、信贷决策有用的信息，即有助于其评估报告主体未来现金流量的数额、时间分布和不确定性的信息。

2. 保险公司财务分析

保险经营是负债经营，具有一定的特殊性，监管部门必须通过其财务报告对其经营成果、财务状况进行分析，评价其偿付能力和风险管理情况。保险公司的财务报告分析，是运用保险公司财务状况及其相关资料，通过专门方法，对保险公司财务状况和经营成果进行分析和评价。财务分析中通常用比率分析法、趋势分析法、因素分析法、图标分析法等，其中应用比较广泛的是比率分析法和趋势分析法。

（三）保险公司的财务核算管理

财务核算管理是监管部门对保险公司进行财务监管的重要内容，是为了使各保险公司在核算上依据统一的标准进行，使得其上报核算结果具有可比性，为监管部门进行监管提供参照。

对保险公司的财务核算管理，主要基于国家的保险会计制度。我国保险会计制度是以《中华人民共和国会计法》和《保险法》为法律基础，结合我国经济体制变化和保险业自身特征，经历了一系列变革。主要内容体现在以下几个方面。

（1）明确了原保险合同中保险人承担风险责任的认定。

（2）统一了保费收入的计算细则以及原保险合同准备金的提取和合同成本。

（3）规定了保险人在资产负债表、利润表、附注中应当单独列示的与原保险合同或再保险合同有关的项目。

(4)详细列明了再保险分出、分入业务中的会计处理。

财务报告能够客观地反映公司价值,有利于监管部门了解保险公司的实际运营和财务状况,进行有效监督。

(四)保险公司破产预警监管

保险公司作为商业性的营利机构,其一旦破产,将直接威胁到保单持有人、投资者的利益,进而带来社会性的影响。鉴于此,各国保险监管机构都十分注重通过科学的监管方式和预警体系,及早发现问题,尽量避免保险公司破产。

在一些保险市场高度发达的西方国家,伴随着保险公司破产事件的不断发生,监管部门对保险公司的破产预警监管逐渐加强,监管体系也越来越完善。

五、保险公司偿付能力监管

(一)偿付能力概述

偿付能力是指保险机构对所承担的风险履行赔偿或到期给付责任的能力。偿付能力是保险公司履行保险合同的基础。保险监管部门对保险公司的财务进行监管,是为了保证保险公司的经营能够保持充足的偿付能力,从而发挥补偿职能对被保险人兑现承诺。偿付能力分为两种:①保险公司的实际偿付能力,即会计年度末保险公司实际资产与实际负债之间的差额;②保险公司的最低偿付能力,是保险监管部门根据保险公司业务规模规定的最低数额。不同保险公司的业务规模不同,最低偿付能力也不一样。各国的保险法都对保险公司的最低偿付能力做出了相关规定,并由政府保险监督机构进行监督和管理。

保险公司偿付能力不足产生的原因主要有保险费率确定过低、准备金计提不足、风险预计失当。如果保险公司不能达到最低偿付能力或者丧失偿付能力,被保险人及受益人的利益将受到危害。保证保险人的偿付能力是保险监管的根本目的。因此,各国保险监管部门都将保险公司偿付能力监管作为保险监管的核心。对保险公司偿付能力的监管主要体现在保险保障基金的监管、保险准备金的监管、保险资金运用的监管等方面。这里重点介绍保险保障基金的监管和保险准备金计提的监管。

(二)偿付能力监管的内容

保险公司偿付能力监管是各国保险监管的核心内容。《保险法》第一百三十七条规定,国务院保险监督管理机构应当建立健全保险公司偿付能力监管体系,对保险公司的偿付能力实施监控。目前从各国保险监管的实践来看,偿付能力的监管手段主要有保险公司资本充足率监管、保险监管信息系统和现场检查。

1)资本充足率的监管

资本充足率的监管是指保险公司设立时具有一定金额的实收资本和公积金,在经营中满足一定的风险资本管理的要求。

2)保险监管信息系统

保险监管信息系统是保险监管部门利用监管指标体现监管偿付能力的变化。保险监管部门制定保险信息监管指标,根据保险公司上报的各种报告、报表和文件对其经营状况和偿付能力进行分析,及时掌握监管信息。

3)现场检查

现场检查主要是保险监管人员到保险公司,对其经营的保险活动及财务状况进行实地检查,判断保险公司提供的资产和负债数据的真实性和准确性、各项财务指标是否符合有关法律规定以及偿付能力是否符合经营规模。

(三)偿付能力监管的手段

1. 保险保障基金的监管

保险保障基金是指当保险公司破产或撤销时,如果其资产无法全额履行其保单责任,保险保障基金可按照事先确定的规则,向被保险合同当事人提供全额或部分救济,减少保单持有人的损失,维护保险市场稳定。在保险公司偿付能力体系中,保险保障基金的作用比较特殊,它是利用行业积累的资金对丧失偿付能力的保险公司的保单持有人进行经济损失补偿。提取保险保障基金的目的是保障被保险人的利益,维护保险市场稳定。

世界上很多国家和地区都建立了保险保障基金制度。保险保障基金的来源一般是由保险机构缴纳或者国家财政出资。我国主要采用由保险公司依法缴纳的方式筹集保险保障基金。《保险法》第一百条明确规定,保险公司应当缴纳保险保障基金。保险保障基金应当集中管理,并在下列情形下统筹使用:①在保险公司被撤销或者被宣告破产时,向投保人、被保险人或者受益人提供救济;②在保险公司被撤销或者被宣告破产时,向依法接受其人寿保险合同的保险公司提供救济;③国务院规定的其他情形。保险保障基金筹集、管理和使用的具体办法,由国务院制定。保险保障基金能够保障保单持有者的部分利益,但是并非全部损失都能获得补偿。各国对此各有不同的规定。我国《保险保障基金管理办法》规定,保险公司依法撤销或破产,其清算财产不足以偿付保单利益的,保单持有人的损失在人民币5万元以内的部分,保险保障基金予以全额救助;保单持有人为个人的,对其损失超过人民币5万元的部分,保险保障基金的救助金额为超过部分金额的90%,保单持有人为机构的,对其损失超过人民币5万元的部分,保险保障基金的救助金额为超过部分金额的80%。因此,尽管有保险保障基金作为保险公司偿付能力的基本保障,投保人在选择保险机构时仍需谨慎,应全面考虑保险公司的经营状况和财务风险。

2. 保险准备金计提的监管

保险准备金是保险人为承担到期责任和处理未决赔款从保险费收入中提存的一种资金准备。保险准备金是保险企业的负债。保险准备金的计提同样是为了确保保险公司能够履行赔偿和给付义务。保险监督管理部门通过对保险准备金的监督管理,保证保险公司能够及时、足额提取准备金,合理地使用好准备金,从而保障被保险人的利益,保证保险公司安全经营。《保险法》第九十八条规定,保险公司应当根据保障被保险人利益、保证偿付能力的原则,提取各项责任准备金。保险公司提取和结转责任准备金的具体办法,由国务院保险监督管理机构制定。

复习思考题

1. 简述保险监管的原因。
2. 保险监管的理论有哪些?
3. 简述保险监管制度的内容。
4. 保险监管的内容有哪些?

案 例 分 析

中国经济网北京报道,近日银保监会官网公布的行政监管措施决定书(〔2019〕33号、34号、35号)显示,Z人寿保险股份有限公司(简称"Z人寿")、B人寿保险有限公司(简称"B人寿")、J人寿保险股份有限公司(简称"J人寿")违反《关于加强和改进保险资金运用比例监管的通知》的有关规定,银保监会决定对三家公司采取监管措施。

具体来看,2019年二季度末,Z人寿其他金融资产占上季末总资产的25.03%,B人寿其他金融资产占上季末总资产的27.22%,J人寿不动产类资产占上季末总资产的30.72%,如上均违反了《关于加强和改进保险资金运用比例监管的通知》的有关规定。

《关于加强和改进保险资金运用比例监管的通知》显示,为防范系统性风险,针对保险公司配置大类资产制定保险资金运用上限比例。投资其他金融资产的账面余额,合计不高于本公司上季末总资产的25%;投资不动产类资产的账面余额,合计不高于本公司上季末总资产的30%。账面余额不包括保险公司购置的自用性不动产。为防范集中度风险,针对保险公司投资单一资产和单一交易对手制定保险资金运用集中度上限比例。投资单一固定收益类资产、权益类资产、不动产类资产、其他金融资产的账面余额,均不高于本公司上季末总资产的5%。

银保监会表示,自接到行政监管措施决定书之日起:Z人寿不得新增其他金融资产投资,B人寿不得新增其他金融资产投资,J人寿不得新增不动产相关投资。

分析问题:

1. 结合该案例分析保险监管的原因。
2. 本案件涉及了保险监管内容的哪些方面?

结合该案例分析保险监管的原因：

在该案例中，Z 人寿、B 人寿其他金融资产在上季末总资产的所占比例超过 25%，J 人寿不动产类资产在上季末总资产的所占比例超过 30%，资产比例超过了《关于加强和改进保险资金运用比例监管的通知》的规定，投资策略单一使集中度风险提高，当风险集聚时，公司的偿付能力就不能得到保障，而公司的偿付能力正是保险监管的重要内容之一。若一个保险公司因投资策略失误导致直接的资产损失，使得资产周转出现困难，发生资金链断裂，从而导致整个金融系统的资金出现问题，这就将一个公司的投资失误导致的风险波及整个金融市场。由于偿付额能力出现问题会损害金融机构、其他企业、投保人的利益，对社会稳定和经济发展造成极大破坏，甚至会造成社会动荡，因此，要对保险行业进行监管，以保证金融市场的稳定运行。

2. 本案件涉及保险监管的内容如下。

1）涉及保险公司的整顿

《保险法》第一百四十条规定，保险公司出现下列情况时，监督管理机构责令其限期改正，并可以责令其调整负责人及有关管理人员：①未依法提取或者结转各项责任准备金；②未依法办理再保险；③严重违反资金运用的相关规定。

2）涉及保险资金运用的监管

我国保险监管部门要求保险公司对资金的运用必须稳健，遵行安全性原则，并保证保险资金的保值增值及防范投资风险。依照《中华人民共和国保险法》第一百零六条规定，我国保险公司资金的运用限于银行存款，买卖债券、股票、证券投资基金份额等有价证券，投资不动产以及国务院规定的其他资金运用形式。

3）涉及保险准备金计提的监管

保险准备金是保险人为承担未到期责任和处理未决赔款从保险费收入中提存的一种资金准备。保险准备金是保险企业的负债。保险准备金的计提同样是为了确保保险公司能够履行赔偿和给付义务。保险监督管理部门通过对保险准备金的监督管理，保证保险公司能够及时、足额提取准备金，合理地使用好准备金，从而保障被保险人的利益，保证保险公司安全经营。《保险法》第九十八条规定，保险公司应当根据保障被保险人利益、保证偿付能力的原则，提取各项责任准备金。

保险公司的准备金计提不足有可能导致保险公司的偿付能力不足。如果保险公司不能达到最低偿付能力或者丧失偿付能力，被保险人及受益人的利益将受到危害。保证保险人的偿付能力是保险监管的根本目的。因此，各国保险监管部门都将保险公司偿付能力监管作为保险监管的核心。

▶ 实务篇

第十章

人身风险管理与保险

第一节　人身风险管理概述

一、人身风险及其特点

1. 人身风险的概念

人身风险是指客观存在的若干风险中直接作用于人的身体，影响人的生命健康或生活质量的一种风险。它是由人的生、老、病、死这些生理规律所引起的风险和人在物质生产过程或日常生活中因遭受各种自然灾害、意外事故、人为灾害所引起的风险共同组成的。

2. 人身风险的特点

人身风险一般具有以下特征。

1）偶然性和不可预测性

人身风险发生的偶然性是针对单个风险主体来讲的，是指风险的发生与损失程度是不可知的、偶然的，具有随机性。人身风险的发生应该是由不可预料的事件所导致，或者是由受害人非故意引发的事件所导致的。

2）客观性和普遍性

人身风险是一种不以人的意志为转移，独立于人的意识之外并且普遍存在的。人会因生、老、病、死等生理规律或自然、政治、军事等原因而早逝、伤残、工作能力丧失或年老无依靠等，是由客观规律决定的。

3)分散性

导致人身风险的事故发生具有分散性,即不会出现大量保险标的同时发生保险事故的情况。其发生完全按照人的生命等自然规律,因此,在同一时间段,人身保险的保险事故分散于不同的家庭及地区。只有当意外的大型灾害的出现,如火山爆发、特大洪灾发生时,才可能导致大量保险标的同时遭受损失。

4)变动性和稳定性

这里的变动性和稳定性是针对人身风险而言的。在一定时期内,从个体上看人身风险具有变动性,生命风险的变动性是指人所承保的死亡风险随着年龄的增长而上升,是逐年变动的,即不同年龄的人死亡率不同,特别是人到了晚年死亡率更是加速度上升。但从总体上看,人身风险具有稳定性,生命风险的相对稳定性是指人身保险所承保的生命风险发生的概率波动相对较规则。

二、人身风险的分类

针对人身风险的多样性与复杂性,根据风险可能导致的后果,可将人身风险分为养老风险、健康风险、死亡风险和失业风险。

1. 养老风险

养老风险是指人在年老时,由于缺乏基本的生活保障而可能遭受生存危险的意外性和不确定性,包括风险发生与否及危险程度大小的不确定性。养老风险是社会保障风险中的一种。它是客观存在的,是每个人都要面临的一种风险,是人们对未来养老行为的决策及客观条件的不确定性而导致的实际结果与预测结果之间存在的偏差,是损失的发生具有不确定性的风险存在状态。

2. 健康风险

健康风险包括疾病和残疾风险。健康风险产生后,会造成两方面的影响:①患病后身体机能下降,影响工作,可能造成预期收入的减少;②疾病治疗产生的大额医疗费用引起额外费用的增加。除此之外,生病后因病而死亡,可能导致收入完全中断,从而引发自己及他人的生活费用风险。

3. 死亡风险

这里的死亡风险是指过早死亡的风险。过早死亡是指死亡发生在自然的、预期的生命结束阶段之前的情形。虽然就个人而言,死亡最终一定会发生,但风险究竟何时发生却是未知的。如果这种风险过早降临,会对家庭和个人产生灾难性的影响。早亡风险产生的主要费用和损失包括未成年子女的抚养、教育费用损失,配偶、父母和其他经济上有依赖的人员需要的费用损失,偿还贷款的经济损失等。

4. 失业风险

失业风险是指人在正常工作过程中,可能面临着失去工作、工作中断的风险状态。造成这种风险的原因是多方面的,包括来自经济原因,如经济长期低迷导致企业经营效益低下甚至亏损,企业不得不采取减员、停工、破产等措施;也可能来自自身原因,如个人工作技能低下、不能适应新的工作岗位等导致工作中断。一旦失业,收入也暂时停止,给失业者带来收入减少的压力。

三、人身风险管理及其作用

1. 人身风险管理的概念

人身风险管理是个人在日常生活以及经济活动过程中,对可能造成人的生命、健康或生活质量损害等人身风险进行识别、衡量和分析,最终实现以最小的成本取得最大安全保障的管理目标的过程。

2. 人身风险管理的作用

人身风险管理具有以下作用。

(1)为满足人身安全保障需求提供基础。对于人身风险进行有效管理,可以避免或减轻人身风险对个人或家庭造成的身心伤害,保障人身安全。

(2)可以为个人或家庭提供一定层次的经济安全保障。当人身风险产生前,人身风险管理,例如分红型人寿保险,可以作为良好的投资工具。当人身风险产生时,会对个人和家庭造成一定的财产损失,例如医药费、误工费等,而人身风险管理可以降低经济损失的风险。

(3)跨期调配人生现金流,平滑人生现金流。将现金流入多的时期的现金流调配到现金流入少甚至出现负现金流的时期,可以对意外事故、疾病等造成的非正常损失,在整个生命过程期间进行有效分摊,从而平滑现金流,以此稳定人生境遇,获得更高的效用。

第二节　人身风险管理内容

一、人身风险因素识别

(一)养老风险因素识别

随着科技发展,医疗条件改善,全球范围内人均寿命都在增加。人均寿命的增长,一方面造成个人支出年限增加,另一方面对社会在养老福利方面的压力也明显增大。从层次上来分,养老风险因素识别可从由国家和保险机构承担的宏观的风险和由企业和个人承担的微观风险几个角度分析。以下将从微观层面对养老风险因素进行识别。

1. 外部风险因素

外部风险因素是指个人无法控制或者不能预见的自然状态,或者是一些不确定的事件。例如由经济因素导致的经济风险,由政治因素导致的政治风险,由社会因素导致的社会风险等。

1)通胀因素

从长期来看,由于通胀因素,货币的购买力在持续下降。所以,即使老人在退休前已经储蓄了相当一部分存款想用以养老,一旦出现高通胀,就相当于钱在贬值,无法满足老人原来的养老诉求。甚至如果养老金没有根据经济情况适当增长,或是增长幅度远低于通货膨胀率,那么可能出现入不敷出的情况。

2)投资风险因素

随着社会进步,部分老人喜欢将积蓄投资于一些金融产品,如股票、债券、基金等,或是投资于房产等,期望从中获得利润,以得到更高品质的养老条件。但是无论是哪种投资,都存在或大或小的风险。所以,老人的养老过程中一定要注意投资风险。

3)政策风险因素

国家有关养老政策的改革也可能会为老人养老阶段的养老质量带来风险。例如,在以希腊为代表的一些北欧国家,因为居民退休后平均每月可支配金额与退休前的每月薪资的比例已经高达95.7%,很多希腊居民都在寻求提早退休的机会,可是这种行为使得养老金的支付遇到了很大的困难,甚至对社会的安定产生了消极影响。

4)家庭赡养风险因素

养老不仅是老人自己的事,也需要整个家庭的支持。在家庭层面,养老风险指的是由于计划生育政策下的一代人的长大,在“四二一家庭结构”成为典型家庭结构的背景下,现在的年轻人和中年人照料老年人所面临的经济、健康成本及相关机会成本增大以及由此导致的家庭子女所面临的赡养老人心有余而力不足的状态。

2. 内部风险因素

风险因素是不能事先加以控制的因素,而内部风险因素是指由于个体内部原因和差异造成的不可事先加以控制的可能影响损失产生可能性和程度的因素。养老风险的内部风险具体可识别为养老生活费用风险和医疗成本风险以及精神赡养风险。上述三种风险因每个人的身体健康状况、消费观念不同而在损失产生可能性和程度方面有较大差异,因此属于内部风险因素。

1)养老生活费用

经济状况较好的人有能力为自己储蓄较为充足的养老生活费用,且经济状况越好的老年人抵御养老风险的能力越强,反之亦然。因为,经济状况越好的老人有较为充足的养老资金储备,有能力满足自身的日常生活所需,也可以通过购买服务的方式满足健康护理等方面的需求。而贫困老人可能由于个体原因,例如家庭重大变故,个体身体原因无稳定收入等,无法为养老存储费用或无法为养老存储足够的费用,贫困老人养老费用的缺失属于由于个体内部原因和差异造成的且无法事先加以控制的风险因素。

2)医疗成本

老年人作为疾病,尤其是重病高发人群,其需要支付的医疗成本在其养老成本中所占比重较高。由于疾病作为不可控因素，无法事先规避且有个体差异性，因此医疗成本也属于内部风险因素。同时，经济状况对医疗成本风险也有着巨大的影响。我国贫困老人规模巨大，老年贫困发生率超过10%。然而贫困老人由于支付能力有限，在生活方式、摄取营养及医疗服务方面处于弱势，他们面临的养老风险要比富裕老人所面临的大得多。以医疗开支为例，作为老年人最重要的消费之一，它对贫困老人或者富裕老人造成的影响一定是不同的。即使医疗支出的总金额很小，但对于贫穷老人来说也可能是一笔巨大的开支，会致使他们陷入更加贫困的境地。

3)精神赡养成本

养老风险源自老年期的一系列丧失事件。由于个体衰老与一系列“资源丧失事件”相伴随，不仅包括身体健康的丧失，更包括社会角色、亲友和理想等的精神激励因素的丧失。缺少精神上的激励不仅会对老年人的精神健康带来打击，甚至会对他们的身体健康带来不同程度的消极影响。

(二)健康风险因素识别

健康风险因素是指能使疾病或死亡发生的可能性增加的因素，或者是能使健康不良后果发生概率增加的因素。健康风险因素有很多，主要包括环境因素、行为生活方式因素、生物遗传因素和医疗卫生服务因素等。

1. 环境因素

环境因素主要是指来自外界环境对健康的影响，可以概括性地分为自然环境风险因素和社会环境风险因素。

1)自然因素

具体包括生物性危险因素，如细菌、真菌、病毒、寄生虫等造成的疾病或传染性疾病；物理性危险因素，如噪声、振动、电离辐射等在潜移默化中带给人体生命健康威胁的环境因素；化学性危险因素，如毒物、农药、废气、污水等具有较强毒性与污染的威胁。

2)社会因素

社会环境中对健康带来影响的风险因素较为多样，包括政治、经济收入、文化教育、就业、居住条件、家庭关系、心理刺激、工作紧张程度及各类生活事件等。例如，针对美国的“9·11”恐怖袭击造成了巨大的人员伤亡。而随着经济发展和社会进步，人们要承受较大的工作和生活压力，也对人身健康造成了一定的威胁。

2. 行为生活方式因素

行为生活方式因素是指由于自身行为生活方式而产生的健康危险因素，也被称为自创性危险因素。行为生活方式与常见的慢性病或社会病有着十分密切的联系。不良的行为生活方式有吸烟、酗酒、熬夜、毒物滥用、不合理饮食、缺乏锻炼以及不合理驾驶等。

3. 生物遗传因素

生物遗传因素包括直接与遗传有关的疾病以及遗传与其他危险因素共同作用的疾病，

如年龄、性别、种族、疾病遗传史、身高和体重等。

4. 医疗卫生服务因素

医疗卫生服务因素是指医疗卫生服务体系的完善程度给人体健康带来的影响。我国的医疗卫生服务体系分为三个管理等级，第一层为社区基础医疗系统，第二层为社区全科诊所，第三层为城市综合性医院。三级管理的缺失或疏忽可能导致就诊困难，进而危害人体健康。

（三）意外伤害风险因素识别

1. 自然因素

自然因素是指由各种无法预测的自然灾害引发的对人身体和生命造成威胁的风险因素，如地震、泥石流、滑坡、洪水、海啸、台风、龙卷风和暴雪等。

由于人类尚未对自然环境有充分的认识，很多自然灾害预测方法尚不完善，防灾减灾手段只能降低一部分的损失，因此自然风险仍然可以被认为是不可测的、对人类身体和生命带来巨大威胁的一类意外风险因素。

2. 人为因素

人为因素是指由于人的活动造成的、违背人类主观意愿而对自己或他人造成人身伤害的一类风险因素，主要有火灾、交通事故、飞机失事、沉船事故、踩踏、溺水、坠落、撞击及割伤等。

人为因素的根源主要在于人类在进行各项社会活动中的行为疏忽和安全意识缺乏，由于人类无法完全控制自己的行动，也不可能对安全细节处理得面面俱到，人为因素导致的意外伤害风险在生活中随处可见，它也成为意外伤害风险识别和管理的重中之重。

（四）失业风险因素识别

1. 外部风险因素

外部因素是指因经济长期低迷导致企业经营效益低下甚至亏损，企业不得不采取减员、停工、破产等措施，从而导致企业员工失业的风险因素，如 1929—1933 年经济大危机和 2007—2009 年环球金融危机都造成了大规模失业。

2. 内部风险因素

内部风险因素是指由于个人工作能力不足或遭受意外伤害丧失工作能力导致失去工作或工作中断的风险因素。

内部风险因素造成的失业风险有时候会与健康风险因素和意外风险因素同时出现，例如，因身体健康状况或者意外致残的人，面临的风险不仅包括健康或意外风险因素，还包括失业风险因素。

二、人身风险的评估

（一）养老风险的评估的定义

1. 养老风险的评估

养老风险的评估，是在识别养老风险的基础上对其进行定量的分析和描述，即在对过去损失资料分析的基础上，运用概率和数理统计的方法对养老风险事故的发生概率和风险事故发生后可能造成的损失的严重程度进行定量的分析和预测。

2. 养老风险评估的内容

养老风险的评估主要包括对老人的经济状况、老人的健康状况和老人的精神状况的衡量和评估。

1）老人经济状况的评估

其中不仅包括老人自己的退休工资与储蓄金额，也包括子女能够并且愿意为老人提供的赡养费用。如果除了正常的储蓄外，老人已经购买了相关的金融产品，如基金、保险、证券等或是拥有房产等不动产都是其未来能够提供的现金流以及能够作为养老资金来源的可能。同时要考虑外部风险，例如通胀风险、投资风险、政策风险、家庭赡养风险等对老人实际经济状况的影响。

2）老人健康状况

老人的健康状况，可以通过一系列的健康评估指标进行衡量。同时也要注意到潜在的风险。老年人是慢性病的高发人群。如图 10-1 所示，在 1993、1998、2003 年，65 周岁及以上老年人总慢性病患病率分别为 54%、51.2% 和 53.9%，三年间慢性病患病率变化度不大，但到 2008 年，有了一个明显的涨幅，上升至 64.5%。一旦患上高血压、心脏病、糖尿病等慢性病，老年人就需要长期依赖药物和仪器治疗。已有研究证明，一些慢性病如糖尿病、慢性肾病、关节炎等的治疗费用均与老年人较高的医疗卫生支出显著相关。所以对老年人的健康状况实时监控，对慢性病和重大疾病做好评估是十分重要的。

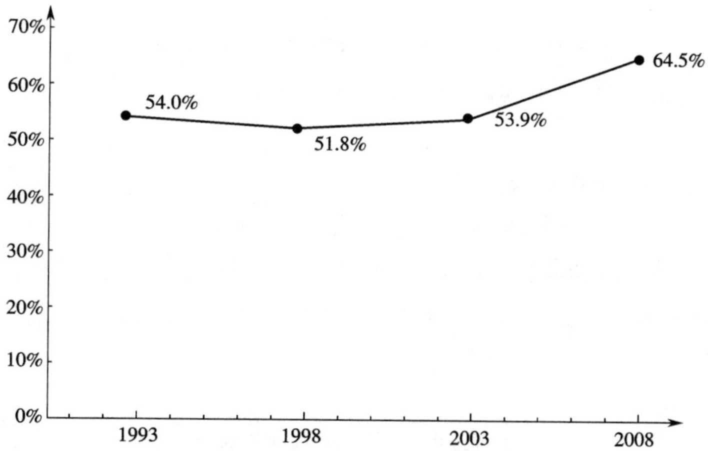

图 10-1 我国老年人慢性病患病率变化趋势

3）老人的精神状况

老人的精神状况往往与一系列的失能事件有关，所以老年人经历的失能事件的数量与程度也是评估的重要指标。

3. 养老风险评估的因素

1)人的因素

人的因素包括老人本身的抵抗疾病能力和承受失能事件的打击能力,同时也包含子女能够为赡养老人提供的时间与资金等。不同人的这些能力都有所不同,对养老风险的评价也有不同的影响。

2)机械的因素

机械的因素主要包括能够为老人提供保健服务与精神慰藉的机械。例如一些家用医疗器械能够为老人减轻病痛或是起到预防疾病的作用,而例如电视、电脑、互联网等设备能够丰富老人的精神世界,减少失能事件对其造成的打击与压力。所以,老人能否接触到这些机械,并利用好机械也是养老风险评估的重要影响因素。

3)环境因素

环境因素主要是要考虑老人所生活的环境是否有利于老人的养老。自然环境包括:天气、温度、湿度、雾霾等自然条件和地理条件;人文环境则包括:家庭关系是否和睦,居所附近是否有亲友陪伴等等。可见环境因素影响着老人的身体健康以及心理状态,需要在养老评估时进行考虑。

4)法律因素

这里法律因素主要是指国家关于养老的法律制度规定,尤其是关于养老金系统的运行制度。近年来,关于企业鼓励个体提前退休、养老保险基金被挪用的新闻屡见不鲜,这些事件都导致了相关人群养老资金在不知情的情况下被暴露在了极大的风险之下。

5)物质因素

物质因素主要是指老人生活所需的生活资料的好坏,例如食物及老人所穿的衣物和所用的物品等生活物品等等。不同的老人生活物质资料不同,也会对养老风险的评价产生影响。

4. 养老风险评估的具体方法

养老风险是一个由风险主体以及预期目标、外因和内因、联合效应共同构成的三维概念,对养老风险的评价必须同时考虑风险组成的这三方面因素。尤其是前两方面的因素,按照这个思路,综合风险要素的三要素,这里将采用养老风险打分评价表来对其进行评价,见表 10-1 所示。

表 10-1　养老风险评估表

风险　　无法“安度晚年”
风险主体　老年人(年龄、性别、婚姻状况、可支配收入、文化程度)
第一步,请您对外部导向和内部导向的可能选项进行打分

续表

<table>
<tr><td rowspan="5">外部导因</td><td>编号</td><td>已经汇集的选项</td><td>打分(0~100)</td></tr>
<tr><td>W1</td><td></td><td></td></tr>
<tr><td>W2</td><td></td><td></td></tr>
<tr><td>W3</td><td></td><td></td></tr>
<tr><td>W4</td><td></td><td></td></tr>
<tr><td rowspan="5">内部导因</td><td>N1</td><td></td><td></td></tr>
<tr><td>N2</td><td></td><td></td></tr>
<tr><td>N3</td><td></td><td></td></tr>
<tr><td>N4</td><td></td><td></td></tr>
<tr><td>N5</td><td></td><td></td></tr>
<tr><td colspan="4">第二步,请您根据打分经过筛选出两项风险外部因素和两项风险内部因素</td></tr>
<tr><td rowspan="3">外部导因</td><td>编号</td><td>已经汇集的选项</td><td>打分(0~100)</td></tr>
<tr><td>W1</td><td></td><td></td></tr>
<tr><td>W2</td><td></td><td></td></tr>
<tr><td rowspan="2">内部导因</td><td>N1</td><td></td><td></td></tr>
<tr><td>N2</td><td></td><td></td></tr>
<tr><td colspan="4">第三步,请你分析每一种交互作用的结果,并对其显著程度打分(0~100)</td></tr>
<tr><td>S1</td><td colspan="2">F1</td><td>F2</td></tr>
<tr><td>S2</td><td colspan="2"></td><td></td></tr>
<tr><td colspan="4">第四步,请你选择一个最明显的交互作用并简要评论</td></tr>
<tr><td colspan="4"></td></tr>
</table>

对于这张风险评估表,有两点需要特别说明。

第一,在进行具体评估之前,需要首先确定风险主体及其预期目标,这是进行养老风险评估的基础工作,是非常重要的。因为养老风险会根据主体的收入状况、风险偏好以及预期目标有不同的评价标准。在确定风险主体时,应该综合考虑老年人的年龄、性别、婚姻状况、可支配收入和文化程度,这是对风险主体的基本描述,也是影响风险主体确定其预期目标的重要因素。

第二,在对老年人进行风险评估之前,需要先设计外部导因和内部导因的选项,这可以通过大量的文献资料总结、对专家的访谈以及实际案例分析等途径得到,对于不同的风险主体和不同的预期目标所设计的外因和内因选项是不完全相同的,这需要对每一类具有相似特征(可以从年龄、性别、婚姻状况、可支配收入和文化程度五方面进行考量)风险主体建立一个风险导因库以备使用。

然后,可以通过四个步骤完成对养老风险的评估:第一步,对外部导因和内部导因进行打分；第二步，根据打分情况，选出前两项风险外部导因和前两项风险内部导因，并打分；第三步，分析每一种外部导因和每一种内部导因的交互作用，并打分；第四步，选择最为显著的一种交互结果（可以认为这是风险综合效应的体现）。

下面可以根据一个案例具体阐释。

“计划生育”在推动社会进步和经济发展的同时，也给中国带来了一批独生子女家庭。

目前，中国第一代独生子女已经步入中年，他们的父母也逐渐进入了老年阶段，独生子女家庭的养老问题正式凸显出来。这里以西安市某大型国有企业退休职工为例，说明如何识别、评估和管理养老风险。首先，需要界定风险的主体及其预期目标。本文选择的案例企业退休职工待遇较好，单位社区提供福利性住房，退休工资收入稳定，社区设有食堂、医院和老年人活动场所，对于这一类老年人群体，生理需求和安全需求已经得到了较好满足。虽然衣食无忧，但这样老人就会感觉到晚年幸福了吗？当然不会。有的老人子女不在身边，因此沦为了“空巢老人”，在这种情况下，老人渴望能够实现“社交需求”；也有的老人，年轻时是单位的重要干部、中流砥柱，对退休后的平淡生活极不适应，虽然衣食无忧但生活并不愉快，他们渴望和外界加强交流，甚至重新获得工作的机会，实现自我价值，在这种情况下，老人渴望能够实现“尊重需求”或者更高层次的“自我实现需求”。因此，不同老人作为风险主体，就会有不同的预期目标，也就会产生不同种风险综合效应。笔者建议在研究初期，应该对样本中的每一位老人进行养老风险评估测试。

表 10-2　养老风险评价表（第一步已完成）

<table>
<tr><td colspan="4">风险　　无法“安度晚年”</td></tr>
<tr><td colspan="4">风险主体　老年人（年龄、性别、婚姻状况、可支配收入、文化程度）</td></tr>
<tr><td colspan="4">第一步，请您对外部导向和内部导向的可能选项进行打分</td></tr>
<tr><td rowspan="5">外部导因</td><td>编号</td><td>已经汇集的选项</td><td>打分（0~100）</td></tr>
<tr><td>W1</td><td>企业发展受挫，退休福利无法持续保障</td><td></td></tr>
<tr><td>W2</td><td>社区养老服务有名无实</td><td></td></tr>
<tr><td>W3</td><td>养老院床位少，价格高</td><td></td></tr>
<tr><td>W4</td><td>没有合适的商业保险产品</td><td></td></tr>
<tr><td rowspan="5">内部导因</td><td>N1</td><td>吃药看病的费用越来越高，超出承受范围</td><td></td></tr>
<tr><td>N2</td><td>儿女不愿意，或没时间照顾父母</td><td></td></tr>
<tr><td>N3</td><td>老年人不舍得花钱住养老院</td><td></td></tr>
<tr><td>N4</td><td>儿女拒绝给父母生活补贴</td><td></td></tr>
<tr><td>N5</td><td>老年人退休之后不适应，感到孤独</td><td></td></tr>
</table>

续表

第二步，请您根据打分经过筛选出两项风险外部因素和两项风险内部因素			
外部导因	编号	已经汇集的选项	打分（0~100）
	W1		
	W2		
内部导因	N1		
	N2		
第三步，请你分析每一种交互作用的结果，并对其显著程度打分（0~100）			
S1	F1		F2
S2			
第四步，请你选择一个最明显的交互作用并简要评论			

通过受访老年人的打分，可以选择出两个最为显著的外部导因和两个最为显著的内部导因。外部导因和内部导因相互作用，会产生四个交互结果。分别分析每一种交互结果，一方面希望获得一个最显著的结果，作为重点管理对象；另一方面，分析每一种交互作用的过程，正是一个很好地识别养老风险的过程，这样的过程要比结果更加重要。

表 10-3 养老风险评估分析表

	N1：儿女没有时间照顾父母	N2：不舍得花钱住养老院
W1：退休福利无法持续得到保障	N1（W1）	N2（W1）
W2：养老院床位少，价格高	N1（W3）	N2（W33）

对比评估表做如下具体的分析。

天有不测风云，一旦企业发展受挫，甚至遭遇破产，老年人的退休工资便无法得到保证，此时如果儿女也不对其父母尽孝的话，老年人的晚年生活将十分凄凉。在这种情况下，一方面需要对现在的年轻人加强“尊老爱幼”等中华美德的传统教育，例如现在针对“空巢老人”“精神慰藉”等方面的公益广告等；另一方面，也需要国家法律的支持，完善对老年人基本生活及医疗保障，同时也对儿女不照顾父母的行为进行惩罚。

N1（W3）：对于儿女不能照顾父母、客观上又没有合适养老院可以选择的老年人来说，社区需要提供养老服务为老年人提供帮助。如果有老人希望实现其“社交需求”，在身体状况允许的情况下，可以和社区其他老年人一起组织活动，利用社区为老年人提供的公共设施，开展下棋、阅读、唱歌、跳舞等有益于身心健康的活动，也建议社区为老年人提供工作机会，充实老年人生活。

N2(W1):如果企业发生变故降低了老年人的收入水平,原本不愿花钱住养老院的老年人就更加不会选择去住养老院。在这种情况下,居家养老是老年人的必然选择,这种情况下的居家养老需要子女投入经济和精神上的支持。此外,如果保险公司能够提供合适的养老支持,也会给老年人带来很大帮助,例如优化反向住房抵押养老保险产品。目前国内试点市为北京、上海、广州和武汉,就试点情况来看,口碑反映并不理想,说明还存在很大修正空间。

N2(W3):如果主观上老年人延续勤俭持家的优良作风,客观上养老院又存在收费高、空间小、床位少、服务差等不利因素,那么老年人必然不会选择养老院。但是,对于独生子女家庭来说,养老院的服务可以一定程度上减轻子女的压力。因此,面对这种情况,需要养老院优化其服务水准,需要社会培养高素质的从事养老服务的专业人员,也需要财政补贴或商业保险产品来降低老年人选择养老院的经济压力。

(二)意外伤害风险的评估

1. 意外伤害风险评估的定义

意外伤害风险的评估是指在进行意外伤害风险识别后,通过对一手或二手资料的整理分析,对意外伤害事故发生的频率、在某一条件下发生的概率和损失程度进行归纳和统计,以了解某类意外伤害风险的具体情况。

2. 意外伤害风险评估的步骤

1)资料收集

资料收集主要有以下两种途径。

一种途径是查找官方年鉴、文件、报告,从官方收集的二手资料中提取所需要衡量的意外风险事件在一定时间段内的发生次数、造成的损失程度等指标。这一途径的优点是适用于时间较长、空间范围较大的调查,官方机构能够减小个人分散调研的成本,可以方便快速收集到研究所需数据;缺点则是官方数据由于其受众一般较多,可能会失去精确性,忽视个体的异质性,对意外伤害风险的衡量带来误差。

另一种途径是通过实地考察或对特定人群发放调查问卷获取一手资料,直接得到意外伤害风险衡量所需的数据,此方法在精确度和个性化的方面具有优势,如在调查损失程度时可以通过被调查者的直接叙述获得更加具体的资料,而在调查成本与大范围上应用此方法则处于劣势地位。

2)数据整理

数据整理包括两方面的内容:意外伤害风险发生的概率估计和造成的损失程度衡量。意外伤害风险的频率和概率往往通过收集到的资料中意外伤害事故的发生次数作为原始数据进行计算。通过均值、方差、t统计量、x2值以及p值等统计量来反映数据的总体水平、变异程度、信度等指标。

由于意外伤害风险涉及的情况复杂多样、包括的群体异质性强,在对涉及范围较广、波及人群较复杂的情况下,意外伤害风险评估的过程中也有必要对评估的条件做具体的划分,如按照时间维度、地域维度、风险事故类型进行具体的意外事故数量统计，会让意外伤害风险衡量之后的控制实施和效果评估更加具有针对性。

（三）健康风险评估

1. 健康风险评估的定义

健康风险评估，是通过所收集的大量的个人健康信息，分析建立生活方式、环境、遗传等危险因素与健康状态之间的量化关系，预测个人在一定时间内发生某特定疾病或因为某种特定疾病导致风险的可能性。这种分析的目的在于估计特定的事件发生的可能性，而不在于做出明确诊断。看起来健康且没有病症的人也具有未来发病或导致死亡的潜在风险，通过评估能够找到可能导致风险的因素，而控制风险因素可以预防或降低致病或死亡的可能性，达到预防或延迟发病的效果。

2. 健康风险评估的步骤

健康风险的评估步骤包括个人化信息的采集、健康风险计算与制定评估报告。

个人健康信息的收集是进行健康风险评估的基础，它包括问卷调查、体格检查、实验检查等。问卷的组成主要包括一般情况调查（如年龄、性别、文化程度、职业、经济收入、婚姻状况等）、现在健康状况调查、既往病史或家族病史调查、生活习惯调查（主要包括吸烟状况、身体活动状况、饮食习惯及营养调查、饮酒状况等）、其他危险因素（如精神压力等）、态度和知识方面的信息；而体格检查以及实验检查，主要包括身高、体重，腰围、血压、血脂、血糖等方面的检查。

健康风险计算常常涉及模型算法，其方法一般包括健康风险评估（Health Risk Appraisal，缩写为 HRA）、疾病风险评估（Disease Specific Risk Assessment，缩写为 DSRA）、膳食评估、精神压力评估等内容。

一般健康风险评估主要是对危险因素和可能发生疾病的评估。危险因素评估包括生活方式和（或）行为危险因素评估（主要是对吸烟状况、体力活动、膳食状况的评估）。生理指标危险因素评估（主要是对血压、血脂、血糖、体重、身高、腰围等指标的评估）以及个体存在危险因素的数量和危险因素严重程度的评估，发现主要问题以及可能发生的主要疾病，对危险因素进行分层管理，如高血压危险度分层管理、血脂异常危险度分层管理等。一般健康状况评估通过问卷调查来评价生活方式对健康的影响，从而增强个人改善健康的动力，提高健康管理项目的参与率。

疾病风险评估就是指对特定疾病患病风险的评估。疾病风险评估主要有以下四个步骤：第一，选择要预测的疾病（病种）；第二，不断发现并确定与该疾病发生有关的危险因素；第三，应用适当的预测方法建立疾病风险预测模型；第四，验证评估模型的正确性和准确性。疾病风险评估的风险度计算有两种方法，一种是建立在单一危险因素与发病率的基础上，将单一因素与发病率的关系以相对危险性来表示其强度，得到的各相关因素的加权分数即为患病的危险性。此方法简单实用，不需要大量的数据分析，是早期危险性评价的主要方法。

而建立在多因素数理分析基础上的计算方法则采用统计学概率理论的方法来得到患病危险性与危险因素之间的关系模型，除多元回归外，还有神经网络方法以及基于蒙特卡洛的模型等，此方法是在前瞻性研究的基础上建立的，因而被广泛地使用。

膳食评估的目的是评估个人及人群的营养状况，出具有益的膳食建议从而提供营养，包括膳食能量评估和膳食结构评估，膳食能量评估是对个体的膳食能量摄入情况进行评估，得到不同等级的膳食能量评估结果；膳食结构评估是从各种类食物摄入是否均衡的角度对膳食进行评估，分为结构合理、结构欠合理和结构严重欠合理三种评估结果。通过能量和结构两个方面的评估，可以从整体上了解个体膳食摄入情况。常用的工具是食品频率调查表（Food Frequency Questionnaire，缩写为 FFQ），常用的测量工具包括 24 小时膳食回顾、膳食日记和 FFQ，优缺点各异。

精神压力评估有三种不同的方法，包括心理生理方法、访谈和客观评分法、自报法。其中最常用的自报法包括三种类型，即应激源评价、心理反应性评价和认知评价。应激源评价针对如离婚、升迁等生活事件，利用社会再适应评定量表（Social Readjustment Rating Scale，缩写为 SRRS）；心理反应性评价如焦虑抑郁则使用明尼苏达多相人格量表（Minnesota Multiphase Personality Inventory，缩写为 MMPI）；认知评价是个体从自己的角度对遇到的生活事件的性质、程度和可能的危害情况做出估计，使用德诺伽提斯压力剖面量表（Derogatis Stress Profile，缩写为 DSP）。

三、人身风险管理技术

（一）养老风险管理技术

对于养老风险来讲，最重要的管理环节是养老风险的防范和控制。而养老风险防范控制的重点是改变导致养老风险事故发生因素及其所在的环境以及因素和所在环境的相互作用的机制。养老风险的防范控制也可从宏观、中观、微观等不同的层次来分析。

1. 宏观层面

导致宏观养老风险的主要因素是养老保险制度的不完善。现有养老保险制度不能保障老年人的生活或者仅仅能保障老年人的基本生活，而根本不能使老年人分享到经济和社会发展带来的成果，从而危及社会的安定。导致该类养老风险事故发生的因素属于实质性的。由于政策的制定者只能是政府部门，所以，政府要制定适合时宜的养老保险政策和规划，从而达到规避风险的目的。

1）加强养老风险意识

只有充分认识到养老风险，才能采取适当的规避措施。养老风险是客观存在的，不同于一般的经济风险，由于是政府直接参与的，所以它带有一定的社会性和政治性。

在我国的目前情况下，加强养老风险意识，一是要加强养老保险制度风险意识。目前，“个人账户”的空账运转，其缺口最终需要国家财政来负担，所以这种风险实际上属于政府的财政风险。由于目前缺乏相应的养老保险立法，存在企业逃避、拒缴养老保险费现象。这些风险都属于养老制度风险方面的风险，政府需要提高这方面的风险意识，加快养老保险立法。

二是要加强养老保险基金投资的风险意识。截止到 2017 年，我国社会保障基金管理的资产总额已达 2.22 万亿元人民币，同比增长 8.8%。其中，直接投资资产 9 414.91 亿元，占总额的 42.35%；委托投资资产 1.28 万亿元，占总额的 57.65%。基金权益总额为 2.07 万亿元，同比增长 6.3%。截至 2017 年末，社保基金境内投资资产 20 557.50 亿元，占社保基金资产总额的 92.47%；境外投资资产 1 673.74 亿元，占社保基金资产总额的 7.53%。由于我国资本市场本身还远未完善，高层次的基金管理人才更是缺乏，金融投资工具还不发达，再加上我国社会保障立法滞后性，因而在运行过程中，不仅存在诸多风险和不确定性，而且养老保险基金在投资过程中出现的违法事件也并不少见。因此，我们要加强这方面的风险意识。

2）建立养老风险预警系统

养老风险涉及的人群基数大，影响范围广，与其在风险发生后采取补救措施，不如在风险发生前通过风险预警系统对风险进行识别，及时采取控制手段将其遏制。

一般讲，养老风险的预警方法包括：先行指标法、模型法、预期调查法、专家评估法等。鉴于中国当前的实际情况，我们宜优先采用先行指标法建立中国的宏观养老风险预警系统。

先行指标可包括以下几种。

（1）养老金收支比。反映养老金平衡程度：养老金收支比大于 1，则反映基金当年有结余；反之，则有赤字，应引起预警。

（2）养老基金增值率。反映养老基金增值程度：如果养老基金增值率大于通货膨胀率则反映其增值；反之则贬值。

（3）养老金代替率。养老金所占社会平均工资基数的比率。尽管养老保险替代率不算低，但是，由于目前我国的个人收入没有货币化，存在很多的隐性收入，所以建议尽快做到收入货币化。

（4）人口老龄化指标。它反映一个国家老龄人口在总人口中所占比重，直接影响人口的供养比例关系，影响养老金收支比。人口老龄化指标大于 10%，则说明我国已进入老龄化国家的行列。

2. 中观层面

中观层面主要包括企事业单位及养老部门、养老机构等。养老企业风险管理不善可能会导致企业运营效率下降以及企业经营不善发生缴费风险；而养老保险部门也面临着养老资金的投资风险问题，包括保值增值风险以及利率风险问题；养老机构在养老风险方面管理不当，更会面临破产倒闭的风险。

有学者指出，养老保险基金问题可以通过发行养老彩票来实现保值增值。可由养老保险部门牵头，成立专门机构，参考发行体育彩票和福利彩票的经验，发行全新的“养老彩票”，作为重要的资金来源，我国人口基数大，发行养老彩票可在一定程度解决养老保险资金保值增值的问题。

3. 微观层面

微观层面上的养老风险防控可以依据大数法则和成本—收益分析使得个人的养老成本最低来达到收益最大的目的，也就是通过扩大社会基本养老保险制度覆盖面，个体分散养老风险的收益和成本以达到分散或降低风险目的。当养老保险费(税)的筹集为个人缴费的形式时，养老风险就被分到个体中去了。根据阿罗和林德的风险分散观点，我们可以得到如下推论：随着养老保险参加人数的增加，每个人所承担的养老风险成本就递减。当分担个体人数接近无限时，养老风险就趋近于零。当然无穷大是不可能的，但若足够大，风险承担的成本就可以忽略不计，那么成本—收益分析完全可以以预期价值的形式进行。养老风险组合的概率分布远比私人项目分布的数量要集中得多，因此风险承担的成本很低。

(二)意外伤害风险管理技术

意外伤害风险管理技术和其他风险管理技术一样，也可以分为两大类：控制型风险管理技术和财务型风险管理技术。

1. 控制型风险管理技术

1)教育干预

教育干预是指实施以改变人群不安全状况、降低人群意外伤害危险因素、改善人群实际生存状况、提升人群生活和生命质量为目的的专项活动，通过健康教育增强人们对伤害危险的认识，改变不良行为方式。如通过电视、报纸、小册子、标语、专题讲座等各种渠道和形式进行宣教，扩大对意外伤害的知晓率，主要媒体平均每季度刊登意外伤害防治文章，利用最近发生的案例就有关内容进行宣教。

2)技术干预

在当今社会里，几乎到处都存在着发生意外伤害的危险，环境中致意外损伤的危险因素也多种多样，并且存在差异。因此环境因素对意外伤害风险的影响必须引起足够重视，并且应进行必要的环境和产品改变。技术干预是指通过对环境和产品的设计和革新，使伤害风险减少或无风险，包括强调安全设计、安全控制等安全措施。通过改善外界环境，尽量减少伤害危险因素和潜在的损伤，如使用药物安全瓶盖减少中毒危险，实施交通安全措施以减少行人损伤的危险等。

3)强制干预

强制干预是指国家通过法律对增加伤害危险的行为进行干预。国家应制定法律和法规约束行为，规范各项制度，减少、杜绝不安全事件。如规定系车辆安全带以降低机动车碰撞或急停时发生危险，禁止喝酒、禁止燃放烟花爆竹等。

4)经济干预

经济干预目的在于用经济手段影响人们的行为。例如政府部门应对有造成事故或隐患的行为进行经济处罚，以减少伤害的发生。

2. 财务型风险管理技术

财务型风险管理技术主要包括自留风险和转移风险。

其中，自留风险是指对风险的自我承担，即企业、单位或个人自我承受风险损害后果的方法。但自留风险有时会因风险单位数量的限制或自我承受能力的限制，而无法实现其处理风险的效果，导致财务安排上的困难而失去作用。而此处我们主要讨论针对人身风险的财务性风险管理技术，所以自留风险对其意义不大，以下主要讨论转移风险的财务性风险管理技术。

1)财务型保险转移风险

在针对人身风险的财务型意外伤害风险管理技术中，最常见的是人身意外伤害保险的作用。

1)人身意外伤害保险的定义

人身意外伤害保险指在合同有效期内，被保险人由于外来的、突发的、非本意的、非疾病的客观事件造成身体的损害，并以此为直接原因致使被保险人死亡或残疾时，由保险人按合同规定向被保险人或受益人给付死亡赔偿金、残疾保险金或医疗保险金的一种保险。

2)人身意外的承保范围

(1)外来。所谓外来的，是指伤害的原因为被保险人自身之外的因素作用所致。比如机械性的碰撞、摔砸、打压以及咬伤、烫伤、烧伤等因素所致的物理性损伤及酸、碱、煤气毒剂等因素所引致的化学性损伤。这些外来的因素，须致使人体外表或内在留有损害迹象。

(2)突发。所谓突发的，是指人体受到猛烈而突然的侵袭所形成的伤害。伤害的原因与结果之间具有直接瞬间的关系。如交通事故中的撞车、天空坠落物体的砸压等引起的伤害、死亡，是突发的，瞬间完成的。长期在某种环境条件下工作造成身体的伤害，不属于意外伤害，如长期在恶劣环境下工作造成的职业病，与突发偶然形成身体的伤害是有区别的，前者不属于伤害保险的范围。

(3)非本意。所谓非本意的，是指非当事人所能预见，非本人意愿的不可抗力事故所致的伤害。对于伤害的结果是意外，而原因非意外的伤害不能认定为意外伤害，如在高速公路上以超过限标准的速度驾驶导致的身体伤害。对于这种完全可以预料的，也是完全可以防止的伤害，不属于意外伤害。

(4)非疾病。所谓非疾病的，是指损害的造成不是由被保人身体本身的因素或疾病引起的。如骨质疏松导致的病理性骨折，或肝炎病毒引起的暴发性肝炎均为疾病所致的伤害。

2)财务型非保险转移风险

财务型非保险转移风险是指单位或个人通过经济合同，将损失或与损失有关的财务后果转移给另外一些单位或个人承担，如保证互助基金制度等；或人们利用合同的方式，将可能发生的、不定事件的任何损失责任，从合同一方当事人转移给另一方，如销售、建筑、运输合同及其他类似合同的免责规定和赔偿条款等。

这种转移风险方式在人身风险方面运用并不广泛。

(三)健康风险管理技术

1. 控制型风险管理技术

1)健康风险规避

风险规避作为一种最彻底地控制风险的技术,可以在风险事故发生前将风险因素完全消除,也就是完全消除了某一特定风险所造成的各种可能损失。风险规避的方法是放弃或终止某项活动的实施,例如某一地区正在流行某种疾病,原计划到该地区旅行,现在考虑到有感染疾病的可能,在该流行病没有得到控制以前,暂时不去该地区旅行;或者不购买不符合卫生标准的食物,如过期、变质的食品。

虽然风险回避可以彻底消除某种特定健康风险造成的损失和可能产生的恐惧心理,但仍有一些风险不可能避免,并且避免了某一特定风险有可能产生另外的风险,任何活动都与一定的风险相联系,没有风险的经济活动是不存在的。

2)健康风险控制

根据健康风险的控制措施,健康风险的控制方法主要为工程法和教育法。

工程法认为,控制损失应该从控制破坏性释放能量和改变易遭受损害的生命或非生命结构入手。因此预防健康风险因素的产生,就要在某项活动开始之前,分析可能存在的风险因素和风险特性,采取一定措施,使其发生的概率将至接近于零,如参加体育锻炼、提高身体素质,增强对疾病的抵抗力。同时减少已存在的风险因素,如定期检查身体,发现有毛病及早医治,特别是老年人更应该每年定期检查一次,身体不适时,应及时去看病,及时医治。

此外,健康风险控制的重点还需通过安全教育来消除人为风险因素,以达到风险控制的目的。人的不安全因素主要来自无知、缺乏风险意识和不懂装懂,如不了解医学知识,遇到家中有人生病,采取错误的方式治疗等等。教育法首先在于提高人们的风险意识,认识到健康风险随时都有可能发生,虽然概率较低,但一旦出现在某个人或某个家庭成员的身上,其发生概率就是百分之百;其次是教育人们不要怀有侥幸心理和麻痹思想;最后是进行有关常识教育,了解我们生活中可能存在的一些最常见的健康风险。教育法的优点在于投入少、收效快。

2. 财务型风险管理技术

对于健康风险的财务型风险管理技术,主要在于对财产损失风险的转移,并且一般以购买保险为主。

疾病是指由于人体内在原因而造成的精神上或肉体上的痛苦或不健全。

需要说明的是,构成健康保险所指的疾病必须有以下几个条件。第一,必须是由于明显的非外来原因所造成的。由于外来的、剧烈的原因造成的病态应视为意外伤害,而疾病是由身体内在的生理原因所造成的。因此,一般来讲要以是否明显外来的原因作为疾病和意外保险的分割线。第二,必须是非先天性的原因所造成的。健康保险仅对被保险人的身体由健康状态转入病态承担责任。由于先天原因使身体发生缺陷或不正常，则不能作为疾病由保险人负责。第三，必须是由于非长期存在的原因所造成的。人的一生要经历生长、成年和衰老的过程，而在机体衰老的过程中也会存在一些病态，这是人生必然要经历的生理现象。衰老是必然的，但衰老的同时诱发出的其他疾病却是偶然的，因而需要健康保险提供保障。属于生理上长存的原因，即人到一定年龄以后出现的衰老现象则不能称为疾病，也不在健康保险的保障范围内。

第三节　人身保险

人身保险是人身风险管理的重要方法之一，按照人身保险的保障范围将人身保险分为人寿保险、健康保险和意外伤害保险。其中人寿保险又分为传统人寿保险、特种人寿保险与创新人寿保险；健康保险又分为医疗保险、疾病保险、收入保障保险与长期护理保险等，如图10-2。

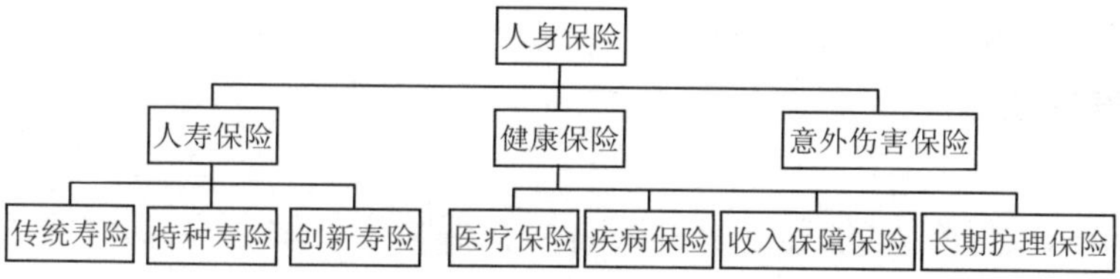

图 10-2 人身保险分类

一、人寿保险

人寿保险简称寿险，是以被保险人的生命作为保险标的，以被保险人的生存或死亡作为保险事故，并在保险期间内发生保险事故时，依照保险合同给付一定保险金额的一种人身保险形式。人寿保险是人身保险中最基本最主要的组成部分，被保险人在保险期内死亡或期满生存，都可以作为保险事故，即当被保险人在保险期内死亡或达到保险合同约定的年龄、期限时，保险人按照保险合同约定给付死亡保险金或期满生存保险金。

（一）人寿保险的类别

根据不同的分类标准，人寿保险可以分为不同的类型。

按有无利益分配分类，人寿保险分为分红保险与不分红保险两类。分红保险是指保险人将每期盈利的一部分，以红利形式分配给被保险人的一种保险。这种保单在设计时已规定固定数额的预定利率，同时保险人还承诺将保险公司每期盈余的一部分以红利的形式支付给被保险人，使得被保险人不仅得到了保险保障，而且可以分享保险公司的经营成果。红利分配方式多种多样，可以领取现金、抵充保费，增加责任准备金或提高保险金额等。不分红保险是被保险人在缴纳保险费后没有任何赢利分配的保险。保险费收入超过保险成本的赢利属于保险人，而被保险人无权享受盈余分配。从市场需求而言，保户宁愿负担稍高的保险费参加分红保险而不愿选择不分红保险。

按照参加保险人数的不同分类，人寿保险分为单独人寿保险、团体人寿保险和联合人寿保险三类。单独人寿保险是只有一个被保险人的人寿保险。团体人寿保险是以一定社会团体为投保人，以团体全体成员为被保险人，以被保险人指定的家属或其他人为受益人的保险。联合人寿保险是把有一定利害关系的两人或三人以上的人视为一个被保险人整体的保险，如父母，妻子，子女，兄弟姐妹或合作人等。联合保险中第一个人死亡，即将保险金给付其他生存的人，如果保险期限内无一人死亡，保险金给付给所有联合被保险人或他们指定的受益人。这种保险形式在我国还不多见。

按实务分类，人寿保险分为普通人寿保险与特殊人寿保险两类。普通人寿保险是指定期人寿保险、终身人寿保险以及生死合险。特殊人寿保险，是指团体人寿保险和简易人寿保险，其中简易人寿保险是一种以低收入劳动者为承保对象，按月或按周收取保险费，免验身体低保额的人寿保险。

按历史发展分类，人寿保险分为传统寿险、特种人寿保险和现代创新寿险三类，根据这一分类标准对人寿保险的种类介绍如下。

1. 传统人寿保险

1）死亡保险

死亡保险是以被保险人的死亡为保险事件，在保险事件发生时，由保险人给付保险金的一种保险。它保障的是被保险人的受益人等在被保险人死亡后能维持一定的生活水平，按照保险期限的不同，分为定期死亡保险和终身死亡保险。

A. 定期死亡保险

定期死亡保险也称为定期寿险，是以被保险人在保险合同规定的一定期限内发生死亡事件，而由保险人给付保险金的一种人寿保险，也就是说，如果被保险人在规定的期限内死亡，保险人向受益人给付保险金；如果被保险人在期满仍然生存，保险人不需给付保险金，也不退还保费。

B. 终身死亡保险

终身死亡保险又称为终身寿险，是指从保险合同生效之日起，被保险人在任何期间内死亡，保险人均向受益人给付保险金，或被保险人生存到 100 岁，保险人向被保险人给付保险金。在终身寿险中，死亡给付是一种必然事件。

2）生存保险

生存保险是以被保险人在保险期满或达到某年龄时仍然生存为给付保险金条件的一种人寿保险。如果被保险人在约定的期限或达到约定的年龄前死亡，保险人不承担给付保险金的责任，也不退还保险费，纯粹的生存保险一般都不单独办理，保险人也不设计只提供生存保障的保单，它往往与其他险种结合以满足人们多方面的需求，生存保险保障的主要目的是为年老的人提供养老保障，或者为子女提供教育基金等。

生存保险衍生出了很多险种，年金保险是生存保险最主要的险种。

年金保险是指在被保险人生存期间，保险人按照合同规定，每隔一定的周期支付一定的保险金给被保险人的一种生存保险，年金保险大多用于养老，所以又被称为养老年金保险。

3）两全保险

两全保险又称为生死合险，是将定期死亡保险和生存保险结合起来的保险形式，也就是指被保险人在保险合同规定的年限内死亡或保险规定期限届满时仍然生存，保险人按照合同均承担给付保险金责任的保险，因此两全保险具有以下特点。

（1）两全保险是寿险业务中承保责任最全面的一个险种，它是生存保险和死亡保险结合的产物，既保障被保险人的生存需要，也保障被保险人死后受益人领取保险金的需要。

（2）保险费率较高，在定期死亡保险和生存保险中，保险人承担的责任，要么是死亡，要么是生存保险，保险金的给付也存在两种可能，即给付或不给付，两全保险既保生存又保死亡，一旦投保，给付就必然要发生，因此保险费较死亡保险和生存保险要高。

（3）两全保险的保费当中，既有保障的因素又有储蓄的因素，而且储蓄占主要因素。保费中储蓄因素的多少，与保险期限的长短密切相关，保险期限长的，保费中储蓄所占的比重小，保险期限短的，保费中储蓄所占的比重大。

2. 特种人寿保险

1）简易人寿保险

简易人寿保险习惯上称为简身险，它是一种小额的，免验体的，适合一般低工资收入者的人寿保险，其保险责任为两全保险附加意外伤害保险，简身险不仅收费低，而且在收费方式上照顾到劳动者工资收入的情况，按照领取工资的周期定期上门收费，所以缴费方式有年缴、季缴、月缴。简身险分年龄组别按份计算保额和保费，每一份简身险的保额虽小，但被保险人可以根据自己的需求和经济状况投保若干份，非常灵活。

2）弱体保险

弱体保险又称为次健体保险或非标准体保险，相对于强体保险、标准体保险和健康体保险而言，它是指被保险人存在超过风险值为弱体时，保险人用特殊的方法予以承保的人寿保险。弱体保险的基本原理与普通寿险的基本原理一致，所不同的只是被保险人为弱体，不能因标准费率予以承保，只能采用特殊的方法予以承保。

弱体是指存在某种缺陷的人们。这种缺陷主要包括以下几种：①现有的医理缺陷，如异常高血压、严重心脏病等；②可能影响到寿命的以往的医理缺陷；③家族病史中有遗传病的；④具有特别伤害危险或作业条件有碍健康的职业；⑤居住环境恶劣者，主要指卫生、气候环境，只要掌握了弱体团体的期望死亡率，并且有足够的人投保，保险人就能予以承保。

承保方式：①保额消减法，即对被保险人按正常费率承保，但在一定时期内按比例减少保险金给付，然后逐渐趋于正常；②年龄增加法，即按高出被保险人实际年龄若干岁的年龄计算保费；③征收额外保费法，即按额外死亡率的高低，征收一定的额外保险费。

弱体保险使保险保障的范围得以扩大，使被普通寿险排除在外的众多的人获得保障机会，这对于被保险人和保险人都是非常有利的。

3）团体人寿保险

团体人寿保险又称团体保险，它是人身保险的特殊组成部分，团体保险使用一份合同，为一个团体的多个成员提供人身保险保障并发给团体内每个成员一份保险证，在团体保险中通常不要求体格检查，保险费率也较低。依据保险保障的范围不同，团体人身保险可分为团体人寿保险、团体年金保险、团体健康保险和团体意外伤害保险。

3. 创新人寿保险

创新人寿保险是指包含保险保障功能并在投资账户中拥有一定资产价值的人身保险，这种保险不仅具有保险功能，同时又具有投资功能。通常，创新人寿保险险种将保费分成两个部分，一部分用于保险保障，另一部分转入专门的投资账户用于投资，其收益全部归客户所有。

就我国来看，创新人寿保险主要分为分红保险、投资连接保险、变额人寿保险以及万能人寿保险等。

1）变额人寿保险

变额人寿保险是指在保险期内保险金额随其保费分离账户中资金投资收益的变化而变化的一种终身保险。

变额寿险大多是终身寿险，投保的根本目的是希望受益人得到较大的死亡保险金额，但最终结果如何取决于投资业绩，如果投资收益率高，现金价值和死亡保障都会增加；如果投资收益率变低，只能保证最低死亡给付金额。也就是说该保单的死亡给付包括两个部分，第一部分是保单规定的最低死亡给付额，这一部分是固定的；第二部分是可变的死亡给付部分，即随投资收益变化的部分，投资收益超过保单预定的利率的部分，用来购买一份额外的保险，这份保险通常按纯费率购买，购买时间可按天、按周、按月、按年进行，如果投资收益低于保单约定的利率，则会相应减少，过去已增加了的保额，只是保额的最低限度，保单持有人几乎承担所有的投资风险，但死亡率和费用率的变动风险仍由保险人承担。

变额寿险还提供许多传统的保单选择权，如家庭定期保障、意外死亡保障，保费豁免保障，变额寿险的保单抵押贷款，一般以现金价值的 75% 为限，这是因为变额寿险的现金价值数额波动比较大，确保保单持有人要求退保时，退保金能够根据保单当时的现金价值计算。

变额人寿保险与保险金额在保险期限内固定不变的定额寿险相比较而言，具有以下几个特点。

（1）保证最低死亡给付金额。变额人寿保险的保险金额由两部分构成，一部分是合同规定的基本保险金额，他不受保险公司投资效果的好坏的影响，另一部分保险金额则随保险资金投资收益的好坏而变动。

(2)独立的投资账户。独立的投资账户是指客户在购买变额人寿保险后,将拥有独立的个人投资账户,个人投资账户是保险人为投保人单独设立的,单独管理的,独立于一般保险账户的资金投资账户,它是变额人寿保险产品价值的基础。保单现金价值记入独立投资账户,独立投资账户内的资产与公司普通账户资产相分离。

(3)保险双方承担风险责任不同。变额人寿向保单持有人提供了选择投资组合的权利,保险人按照保单求证指定的投资方式,将其保单项下积累的资金进行投资,并由保单持有人承担所投资的所有风险,保险人只负责死亡费用风险及保证被保险人有一个最低的死亡给付金额。

2)万能人寿保险

万能人寿保险简称万能寿险,它是一种保费和保险金额都变动的寿险产品,这类产品兼有保障和投资功能,万能寿险的保费缴纳方式灵活,保险金额可以根据规定进行调整,保单持有人在缴纳一定量的首期保费后,可以选择在任何时候缴纳任何数量的保费,只要保证保单的现金价值足以支付保单的相关费用,有时甚至可以不再缴费,而且保单持有人可以在具备可保性前提下提高保险金额,也可以根据自己的需要降低保险金额。

人寿险的经营具有一定的透明度,保单持有人可以了解该保单的内部经营,也可以得到相关保单的相关因素,如保费、死亡给付、利息率、死亡率、费用率、现金价值之间相互作用的各种预期结果的说明,保单持有人每年都可以得到一份年报,了解资金的支配情况,万能寿险具有透明度的一个重要原因是万能寿险保单的现金价值与纯保险费额是分别计算的,保单现金价值是保费缴纳情况、费用估计随死亡率及利息率的变化而变化,纯保险金额与现金价值之和,就是全部死亡给付额。

万能寿险与传统的普通寿险相比较而言,具有以下几个特点。

(1)现金价值。传统寿险的现金价值,在投保时就已经精确计算,而万能寿险的现金价值不仅取决于所缴保费,还取决于未来的投资收益。

(2)保费缴付。普通寿险对投保人收取保费的金额有最低的限制,以后各年的保费则由保单持有人决定,但未来各年的保费必须足够支付定期寿险的费用,保单持有人必须在60天的宽限期内交足必要的保险费,否则保单的效力中止;万能寿险通常也规定了最高限制金额,保单持有人可以在最低和最高金额之间决定自己的缴费金额,在不低于最低保险金额的前提下,如果是减少保险金额,不需要提供可保证明;如果是增加保险金额,则需提供可保性证明。

(3)死亡给付模式。万能寿险,主要提供两种死亡给付模式,一是均衡给付模式,也就是死亡给付金额是固定的净风险保额,每期都进行调整,净风险保额增加,现金价值则减少,反之相反,因此其风险保额和现金价值之间构成了固定的死亡给付金额;二是随着现金价值变化而变化的死亡给付方式,在这种方式下如果现金价值增加了,则付死亡给付额会等额增加,它是均衡的净风险保额与现金价值之和。

(4)保单运作透明。保险人向投保人定期公开组成账户价格的各种因素,定期寄送一份保单信息状况表,向客户说明所交保费如何提供死亡保障费用和现金价值之间分配以及死亡给付金、退保金、现金价值所赚的利息,保单抵押贷款提取现金价值的情况,从而便于客户进行不同产品间的对比,并监督保险公司的经营状况。

3)分红保险

分红保险是保险人将每期盈余的一部分以红利形式分配给被保险人的保险。这种保单在设计时已规定固定数额的预定利率,同时保险人还承诺将保险公司每期盈余的一部分以红利的形式支付给被保险人,使得被保险人不仅得到了保险保障,而且可以分享保险公司的经营成果。

一般来说,分红保险的红利来源主要包括三个差益:死差益、利差益和费差益。死差益是指因人寿保险实际死亡率低于预定死亡率的保险营业年度内,收入的风险保费总额大于当年实际给付的风险保险金额的结余部分;利差益是指因保险资金的投资收益率大于预定收益率所形成的额外收益;费差益是指因附加保费超过实际经营管理费用与异常风险损失保险金给付金额之和所形成的结余部分。分红保险保单的所有人领取红利的方式多种多样,可以领取现金、累积生息、抵交保险费和缴清增值保险。

4)投资连接保险

投资连接保险是指保险金额可以变动的寿险,也就是我国的变额人寿保险。寿险公司为被保险人设立单独账户,将资金进行投资,保险金额随投资收益而变化。在投资连接保险中保险人对投资收益率不做任何保证,把所有投资风险都转嫁给保险单所有人,保险人只承担死亡率和费用变动风险。投资连接保险是一种保障与投资相结合的长期性寿险险种,其保险金额由基本保险金额和额外保险金额两部分组成。基本保险金额是被保险人无论何时都能得到的最低保障金额,额外保险金额部分则另设立账户,由投保人选择投资方向委托保险人进行投资,根据资金运用实际情况进行调节。

传统寿险都有一个固定的预定利率,保险合同一旦生效,无论市场利率如何变化,保险人经营状况如何,保险人都将按签约时的保险金额给客户支付保险金。而投资连接保险则不存在固定利率,保险人将客户交付的保险费分成保障和投资两部分。其中的投资资金通过专业投资人才的投资运作获取较高的投资回报使客户受益,但是投资部分的回报率是不固定的。如果保险人投资收益比较好,那么客户的资金将获得较高回报;反之,如果保险人投资收益不理想,客户将承担所有的风险。

(二)人寿保险的责任范围及相关条款

人寿保险的责任范围随着人寿保险的发展而在同步变化。早在人类社会发展的初期,人们就意识到死亡是人类在人身方面的最大危险,死亡意味着劳动力的消失、价值创造的减少,尤其给其家属的继续生存也带来了一定的困难和危险,更会造成精神上的损失,因而在早期的人寿保险中，人们把死亡作为事故，也就是说当被保险人死亡时，保险人要承担相应的责任，根据协议给付。但是随着生产力的发展，人类生存条件不断改善，更多的时候人们希望能够长寿而健康地生活，也就需要持续、稳定的现金流来维持，除了死亡时需要一笔费用外，对于持续稳定现金流的需要也对保险业提出了新的挑战。因此，生存也就变相地成了一种“可保风险”，即保险人需要在被保险人生存时给付，随即又出现了两全保险，结合了死亡保险和生存保险，无论被保险人是生存还是死亡，保险人都有责任根据相关保险合同进行给付。

由于新型人寿保险灵活性较大，其责任范围常常根据保险合同的具体条约而有较大的区别，所以以下仅讨论不同种类的传统人寿保险的责任范围，对其进行更加详细的解释。

1. 普通人寿保险

1）死亡保险

A. 定期死亡保险

如果在合同的约定期内，被保险人发生死亡，那么保险人有责任一次性给付保险金；如果被保险人在保险期间未发生死亡事故，则到期合同终止，保险人都没有责任给付保险金，且保险费不需退还。

B. 终身死亡保险

终身死亡保险没有确定的死亡期限，自保险合同生效之日起，至被保险人死亡为止，无论被保险人何时死亡，保险人均有责任按照合同给付死亡保险金。值得注意的是，几乎所有的终身寿险都是基于生命表所假设的 100 岁为人的生命极限，所以终身寿险从某种角度讲也可视作保险期限截止到被保险人 100 周岁的定期寿险。当被保险人生存至 100 岁，从保险人的角度来讲，相当于被保险人被视作死亡，此时的保险人也有责任向其支付保险金。此外，由于终身寿险的保险费中含有储蓄的成分，保单生效一定时期后具有现金价值，若是保单的持有人想要在中途退保，保险人也有责任支付一定数额的退保金。

2）生存保险

被保险人如果在保险期满或是达到某一年龄时仍然生存，那么保险人有责任一次性给付保险金。若保险期间被保险人死亡，那么被保险人不能得到保险金，且保险人没有责任退还保险费用。

3）两全保险

无论被保险人在保险期间是否死亡，保险人都有责任给付保险金。即在保险有效期内，被保险人死亡，保险人承担给付受益人约定数额的死亡保险金的责任，若被保险人生存至保险期满，保险人有责任给付约定数额的生存保险金。基于此特点，两全保险具有一定的储蓄性质，因为保险人给付的责任是必然发生的，所以保单具有现金价值，保单所有人享有各种由保单的现金价值带来的权益。

2. 特种人寿保险

1)年金保险

在被保险人生存期间,保险人按照合同约定的金额、方式,在约定的期限内,有规则地、定期地向被保险人给付保险金。但保险人的责任与生存保险的存在不同,即年金保险的给付通常是按年度周期给付而不是一次性给付。具体来讲,保险人的责任又可分为在积累期的责任和在清偿期的责任。

年金保险有积累期和清偿期。积累期为年金资金积累的一段时期,清偿期为年金向年金受领人给付资金的时间。如果年金保险的受领人死亡,保险公司的责任则根据死亡是发生在积累期还是清偿期有所不同。

积累期给付责任:在年金的积累期,如果年金保险的被保险人死亡,则保险公司有义务退还全部或是部分的年金价值。例如,在美国,大部分州的法律都是要求最低的现金价值,其值为当时所支付的年金保费减去所提领的资金及费用,再加上所生利息。

清偿期的给付责任:经过积累期之后,年金保险的资金累积到了一定额度,到了开始给付年金的年龄时,保险公司则要按照合同的规定,每期给付年金。此时,年金的额度和形态都是固定的。

一般而言,终身年金给付可以分为纯终身给付和具有退还保费的年金给付的两种形态。纯终身年金也可以称为普通终身年金,它所提供的年金给付一直到年金受领人死亡为止。一旦年金受领人死亡,一般来讲保险人没有责任把保险费退还给年金受领人的遗产继承人或者是受益人。

2)简易人寿保险

(1)满期生存给付。被保险人生存至保险期限结束时,保险人按保险金额给付满期生存保险金。

(2)死亡给付。被保险人在保险期限内因疾病或意外伤害造成死亡,保险人按照保险金额给付死亡保险金。

(3)残废给付。被保险人在保险期限内因遭受意外伤造成永久性残废,保险人按照保险金额和被保险人的残废程度给付残废保险金。被保险人领取残废保险金后,如果在保险期限内死亡或生存到保险期限结束,保险人仍按照保险金额给付死亡保险金或满期生存保险金,不扣除以前的残废保险金给付。

3)团体人寿保险

当被保险人(企业团体中的一个或多个人)因疾病或分娩住院时,由保险人负责给付其住院期间的治疗费用、住院费用、看护费用或对被保险人此期间的收入减少进行损失补偿,或者对被保险人的门诊医疗费用进行给付,以及在被保险人由于疾病或分娩致残疾时,由保险人负责给付残疾保险金,或当被保险人因意外身故时,对受益人进行一次性给付。

3. 人寿保险责任法定免责事由

法定免责事由是指《保险法》规定的保险人责任免除事项，具体涉及以下几方面。

（1）违反告知义务。因为投保人违反告知义务得以解除保险合同而责任免除。《保险法》第十六条规定：投保人故意隐瞒事实，不履行如实告知义务的，保险人对保险合同解除前发生的保险事故，不承担赔偿或给付保险金给付责任，并不退还保险费。投保人因过失未履行如实告知义务的，对保险事故的发生有严重影响的，保险人对保险合同解除前发生的保险事故，不承担赔偿或给付保险金给付责任，但可以退还保险费。

（2）保险欺诈。因投保人、被保险人或受益人欺诈得以解除保险合同而责任免除。《保险法》第二十七条规定：被保险人或者受益人在未发生保险事故的情况下，谎称发生了保险事故，向保险人提出赔偿或者给付保险金的请求的，保险人有权解除保险合同，并不退还保险费。

（3）投保人、被保险人或者受益人故意制造保险事故的，保险人有权解除保险合同，不承担赔偿或者给付保险金的责任。除《保险法》第六十四条第一款（见下述）另有规定外，也不退还保险费。保险事故发生后，投保人、被保险人或者受益人以伪造、变造的有关证明、资料或者其他证据，编造虚假的事故原因或者夸大损失程度的，保险人对其虚报的部分不承担赔偿或者给付保险金的责任。

投保人、被保险人或者受益人有以下三项条款所列行为之一，致使保险人支付保险金或者支出费用的，应当退回或者赔偿。

（1）故意行为。投保人或者受益人故意造成被保险人死亡、伤残或者疾病的，保险人不承担赔偿或者给付保险金的责任。投保人已交足两年以上保费，保险人应向其他享有权利的受益人退还保单现金价值。受益人故意造成被保险人死亡、伤残或者故意杀害被保险人未遂的，丧失受益权。

（2）自杀行为。《保险法》第四十四条：以被保险人死亡为给付保险金条件的合同，自合同成立或者合同效力恢复之日起二年内，被保险人自杀的，保险人不承担给付保险金的责任，但被保险人自杀时为无民事行为能力人的除外。保险人依照前款规定不承担给付保险金责任的，应当按照合同约定退还保险单的现金价值。

（3）犯罪行为。《保险法》第四十五条：因被保险人故意犯罪或者抗拒依法采取的刑事强制措施导致其伤残或者死亡的，保险人不承担给付保险金的责任。投保人已交足二年以上保险费的，保险人应当按照合同约定退还保险单的现金价值。

二、健康保险

健康是每个个体，也是社会共同追求的重要目标。健康保险是处置健康风险的重要手段，也是民众幸福指数构成的核心内容。健康保险，是以被保险人的身体为保险标的，在被保险人因疾病或意外事故伤害发生后获得医疗费用或损失补偿的一种保险。本节主要介绍健康保险的相关内容与实务。

(一)健康保险的类别

健康保险可以分为医疗保险、疾病保险、收入保障保险、长期护理保险及其他。

1. 医疗保险

医疗保险是指以保险合同约定的医疗行为的发生为给付保险金条件,为被保险人接受治疗期间的医疗费用支出提供保障的保险。医疗费用是病人为治病而产生的各种费用,它不仅包括医生的医疗费和手术费用,还包括住院、护理、医院设备等费用,医疗保险就是医疗费用保险的简称。

医疗保险的范围很广,医疗费用则一般按照其医疗服务的特殊性来区分,主要包括医生的门诊费用、药物费用、住院费用、护理费用、手术费用、各种检查费用等。不同的健康保险保单所保障的一般是其中一项或若干项的组合。

表 10-4 常见医疗保险

医疗险类型	承包范围	适用人群	承保额度
普通医疗保险	一般性医疗费用,包括门诊费用、医药费用、检查费用等	适用于一般社会公众	保险保费成本较低,一般具有免赔额和比例给付规定
住院保险	住院房间的费用、住院期间医生费用、利用医院设备的费用、手术费用、医药费用等	常有住院需求的患者	住院费用比较高,根据平均住院费而定,为控制不必要的长时间住院,一般规定保险人只负责所有费用一定百分比
手术保险	需做必要手术而产生的费用	常有手术需求的患者	
综合医疗保险	医疗、住院和手术的全部费用	患有需手术及住院治疗疾病且有相应支付能力的患者(此类保单保险费较高)	一般确定一个较低的免赔额连同适当的分担比例

医疗费用保险一般规定一个最高保险金额,保险人在此保险金额限度内支付被保险人所发生的费用,超过此限额时,则保险人停止支付,免赔额条款则是医疗保险的主要特征之一。如果是家庭投保,则免赔额可在整个家庭成员费用之和的基础上规定。在此基础上,比例给付条款经常使用。

2. 疾病保险

1)疾病保险的概念

疾病保险是指以保险合同约定的疾病的发生为给付保险金条件的保险。通常要求这种保单的保险金金额比较大,以足够支付其产生的各种费用。疾病保险的给付方式一般是在确诊为特种疾病后,立即一次性支付保险金额。

疾病保险和医疗保险都属于健康保险,都是以被保险人的健康为保险标的。但它们也有很大的区别。

(1)保障范围不一样,医疗保险保障范围更广。疾病保险,也就是重大疾病保险,主要针对那些会威胁到生命或者花费比较大的重大疾病。而医疗保险保障范围更为宽泛,从一般的阑尾炎到癌症都在医疗保险保障范围之内。

(2)赔偿标准不同。疾病保险是定额赔付。即只要患合同规定的重大疾病,保险公司立即按照保险金额赔付。比如保额20万,那保险公司就赔偿20万。医疗保险是按实际所用医疗费来赔付。比如保额1万,住院花费了5 000元,那保险公司可能会赔偿4 000元(实际费用的80%)。

(3)保险期间不同。医疗保险的保险期间只有1年。如果投保后1年内没有住院,那保险合同就终止了,要想继续得到保障,就得再交钱续保。疾病保险的保险期间一般都在20年以上,甚至是终身型的。

2)疾病保险的分类

疾病保险按照不同标准的分类如下。

1)按保险期限划分

定期保险。以重疾保障为主险,在一定期限内给予保障,一般采用均衡保费。这类重疾险最多保障期限是30年, 20岁买就只能保障到50岁, 30岁买就只能保障到60岁,多一天都不行。这种保险虽然是主险,但也是属于消费型的,没有理赔则不能返还保费。

终身保险。终身重大疾病保险为被保险人提供终身的保障。终身保障有两种形式,一是为被保险人提供的重大疾病保障,直到被保险人身故;另一种是当被保险人生存至合同约定的极限年龄(如100周岁)时,保险人给付与重大疾病保险金额相等的保险金,保险合同终止。一般终身重大疾病保险产品都会含有身故保险责任,因风险较大费率相对比较高。

2)按给付形态划分

(1)额外给付保险。需要同时购买其他主险,例如同时投保终身寿险或者养老保险,属于消费型险种,自然费率设计比较多见。也就是三十岁这一年只需要三、四百元,缴费至60岁后每年都要超过几千,且不发生理赔时保费不能返还。身故给付现金是按照主险的保额进行理赔的。

(2)提前给付保险。需要同时购买其他主险,多数限定在同时投保终身寿险,属于消费型险种。身故给付现金同样是按照主险保额进行理赔的。

(3)独立给付保险。独立给付主险型重大疾病保险包含死亡和重大疾病的保险责任,而且其责任是完全独立的,并且二者有独立的保额。如果被保险人身患重大疾病,保险人给付重大疾病保险金,死亡保险金为零,保险合同终止,如果被保险人未患重大疾病,则给付死亡保险金。此型产品较易定价,只需考虑重大疾病的发生率和死亡率。但对重大疾病的描述要求严格。

(4)比例给付保险。按比例给付型重大疾病保险是针对重大疾病的种类而设计,主要是考虑某一种重大疾病的发生率、死亡率、治疗费用等因素,来确定在重大疾病保险总金额中的给付比例。当被保险人患有某一种重大疾病时，按合同约定的比例给付，其死亡保障不变，该型保险也可以用于以上诸型产品之中。

（5）回购式选择型保险。回购式选择型重大疾病保险产品，在我国尚属空白。该型产品是针对提前给付型产品存在的因领取重大疾病保险金而导致死亡保障降低的不足而设计的，其规定保险人给付重大疾病保险金后，若被保险人在某一特定时间后仍存活，可以按照某些固定费率买回原保险额的一定比例（如25%）使死亡保障有所增加，如果被保险人再经过一定时期仍存活，可再次买回原保险总额的一定比例，最终使死亡保障达到购买之初的保额。回购式选择带来的逆选择是显而易见的，作为曾经患过重大疾病的被保险人要按照原有的费率购买死亡保险也有失公平。因此对于"回购"的前提或条件的设计至关重要，是防范经营风险的关键。

（6）主险捆绑附加。多以生死两全保险为主险，捆绑附加重大疾病险。所谓两全险就是保障期限内身故，保险公司要进行赔付，保障期限后没有身故，保险公司也要进行赔付的保险，这类保险的保险期限一般都在80岁期满，附加上重疾后就成为过去最常见的有病赔病、无病返钱的保险。在这种保险中，附加险是不标明费率的，已经计入两全主险费率中。但可以肯定的是，附加重疾是均衡费率，而且附加的重疾险保障期等于两全险的期限，一般都在80岁左右。

3. 收入保障保险

失能收入损失险是以因保险合同约定的疾病或者意外伤害导致工作能力丧失为给付保险金条件，为被保险人在一定时期内收入减少或者中断提供保障的保险。具体是指当被保险人由于疾病或者意外伤害导致残疾，丧失劳动能力不能工作以致失去收入或者减少收入时，由保险人在一定期限内分期给付保险金的一种健康保险。其主要目的是为被保险人因丧失工作能力导致收入的丧失或减少提供经济上的保障，但不承担被保险人因疾病或者意外伤害所发生的医疗费用。

收入保障保险一般可分为两种，一种是补偿因伤害而致残废的收入损失，另一种是补偿因疾病造成的残废而致的收入损失。

收入保障保险合同除了在被保险人全残时给付保险金外，还可以提供其他利益。这些补充利益，既可以自动包含于基本险中，也可以通过缴纳附加保费的方式获得。

1）部分残疾保险金给付条款

某些收入保障保险单在被保险人部分残疾时，在约定期间内提供残疾收入保险金。部分残疾是指导致被保险人不能完全从事其原有职业的某些工作内容或全天从事其职业的残疾。这是在原有收入保障保险业务发展到一定阶段之后才产生的。保险公司在保险单中规定，当被保险人因病导致部分残疾时可在约定期间内领取收入保障保险金。一般情况下，部分收入保障保险金可以在保单中约定（比如为全残收入补偿保险金的一个固定比例），也可以约定给付公式。当然具体给付金额视被保险人因残疾导致收入的损失程度而定。

2）加保选择权益条款

加保选择权的全称是未来增加保险金额选择权，也叫保证未来的可保性，即如果被保险人在未来某一时期的收入增加的话，则不论其当时的健康状况如何，均有增加保险金额的权利。被保险人增加保险金额时，也不必提供可保证明，但必须提供收入增加证明。一般被保险人根据合同约定可以加保，直至合同约定的购买截止年龄（一般为50周岁或55周岁）。同时，每次允许增加的保险金额依各保险公司的规定而异，但一般不会超过最初合同给付额的2倍。而有的保险公司则规定被保险人在45周岁之前可以按合同约定额度购买。

3）生活指数调整（COLA）给付条款

按生活费用调整保险金的给付额是为解决通货膨胀造成的保险给付金购买力下降的问题，为残疾的被保险人提供定期增长的残疾收入保险金。在这一条款下，收入保障保险金根据消费者物价指数的增长或保单中规定的比例而增加。既定比例通常是5%或10%，同时被保险人要求增加保险金给付的申请必须是在残疾保险金给付一年之后提出的。

4）免缴保险费（WP）条款

几乎所有的残疾收入保险单都包含有免缴保险费的条款。根据这一规定，如果被保险人全残并且持续期超过规定的最短期限就可免缴保险费，不过仅在被保险人的保险金给付期间或在其伤残期间可以免缴。同时被保险人在没有完全康复的伤残时期内也可免缴保险费。

失能收入损失保险的给付规定如下。

1）给付方式

收入保障保险的给付一般是按月或按周进行补偿，每月或每周可提供金额相一致的收入补偿。

残疾收入保险金应与被保险人伤残前的收入水平有一定的联系。在确定最高限额时，保险公司需要考虑投保人的下述收入：①税前的正常劳动收入；②非劳动收入；③残疾期间的其他收入来源；④目前适用的所得税率。

收入保障保险除了在被保险人全残时给付保险金外，还可以提供其他利益，包括残余或部分伤残保险金给付、未来增加保额给付、生活费用调整给付、残疾免缴保费条款以及移植手术保险给付、非失能性伤害给付、意外死亡给付。这些补充利益作为特殊条款通过缴纳附加保费的方式获得。

2）给付期限

给付期限为收入保障保单支付保险金最长的时间，可以是短期或长期的，因此有短期失能及长期失能两种形态。短期补偿是为了补偿在身体恢复前不能工作的收入损失，而长期补偿则规定较长的给付期限，这种一般是补偿全部残废而不能恢复工作的被保险人的收入。

3）免责期间

免责期间又称等待期间或推迟期，是指在残疾失能开始后无保险金可领取的一段时间，即残废后的前一段时间,类似于医疗费用保险中的免责期或自负额,在这期间不给付任何补偿,各保险公司的免责期不同,有 30 天、2 个月、3 个月、6 个月和 1 年等,免责期越长,保费越便宜。另外需要说明的是,免责期间允许中断,如被保险人在短暂恢复后(一般限定为 6 个月以内)再度失能,可将两段失能期间合并相加计算免责期。

虽然收入保障保险与意外伤害保险中的意外伤害停工保险都要对意外伤害提供保障,但意外伤害停工保险是以被保险人因遭受意外伤害而暂时丧失劳动能力、不能工作为给付保险金的条件。这里的“停工”与“残疾”是有所区别的:停工是指暂时丧失劳动能力,在一定时期内不能从事有劳动收入的工作;而残疾是指永久丧失全部或部分劳动能力,即如果残疾是永久且完全性的,则被保险人永久不能从事有劳动收入的工作,而如果残疾只是部分丧失劳动能力,则被保险人还可以从事一定的有劳动收入的工作。因此,停工的发生是从被保险人遭受意外伤害时立即开始的,而造成残疾与否则只有在被保险人治疗结束或病情稳定后才能确定。

4. 长期护理保险

长期护理保险是指对保险人因为年老、严重或慢性疾病、意外伤残等导致身体上的某些功能全部或部分丧失,生活无法自理,需要在长期护理机构,譬如安养院等,接受长期的康复和支持护理,或在家中接受他人护理支付的各种费用给予补偿的一种健康保险。长期护理通常周期较长,一般长达半年、数年甚至十几年,重点在于尽最大可能长久地维持和增进患者的身体机能,提高生存质量,并不是以完全康复为目标,更多的情况是病人的情况稍有好转,或仅仅维持现状。目前,全球有社会保险和商业保险两种形式。

与其他保险产品相比,长期护理保险侧重于提供长期护理保障,有着显著的产品特点。从保障范围看,分为医护人员看护、中级看护、照顾式看护和家中看护四个等级。产品类型主要有日额津贴、费用补偿、服务提供等单一或相互交叉的形式,给付期限有 1 年、数年、终身等几种不同的选择,同时也规定有 20 天、30 天、60 天、90 天、100 天等多种免责期。免责期愈长,保费愈低。

1)长期护理保险的保费

长期护理保险一般都有保费豁免保障,在缴费期间,被保险人一经确定需要“长期护理”,保险公司将豁免以后各期保险费。此外,所有长期护理保险保单都是保证续保的,有些甚至保证终身续保,保险公司不得在保单更新时针对个人提高保险费率。

长期护理保险的保费通常为平准式,也有每年或每一期间固定上调保费者,其年缴保费因投保年龄、等待期间、保险金额和其他条件的不同而有很大区别。一般都有豁免保费保障,即保险人开始履行保险金给付责任的 60 天、90 天或 180 天起免缴保费。

2)长期护理保险的理赔

长期护理保险的理赔一般基于两种标准:一是健康标准;二是失能标准。

在健康标准下,被保险人提出索赔时需要满足:①有专业医生提供的医疗必要性证明;

②接受了3天以上的住院治疗，并仍有必要继续接受护理等条件。在失能标准下，可通过日常活动能力损失、认知能力损失、特定疾病（阿尔兹海默症、早老性痴呆、帕金森氏症等）等判定保险责任。

（二）健康保险的责任范围及相关条款

1. 健康保险的承保责任范围

健康险的承保责任范围包括工资收入损失、业务利益损失、医疗费用、残疾补贴以及丧葬费及遗属生活补贴等。从总体上看，健康险承保的主要内容可以分为两大类，一类承保的是由于疾病、分娩等所致的医疗费用支出损失，一般称这种健康保险为医疗保险或医疗费用保险；另一类承保的是由于疾病或意外事故致残所致的收入损失，如果被保险人完全不能工作，则其收入损失是全部的，如果无法恢复所有工作，只能从事比原工作收入低的工作，那么收入损失是部分的，损失数额就是原收入与新收入的差额，一般称这种健康保险为残疾收入补偿保险。

目前，我国健康险中的残疾收入补偿保险较为少见，健康险的保险责任范围主要包括：疾病、分娩、因分娩或疾病所致的残疾和因分娩或疾病所致的死亡等四项。前两项以补偿医疗费用损失为目的，属单纯的健康保险；第三项除医疗费用外，还补偿被保险人生活收入的损失，属于残疾保险；第四项弥补丧葬费用并给付遗属生活费用，类似以死亡为条件的人寿保险。因此也有人说健康保险是一种综合保险。事实上，健康险单独承保的情况比较少，大多数时候都是作为人寿保险的附加险出现，即附加疾病保险和附加分娩保险。

健康保险的责任是意外事故或疾病所致的医疗费用或收入损失。在保险的给付处理上，意外事故所致的给付与疾病所致的给付有所不同，前者较后者宽大。这是由于伤害事故发生较为确定，如四肢残缺、失明、死亡等，甚为明显；而疾病则不然，可能存在一部分或全部的心理因素，疾病的发生、持续或其严重性，道德风险因素存在的可能性较大，小疾大医，一人保险、全家收益的情况时有发生，因此疾病的保险给付必须审慎。

2. 不同保障内容的健康保险的责任范围与相关条款

1）疾病保险责任范围与相关条款

疾病保险，也就是重大疾病保险，主要针对那些会威胁到生命或者花费比较大的重大疾病。

重大疾病保险要求被保险人应为出生满6个月至60周岁（含60周岁），身体健康、能正常工作或正常生活的自然人：或满16周岁至60周岁（含16周岁及60周岁），身体健康、能正常工作或正常生活的投保单位在职、在编人员或团体会员。

保障内容为：在保险期间内，被保险人经医院专科医生确诊初次罹患该合同所列出的重大疾病中的一种或多种，保险人按保险单或保险凭证中约定的保险金额向被保险人给付重大疾病保险金，对该被保险人的保险责任同时终止。而合同中列出的重大疾病，一般包括《重大疾病保险的疾病定义使用规范》中的25种重大疾病。

需要注意的是,保险中含有的免除责任条款提出,因下列情形之一,导致被保险人发生疾病、达到疾病状态或进行手术的,保险公司不承担保险责任。

(1)投保人对被保险人的故意杀害、故意伤害。

(2)被保险人故意自伤、故意犯罪或拒捕。

(3)被保险人服用、吸食或注射毒品。

(4)被保险人酒后驾驶、无合法有效驾驶证驾驶,或驾驶无有效行驶证的机动车。

(5)被保险人感染艾滋病病毒或患艾滋病。

(6)战争、军事冲突、暴乱或武装叛乱。

(7)核爆炸、核辐射或核污染。

(8)遗传性疾病、先天性畸形、变形或染色体异常。

若由于保险合同中责任免除的情形导致的被保险人身故,保险人将退还未满期净保费。

2)医疗保险责任范围与相关条款

从狭义角度来看,医疗保险范围通常是通过医疗保险责任范围和医疗保险除外责任两个方面来界定的,而医疗保险的责任范围要远远大于疾病保险。比如,德国的社会医疗保险中,承保的医疗服务包括门诊治疗、牙科治疗(含颌面整形治疗、提供义齿)、提供药物、绷带以及辅助治疗品、家庭医学护理和家务帮助、住院治疗、人工置换材料、心理和功能康复以及工作能力康复。又如,新加坡健保双全计划规定病人从该计划获得的医疗费用补偿总金额不超过 7 万新元;保健储蓄计划规定保健储蓄可以支付的每日住院费为 300 新元,医师查房费 50 新元,如果有超支的情况,应该让患者用现款支付。

医疗保险的常用条款有免赔额条款、比例给付条款和给付限额条款。

为保证医疗保险的普遍使用,保险公司一般都会对一些金额较低的医疗费用采用免赔的规定,免赔额的出现可以防止其道德风险,当免赔额增加到一定程度时,可以显著降低医疗保险中的道德风险。免赔额的使用有一定的使用范围和条件,以中德安联为例,除部分没有免赔额的医疗险产品外,其余基本都有 100~150 元额度的免赔额。也就是说,低于该金额的医疗费用是不能获得理赔的。这种让投保人自担小额风险的规定,让保费可以更加低廉。

比例给付条款也称共保比例条款。在大多数健康保险合同中,对于保险人医疗保险金的支出均有比例给付的规定,即对超过免赔额以上的医疗费用部分采用保险人和被保险人共同分摊的比例给付办法。比例给付既可以按某固定比例给付,也可按累进比例给付。

给付限额条款则一般对保险人医疗保险金的最高给付均有限额规定,以控制总支出水平。

3)失能收入损失保险责任范围与相关条款

失能的定义的最大差异在于是以往职业失能还是任何职业失能,在失能收入损失保险保单中,关于失能或残疾的定义有很多种方式。在现在的失能保险中,一般在保险金给付的第一年采用“以往职业”失能定义,经过一段时期(一般 2~5 年)以后,则采用“任何职业”失能定义，这样能更好地保护被保险人的利益。

除了责任条款和免责条款外，需注意合同中的给付期限和免责期间的条款内容。

给付期限为收入保障保单支付保险金最长的时间，可以是短期或长期的，因此有短期失能及长期失能两种形态。短期补偿是为了补偿在身体恢复前不能工作的收入损失，而长期补偿则规定较长的给付期限，这种一般是补偿全部残废而不能恢复工作的被保险人的收入。

免责期间又称等待期间或推迟期，是指在残疾失能开始后无保险金可领取的一段时间，即残废后的前一段时间，类似于医疗费用保险中的免责期或自负额，在这期间不给付任何补偿。

相关条款有部分残疾保险金给付条款、加保选择权益条款、生活指数调整（COLA）给付条款、免缴保险费（WP）条款。

4）长期护理险的责任范围与相关条款

对于不同的保险公司，其设置的保险责任也各不相同，一般来看具有以下内容。

（1）长期护理保险金——由意外伤害等原因造成被保险人丧失生活能力；

（2）癌症保险金——保险责任范围内的初次发生特定癌症；

（3）身故保险金——被保险人死亡可获得；

（4）老年护理保险金——被保险人60岁后按规定领取；

（5）老年疾病保险金——初次发生合同约定的疾病。

除责任条款和免责条款外，投保人须关注合同中涉及的保费变动条款、给付期限和免责期，并注意不没收价值条款的内容。

三、意外伤害保险

人们在日常生活往往会面临各种各样的意外伤害风险，因此对于意外伤害设立的财产损失保险应运而生。意外伤害保险是指投保人向保险公司缴纳一定金额的保费，当被保险人在保险期限内遭受意外伤害，并以此为直接原因造成死亡或残废时，保险公司按照保险合同的约定向保险人或受益人支付一定数量保险金的保险。

（一）意外伤害保险的类别

1. 按实施方式分类

按照实施方式划分，可分为自愿性与强制性两种。

自愿性的人身意外伤害保险是投保人根据自己的意愿和需求投保的各种人身意外伤害保险。比如，我国现开办的中小学生平安险、投宿旅客人身意外伤害保险等就是其中的险种。这些险种均采取家长或旅客自愿投保的形式，由学校或旅店代收保费，再汇总交保险公司。

强制性的人身意外伤害保险是由政府强制规定有关人员必须参加的一种人身意外伤害险，它是基于国家保险法令的效力构成的被保险人与保险人的权利和义务关系。

2. 按承保风险分类

按照承保风险，意外伤害风险可以分为普通意外伤害保险和特种意外伤害保险。

普通人身意外伤害保险是承保由一般风险而导致的各种人身意外伤害事件。在投保普通人身意外伤害保险时，一般由保险公司事先拟定好条款，投保方只需做出“是”与“否”附和。在实际业务中，许多具体险种均属此类人身意外伤害保险，如我国现开办的团体人意外伤害保险、个人平安保险等。

特种人身意外伤害保险是承保在特定时间、特定地点或由特定原因而发生或导致的人身意外伤害事件。由于“三个特定”是相对于普通人身意外伤害保险而言，后者发生保险风险的概率更大些，故称之为特种人身意外伤害保险。例如在游泳池或游乐场所发生的人身意外伤害；江河漂流、登山、滑雪等激烈的体育比赛或活动中发生的人身意外伤害等。实际开办此类业务时，大多采取由投保方和保险方协商一致后签订协议的方式办理。

3. 按保险对象分类

按照保险对象，一般可分为个人人身意外伤害保险和团体人身意外伤害保险。

1)个人人身意外伤害保险

个人人身意外伤害保险是以个人作为保险对象的各种人身意外伤害保险。机动车驾乘人员人身意外伤害保险、航空人身意外伤害保险、旅客人身意外伤害保险和旅游人身意外伤害保险等是个人人身意外伤害保险的主要险种。

个人人身意外伤害保险的特点如下。

(1)大多属于自愿保险，但有些险种属于强制性保险。如我国旅客人身意外伤害保险就带有强制性的特点。

(2)多数险种的保险期间较短。

(3)投保条件相对宽松。一般的个人人身意外伤害保险对保险对象均有资格，凡是身体健康、能正常工作或正常劳动者均可作为保险对象。

(4)保险费率低，而保障范围较大。由于一般的个人人身意外伤害保险不具有储蓄性，所以保险费仅为保险金额的千分之几，甚至万分之几。

2)团体人身意外伤害保险

团体人身意外伤害保险是以团体为保险对象的各种人身意外险。由于人身意外伤害保险的保险费率与被保险人的年龄和健康状况无关，而是取决于被保险人的职业，所以人身意外伤害保险最适合于团体投保。在我国，主要的团体人身意外伤害保险险种有中国人民保险公司于 1982 年开办的团体人身意外伤害保险；1992 年开办的团体人身意外伤害长期还本保险等。

团体人身意外伤害保险的特点如下。

(1)投保人与被保险人不是一个人，投保人是投保前就已存在的单位，如机关、学校、社会团体、企业、事业单位等，被保险人是单位的人员，如学校的学生、企业的员工等。

（2）保险责任主要是死亡责任，以被保险人死亡作为给付保险金的条件，所以投保人在订立保险合同时，应经被保险人书面同意，并认可保险金额。

（3）保险金额一般没有上限规定，仅规定最低保额。

（4）保险费率低，团体人身意外伤害保险由于是单位投保，降低了保险人管理成本等方面的费用，保险费率因此降低。五是在通常情况下，保险费交纳是在保险有效期开始之日一次交清，保险费交清后保单方能生效。

团体意外伤害保险与个人人身意外伤害保险相比较而言，二者在保险责任、给付方式等方面相同，区别比较明显的是：保单效力有所不同。在团体人身意外伤害保险中，被保险人一旦脱离投保的团体，保险单即对该被保险人失效，投保单位可以专门为该被保险人办理退保手续，保险单对其他被保险人仍然有效。

4. 按保险期限分类

按照保险期限一般分为极短期人身意外伤害保险、年期人身意外伤害保险以及多年期人身意外伤害保险。

极短期人身意外伤害保险期限往往只有几天、几小时甚至更短。我国目前开办的公路旅客人身意外伤害保险、住宿旅客人身意外伤害保险、旅游保险、索道游客人身意外伤害保险、游泳池人身意外伤害保险、大型电动玩具游客人身意外伤害保险等，均属于极短期人身意外伤害保险。其中，公路旅客人身意外伤害保险一般由地方政府或有关管理机关发布的地方性法规或地方性行政规章，规定搭乘长途汽车的旅客必须投保。住宿旅客人身意外伤害保险以在旅馆住宿的旅客为被保险人，由旅店代办承保手续，但旅客可以自由选择投保。旅游保险以组织团体旅游的旅行社（或机关、学校、企业、事业单位、群众团体等）为投保人，以参加旅游团体的旅游者为被保险人，由旅行社为被保险人办理投保手续。

1 年期人身意外伤害保险的保险期限为 1 年。目前我国开办的团体人身意外伤害保险、团体人身保险、学生团体平安保险、附加人身意外伤害医疗保险等都属于 1 年期人身意外伤害保险。其中，团体人身意外伤害保险和团体人身保险都是以具有法人资格的机关、团体、企业、事业单位为投保人，以这些单位的职工为被保险人，由投保人为被保险人向保险人集体办理投保手续。由于是以团体方式投保，如果被保险人在保险期间离职，则自离职之日起，保险合同对其丧失保险效力，保险人退还未到期保费。学生团体平安保险是以在校学生为承保对象，由学校为学生向保险人集体办理投保手续。

多年期人身意外伤害保险的保险期限超过 1 年，但基本上不超过 5 年。如我国目前开办的人身意外伤害期满还本保险，保险期限可以是 3 年、5 年。人身意外伤害还本保险的保险本金是根据团体人身意外伤害保险的保险费率和相应年期的利息率制定的。被保险人投保人身意外伤害还本保险交纳的保险本金远大于投保团体人身意外伤害保险时交纳的保险费，但由于保险人在保险期限结束时返还本金，被保险人只是损失利息。

5. 按险种结构分类

按照险种结构,人身意外伤害保险分为以下两类。

1)单纯人身意外伤害保险

这类保险的保险责任仅限于人身意外伤害。我国目前开办的团体人身意外伤害保险、公路旅客人身意外伤害保险、学生团体人身意外伤害保险、驾驶员人身意外伤害保险等,都属于单纯人身意外伤害保险。

2)附加人身意外伤害保险

一般包括两种情况:一种是其他保险附加人身意外伤害保险;另一种是人身意外伤害保险附加其他保险责任。如我国目前开办的简易人身保险,以生存到保险期满或保险期限内死亡为基本保险责任,附加人身意外伤害造成的残废,属于生死两全保险附加人身意外伤害保险;再如住宿旅客人身意外伤害保险,保险责任包括旅客由于人身意外伤害造成的死亡、残废以及旅客随身携带行李物品的损失,属于人身意外伤害保险附加财产保险。

6. 按是否出立保险单分类

出单人身意外伤害保险是指承保时必须出立保险单的人身意外伤害保险。1 年期和多年期人身意外伤害保险都必须出立保险单,如团体人身意外伤害保险、学生团体平安保险等。

不出单人身意外伤害保险是指承保时不出立保险单,以其他有关凭证为保险凭证的人身意外伤害保险,不出单人身意外伤害保险多为极短期人身意外伤害保险。例如公路旅客人身意外伤害保险以汽车票为保险凭证,而不需要单独出立书面的保险单。

(二)意外伤害保险责任范围与责任评定

1. 责任范围

人身意外伤害保险的保险责任包括以下四项。

1)死亡

一般情况下所谓的死亡都是指医学意义上的生理死亡,即机体生命活动和新陈代谢的终止。被保险人遭受意外伤害造成死亡,并且保险期限内的意外伤害是导致被保险人死亡的直接原因或近因,保险人给付死亡保险金。

2)残废

保险学所说的“残疾”是从纯粹医学角度判断人的身体组织或部分器官丧失正常活动机能,永久性地、不可挽回地缺失某种正常的生理活动能力的一种状态。被保险人因遭受意外伤害造成残废时,保险人应按照残疾程度的高低,根据事先约定给付残废保险金。若被保险人遭受意外伤害后通过治疗或自身修复在 180 天内转变为遗留组织器官缺损或功能障碍的,则不属于残疾,不进行残疾保险金的给付。

3)医疗

被保险人因遭受意外伤害支出医疗费时,保险人给付医疗保险金。意外伤害医疗保险一般不单独承保,而是作为意外伤害死亡残废的附加险承保。

4)停工

被保险人因遭受意外伤害暂时丧失劳动能力不能工作时,保险人给付停工保险金。在实践中可以只保以上一项或几项。

2. 责任评定

人身意外伤害保险的保险责任必须由三个必要条件构成,三个条件必须同时具备,缺一不可。

1)被保险人遭受了意外伤害

被保险人在保险期限内遭受意外伤害是构成意外伤害保险的保险责任的首要条件。这一首要条件包括两方面的要求:一是被保险人遭受意外伤害必须是客观发生的事实,而不是臆想的或推测的;二是被保险人遭受意外伤害的客观事实必须发生在保险期限内。如果被保险人在保险期限开始以前曾遭受意外伤害,而在保险期限内死亡或残疾,不构成保险责任。

2)被保险人死亡或残疾

法律上发生效力的死亡包括两种情况:一是生理死亡,即心跳和呼吸永久停止,机体即进入死亡,近年提出了"脑死亡"的新概念,脑死亡是包括大脑、小脑和脑干在内的全脑功能完全地停止,即脑先死亡,随后呼吸与心跳停止;二是宣告死亡,即按法律程序推定的死亡,公民下落不明满 4 年,或者因意外事故下落不明,从事故发生之日起满 2 年,或者因意外事故下落不明,经有关机关证明该公民不可能生存,人民法院可以根据利害关系人的申请在法律上推定其死亡。

残疾也包括两种情况:一是人体组织的永久性残损;二是人体器官正常机能的永久丧失如丧失听觉、视觉、嗅觉、语言机能、运动障碍等。

保险期限内的意外伤害所致死亡或残疾或支付医疗费用应发生在责任期限之内。对那些在保险期限内遭受伤害,却在保险期限后死亡、残疾或发生医疗费用支出的被保险人,保险公司的一般做法是在合约中规定一个责任期限,责任期限是意外险和健康保险所特有的概念,至被保险人从可保意外伤害发生之日开始的一段时间里如果发生了死亡、残疾等保险事故的,意外险保险人仍然承担保险责任。

另外在意外险保单中规定责任期限,也是为了有利于判定意外伤害与死亡、残疾或就医之间的因果关系。如果被保险人遭受意外伤害后很长时间才发生死亡、残疾或就医治疗,那么极有可能介入其他独立因素,比如被保险人的故意行为等,很难判定意外伤害是否为直接原因或近因,而且容易诱发被保险人道德风险。因此在保险单中加入责任期限的认定,超过责任期限的死亡、残疾程度或就医总费用支出与保险人没有关系,就认为这些结果与保险期限内发生的意外伤害之间没有因果联系,保险人也不再承担保险责任。

3)意外伤害必须是死亡、残疾或医疗费用支出的直接原因或近因

意外伤害是直接原因,即意外伤害事故直接造成被保险人死亡、残疾或就医治疗增加额外开支,保险人应按规定给付死亡保险金、残疾保险金或医疗保险金。

意外伤害是近因,即意外伤害虽然不是导致死亡、残疾、就医等的直接原因,但却是引起一连串相关事件的最初原因。一般来说,人身保险中不适用近因原则,但唯独人身意外伤害保险例外。所谓近因,是指引起保险标的损失的直接的、最有效的、起决定作用的因素。

比如被保险人被狂犬咬伤后患狂犬病死亡,这里被狂犬咬伤是意外伤害,但并未直接导致被保险人死亡,被保险人死亡的直接原因是疾病。由于被狂犬咬伤这一意外伤害是引起被保险人患狂犬病的最初原因,其间又无其他独立因素介入,因此意外伤害是被保险人死亡的近因,意外险保险人要承担死亡给付义务。

意外伤害是诱因,即意外伤害诱发被保险人原有的疾病发作、恶化,造成被保险人死亡、残疾或就医治疗,但是这些意外伤害对健康人而言所能造成的侵害后果微乎其微,真正造成被保险人死亡的是原患疾病,意外伤害只是诱因。在这种情况下,意外险保险人一般不是按照保险金额和被保险人的最终后果给付保险金,而是比照身体健康者遭受此种意外伤害可能产生的后果进行给付。

复习思考题

1. 人身风险的概念是什么?具有什么特点?
2. 阐述人寿风险、人身意外伤害风险和健康风险基本概念。
3. 意外伤害风险识别的特点有哪些?
4. 健康风险的评估包含哪些主要工作?
5. 健康风险评估的风险度计算有哪几种方法?它们分别有什么优缺点?
6. 人寿保险的定义是什么?有哪些类型?
7. 什么是健康保险?健康保险的分类标准有哪些?
8. 健康保险的责任范围是什么?
9. 什么是人身意外伤害保险?人身意外伤害保险可以按照哪些标准来分类?

案 例 分 析

2015 年 6 月 12 日,在朋友的建议下张先生(时年 35 岁)为自己投保保险,保额 2 万元,年缴保费 2 400 元,缴费期间 10 年;附加住院医疗保险 2 万,受益人为其妻子刘阿姨和两个

子女。健康告知部分均作否认回答,告知既往身体健康。被保险人出具了某卫生院的体检报告,意见为“身体健康”。次日,保险公司遂以标准体承保,保险公司同意承保并签发了正式的保单,保险单上约定承担保险责任的时间为当年 11 月 3 日零时起。合同生效时间为 2015 年 6 月 20 日。

在 2016 年 7 月底的张先生的车子因为出了点毛病没时间修理而只能选择骑自行车去上班,但是由于天气炎热导致张先生中暑发高烧,又头晕头疼,所以赶快给刘阿姨打电话,然后刘阿姨带张先生去医院看病,经过检查以后医生说情况比较严重,需要住院治疗,否则会因为身体调节能力差,过度疲劳,体温调节功能紊乱而导致生命危险。所以张先生只能住院治疗几天。张先生总共在医院住了 4 天,加上医药费等共花了 25 000 元。按照保险赔付比例计算,他可以从保险公司获得 17 780 元的赔偿款。但是由于他之前已经从社保中报销了 18 800 元的医药费。因此,保险公司只赔偿了他实际费用与报销费用的差额部分,共计 6 200 元。

分析问题:健康保险有哪几种类型?保险公司只赔偿张先生实际费用与报销费用的差额的原因是什么?

健康保险分为费用型和补贴型两种。

(1)费用型。保险公司会根据合同中规定的比例,按照投保人在医疗中的所有费用单据上的总额来进行赔付,如果社保已经报销,保险公司就只能按照保险补偿原则,补足所耗费用的差额。

(2)补贴型。补贴型健康保险又称津贴型医疗险,即被保者因意外伤害或疾病导致收入中断或减少时,由保险公司提供补偿的收入保障型保险。通俗点说,就是一种无论被保者实际治疗花费多少钱,是否通过社保报销,保险公司都会根据合同规定的补贴标准,对被保者进行赔付的保险。

张先生购买的是费用型商业医疗保险,所以在社保报销后,只能获得差额部分的赔付。如果投保的是补贴型商业医疗保险;那么张先生无论是否通过社保报销了医药费,都将获得 20 000 元的赔偿金。

第十一章

个人家庭财产风险管理与保险

第一节　个人家庭财产风险管理概述

一、个人家庭财产风险及其特点

（一）个人家庭财产风险的概念

个人和家庭时刻面临着各种风险，这些风险主要包括人身风险、财产风险和责任风险，个人家庭财产风险是指个人、家庭财产面临的风险。面对这些风险，家庭应建立系统的风险管理体系，其中有事前控制、事中控制和事后控制三个阶段，综合运用社会保险、商业保险、自身防范、自身回避等诸多方法，可以降低风险发生概率和造成的损失。

（二）个人家庭财产风险的特点

总的来说，家庭面临的风险有以下几个特点。

（1）不确定性。个人家庭财产风险的风险来源有很多，难以预测何时发生及发生的种类可能造成的损失。

（2）客观性。同其他风险一样，个人家庭财产的发生不以人的意志为转移，人们只能在一定的时间和空间内改变风险存在和发生的条件，降低风险发生的频率和损失程度。

（3）普遍性。个人家庭风险存在于所有家庭的日常生活的几乎方方面面，无时不在，无处不有。

（4）损失的突发性和高危害性。对于普通家庭来说，一旦发生重大意外事件，例如家庭成员的重病或者地震等毁灭性自然灾害，往往导致家庭一夜之间一贫如洗，甚至家庭破裂。

近年来,个人、家庭所拥有的财产数额逐年增大,风险损失不断加大。改革开放以来,全球 GDP 年均增长率常年维持在 3% 以上,城乡居民人均收入也随着经济的发展得以快速增长。而作为收入增长的必然结果,居民个人、家庭财产积累也日渐增多。富裕的家庭开始购买商品住房,汽车也逐步进入家庭,家用电器趋于高档化。但是,个人、家庭拥有的财产越多,引起财产损失的风险因素增加,在遭遇风险事故时,其损失就会越大。例如,家庭对家用电器的拥有量与其使用过程中发生电路故障的机会是正相关的。世界各国普遍法律对侵权责任的追究更加严格,当个人家庭不慎造成他人人身伤害或财产损失时,法律往往会主张受害者的权益,对责任方实施惩罚。

二、个人家庭财产风险的分类

根据不同标准,可对个人家庭财产风险进行分类。

(一)按照标的进行分类

1. 房屋损毁及财产损失风险

导致个人房屋及财产损失的风险很多,从风险管理的角度看,主要包括自然风险和社会风险。

自然风险主要是指自然灾害。自然灾害主要是指由人力不可抗拒的、突然的、偶发的和具有破坏力的自然现象等作用而造成的灾难,如洪水、地震等。自然风险属于纯粹风险。

社会风险是指个人的社会行为导致财产损失的风险。个人面临的社会风险主要是指由道德和心理因素导致的风险,即人为、有意识地制造的风险(如纵火、偷窃和抢劫等)以及由于人们的疏忽或违反操作规程所致的突发事故,如火灾、爆炸和空中物体坠落等。这些风险给个人造成的损失很难控制。

2. 机动车损坏、被盗等风险

导致个人机动车损坏、被盗等的风险主要包括意外事故、自然灾害和其他风险。其中意外事故包括碰撞(倾覆)风险和火灾、爆炸、外界物体倒塌、空中物体坠落及行驶中平行坠落等非碰撞(倾覆)风险两类;自然灾害主要是指由于不可抗力、突然的、偶发的和具有破坏力的自然现象造成的灾害;其他风险指例如被盗,被他人故意损坏等风险。

3. 责任风险

自身的行为有时会给他人带来财产的损失并因此承担法律所要求的赔偿责任,即责任风险,这些责任损失的风险有时是故意的,有时是过失、无意造成的,但都对个人和家庭的财务稳定和生活安定带来较大的影响。例如机动车责任风险,即机动车拥有者或其允许的合法驾驶人在使用被保险机动车过程中发生意外事故,致使第三者遭受人身伤亡或财产者直接损毁,依法应当由机动车辆拥有者承担的损害赔偿责任。

4. 信用风险

信用风险一方面指个人信贷所带来的,是借款人由于家庭、工作、收入、健康等因素的变化，不能按期或无力偿还银行贷款，从而给银行利益带来损失的违约风险；另一方面指借款人还可能故意欺诈，通过伪造个人信用资料骗取银行的贷款，从而产生道德风险。在现代社会经济活动中，为维护自身的利益，债权人在处理各种信用风险时，经常是采用担保的方式来降低借款者的信用风险，保障自己的利益。

（二）按照产生原因分类

1. 自然风险

自然风险是指由自然环境因素造成的各种极端情况，致使个人财产遭到意外损失的风险，例如遭遇洪水、干旱、台风、飓风、龙卷风、冰雹、地震、火山爆发、泥石流、山体滑坡、闪电、雷暴、土地下沉、火灾等极端天气、气候和地质灾害。自然风险有的可以提前预测，有的则在现有科技水平下属于不可预测的风险。对于可预测的风险可以进行适当的风险规避计划，如房屋加固，防洪工程，避险应急预案，遇险应急自救等，对于难以准确预测，可以选择相关的保险等措施来进行损失善后控制。

2. 社会风险

社会风险是指社会环境中以人为主体的人为因素造成的各种意外情况使个人财产受到损失的风险，例如遭遇盗窃、抢劫、勒索、网络攻击、病毒、木马、消费诈骗、强制消费，公司私自挪用客户资产、碰瓷、道德绑架等。由于社会活动中信息的不确定性、不完全性、不对称性，很难做出准确预测，因此应时刻做好风险防范的准备，提高应对风险的能力，必要时通过保险等方式转嫁风险。

3. 经济政治风险

政治经济风险指宏观经济环境的波动或宏观政策的变化造成的各种基本面特征改变导致的风险，主要是造成财富的缩水和贬值，包括通货膨胀、货币贬值，汇率下跌、利率下降，经济走弱、价格波动等。

4. 其他风险

其他风险主要由家庭成员的重大疾病，主要劳动力失业或失去劳动能力，家庭成员年龄增长等造成财务的大额预算外支出或失去主要收入而导致的财务风险，例如意外事故重大疾病、个人投资决策失误、相信陌生人进行不理智消费等。其他风险的突发性使得其难以提前预测和采取风险规避手段，因而在家庭消费、投资的同时应考虑个人财产的流动性风险，合理地进行财产分配和管理，即保留足够的基础应急款以应对突发事件。同时，意外保险也可以在风险发生后很好地提供额外支付的需要。

三、个人家庭财产风险管理及其作用

（一）个人家庭财产风险管理的概念

个人家庭财产风险管理是指个人家庭财产通过风险识别、风险衡量、风险评价和风险决策管理等方式，对可能造成个人家庭财产损失的风险实施有效控制和妥善处理损失的过程。

（二）个人家庭财产风险管理的作用

1. 提高家庭成员对风险的管理能力

通过对个人家庭财产风险进行管理，家庭成员能够清楚地了解日常生活中可能遇到的灾害以及可能导致的财产损失，从而更好地防范这些灾害的发生。在损失发生的时候，前期的风险管理也能促使家庭成员及时做出止损行为。

2. 保证家庭生活和睦、安定家庭日常生活

在灾害发生前，对潜在的财产损失风险进行管理，能使得家庭成员更好地掌握家庭的财产情况，对财产价值做到心中有数，对可能发生的意外事故也做好充分的准备，事故未发生时不会过度忧虑，事故发生了也有合理的应对办法，使家庭成员的生活能够在保障下有条不紊地进行。

3. 有助于受灾时能够及时恢复正常生活

通过多种风险管理的方式，家庭能够在受灾后及时地得到相应的补偿或帮助，家庭成员不会因为灾难的发生而一蹶不振，家庭能够维持稳定。同时对于家庭成员所在的单位来说，也不会受某位职员家庭情况的变化使得其遭受更大的损失，对于整个社会的稳定也是有益处的。该作用主要体现在家庭财产损失风险管理上。

4. 有助于民事赔偿责任的履行

当因家庭成员的无心之过造成第三者的损失时，在协商无法达成共识的情况下，第三者可能会向法院提起民事诉讼，要求一定的赔偿。对这类责任风险进行管理的多数情况为通过购买责任保险，家庭遭受到的损失可以被完全或部分转移给保险公司，让保险公司对第三者做出相应的赔偿，能够使家庭免去些打官司的烦恼。当第三者造成了家庭成员的损失时，也能通过保险公司获得补偿，同时保险公司还能够行使其代位求偿权，向第三者索要一定的赔偿。

四、个人家庭财产风险管理目标

（一）个人家庭财产风险管理的损前目标

损前目标主要包括以下三个目标。

经济合理目标：个人或家庭应注意各种收益与支出分析，严格核算成本和费用开支，尽可能选择费用低、代价小而又能保证风险处理效果的方案和措施。

个人和家庭责任目标：个人在家庭中承担一定的家庭责任，能够更好地承担家庭责任、履行家庭义务和树立良好的家庭形象。

担忧减轻目标：风险的存在与发生，不仅会引起各种财产的损毁和人身的伤亡，而且会给人们带来种种的忧患和恐惧。比如，家庭主要收入来源的主劳动力就会担心自已失去劳动力之后给家庭带来风险，因此就可能会在生活中表现得过于谨慎。因而在损前应采取各种方法使对所有风险损失的担心和忧虑最小化，使得个人和家都能保持轻松的精神状态。

(二)个人家庭财产风险管理的损后目标

风险管理的损后目标也包括三个方面。

减少风险的危害:损失一旦出现,风险管理者应该及时采取有效措施予以抢救和补救,防止损失的扩大和蔓延,将已出现的损失后果降到最低限度。

提供损失的补偿:事故发生后,能够及时地向个人、家庭提供经济补偿,以维持家庭的生活秩序,而不使其遭受灭顶之灾。

保证收入的稳定:及时提供经济补偿,实现个人和家庭收入的稳定性,为个人和家庭的生活奠定基础。

第二节 个人家庭风险管理内容

一、个人家庭财产风险因素识别

(一)自然风险因素

自然风险因素指由自然灾害包括洪水、暴风、雪灾,地震等不可抗自然因素造成的家庭占有财产损失。比如在夏季暴风中,带来的房屋破坏甚至损毁的风险,房屋遭到破坏后无法出租或者居住或者由于修缮房屋而支出的费用,会导致个人财产受到损失。由于环境污染等不可抗力造成的家庭占有财产损失。如日本福岛核泄漏造成的该污染区域内被破坏的资产,如房屋,电器,家具等此类风险具有不可抗性、损失一般较大,但发生概率相对较小的特点。

(二)社会风险因素

1. 法律风险因素

法律风险因素,主要包括代际不分。比如没有资产分割、遗嘱等代际划分,一旦企业发生危机将直接殃及家族产业安全和家庭资产安全。

2. 意外事故风险因素

意外事故风险因素主要指意外事故引起的财产损失包括火灾、爆炸等意外事故,包括房屋等财产的损失和重建期间对房屋的使用价值,即失去了居住地和能从房屋使用中赚取的收入以及被牵连产生的意外损失。

3. 政策风险因素

政策风险因素指如经济政策变动,引起投资资产价值变动甚至损失的风险。包括税法变动如税率提高引起的资产损失以及补贴政策改变导致的收益损失。

4. 犯罪事件因素

犯罪事件因素包括遭遇失窃、抢劫等事件造成的家庭财产损失,也包括高科技如网络技术、电子支付等带来的家庭财产损失。

5. 信用风险因素

信用风险因素是指贷款人不能履行还本付息的责任使借款人预期收益与实际收益发生偏离的风险。一旦贷款人发生财产危机，无力对债务进行偿还，会导致债权人的经济损失。或者贷款人发生经济危机无力对所有的债务进行清偿，偏差的部分造成债权人财产损失。

（三）经济风险因素

1. 利率风险因素

利率风险因素主要是指因市场利率变化的不确定性而使家庭所持有的金融资产的价值和收益的不确定。比如由于利率上升，债券价格下降，导致家庭财产中的债券等金融资产贬值，最终带来的财产损失风险。

2. 汇率风险因素

汇率风险因素通常指家庭持有的与外汇相关的资产因汇率的变化而蒙受损失的可能性，比如人民币贬值。

3. 经济周期风险因素

经济周期发展具有一定规律，同时具有一定客观性，在经济周期的客观性条件下，我们的家庭财产具有一定的风险。

（四）家庭自身风险因素

1. 操作风险因素

操作风险因素主要是指因为家庭中个别人因为技术不当，心态不好等因素而操作不当而引起的风险，因此造成家庭财产的损失，比如驾驶技术不过关，在公路上发生追尾等交通事故，并因此造成自有车辆的损坏甚至损毁。或者因为在事故中人身安全受到威胁而付出的用来治愈的金钱代价，或者是对事故中无责方的损失做出的赔偿，都会对家庭财产造成损失的风险。

2. 责任风险因素

责任风险因素即家庭中个人因社会关系而承担赔偿责任导致财产损失的风险。比如替别人做贷款担保，但由于被担保人发生财务状况而无力对债务进行偿还，担保人所承担的债务承担义务，导致担保人的家庭财产损失。

3. 家庭成员架构风险因素

家庭成员架构风险因素指如在计划生育政策执行时期，独生子女居多，由此导致子女存在较大的养老压力，也是双方家庭较大的风险因素。比如，较大的养老压力导致家庭闲置资金减少，抵抗外力冲突能力低；又如在子女意外离世后双方父母资产无法被继承的情况，导致家庭财产被转化为社会公共资产或国家资产。

4. 家庭成员健康风险因素

家庭成员健康状况在家庭风险防范意识中发挥着重要作用，家庭成员健康状况越差，家庭风险防范意识越强。因病致贫是家庭财产损失的重要因素，存在隐性遗传病的家族财产抗风险能力较差。

（五）其他风险因素

其他风险因素主要包括战争和内乱风险因素。国家发生革命战争和内乱，致使家庭财产蒙受巨大损失。国家同外国发生战争，由于战乱对房屋等资产造成的损坏带来的家庭财产损失，或者由于战乱不得不离乡背井，丢弃房屋等无法携带的资产造成的家庭财产损失，或者由于战乱导致经济秩序混乱而导致的无形资产包括证券、存款等资产的损失。

二、个人家庭财产风险的衡量与评价

（一）个人家庭财产风险衡量与评价的概念

1. 个人家庭财产风险衡量的概念

个人家庭财产风险衡量是在识别个人家庭财产风险的基础上对风险进行分析和描述，即在对过去损失资料分析的基础上，运用概率和数理统计的方法对个人家庭财产风险事故的发生概率和风险事故发生后可能造成损失的严重程度进行的分析和预测。

2. 个人家庭财产风险评价的概念

个人家庭财产风险评价就是量化测评某一个人家庭财产风险事件或事物带来的影响或损失的可能程度。

（二）个人家庭财产风险的衡量与评价的方法和流程

1. 风险因素分析法

风险因素分析法是指对可能导致风险发生的因素进行评价分析，从而确定风险发生概率大小的风险评价方法。其一般思路是：调查风险源→识别风险转化条件→确定转化条件是否具备→估计风险发生的后果→风险评价。

风险因素分析法的关键之一，在于对各个因素风险程度的估计。各个因素风险程度通常可以采用描述法，即以“高、中、低”或“好、较好、中等、较差、差”等标准来描述。但由于所分级别一般都比较有限，这种描述估计结果的方法往往过于粗略，只能大体反映各因素的风险程度，也不便于审计人员考察其对最终固有风险的影响。另外一种常用方法就是打分法，即将各因素的具体情况与标准水平做比较，然后根据其差异情况用绝对分值来表述要素的风险程度。与描述法相比，打分法能够较详细地反映各要素的风险程度，也有利于审计人员考察其对最终固有风险的影响。

风险因素分析法的另一个关键问题是估计各个因素风险程度对最终固有风险的影响程度。由于与固有风险的敏感关系不同，不同的因素对最终固有风险的影响是不同的。在评价固有风险时，这种影响差别是通过给不同的因素设置不同的权数来区分的，而这些权数一般采用经验值或根据专家意见确定。

对于个人家庭财产风险的评价，应用该方法的流程如下。

（1）个人家庭财产风险因素。它主要由自然风险因素、意外事故风险因素、责任风险因素、信用风险因素以及经济风险因素等五个因素组成。由于篇幅原因，这里仅对意外事故风险因素进行分析。意外事故风险因素主要指意外事故引起的财产损失，包括火灾、爆炸等意外事故，包括房屋等财产价值的损失和重建期间对房屋使用价值的损失，即失去了居住地和能从房屋使用中赚取的收入以及被牵连产生的意外损失，如火灾中因火势蔓延产生的家庭财产损失。

（2）意外事故风险转化条件。以火灾为例，电器短路、未熄灭的烟头、生活中用火不当等这些都会引起火灾，造成家庭财产损失。

（3）火灾事故风险转化条件是否具备。检查家里的电器线路是否正常工作、家人是否有抽烟的习惯、是否有良好的用火习惯等等，以判断火灾事故风险转化条件是否具备。

（4）估计火灾风险发生的后果。估计是否会造成家庭成员受伤、对房屋的损害程度等。

（5）火灾风险评价。以“高、中、低”或“好、较好、中等、较差、差”等标准来描述各种原因造成的火灾风险的程度。

2. 定性风险评价法

定性风险分析是评价已识别风险的影响和可能性的过程。这一过程用来确定风险对项目目标可能的影响，对风险进行排序。它在明确特定风险和指导风险应对方面十分重要。

定性风险分析的目的是利用已识别风险的发生概率、风险发生对项目目标的相应影响以及其他因素，例如时间框架和项目费用、进度、范围和质量等制约条件的承受度，对已识别风险的优先级别进行评价。

通过比较概率和影响级别的大小以及进行专家访谈，可以帮助纠正该过程所使用数据的偏移。有关风险行动的时间紧迫性可能会加大风险的重要性。对可用的项目风险信息进行质量评价，有助于理解风险对项目的重要性。

定性风险分析一般是一种为风险应对计划所建立优先级的快捷、有效的方法，它也为定量风险分析奠定了基础。定性风险分析需要使用风险规划和风险识别的成果，在项目寿命期间应当被回访，从而与项目风险的变化保持同步。之后可进行定量风险分析或直接进入风险应对流程。

定性风险评价法的流程如下。

（1）确定风险概率和后果。使用定性语言将风险的发生概率及其后果描述为极高、高、中、低、极低5级；

（2）确定概率——后果风险评价矩阵。概率与后果的估计值之间的简单乘积是将这两个维度结合起来的一种普遍方法，可用以确定风险等级是低、中等或高。风险评分使风险的分类有助于风险应对措施的制定；

（3）进行项目假设检验。甄别出的假设必须依照以下两项标准进行检验，假设的稳定性和假设谬误时对项目造成的后果。应找出可能正确的备选假设，并在定性风险分析过程

中检验它们对项目目标造成的后果;

(4)进行数据精度排队。评价有关风险数据对风险管理的有用程度。包括审查:对风险的理解程度、风险数据的可获得性、数据的质量、数据的可靠性和完整性等等。

(三)个人家庭财产风险的衡量与评价的应用——以家庭房屋火灾风险为例

本节运用风险因素分析法和定性风险评价法对家庭房屋火灾风险进行衡量与评价。

1. 风险因素分析法

1)风险因素分析法的重点

风险因素分析法的重点应放在主要火灾风险因素上,并提出控制这些风险因素的措施。风险因素分析的结果,可作为对新系统综合评价的依据,还可作为系统安全要求、操作规程和设计说明书的内容,同时为以后要进行的其他危险分析打下基础。

2)风险因素分析法的步骤

A. 调查风险源

调查、了解和收集过去和相似区域火灾事故发生情况,辨识、确定风险因素,并分类制成表格。风险因素的确定可通过经验判断、技术判断、实况调查或安全检查表等方法进行。据调查,造成家庭火灾的火灾风险因素主要包括三方面:燃气、电器以及明火。

(1)燃气风险因素。燃气是一种优质、高效的能源,但同时也是具有一氧化碳等有毒成分的易燃品和易爆品。假如在运营期间管理不到位,或者使用方法存在问题,如:输送燃气胶管破裂、燃气阀门松动、户内燃气管道腐蚀损坏等原因都特别容易引起火灾、爆炸等安全事故,对人们的生命财产安全构成极大威胁。

(2)电气风险因素。随着家用电器的使用数量的增多,相应的由家用电器引发的火灾数量也在不断增加。引发电器火灾的原因有很多,例如线路老化、电路超负荷使用、电气元器件的故障等。因此,家用电器的安全防范对于家庭的人身和财产安全是十分重要的。

(3)明火风险因素。明火也是引发家庭火灾的主要原因之一,如家中吸烟、厨房用火不慎等原因都有可能引发家庭火灾,从而造成人员伤害以及财产损失。

B. 识别风险转化条件

研究火灾风险因素转化为火灾事故的触发条件,此处在上述的各个风险因素里已经做了说明。

C. 确定转化条件是否具备

针对上述的火灾风险因素,结合个人家庭的具体情况,判断各种风险因素是否具备转化风险的条件。

D. 估计风险发生的后果

风险后果的严重程度可分为以下四个等级。

一级:安全的(可忽视的)。它不会造成人员伤亡和财产损失以及环境危害、社会影响等。

二级:临界的。可能降低整体安全等级,但不会造成人员伤亡,能通过采取有效消防措施消除和控制火灾危险的发生。

三级:危险的。在现有消防装备条件下,很容易造成人员伤亡和财产损失以及环境危害、社会影响等。

四级:破坏性的(灾难性的)。造成严重的人员伤亡和财产损失以及环境危害、社会影响等。

E. 风险评价

风险评价的目的是确定危险程度,指出应重点控制的风险因素。风险发生概率与其后果的估计值之间的简单乘积可用以确定风险是低等、中等或是高等。

2. 定性风险评价法

1)定性风险评价法的重点

定性风险分析是一种快捷、有效的方法,也为定量风险分析奠定了基础,其重点应放在不同的程度风险对项目造成的影响上。

2)定性风险评价法的步骤

第一,确定风险概率和后果。在分析完各种火灾风险因素后,使用定性语言将各个火灾风险因素造成火灾风险的发生概率及其后果描述为极高、高、中、低、极低,如表 11-1、表 11-2 所示。

第二,确定“概率——后果风险评价矩阵”。各个因素造成火灾风险发生的概率与其后果的估计值之间的简单乘积是将这两个维度结合起来的一种普遍方法,可用以确定火灾风险是低、中等或是高,如表 11-3 所示。

第三,进行项目假设检验。甄别出的假设必须依照以下两项标准进行检验,假设的稳定性和假设谬误时对项目造成的后果。找出可能正确的备选假设,并在定性风险分析过程中检验它们对项目目标造成的后果。

第四,进行数据精度排队。评价火灾风险数据对风险管理的有用程度。包括审查:对火灾风险的理解程度、火灾风险数据的可获得性、数据的质量、数据的可靠性和完整性等。

表 11-1　后果的定性分析表

等级	描述词	描述词样例
1	无关紧要	无人受伤,低经济损失
2	较小	患者急救处理,中等经济损失
3	中等	伤者需要医疗救护,较大经济损失
4	较大	伤者较多,很大的经济损失
5	灾难	有人死亡,巨大的经济损失

表 11-2 概率的定性分析表

等级	描述词	描述词样例
A	基本确定	大多数情况下会发生
B	很可能	大多数情况下可能会发生
C	可能	在某一时刻会发生
D	不太可能	在某一时刻可能会发生
F	几乎不可能	异常情况下会发生

表 11-3 可能性风险矩阵模型

可能性	造成后果				
	无关紧要 1	较小 2	中等 3	较大 4	灾难 5
A	H	H	N	N	N
B	M	H	H	N	N
C	L	M	H	N	N
D	L	L	M	H	N
E	L	L	M	H	H

其中,

N:风险极大,需要立刻采取行动。

H:风险性高,需要引起上级的高度重视。

M:中等风险性,需要指定人员负责处理。

L:低风险性,需要日常定期维护管理。

三、个人家庭财产风险的管理技术

(一)控制型风险管理技术

1. 风险回避

1)通过放弃回避风险

如果财产所有人在可能导致财产受损的行动开始前意识到风险,可以采取放弃行动的方法回避风险,比如在股市行情不好时,投资者可以放弃购买股票的计划以回避资产贬值的风险。

2)通过中止回避风险

如果财产所有人在可能导致财产受损的行动过程中意识到风险,他可以趁风险事故还未发生前中止行动,比如及时拔掉正在运行的违禁电器以回避宿舍失火导致的财产损失。

3)通过改变行动方式回避风险

当财产所有人意识到风险时,为了在回避风险的同时达到原有目的,他可以在放弃或中止行动后选择改变行动方式,改变行动方式是放弃行动、中止行动的延续。

2. 损失控制

1)工程法控制损失风险

工程法是以工程技术为手段,通过对物质因素的处理,来达到损失控制的目的。具体措施包括用安全的材料代替不安全的材料。比如在家庭装修时,用防火材料代替易燃材料;借助物质障碍将风险与保护对象进行隔离,比如设置防盗门、防盗窗对房屋进行保护,以减小被盗的概率;稳定、修理、更新易受损失的财产,比如为减小当地震、飓风等灾害来临时房屋的损失程度,屋主可以定期加固房屋;设置并定期检查止损设施,比如在房内或车内配备灭火器,以便在火灾来临时及时止损。

工程法主要用于控制个人家庭财产风险中的自然风险和一部分社会风险,其特点是每一种措施都与具体的工程技术相联系,且每一种措施都需要一部分资金投入。因此在采取工程法控制风险时,财产所有人要对其成本和收益做出评估。任何工程设施都不会百分之百的可靠,工程法要与其他措施结合起来使用。

2)程序法控制损失风险

程序法是指采用规范化、合理化的操作流程从事日常生活中的各项活动,以减少由于个人疏忽所导致的财产损失。比如,出门前应该依次检查煤气、水电、门窗,以防止房屋爆炸、起火、被盗的风险;停车后要顺手拉手闸,以防止溜车所导致的车辆损毁的风险。

程序法主要用于控制个人家庭财产风险中的个人风险,是每个财产所有人都应掌握的风险管理技术,其优点是不需要像工程法一样投入大量资金;缺点是规范合理的操作流程并不是任何时候都能得到财产所有人完全的贯彻执行。

3)自我教育法控制损失风险

自我教育法是指财产所有人通过自我教育的方式认识风险因素、了解每种风险的防控方法以及风险事故发生时的应对措施,以减小由于个人原因而导致风险事故的概率、减小事故发生后财产的损失程度。比如财产所有人通过书籍、杂志、上课等途径主动学习财产风险管理技术和方法,以更好地应对个人家庭财产风险。

自我教育法的优点是投入少,见效快,且对个人财产面临的所有风险都适用,缺点是不能解决所有问题,而且效果有限。

3. 控制型风险转移

控制型风险转移是指通过转移可能产生风险事故的活动、资产达到转移风险的目的。其优点是事先采取措施控制损失,且成本低廉;缺点是不是每种风险都有办法控制。具体方法可以分为以下三种。

1)财产出售法

财产出售法是指通过买、卖契约将风险单位转移给他人或其他单位。这一方式的特点是财产所有权和与之有关的风险同时转移给受让人。比如投资者在经济波动时将手里的股票、基金等资产出售,交易达成之后,与这些资产有关的风险也一同转移给买主。财产出售法主要用于控制与个人财产中的金融类财产有关的风险，如经济风险、社会风险中的信用风险等。其优点是资产一旦出售，风险立即减小至零；缺点是不是所有财产都可以使用出售的方式控制风险，比如房主不可能因为房屋面临失火的风险就将房子卖掉。

2)财产出租法

财产出租法是指通过租赁合同将物品交由他人使用，由他人承担物品安全使用以外的责任。但由于法律方面的制约，通过出租并非可以完全转移风险责任，比如对于房屋、汽车的租赁，这些财产的所有权仍然在所有人手中，只是避免了因自己使用财产时造成的风险，其他人使用财产造成的风险仍需财产所有人承担。

3)财产承租法

财产承租法是指当个人认为购置某项财产所要承担的风险过大时，可以通过租赁合同，承租他人的物品，由他人承担相关风险。比如，当某人居住的社区治安环境糟糕，自行车被盗现象严重时，他可以放弃购买自行车的打算，转而使用公共自行车，就将自行车损毁、被盗的风险转移给了公共自行车运营商。

承租法主要用于转移个人家庭财产的社会风险。由于承租物品需要交纳一定的租金，因此在使用承租法时不仅要考虑风险，还需要考虑成本问题，比较长期租赁和购置资产之间哪种更合算再做决定。

4. 风险分散

风险分散主要用于控制个人家庭财产中有关金融类资产的风险，例如经济风险、政策风险、信用风险以及意外风险等。

风险分散的基本方法是多样化，简单来讲就是“把鸡蛋分散放在不同的篮子里”，具体分散方法是将财产分为几类，每一类财产确定投入比例及相应的管理方式。

1)现金财产风险分散

这部分财产是以现金和银行活期存款的方式存在的，一般只要留足3~6个月的生活费用即可，在家庭收入中占比10%比较合理。这部分资金适当即可，不宜放得太多，因为资金没有流动性、增值性；另外，也需要留够一定数量资金保证短时间内生活无忧。

2)保证收益财产风险分散

这部分财产是以定期存款、国债、分红理财保险等形式存在，需要能够保证本金安全、收益可观。因此，可以把孩子的教育金、自己的养老金、资产传承的资金等都放在这个账户。这部分财产在家庭收入中占比40%，主要是解决两个问题，就是“生”和“老”带来的财务损失问题。

3)投资财产风险分散

投资一般以企业、股票、基金、投连保险的形式存在，具有高风险、高收益的特征，是实现财富增值的部分，在家庭收入中占比30%比较合理。对于个人家庭财产而言，切忌把大部分的资金都放在投资资产，这样风险就会很大。

4)杠杆财产风险分散

杠杆财产的存在方式一般是商业保险、人身保险、财产保险，在家庭收入中占比10%~20%比较合理。这个账户具有以小博大的功能，主要帮助家庭规避小概率大损失的风险，减少家庭急用情况所带来的大额度支出，尽量降低病、死、残这类风险带来的财务损失。

(二)财务型风险管理技术

1. 风险汇集

个人家庭财产的风险汇集其实就是风险分散的另一个版本。对于个人家庭财产风险来说，最普遍的风险汇集方式就是通过协议建立风险共同体，即相互保险，以达到利益共享、风险分担的目的。

相互保险也有自己的局限性，例如：一些具有相互保险特色的运作还需在未来进一步清晰和完善；对于相互保险组织没有明确的监管措施；相互保险还会受到道德、技术层面的约束，例如大病相互保，为了追求利益最大化，很多人就会考虑在健康时不投保，等患大病的风险陡然上升甚至被确诊为大病后再加入其中等问题。

2. 风险自担

个人家庭财产风险自担就是自己不通过风险市场转移风险，而是通过自己的安排来防止风险的负面影响。一般是在采用了所有其他可行的风险管理技术后再采用的技术。风险自担的原因有可能是因为对原始风险状态无法认识、认识不精确、风险仅靠个人家庭控制不了、控制成本太高以及风险无法转移这五种原因。风险自担虽然成本较低，还能获得准备金的投资收益，但是个人家庭如果没有良好的风险管理意识，很容易承受巨大的损失。主动自担与被动自担、全部自担和部分自担是需要自己细细考量的。如果选择风险自担，那么本人一定要确认能够承担风险发生的最坏的结果。

3. 购买保险

购买保险时，遵循无法承担的风险先保，对财产状况影响大的风险先保的原则。保险不是保险箱，实际上保险本身并不能避免风险的发生。保险只是在个人家庭财产保险主要险发生的时候为我们提供应对风险的财务保障。个人家庭责任保险和个人家庭信用保证保险包括家庭财产保险、机动车辆保险、个人家庭责任保险和个人家庭信用保证保险等。

第三节　个人家庭财产保险

一、个人家庭财产损失保险

(一)个人家庭财产损失保险的概念

个人家庭财产保险简称家财险，指的是以城乡居民的家庭财产为保险标的的一种财产险种。所谓家庭财产,一般是指居民的住所及存放在家中的物质财产,凡是存放、坐落在保险单列明的地址,属于被保险人自有的家庭财产,都可以向保险人投保家庭财产保险。

(二)个人家庭财产损失保险的分类

1. 普通型家庭财产保险

普通家庭财产保险是面向城乡居民家庭的基本险种,它承保城乡居民存放在固定地址范围且处于相对静止状态下的各种财产物资。凡属于被保险人所有的房屋及其附属设备、家具、家用电器、非机动交通工具及其他生活资料均可以投保家庭财产保险。农村居民的农具、工具、已收获的农副产品及个体劳动者的营业用器具、工具、原材料、商品等亦可以投保家庭财产保险。经被保险人与保险人特别约定,并且在保险单上写明属于被保险人代管和共管的上述财产,也属可保财产范围。

根据保险责任的不同,普通家庭财产险又分为灾害损失险和盗窃险两种。灾害损失险的保险标的包括被保险人的自有财产、由被保险人代管的财产或被保险人与他人共有的财产。盗窃险的保险责任指在正常安全状态下,留有明显现场痕迹的盗窃行为,致使保险财产产生损失。除自行车、助力车以外,盗窃险规定的保险标的的范围与家庭财产、灾害损失险完全一样。

2. 机动车辆保险

机动车辆保险简称车险,也称作汽车保险,是以机动车辆本身以及机动车辆的第三者责任为保险标的的一种运输工具保险。它主要承保机动车辆遭受自然灾害和意外事故所造成的损失。

机动车辆保险主要包括基本险和附加险两部分。基本险,指机动车辆保险基本险,主要包括车辆损失保险、交通事故责任强制保险和第三者责任保险。附加险,指机动车辆保险附加险,包括盗抢险、玻璃单独破碎险、车辆停驶损失险、自燃损失险、新增加设备损失险和不计免赔特约险等。

3. 投资保障型家庭财产保险

投资保障型家庭财产保险不仅有保障功能,还有投资的功能。投资保障型家庭财产保险有以下几种类型。

1)到期还本型家庭财产保险

到期还本型家庭财产保险具有灾害补偿和储蓄的双重性质。投保时,投保人交纳固定的保险储金,储金的利息转作保费,保险期满时,无论在保险期内是否发生赔付,保险储金均返还投保人。

此类保险投保家庭财产两全保险,在被保险人的财产遭受自然灾害或意外事故造成损失时,不仅能得到及时的经济补偿,而且在保险期满时,不论损失赔偿与否,都能足额领回原来交付的保险储金。

2)利率联动型家庭财产保险

利率联动型家庭财产保险这类型产品不仅有保障型家财险的保障功能,还兼顾投资的功效。

投保此类险种不仅拥有相应的保障责任,而且交纳的保险储金利率随一年期银行存款利率同步且同幅地调整,分段计息。无论在保险期内是否发生保险赔偿,期满时均可获得本金和收益。

二、个人责任保险

个人责任保险是指在保险期间因个人或家庭成员的过失而发生意外事故并造成第三人人身伤害、死亡或财物损失,保险公司将对被保险人负赔偿责任的保险。它属于广义的个人财产保险。

(一)个人责任保险的分类

1. 综合个人责任保险

综合个人责任保险承保个人或其家庭成员在居住、从事体育活动及其他一切日常活动中致使他人身体伤害或财物损毁,根据法律应由被保险人承担的经济赔偿责任,具有普遍适用性。典型的个人责任保险如下。

1)住宅责任保险

住宅责任保险是一种个人静物责任保险,承保由于被保险人的住宅及住宅内的静物(如家用电器、液化气灶和阳台上的花盆等)发生意外事故致使其雇佣人员(如保姆或家庭教师)或客人、在住宅附近通行的他人遭受伤害或其财产被损毁,根据法律应由被保险人承担的经济赔偿责任。

2)个人运动责任保险

个人运动责任保险承保个人或其家庭成员在运动时由于意外事故或过失致使他人的身体受到伤害或财产损毁,根据法律应由被保险人承担的经济赔偿责任。其承保区域范围一般指住宅外的活动。

2. 机动车第三者责任保险

机动车第三者责任保险承保被保险人或其允许的合格驾驶人员在使用被保险车辆的过程中,因发生意外事故致使第三者遭受人身伤亡或财产的直接损毁而依法应承担的经济赔偿责任。

3. 个人职业责任保险

职业责任保险承保医生、律师、会计师及其他专业技术人员的职业风险责任。凡是上述人员因工作中的疏忽或过失导致他人身体受到伤害或财物损毁,根据法律应由上述人员承担损害赔偿责任的,保险人均负责赔偿。其特点是责任事故的发生及其损害后果须与被保险人的职业活动有关,且不包括被保险人日常生活中的个人责任。

(二)个人责任保险的责任范围

1. 可选择承保的保险责任

个人责任风险是复杂的、大量的,但保险人一般只以被保险人疏忽大意行为来确定承保的保险责任,一般包括以下内容。

(1)在被保险人所有、使用或支配的住宅内发生意外事故并造成了第三者的人身伤害或财产损失,依法应当由被保险人承担的经济赔偿责任。该项责任与场所责任保险相似,但仅适用于被保险人的住宅。

(2)被保险人所有、使用或支配的静物或饲养、看护的动物造成第三者的人身伤害或财产损失,依法应由被保险人承担的经济赔偿责任。该责任是被保险人本人及其行为并无过失和故意,而是由其静物或动物的行为造成的损害事故,由保险人负责赔偿。

(3)被保险人日常生活中造成第三者的人身伤害或财产损失,依法应由被保险人承担的经济赔偿责任。这项责任除包括上述两项内容外,还包括被保险人本人、其亲属以及其他与被保险人一起居住的家庭成员在住宅内、外的日常生活行为所引起的依法应承担的损害赔偿责任。

(4)由损害事故所导致的有关费用。如造成第三者财物损毁的场地清理费,造成第三者人身伤害的紧急医治费、手术费,为防止和减轻对他人损害赔偿责任而支付的合理费用,保险人均予负责。

(5)被保险人的作为或不作为造成合同对方的损害赔偿责任。

2. 除外责任

个人责任保险不能承保的风险责任,主要有以下方面。

(1)被保险人及其家庭成员的故意行为或恶意行为所导致的损害赔偿责任。但对限定年龄以下家庭成员(如 10 岁以下儿童)非受人指使的故意行为经过特别约定并加收保险费,保险人亦可扩展承保。

(2)被保险人业务活动中引起的法律赔偿责任。但个人职业责任可通过个人职业责任保险获得保障。

(3)被保险人在精神错乱情况下所引起的损害赔偿责任。

(4)被保险人或在被保险人支使下的违法行为、斗殴等引起的损害赔偿责任。

(5)被保险人所有、使用或照管的飞机、船舶、汽车或枪支(不包括气枪)造成的损害赔偿责任。但国外的射击运动员责任保险例外。

(6)被保险人所有、控制、租赁的非承保场所,而被保险人在该场所的行为或不行为所造成的损害赔偿责任。

(7)被保险人在承保场所范围外及承保责任时间以外的一切损害赔偿责任。

(8)被保险人及配偶、子女以及与其一起居住的亲属和其他人之间互相造成的损害或产生的损失,保险人不负责任。

三、个人家庭信用保证保险

个人家庭信用保证保险是一种以经济合同所制定的个人或家庭的有形财产或预期应得的经济利益为保险标的的保险。它是一种担保性质的保险。

（一）个人信用保险

个人信用保险又称个人信贷保证保险，是以个人信用放贷中的债务人信用作为保险标的，在债务者个人未能如约偿还债务而使放款银行遭受损失时，由保险人向被保险人，即放款银行提供风险保障的一种保险。它是银行转嫁发放贷款尤其是个人业务中信用风险的必要手段。同时，当债务人因缺乏信用基础而遭遇信贷困难时，可以通过个人信用保险这一技术手段，来为自己的信用增级，从而比较方便地从银行获取贷款，甚至可以增加贷款成数。倘若债务人未能如约履行清偿义务而使债权人遭受损失，便由个人信用保险机构向债权人提供风险补偿。

个人信用风险是交易一方不能履行或不能全部履行义务而给另一方带来的风险。它可以是违约方拒绝提供所承诺的货物或服务，也可以是违约方无力按时或全额偿还所欠的债务。

（二）个人保证保险

个人保证保险是在个人作为被保证人的行为或不行为致使被保险人（权利人）遭受经济损失时，由保险人来承担经济赔偿责任的保险。个人保证保险是被保证人根据权利人的要求投保自己信用的一种保险。

下面将从四种常见的个人保证保险分析责任范围。

1. 个人贷款抵押房屋保险

个人贷款抵押房屋保险是购房者向银行申请贷款时，银行为降低信贷风险要求贷款人以房屋作为抵押，必须购买的保险，是属于家庭财产的一款保险，其缴费期限为一次付清。

由于以下三类原因造成保险财产的直接损失，保险人依照合同约定负责赔偿：火灾、爆炸；暴风、暴雨、台风、洪水、雷击、泥石流、雪灾、雹灾、冰凌、龙卷风、崖崩、突发性滑坡、地面突然塌陷；空中物体坠落以及外来不属于被保险人所有或使用的建筑物和其他固定物体的倒塌。另外，发生保险事故时，被保险人为防止或者减少保险财产损失所支付的合理、必要的费用，也由保险人承担。但该项费用以保险财产的保险金额为限。

同时，由于以下四种原因造成的保险财产损失，保险人不承担赔偿责任：保险财产因设计错误、原材料缺陷、工艺不善、建筑物沉降等原因以及自然磨损、正常维修造成的损失和费用；借款人擅自改变房屋结构引起的任何损失和费用；房屋贬值或丧失使用价值；保险财产遭受保险事故引起的各种间接损失。

2. 个人房屋抵押贷款还贷保证保险

个人房屋抵押贷款还贷保证保险是保证保险的一种。承保住宅抵押人由于无力偿还贷款,致使抵押债权人在依法拍卖处理抵押住宅后所得金额仍不足以抵补贷款而遭受损失的赔偿责任的保险。在这种保险中,贷款人或抵押债权人为被为保险人,借款人、抵押人即房屋所有人为被保证人,承保人为贷款偿还的保证人。借款人在保险期限内因遭受意外伤害事故导致死亡或伤残,而丧失全部或部分还贷能力,造成连续三个月未履行或未完全履行《个人住房借款合同》约定的还贷责任的,由保险人按规定的偿付比例承担借款人提出索赔时《个人住房借款合同》项下贷款余额本金的全部或部分还贷责任。

同时,由于下列原因之一导致借款人死亡或伤残而丧失全部或部分还贷能力的,保险人不承担还贷责任:借款人的疾病;借款人自杀、自伤、饮酒过度、滥用药物、吸食或注射毒品、斗殴等违法犯罪行为;借款人从事探险、滑雪、试驾交通工具、赛车、赛马、登山、攀岩、潜水、蹦极、特技表演等高风险活动;借款人酒后驾驶或驾驶时无相应的驾驶资格,或者驾驶无有效行驶证的交通工具。

此外,借款人对个人房屋抵押借款合同项下贷款利息、罚息,及出险前未按照个人房屋抵押借款合同约定履行还贷义务而拖欠的借款金额,以及其他不属于保险责任范围内的损失和费用,保险人不负赔偿责任。

3. 机动车辆消费贷款保证保险

个人汽车消费贷款保证保险是指贷款人经由委托保险公司向所贷款汽车方进行担保还款的一种保证,当贷款人不能偿还贷款的时候,经由保证保险来进行余下的偿还工作。这一险种是将向购车人提供汽车消费贷款的金融机构确定为被保险人,借款购车人为投保人。

当投保人未能按机动车辆消费贷款合同约定的期限偿还欠款时,视为保险事故发生;保险事故发生 3 个月,投保人仍未履行约定的还款义务的,保险人按保险合同的约定负责偿还投保人所欠款项,但以保险金额为限。

除了由于战争、军事行动、暴动、政府征用、核爆炸、核辐射或放射性污染、地震等原因导致投保人不按期偿还贷款的,保险人不负赔偿责任之外,有以下四种情况之一的,保险人也不承担赔偿责任:由于被保险人过错或投保人与被保险人的共同过错导致订立的机动车辆消费贷款合同被依法认定无效或被撤销;贷款期间内,投保人未将贷款所购机动车辆向本合同保险人连续投保机动车辆损失险、第三者责任险、盗抢险、自燃险,且被保险人未代投保人投保上述四个险种;被保险人未按规定对投保人进行资信调查或未按规定程序进行贷款审批;投保人与被保险人事先未征得保险人书面同意,而对所签订的机动车辆消费贷款合同及其附件进行修订。

此外,由于投保人不履行机动车辆消费贷款合同约定的还款义务所引起的逾期利息、罚息、违约金,保险人不负责赔偿。

4. 教育贷款保证保险

教育贷款保证保险是个人保证保险的一种,面向对象为学生。该保险保险公司会全程进行贷款管理,从而有效降低银行商业助学贷款管理成本,并转嫁银行贷款逾期风险。

保障范围包括三项：一是借款学生身故，包括被法院宣告死亡；二是借款学生全部或大部分丧失劳动能力；三是借款学生连续12个月未完全履行还款业务。上述情况出现时视为保险事故发生，保险公司依法履行保险责任。

复习思考题

1. 简述个人家庭财产风险管理的作用。
2. 个人家庭财产的风险有哪些？
3. 简述个人家庭财产风险识别的过程。
4. 个人家庭财产损失保险的责任范围如何划分？
5. 个人家庭责任保险分为哪几大类？它们的责任范围分别是什么？
6. 个人信用保险和个人保证保险的联系与区别是什么？

案 例 分 析

某居民王某家楼上住户李某忘关自来水，水流外溢，殃及王某家。由于发水时正值上班时间，未得到及时控制，王某家损失严重，清理各项（地板、室内装修、家用电器等）损失近万元。经双方协商同意，李某赔偿了王某5 000元了结此事，并立下书面协议。事后，王某的妻子在单位与同事闲谈时说及此事，单位财务人员说可以向保险公司索赔。原来，王妻单位为每位职工集体投保了家庭财产险。王妻回家后与王某商量，决定向保险公司索赔。保险公司接到报案后，由于现场已被破坏，给定损工作带来很大的困难。最后根据实际损失情况决定赔付8 000元结案。由于损失是由第三者造成的，保险公司在赔付的同时，要求王某签署权益转让书，准备向责任人追偿损失。王某签字后，保险公司找到李某，李某认为已经赔偿王某5 000元，并已立下协议，不再承担赔偿义务。于是产生了一场纠纷。

王某认为自己的损失超过1万元，保险公司的赔款不足以弥补自己的损失，保险公司和李某的赔款自己均应该得到。李某认为自己在造成王某损失后，已经过协商赔偿了王某5 000元，并立下书面协议，保险公司的8 000元追偿款与自己无关。

保险公司认为，王某与李某私下订立的协议是独立于保险合同的，保险公司按照保险合同履行赔偿义务后，对由第三方造成的损失进行追偿是法律赋予的权利，李某必须支付8 000元的追偿款。

亲友给王某的意见集中认为，保险公司在灾后应该给予补偿，王某和李某的协议与保险无关。在这样的意见下，王某决定撤回所签字的权益转让书。王某认为，自己的损失不止

8 000 元,保险公司赔偿的 8 000 元和李某赔偿的 5 000 元加起来才能弥补自己的损失;如果保险公司要追偿,那就重新定损。

分析问题:结合保险基本原理分析该家庭财产险索赔案件中王某的行为是否合法?

本案中,王某的损失由李某造成,保险公司向王某支付赔偿金后,有权在实际支付赔偿金限额内向李某追偿。根据《保险法》相关规定:“投保人、被保险人或者受益人知道保险事故发生后,应当及时通知保险人。”由于被保险人未及时履行及时告知义务造成的定损不准确应由被保险人负责。因此,双方最后接受的 8 000 元应视为本案中保险标的的实际损失。王某凭一己之见轻率做出的决定是得不到法律支持。

本案启迪:在单位集体投保的情况下,保险公司应该督促被保险单位及时向职工进行宣传。发生保险事故造成保险标的的损失后,被保险人应及时通知保险公司,尤其涉及第三者责任的,不能擅作主张放弃追偿权,否则保险公司有理由拒绝赔偿。

第十二章 企业财产风险管理与保险

第一节 企业财产风险管理概述

一、企业财产风险及其特点

(一)企业财产风险的概念

1. 企业财产概述

企业财产是指企业拥有或者控制的、用于经营管理活动且与取得应纳税所得有关的资产,包括现金、银行存款、应收及预付款项(包括应收票据)、存货、投资(包括委托贷款、委托理财)、固定资产(有形财产)、无形资产(不包括商誉)和其他资产。

从保险承保的角度看,企业财产包括建筑物、建筑物中的内部财产、货币和有价证券、运输工具、货物和在建工程等。在保险市场上,保险人通常按照企业财产的这种分类推出相应的保险产品。

1)建筑物

建筑物是企业财产中具有重要价值的部分,是为企业生产和经营服务的。建筑物不仅包括房屋,还包括与房屋不可分割的各种附属设备,房屋以外的各种建筑物(如码头、油库、水塔和烟筒等),附属装修设备(如水电、冷暖、卫生设备和门面装潢等附属于房屋、建筑物上较固定的设备装置)。建筑物是最主要的不动产,具有不可移动性,所面临的风险与其他可移动的财产相比有较大的不同,更容易遭受水灾、火灾等自然灾害。

2)建筑物中的内部财产

建筑物中的内部财产的特点是可以随意移动而价值不受影响,主要包括机器设备、工具仪器、管理工具和原材料等。

3)货币和有价证券

货币是指通货、硬币、支票、信用卡凭证和汇票等;有价证券是指股票和债券等代表货币和其他财产的书面凭证。

4)运输工具

运输工具包括汽车、火车、船舶和飞机等,其基本用途是用来载人或载货,从一个地点到另一个地点。这种运输过程使运输工具面临的风险具有特殊性:一方面,作为运输工具本身,与其他财产一样可能遭受火灾、爆炸和洪水等灾害事故,使其本身价值受到影响;另一方面,运输工具会制造一些风险,如发生碰撞事故造成他人人身伤害或财产损失。因此在实际中,运输工具常常作为一类单独的对象,由运输工具保险承保期面临的风险。

5)货物

货物通常是指贸易商品,也可以包括一些援助物资、供展览用的物品等非贸易商品。与其他财产相比,货物通常处于运输过程中,这种移动必使之面临着诸多风险。货物可能因运输工具而受损,如发生碰撞、出轨和沉没等事故,致使货物遭到损坏。而且不同的运输工具,面临着不同的环境和条件,其潜在的风险也体现出明显的差异性。此外,货物既有处于运输过程中的风险,也有处于静止状态时的风险,如存仓期间的火灾和盗窃等风险。

6)在建工程

工程项目施工的地质环境、人文环境和现场环境通常比较复杂,影响因素很多,高空露天作业的困难和危险较多,这些外部环境因素导致了工程风险。因此,同其他财产相比,工程项目的风险具有特殊性、长期性和复杂性等,因而工程项目一旦发生风险,造成的人身伤亡和经济损失都比较严重。

2. 企业财产风险的概念

企业财产风险是指企业所有使用或保管的有形或无形的财产发生损失、减少和贬值的风险。企业财产风险既包含了企业所拥有或保管的有形或无形财产存在的风险,也包含了企业的社会责任风险和企业信用风险。

1)有形财产损失

A. 不动产损失

(1)资源性损失——湖泊、河流、湖水、地下水;煤、铁、铀、砂石等矿藏资源;山洞,古迹、温泉等景观;生长中的植物;野生动物。

(2)建筑物和建筑附属结构的损失——房产、水箱、水塔、烟囱等。

(3)地下财产的损失——电缆、电线、洞穴、隧道、矿产、采矿设施、管道设施、管道线等。

B. 动产损失

(1)货币和证券——现金、银行账户、存款单、证券、票据、汇票等。

(2)存货——待售货物、原材料、在制品、制成品等。

(3)应收账款记录——应收账款记录损毁(如丢失、损坏和被盗窃),难以复制或者要花相当大的费用去复制。

(4)企业办公用具、设备和用品。

(5)机器设备。

(6)重要文件——会计、财务和统计资料、影片、照片、地图、契据。

(7)数据处理的硬件、软件和媒体。

(8)运输工具。

2)无形财产损失

(1)无形资产被窃取——重要技术指标、软件、专利权等被竞争对手窃取、盗用。

(2)无形资产贬值。

(3)无形资产被抢注——我国每年有3万项国家级重大科研成果,其中2/3没有申请专利,如:“英雄”金笔被日本抢注,“凤凰”自行车被印度尼西亚抢注。

(4)无形资产被低估。

3)净收入损失

A. 收入减少

(1)营业中断——营业中断损失等于营业中断造成的利润减少加上营业中断期间必须继续开支的费用。

(2)间接营业中断——当其他企业发生损失或停业事故,造成本企业收入损失或费用增加以致净收入损失。

(3)制成品利润损失——当商品或制成品遭受损失时,销售商或制造商不仅遭受财产损失,也遭受净收入损失。

(4)租金收入减少。

(5)应收账款减少——应收账款记录损毁,有些客户在未收到发票以前不支付货款或故意拖欠货款。

B. 费用增加

(1)经营费用增加——有些企业在财产遭受损失后,为了维持正常经营,宁可发生额外费用而不停止营业。如报社、银行、牛奶场等,因为这些企业提供的产品和服务的持续性对企业生存至关重要。

(2)租金增加——在场所遭受损坏后,企业需要租用临时场所和设施,发生额外的租金支出。

(3)加急费用——为尽快恢复营业,企业会发生抢修、设备快运等费用。

（二）企业财产风险的特点

风险具有不确定性、客观性、普遍性和可预测性。而企业风险由于其特殊性，还具有以下特点。

1. 广泛性

企业在生产经营活动中面临着诸多不确定性，因此企业财产风险往往存在于企业生产经营活动的各个环节和时间段。企业既要面对人身安全、自然灾害、人为过失等造成的静态风险，更要面对由于社会因素变化造成的形式多样的、难以预料的动态风险。

2. 多样性

自然、心理、社会、政治、法律等因素都可能成为企业财产风险的诱因。企业之间的竞争使得企业的财产风险管理具有技巧性。

3. 隐含性

企业财产风险也具有隐含性，不易被察觉和把握，这给企业财产风险防范和预警预控带来了困难。企业财产风险在出现之前往往会有一些征兆，如果企业能够及时识别这些征兆并利用它们进行预警和预防，便会减少财产风险给企业带来的损失。

4. 国际化

伴随着经济全球化和国际化的进程，企业财产风险的国际化趋势越来越明显。

二、企业财产风险的分类

（一）按风险产生的原因分类

1. 自然风险

自然风险是指由自然因素造成财产损失的风险。自然因素主要是指由于自然力的作用而造成的灾难，包括人力不可抗拒的、突然的、偶发的和具有破坏力的自然现象，如洪水、地震、泥石流、滑坡、崩塌、地面下沉、火山、风暴潮、海啸和台风等。

2. 社会风险

社会风险是指个人或集团的社会行为导致财产损失的风险。它是指人为的、有意识地制造的风险，如纵火、偷窃、抢劫、渎职、贪污、泄密和挪用公款等。这些风险给企业造成的损失是不可预见的、很难控制的。

3. 政治风险

如罢工、暴乱造成财产遭受损毁或生产被迫中断。政治风险对国际工程项目和出口贸易的影响尤为重要，如买方所在国可能发生战争、革命和政变等政治事件或颁布延期付款令致使进口商无法履行还款义务；颁布法律、法令、条例或采取行政措施，禁止或限制买方偿还债务，从而使出口商面临巨大的收贿损失。

4. 经济风险

经济风险是指在经济领域中各种导致企业财产遭受损失的风险。例如，通货膨胀会引起材料价格和劳动力价格(工资)的大幅度上涨,外汇汇率的变化会引起外汇交易的损失。

5. 技术风险

技术风险是指企业由于技术采用不当或采用的技术相对落后而造成的企业财产损失的风险。例如,许多企业热衷于提高企业技术水平和科技含量,引进国外先进技术和设备,结果设备闲置、发挥不了效益,造成了企业财产的损失。另外,对技术创新的市场预测不够充分,技术创新能力不足,导致技术较为落后,进而使得生产成本较高从而导致企业财产损失。技术创新的成功与否也存在着不确定性,企业对于技术创新的投资也可能会造成企业财产损失。

(二)按风险的对象分类

1. 企业财产损失风险

企业财产损失风险是指由于企业内部原因或外部原因导致企业财产发生损毁、灭失、贬值、减少的风险。企业财产可分为不动产和动产两类。不动产是指土地及其附属建筑或附属装置,动产是指不附着于土地的可以移动的财产,如机器设备、原料、产品等。这两类财产在一定的情况下都可能遭遇损失风险。例如,企业的商船在航行过程中,存在沉没、货物毁坏的风险。在火灾、地震等灾害中,企业的建筑有损毁的风险。

2. 企业责任风险

企业责任风险是指在企业的生产经营活动中,因企业过失行为造成社会或他人的损失,按照法律、契约应负法律责任或契约责任的风险。例如,由于企业的疏忽造成生产原料或废物泄露,造成污染的风险;由于企业产品质量不过关,造成他人财产损失或人身伤亡的风险。

3. 企业信用风险

信用风险又称违约风险。企业信用风险是指企业或企业中的个人在经营过程中,由于违反约定或者违反公共信用,而导致企业信用降低或企业信用受到威胁,从而影响企业其他的经营活动的风险。通常表现为因为不遵守合同约定而发生的合同违约行为。此外,客户不履行合同导致应收账款不能及时收回,大量的呆账、坏账损失、贸易和金融欺诈等均属于企业信用风险。

(三)按风险的内容和来源分类

1. 战略风险

战略风险即企业战略决策带来的企业财产损失的不确定性,其中损失可以包括战略目标未达成或战略整体性损失。战略风险因素是对企业发展战略目标、资源、竞争力或核心竞争力、企业效益产生重要影响的因素。战略风险的构成分成四个部分:运营风险、资产损伤风险、竞争风险、商誉风险。

2. 财务风险

企业财务风险主要是指企业在日常的各类财务活动中,由于企业内部和发展环境中无法预料的一些因素所带来在财务问题上的不确定性,而且这种不确定性会导致企业经济或社会效益的损失。依据财务活动的种类,财务风险可以划分为融资风险、投资风险、流动风险等。

3. 市场风险

企业的市场风险,是指由于市场及相关的外部环境的不确定性而导致企业市场萎缩、达不到预期的市场效果乃至影响企业生存与发展的一种可能性。对于企业来说,市场风险可导致企业投资活动失败,引发投资风险等一系列的问题。

4. 运营风险

企业运营风险主要指企业运营过程中存在着运营环境的变动性、运营活动的复杂性以及企业自身存在抗风险能力的有限性而造成的企业运营达不到预期目标,引起企业财产损失的风险。

5. 法律风险

一般来说,企业法律风险是指企业在经营过程中,由于管理人做出的行为不符合法律规范,所导致的与该企业期望目标相违背的不利后果,此种不利后果发生的可能性即为企业法律风险。法律风险的成因包括违法行为、自甘冒险行为以及法律监控活动的不规范等。

6. 收益分配风险

企业在对税后利润进行分配时同样存在风险,企业的留存收益和股利分配的比例,对企业的市场价值和持续发展有很大影响,这种影响将给企业后续经营和扩大融资带来风险。

(四)按风险能否分散进行分类

1. 系统性风险

系统性风险是由政治、经济、自然和社会环境等企业外部宏观环境的多种不确定性因素而导致的,是所有企业都必须面对的风险,是一种不可分散的风险。

2. 非系统性风险

非系统性风险是由企业的决策失误、内部控制失效、研发失败、投资失误等发生在企业内部,单个的不确定性因素导致的风险。不同的企业有不同的风险,因此非系统性风险可以通过与有利因素企业进行合作、企业重组购并、相互投资控股等方式抵消,是一种可以被分散的风险。

(五)按风险的性质分类

1. 纯粹风险

纯粹风险是指那些只有损失机会,而无获利机会的风险。在公司中主要包括以下几类:由于物理损坏、被盗以及政府征收而引起的公司资产价值减少的风险;由于给客户、供应商、股东以及其他团体带来人身伤害或财产损失而必须承担法律责任的风险;由于对雇员造成人身伤害而引起的按照员工赔偿法必须进行赔偿的风险,以及除此之外必须承担的其他法律责任风险;由于雇员死亡、生病以及伤残而引起的按照雇员福利计划支付费用的风险;养老金和其他退休储蓄计划中对雇员的责任风险。

2. 投机风险

投机风险是指那些既有损失可能也有获利机会的风险,对于某企业来说市场行情的变化,对其造成损失,对另一企业而言则可能是有利的。

三、企业财产风险管理及其作用

(一)企业财产风险管理的概念

企业财产风险管理是对企业内可能产生的各种风险进行识别、衡量、分析、评价,并适时采取有效的方法进行防范和控制,用最经济合理的方法来综合处理风险,以实现最大企业财产安全保障的科学管理方法。

(二)企业财产风险管理的作用

企业财产风险管理具有以下作用。

1. 保证企业的生产经营活动正常运转

风险的出现会给企业带来不同程度的损失和危害,进而影响企业的正常状态,甚至导致企业破产。实施财产风险管理有助于企业迅速恢复正常运转,帮助企业尽快从无序走向有序。

2. 实现企业或组织价值最大化

由于风险的存在而导致企业价值的减少,这就构成了风险成本。通过全面系统的风险管理,可以减少企业的风险成本,进而减少灾害损失的发生和企业的现金流出,实现企业价值的最大化。

3. 尽快实现企业和组织稳定的收益

企业在面临财产风险事故后,借助于风险管理,可以通过经济补偿使生产经营得以及时恢复,最大可能保证企业经营的稳定性。

4. 实现企业的生存与发展

风险管理能够使企业和组织在面临风险和意外事故的情形下维持生存,使企业和组织能够在面临损失的情况时得到持续发展。

四、企业财产风险管理目标

风险管理的基本风险管理的基本目标是通过一系列的管理活动以最小的成本获得最大安全保障。企业财产风险管理的目标包括损前目标和损后目标。

(一)企业财产风险管理的损前目标

损前目标是风险事故发生之前,风险管理应达到的目标,它分为以下几方面。

1. 经济目标

风险管理必须经济合理,以保证其总目标(即以最小费用支出获取最大安全保障)的实现。所谓经济合理就是尽量减少不必要的费用支出,尽可能使风险管理成本降低。但是费用的减少会影响安全保障的程度,因此如何使费用和保障程度达到平衡成了企业实现该目标的关键。

2. 安全系数目标

安全系数目标就是将风险控制在可承受的范围内。风险管理者必须使人们意识到风险的存在,而不是隐瞒风险,这样有利于人们提高安全意识,主动配合风险管理计划的实施。但是当人们意识到周围潜在风险时,必然会感到焦虑不安。企业管理者不能正常发挥决策水平,瞻前顾后,使企业丧失许多良好的发展机会;企业劳动者也会整日惴惴不安,影响工作质量和工作效率。因此,风险管理者应给予人们足够的安全保障,将风险控制在可承受的范围内,以减轻企业和员工对潜在损失的烦恼和忧虑。

3. 合法性目标

企业并不是独立于社会之外的个体,它受到各种各样法律规章的制约。现代社会,人们的法律意识不断加强,越来越懂得如何用法律来捍卫自己的权利,与企业频繁接触的客户、供应商、消费者、竞争者也同样如此。因此,企业必须对自己的每一项经营行为、每一份合同都加以合法性的审视,以免涉及官司,使企业蒙受财力、人力、时间以及名誉的损失。风险管理者必须密切关注与企业相关的各种法律法规,保证企业经营活动的合法性。

4. 社会公众责任目标

一个企业遭受损失时,受损的绝不只是企业本身,还有它的股东、债权人、客户、消费者、劳动者以及一切与之相关的人员和经济组织,损失严重时,甚至会使国家、社会蒙受损失。企业实施良好的风险管理计划,通过控制、转移等方式使财产损失降低到可承受范围,也是对社会的一种贡献。

(二)企业财产风险管理的损后目标

最完美的风险管理计划,也不能完全消除一个企业的风险,因此确定损失发生后目标是必要的。损后目标包括以下方面。

1. 生存目标

当企业发生了重大损失,它的首要目标是生存,因为只要生存下去就能有恢复发展的希望,因此损失后风险管理第一目标是生存。一个企业基本生存要素有四个:生产、市场、资金、管理。损失事件如果对其中的某个要素产生了破坏作用,就会导致企业无法生存。所以,企业的风险管理计划应充分考虑损失事件对生存要素的影响程度,将损失后企业的生存放在首要位置。

2. 持续经营目标

持续经营目标是指不因为损失事件的发生而使企业生产经营活动中断。生产经营活动中断并不一定会导致企业破产,经过一定的时间,有的企业是可以恢复生产的,但是企业的竞争者却可能利用这段空档时间抢走企业原有的市场份额,这样发展了的竞争者又会给企业今后的生存发展带来威胁,因此企业的风险管理者应尽可能在损失后保证生产经营的持续性。

3. 获利能力目标

企业发生损失后，管理者很关心的一个问题就是损失事件对企业获利能力的影响，一般来说一个企业都会有一个最低报酬率，它是判别一个投资项目是否可行的标准，同样也是风险管理计划制定的标准。风险管理者必须把损失控制在一定范围内，在这个范围内企业获利能力不会低于最低报酬率。

4. 收益稳定目标

收益的稳定性对企业来说是极为重要的，因为它可以帮助企业树立正常发展的良好形象，增强投资者的投资信心。对大多数投资者来说，一个收益稳定的企业要比高收益高风险的企业更具有吸引力。稳定的收益意味着企业的正常发展，稳定的收益利于投资者对收支做出计划安排，为了达到收益稳定目标，企业必须增加风险管理支出，更多地使用保险及其他风险转移技术。

5. 发展的目标

现代社会竞争日益加剧，企业必须不断地发展以求获得永远的生存，但风险的存在成了企业发展潜在的阻力，风险事故发生后带来的损失会给企业的发展带来极大冲击，为了实现发展目标，风险管理者必须建立高质量的风险管理计划，及时有效地处理各种损失结果，使企业在损失发生后，能迅速地取得补偿，为企业继续发展创造良好的条件。

第二节　企业财产风险管理内容

一、企业财产风险因素识别

企业财产风险因素识别是指企业为了防止因未来可能发生的、潜在的或已存在的财产风险所带来的收益损失与影响，运用一定的方法进行企业财产风险因素的分析、识别、判断、汇总并进行原因分析的管理过程。

企业财产风险识别对于企业财产风险管理具有重要意义。企业财产风险的识别是对企业进行财产风险管理的第一步工作，也是财产风险管理中最重要的工作环节之一。如果这个环节出现失误，将会给其他环节的工作产生很大影响，就如同开车时打错方向，走得越远就越偏离目标。财产风险的识别意义重大，进行财产风险识别时必须做到科学化、规范化、系统化、及时化和精确化才能全面及时准确地识别企业隐藏的风险。

（一）企业财产风险因素

1. 自然灾害因素

自然灾害一般是指由于自然界变异现象的力量而造成的灾害，即人力不可抗拒的灾害。

我国将自然灾害划分为以下八大类:气象灾害、海洋灾害、洪水灾害、地质灾害、地震灾害、农作物生物灾害、森林生物灾害和森林火灾。自然灾害风险也随之划分为八类,表示当某种自然灾害发生时企业承担的风险。

2. 责任风险因素

责任风险是个人或者团体违反法律、合同或者道义上的规定,构成侵权行为或者违法行为从而造成国家的、集体的、他人的人身伤害和财产损失,需要负担的经济赔偿或者法律责任的风险。通常这种责任风险表现为民事责任、行政责任和刑事责任。企业由于承担的责任而面临的与责任相关的风险,便是企业责任风险。

企业责任风险包括雇主责任风险、公众责任风险、产品责任风险和环境责任风险。以上四种风险可简要理解为责任主体在承担该类责任的过程中可能承受的风险。

(1)雇主责任是指雇主所承担的对雇员的责任,包括雇主自身的故意行为、过失行为、无过失行为所致的雇员人身伤害赔偿责任。构成雇主责任的前提条件是雇主与雇员之间有着直接的雇佣关系,即只有雇主才有解雇该雇员的权利,雇员有听从雇主的管理从事业务工作的义务,这种权利义务关系均通过书面形式的雇佣或劳动合同来进行规范。

(2)公众责任又称第三者责任或公共责任。凡公民、企事业单位、机关、团体因自身的疏忽或过失等侵权行为,致使第三者的人身或财产受到损害,该责任者就应依法承担对受害人的经济赔偿责任。由于责任者的行为损害了公众利益,所以这种责任被称为“公众责任”。

(3)产品责任又称“产品瑕疵责任”,是因产品瑕疵致消费者人身或财产损害时,依法由产品制造者和销售者承担的侵权责任。侵权法上所称的产品瑕疵既包括产品质量缺陷,也包括未经说明的产品使用危险缺陷。

(4)环境责任是指根据人在环境中所处位置在对环境整体维护中应承担的责任。环境责任原则应包括:①污染者付费;②开发者保护;③利用者补偿;④破坏者恢复。

3. 信用风险因素

信用风险一般被定义为借款人不能按期还本付息而给贷款人造成损失的风险,不过随着资本市场的发展,人们对于信用风险的认识也不断深入,使得信用风险的定义充分反映现代信用风险及其管理的性质和特点。

企业信用风险又称违约风险,是债务人由于种种原因不能按期还本付息,不履行债务契约的风险。如授信企业,可能因经营管理不善而亏损,也可能因市场变化出现产品滞销、资金周转不灵导致到期不能偿还债务。一般说来,借款人经营中风险越大,信用风险就越大,风险的高低与收益或损失的高低呈正相关关系。

4. 存货风险因素

存货是企业价值实现的载体,又是流动资产中流动性最差的部分,企业在存货运营过程中,面对的存货数量、质量、价值等方面损失的风险,便是存货风险。

企业存货风险主要可以分为存货贬值风险、存货采购风险、存货核算风险、存货销售风险、仓库管理风险。

(1)存货贬值风险是指由于市场需求的变化,企业的存货发生价格变化,从而存在直接贬值或因滞销而贬值的风险。

(2)存货采购风险是指在形成存货采购合同时,由于采购价格决策不合理、采购货物质量问题、供货时间拖延、货物采购量决策不合理等带来损失的风险。

(3)存货核算风险是指由于存货分类不合理、存货记录不准确及时、存货成本不真实等导致损失的风险。

(4)存货销售风险是指在形成存货销售合同时或之后,由于产品价格波动、客户财务问题、客户对产品或服务的满意程度等导致的合同取消、产生坏账等损失的风险。

(5)仓库管理风险是指在存货验收入库时验收程序不规范、存货保管不善、存货出库时未经审批或核对不严格、存货盘点工作不规范导致的存货数量不符、损毁、被盗、账实不符等损失的风险。

5. 道德风险因素

道德风险是指人为的、有意识地制造的风险,如纵火、偷窃、抢劫、渎职、贪污、泄密和挪用公款等。这些风险给企业造成的损失是不可预见的、很难控制的。

6. 政治风险因素

政治风险对国际工程项目和出口贸易的影响尤为重要,如买方所在国发生战争、革命和政变等政治事件或颁布延期付款令致使进口商无法履行还款义务或颁布法律、法令、条例或采取行政措施,禁止或限制买方偿还债务时就会产生巨大的政治风险。

(二)企业财产风险识别方法

企业财产风险识别的常用方法包括生产流程分析法、财务报表分析法和保险调查法。

1. 生产流程分析法

生产流程分析法是对企业整个生产经营过程进行全面分析,对其中各个环节逐项分析可能遭遇的风险,找出各种潜在的风险因素。生产流程分析法可分为风险列举法和流程图法。风险列举法指风险管理部门根据本企业的生产流程,列举出各个生产环节的所有风险。流程图法指企业风险管理部门将整个企业生产过程一切环节系统化、顺序化,制成流程图,从而便于发现企业面临的风险。

2. 财务表格分析法

财务表格分析法是通过对企业的资产负债表、损益表、营业报告书及其他有关资料进行分析,从而识别和发现企业现有的财产、责任等面临的风险。

3. 保险调查法

采用保险调查法进行风险识别可以利用两种形式:一是通过保险险种一览表,企业可以根据保险公司或者专门保险刊物的保险险种一览表,选择适合本企业需要的险种,这种方法仅仅对可保风险进行识别,对不可保风险则无能为力;二是委托保险人或者保险咨询服务机构对本企业的风险管理进行调查设计,找出各种财产和责任存在的风险。

在实际操作中,企业需要综合利用风险识别的方法,对于可能造成企业风险的因素进行识别,进行针对性的防范。

二、企业财产风险的衡量与评价

(一)企业财产风险衡量的概念与方法

1. 企业财产风险衡量的概念

企业财产风险衡量,总体来说是指衡量企业各类财产风险带来潜在损失的概率和损失程度。

通过风险衡量,计算出较为准确的损失概率,可以使风险管理者在一定程度上消除损失的不确定性。对损失幅度的预测,可以使风险管理者了解风险所带来的损失后果,进而集中力量处理损失后果严重的风险,对企业影响小的风险则不必过多投入,可以采用风险自留的方法处理。

2. 企业财产风险衡量的方法

企业财产风险的衡量方法,可以看成是在风险识别的基础上,通过对所收集的资料进行分析,运用定性与定量的方法,估计和预测风险发生的概率和损失程度的过程。

1)定性衡量

企业财产风险的定性衡量一般基于对风险的感性认识,通过对各种因素的分析得出风险大小的粗略估算(经常使用主观概率)。

A. 损失频率的衡量

主观概率的四种类型:“几乎是 0”;“很小”;“概率中等”;“一定的”。比如,在衡量企业财产风险的过程中,定性描述企业计算机运行风险的可能性排序,如表 12-1 所示。

表 12-1　企业计算机运行风险可能性

定性描述	可能性	风险类型
几乎不可能	几乎是 0	飞机坠落到企业中
少见	很小	地震、台风等自然灾害导致企业计算机瘫痪
可能	中等	黑客入侵
很可能	高	工作人员使用时发生责任事故
几乎肯定	一定的	企业人员使用计算机

B. 损失严重性的衡量

依据损失严重性的差异,可以分为以下几类。

(1)正常期望损失:正常期望损失用来描述在最佳风险防护系统下,一次风险事故发生所导致的最大损失。正常期望损失衡量的是企业在一定时期内遭受单个风险所产生的平均损失。

（2）最大可信损失：指在一定可信度状态下，一次风险事故发生所导致的最大损失。

（3）最大可能损失：指单一风险单位在最坏的风险防护状态下的损失。最大可能损失是在所有保护系统失灵，相关应急处理人员以及公共救灾机构无法有效救助的情况下，单一设施可能遭受的财产损失以及营业中断损失的合计最大金额。

（4）最大潜在损失：在最坏的风险防护状态下可能导致的，包含了直接和间接损失在内的所有可能的损失。

C. 专家调查法的应用

在对企业财产风险进行定性衡量的过程中可以使用专家调查法，专家调查法又称为德尔菲法。这种方法是采用系统的程序，草拟调查提纲，提供背景材料，轮番征询不同专家的预测意见，最后汇总得出预测结果。对企业财产风险使用专家调查法就是企业组织专家对内外环境进行分析，辨明企业是否存在引起财产风险发生的因素，使用定性语言将风险的发生概率及其后果描述为极高、高、中、低、极低 5 级，以此预测财产风险发生的可能性。

2）定量衡量

根据已有的数据，或通过对未来数据的预测，利用数学模型或概率统计的方法，科学地估算损失的频率和损失程度。经常采用的是客观概率，例如期望值或某种损失程度或损失频率的可能性。

A. 概率推断

单个风险事故是随机事件，它发生的时间、空间、损失严重程度都是不确定的。但就总体而言，风险事故的发生又呈现出某种统计的规律性。因此，对企业财产风险的衡量，可以采用概率论和数理统计方法，求出风险事故出现状态的各种概率。如运用二项分布、泊松分布来衡量风险事故发生次数的概率。

在已知企业财产是否受损害的概率后，可求出在一定时期内企业财产受损发生次数的概率分布，这是一个二项分布；也可求出在企业财产受到自然灾害时，具体发生某种灾害如洪水灾害、泥石流灾害的概率分布，一般来说这是一个离散分布。

B. 风险度

风险度是综合衡量风险的一个指标。首先，人们之所以会冒一定风险，即是因为危险可能发生也可能不发生，因此发生概率 P 就是量度风险大小的一个重要参数。其次，风险大小同其后果的严重程度有关，所以后果严重程度 C（如企业财产受自然灾害时的损失大小）也是标志风险大小的第二个参数。这样，风险度 R 可以看成是 P 与 C 的函数，即 $R=F(P,C)$。

对后果的定量估计，除了要做一些分析计算外，还要用一些科学预测方法。

一般地说，风险度越大，就意味着对将来越没有把握，风险也就越大。

（二）企业财产风险评价的概念与方法

1. 企业财产风险评价的概念

风险评价是指在风险识别和风险估测的基础上，将风险的大小与可接受的安全水平相比较，决定是否采取控制措施以及采取何种程度的控制措施。进行风险评价，必须首先确定可接受的安全水平，以此为基本尺度实施风险评价，确定系统风险与可接受的安全水平的差距。

企业财产风险评价是决定风险大小是否可以被接受或容忍的过程。风险评价的目的是协助企业做出关于风险应对及其优先顺序的决策。风险评价过程将风险分析结果与风险准则相比较，进而得出结论：哪些风险和其大小是可以接受的，不必采取任何应对措施；哪些风险可以接受，但对其大小有一定的容忍度，需基于收益—成本原则采取一定的风险应对措施加以控制或转嫁；哪些风险或其大小采取一定的风险应对措施之后可以转化为可接受风险；哪些风险是采取应对措施之后仍然不能接受，需要进行风险避免。

2. 企业财产风险评价的方法

1）财产直接损失评估

财产的直接损失往往是实物财产本身经济价值的减少，因此我们可以用资产评估的方法对企业潜在的财产直接损失即财产的经济价值做评估。

A. 重置成本法

重置成本法是指被评估财产时重置全价扣除损耗和贬值来确定被评估财产价值的一种方法。“重置”有两种情况，一种是购买现成的相同或相似的财产，另一种是重新购买材料、重新设计、重新建造相同或相似财产。企业财产的重置成本评估程序为：①估算被评估财产的重置全价；②估算被评估财产的有形损耗与无形损耗；③确定被评估财产的使用年限；④计算出被评估财产的净值。

财产重置成本 = 重置全价 - 有形损耗 - 无形损耗 = 重置全价 × 成新率 - 无形损耗 = 重置全价 - 累计折旧额

B. 现行市价法

现行市价法是通过调查市场上与被评估财产相同或类似的财产价格，据此确定财产评估价值的方法。现行市价法的运用，要求有比较发达的物资交易市场，企业能够获得相同或相似的财产的交易资料。

C. 收益现值法

企业的某些财产，使用寿命较长，能在未来相当长的时期内获取收益，因此这些财产的价值，可以用它们未来收益的现值表示。用收益现值法评估财产时的一般程序如下。

（1）收集、整理评估对象的有关财务资料或经营情况信息并通过对历史数据的比较分析，预测财产未来收益情况。

（2）收集评估对象的有关税收、物价等有关资料，计算未来期间净收益。

(3)预测评估对象的剩余使用年限。

(4)将未来的收益折算为现值。

2)财产间接损失评估

间接损失是直接损失的后果,包括遭受灾害事故后导致的正常利润损失、固定费用和额外费用支出等。

A. 收益减少

当企业财产遭受损失后,企业就部分地或全部地丧失了对财产的使用,使收益减少。

(1)营业中断损失。从短期来看,营业中断可能导致营业收入下降、利润水平降低、企业价值降低;从长期来看,会导致企业声誉受损,市场份额下降、增长放缓。

(2)连带营业中断损失。如果企业的生产经营过分依赖一个或若干个原料供应商或客户,那么一旦这些原料供应商或客户发生意外,导致正常的生产经营受阻,将会连带影响企业的生产或销售。

(3)产品利润损失。如果企业的产品在风险事故中遭受损失,直接损失的是产品的成本,间接损失的是企业销售掉这些产品可以获得的利润。

(4)应收账款减少损失。企业意外事故的发生,可能使一些应收账款的会计记录与重要凭证损毁,导致企业收债困难,甚至根本收不回贷款。

(5)租金收入损失。企业出租的房屋等财产由于毁损而无法继续出租,可能导致的租金收入损失。

B. 额外费用增加

企业财产损毁后,为恢复正常的生产经营,必定要发生一些额外的费用或支出。主要包括以下几个方面。

(1)租赁价值损失。企业生产中断,为保证履行交货合同,企业不得不以更高的成本租赁代替设备来维护生产的正常进行,这种额外费用支付也是一种常见的间接损失。

(2)租权利益损失。租权利益指承租人因租赁期间租赁价值的上涨,对超出租金的那部分价值的利益。计算租权利益时,要将未来的那部分收益贴现。

(3)超额费用。某些特殊企业如报社、储蓄所等,一旦发生意外事故,使生产经营中断,会使客户纷纷转向他处。即使恢复了生产经营,也难以达到损失前的水平,导致比营业中断更大的损失,或者企业出于维护自身形象或保持良好信誉的考虑,会不惜一切代价保持继续经营,因此会产生一些超额费用。

三、企业财产风险管理技术

企业作为现代经济社会的活动主体和重要支柱,在人类社会的生产生活过程中发挥着重大的影响。企业作为社会经济活动的参与者,其首要目的在于谋取经济收益,尽可能赚取最大的利润。而风险与收益相伴而行,在追求收益的同时,企业亦随时存在着财产损失的风险，即企业所有使用或保管的有形或无形的财产发生损失、减少和贬值的风险。所以如何减少对企业发生财产风险的损失，使风险管理逐步成为一项日益重要的课题。所以如何减少企业发生财产风险的损失，也就是风险管理，已逐步成为一项日益重要的课题。其中，风险管理的方法，亦即风险管理的技术可分为：控制型风险管理技术和财务型风险管理技术。

（一）控制型风险管理技术

1. 避免

避免是指回避损失发生的可能性，即从根本上消除特定的风险因素或中途放弃某些既存的风险因素，采取主动放弃或改变该项活动的方式。如企业法人因恐惧股市动荡之风险，选择坚持企业不上市，以此避免企业上市风险。

避免风险的方法一般在某特定风险所致损失频率和损失程度相当高或处理风险的成本大于其产生的效益时采用。譬如企业将厂房选址确定建于地势较高且排水方便的地方以避免洪水风险，又如在企业交易过程中卖方拒绝与信用不好的买方签订买卖合同等。

2. 预防

预防风险是指在风险事故发生前，为了消除或减少可能引起损失的各种风险因素，采取措施减少风险的发生频率和损失程度。其目的在于通过消除或减少风险因素而降低损失发生的频率。这是事前采取的措施，即所谓“防患于未然”。例如企业为了防止公司财务漏洞、偷坏账等不利风险的发生，预先建立起一套完善的监督管理机制，按时清查企业本项财务报告报表，从多方面入手才能减少企业财务风险发生的可能性和造成损失的额度。

3. 分散

分散是集合有同类风险的多数单位，将风险损失分散到众多的单位，使某一单位所承担的风险较以前减少；或者将具有不同风险的单位组合起来，使之互相协作，提高各单位应付风险的能力，由于大数法则的作用，使损失的不确定相对减少。通过集中与分散，达到降低风险的目的。如企业通过合并、扩张、联营或采用商品品种多元化经营的方式，以利于分散或减轻可能遭到的风险。

4. 控制

控制风险是指风险发生时或发生后采取的各种防止损失的措施。例如，企业在建筑物上安装消防、自动喷淋系统，即可减轻火灾损失的程度，防止企业遭遇意外灾害时财产损失进一步扩大。

（二）财务型风险管理技术

由于受种种因素的制约，人们对风险的预测不可能绝对准确，而防范风险的各项措施都具有一定的局限性，所以某些风险事故的损失后果是不可避免的。财务型风险管理技术是以提供基金的方式，降低发生损失的成本，即通过事故发生前的财务安排，来解除事故发生后给人们造成的经济困难和精神忧虑，为恢复企业生产提供财务支持。

财务型风险管理技术主要包括以下方法：

1. 自留风险

自留风险指对风险的自我承担的方法，即企业自我承受风险损害后果的方法。如企业持有的现金和对于企业贷款还款付息方式的选择以及事后结果的自我承担等。自留风险是一种非常重要的财务型风险管理技术。另外，自留风险有主动自留和被动自留之分。

2. 专业自保

自保是企业保险自营的一种方法，和传统保险不同，自营保险由企业自我承担保险，自我承担风险带来的损失。传统商业保险公司作为一个企业实体，会以自己的利益来决定承保范围、承保条件，于是很多企业的保险需求得不到满足，商业保险公司或者不承保，或者承保条件相当苛刻，使这些需求者难以接受。这样，专业自保公司应运而生。

专业自保公司是那些由其母公司拥有的，主要业务对象即被保险人为其母公司的保险公司。它是一种由其组织上隶属的母公司紧密控制的，专为其母公司提供保险服务的组织机构，母公司直接影响并支配着该专业自保公司的运营，包括承保、索赔处理的政策和投资行为等。

专业自保公司是决定自留风险的企业避免不合理税收的技术性产物，也是企业利用内部基金进行风险融资的高级形式。自保公司经营模式流程见图 12-1。

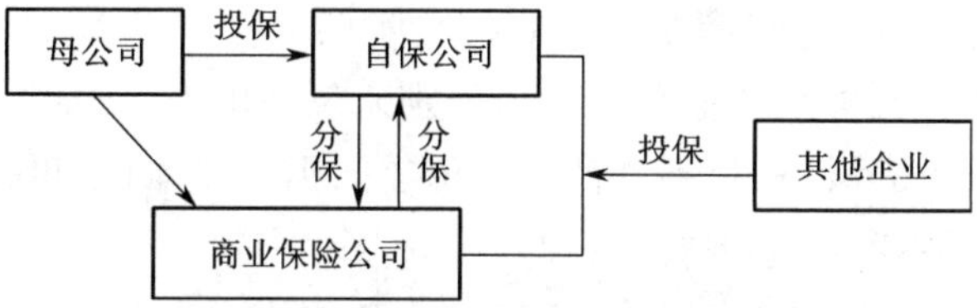

图 12-1　自保公司经营模式流程图

专业自保公司根据其所有权、经营范围、运作功能和注册地点的不同而有所差别，且经营方式灵活多样。建立专业自保公司作为一种企业风险管理的方式，如果能够减少企业的风险成本，那么以它代替传统的商业保险不仅是可取的，也将给企业带来长远利益。但专业自保公司存在业务量有限、风险品质较差、组织规模简陋和财务基础脆弱等缺点。

自保公司的承保对象限于本企业本身，即母公司或控股公司和子公司，以此保证其保险过程的针对性和高效性。对于高风险行业，虽然事故概率低，但一旦发生便危害巨大，公司损失金额大，一般选择自保与再保险相结合的模式，按照一定的比例与再保险单位共同分担责任，以力求将损失降到最低。

3. 转移风险

转移风险总体上可分为财务型非保险转移和财务型保险转移两种方法。

财务型非保险转移风险，是指企业可以通过经济合同，将损失或与损失有关的财务后果转移给其他单位去承担。在经济生活中，常见的财务型非保险转移有租赁、互助保证、基金制度等形式。

财务型保险转移风险,是指企业通过订立保险合同,将其面临的财产风险和责任风险等转嫁给保险人的一种风险管理技术。如通过订立保险合同,向投保人交纳合同规定协商的保费,将企业可能面临的财产风险和责任风险转移给保险公司。与上者相比,保险这种风险管理方法具有许多优越之处,是进行风险管理的一种最有效的方法。但需要注意的是,并不是所有的风险都可以通过保险来转移的,可保风险必须符合一定的条件。

第三节　企业财产保险

一、企业财产损失保险

(一)企业财产损失保险的概念及责任范围

1. 企业财产损失保险的概念

财产损失保险是以各种有形的物质财产、相关的利益以及其责任为保险标的保险。

2. 企业财产损失保险的责任范围

企业财产损失保险主要有财产基本险和综合险两大类以及若干附加险,主要承保那些既可用会计科目来反映,又可用企业财产项目类别来反映的财产,如固定资产、流动资产、账外资产、房屋、建筑物、机器设备、材料和商品物资等。财产基本险和综合险的主要区别在于综合险的保险责任比基本险的范围要广一些。

基本险主要承担因火灾、爆炸、雷击、飞行物体及其他空中运行物体坠落所致损失;被保险人拥有财产所有权的自用供电、供水、供气设备因保险事故遭受损坏,引起停电、停水、停气以致造成保险标的的直接损失;发生保险事故时,为了抢救保险标的或防止灾害蔓延,采取合理必要的措施而造成保险财产的损失;发生保险事故时,为了抢救、减少保险财产损失,被保险人对保险财产采取施救、保护措施而支出的必要、合理费用。

综合险的保险责任主要包括因火灾、爆炸、雷击、暴雨、洪水、台风、暴风、龙卷风、雪灾、雹灾、冰凌、泥石流、崖崩、突发性滑坡、地面下陷下沉;飞行物体及其他空中物体坠落;被保险人拥有财产所有权的自用供电、供水、供气设备因保险事故遭受损坏,引起停电、停水、停气以致造成保险标的的直接损失;发生保险事故时,为了抢救财产或防止灾害蔓延,采取合理必要的措施而造成保险财产的损失;发生保险事故时,为了抢救、减少保险财产损失,被保险人对保险财产采取施救、保护措施而支出的必要、合理费用。

(二)企业财产损失保险的主要险种

1. 火灾保险

1)火灾保险概念

火灾保险是指以存放于固定场所并处于相对静止状态的财产为保险标的,由保险人按照保险合同约定承担保险财产因遭受火灾等意外事故及自然灾害所致的经济损失。

2)火灾保险特点

火灾保险具有以下特点。

(1)承保地点固定。火灾保险的保险标的,无论是动产还是不动产,均有其固定的地点或存放场所且处于相对静止状态。保险人仅对存放于该地点的保险标的损失承担赔偿责任。若保险标的的存放地点有所变动,须征得保险人的同意,否则保险人可以不负责任。

(2)多为不定值保险。火灾保险多采用不定值保险方式承保,即订立保险合同时,保险合同当事人双方并不约定保险价值,只订明保险金额。发生损失时,保险人须确定保险标的的保险价值,并根据保险金额与保险价值的比例计算赔偿金额。但对于难以确定价值的保险标的,如艺术品、古董等,保险人在承保时可采用定值保险,以避免理赔纠纷。

(3)保单标准化。在火灾保险中,标准保险单占有重要的地位。19 世纪初,英国保险业推出了标准火灾保险单,并且迅速为英国、英属殖民地和世界部分国家和地区所接受,成为保险人从事财产保险的保险单样本。19 世纪末和 20 世纪初,美国和日本也推出了适合本地区保险市场的标准火灾保险单。标准保险一方面降低了保险人制作和使用保险单的费用;另一方面有利于投保人进行比较和选择,减少了因合同解释而引起的纠纷。因此,为了满足消费者的需求,无论保险人在实务中如何对标准火灾保险单进行调整和修正,但其核心内容基本不变。

(4)以扩展条款方式承保特殊风险。在火灾保险中,通常以标准保险单为规范形式。但标准保险单只是火灾保险的基本保单,承保责任范围有限。为了适应被保险人多样化的保险需求,保险人推出了很多扩展条款。被保险人可能在风险评估的基础上,考虑自身的保险费负担能力,以增加对标准保险单不予承保的风险和损失的保障。

2. 货物运输保险

1)货物运输保险概念

货物运输保险是指以各种处于运输过程中的货物作为保险标的,保险人依照合同,对于货物在运输途中可能遭受的各种自然灾害或意外事故所造成的损失承担赔偿责任的一种保险。

2)货物运输保险特点

A. 承保风险的综合性

货物在运输过程中所面临的风险多种多样,由此导致货物运输保险的承保风险具有相当的广泛性。既有海上风险,又有陆地、空中和内河风险;既有货物处于运输中面临的动态风险,又有在存储期间面临的静态风险。其承保的风险种类之多,变化之大,是其他财产保险所无法比拟的。

B. 保险标的的流动性

出于贸易交往的目的,货物会不断地从一地运往另一地,经常处于流动状态中。货物移动的过程不仅包括其通常的移位状态，还包括为移动提供服务的其他环节，如货物在车站、机场或码头等场所进行的必要的储存或装卸。这些服务也是货物运输保险有别于其他财产保险的重要特征。

C. 被保险人的多变性

货物运输保险合同是一种对物合同。在运输途中，货物处于承运人的控制与管理之下，被保险人改变与否对货物遭受损失的影响不大，也不影响保险人做出是否承保及以何种条件和费率承保的决定。因此货物保险单可以随着保险标的的转让而由被保险人背书转让，无须征得保险人的同意。被保险人的多变性是由货物运输保险合同本身的性质决定的，同时也适应了国际贸易中货物频繁易手的需要，促进了国际贸易的发展与繁荣。

D. 险种险别的多样性

由于运输方式各异，面临的风险多种多样，客观上需要有多样性的险种险别来加以保障。因此货物运输保险的险种险别数量多，且随着航运、贸易等形式的发展，其形式和内容不断发生变化，新的险种不断诞生，原有险种的内容也可以通过附加险的方式进行调整。

3）货物运输保险分类

A. 按是否具有了与外因素划分

按是否具有涉外因素划分，货物运输保险可分为国际货物运输保险和国内货物运输保险。

（1）国际货物运输保险以国际运输过程中的货物作为保险标的，承保运输过程中因自然灾害或意外事故造成的货物损失，主要险种包括海上货物运输保险、陆上货物运输险，航空货物运输险和邮包货物运输险等。

（2）国内货物运输保险以内河、铁路和航空运输过程中的货物为保险标的，承保运输过程中因自然灾害或意外事故造成的货物损失，主要险种有国内水路，陆路货物运输保险和国内航空货物运输保险。

B. 按运输工具划分

按运输工具划分，货物运输保险可分为水上货物运输保险、陆上货物运输保险、航空货物运输保险和邮包保险。

（1）水上货物运输保险是指承保利用水上运输工具，如轮船、驳船、机帆船和木船等水上运输载体承运货物的一种保险。

（2）陆上货物运输保险是指承保利用陆路运输工具为货物运输载体承运货物的保险，陆路运输工具包括机动的，人力的和畜力的运输工具，如火车、汽车和马车等。

（3）航空货物运输保险是指承保飞机作为运输载体承诺货物的保险。邮包保险是指通过邮局以邮包递运的货物作为保险标的一种保险。

二、企业责任保险

企业责任保险，是指保险人在被保险人依法应对第三人负赔偿责任并被提出赔偿要求时，承担赔偿责任的财产保险形式。责任保险以被保险人对他人依法应负的民事赔偿责任为保险标的，在合同中无保险金额。一般企业责任保险包括产品责任保险、公众责任保险和雇主责任保险。

（一）产品责任保险

1. 产品责任保险的概念

产品责任保险是指在保险有效期内，由于被保险人所生产、出售的产品或商品存在缺陷并在承保区域内发生事故，造成使用、消费或操作该产品的人或其他任何人的人身伤害、疾病、死亡或财产损失，依法应由被保险人承担赔偿责任时，保险人根据保险合同约定的赔偿限额负责赔偿的责任保险。

2. 产品责任保险的特点

产品责任保险具有以下特点。

（1）产品责任保险强调以产品责任法为基础。一般来说，受害者（用户、消费者或其他人）与致害者（制造者、销售者）既不会有合同关系，又不一定有直接联系。如果没有一定的法律规定，受害者的索赔将没有依据，产品责任也不易划分，产品责任保险就失去了可靠的基础。

（2）产品责任保险虽然不承担产品本身损失，但它与产品有着内在的联系。产品本身损失是指具有缺陷的产品本身所引起的直接损失和费用。

（3）产品责任保险要求保险合同双方有良好的协作与信息沟通。随着经济的不断发展和竞争的需要，产品必然要不断改进并更新换代，或者要采用新技术、新工艺和新材料，这一特征决定了产品责任保险人须随时把握被保险人的产品变化情况并通过产品变化来评估风险。

（4）与其他责任保险相比，产品责任保险的承保区域更为广泛，如公众责任保险一般承保被保险人在固定场所之内的责任风险；雇主责任保险的区域范围大多规定在雇主的工作场所内；而产品责任保险的范围可以规定为产品生产国或出口国乃至全世界各个地方。

3. 产品责任保险的保险责任

在保险有效期和承保区域内，由于被保险人生产、销售的产品或商品发生事故，造成使用、消费或操作该产品或商品的人或其他任何人的人身伤害、疾病、死亡或财产损失，依法应由被保险人承担的损害赔偿责任，保险人在保险单约定的赔偿限额内予以赔偿。

（二）公众责任保险

1. 公众责任保险的概念

公众责任保险承保被保险人在公共场所进行生产、经营或其他活动时，因发生意外事故而造成社会公众的人身伤亡或财产损失,依法应承担的经济赔偿责任。

2. 公众责任保险的分类

公众责任保险的适用范围非常广泛,其业务复杂、险种众多。最常见的险种有场所责任保险、承包人责任保险、承运人责任保险等。

1)场所责任保险

场所责任保险是公众责任保险中业务量最大的一个险种。场所责任保险承保固定场所(包括房屋、建筑物及其设备、装置等)因存在结构上的缺陷或管理不善,或被保险人在被保险场所内进行生产经营活动时因疏忽发生意外事故,造成他人人身伤亡或财产损失的经济赔偿责任。

2)承包人责任保险

承包人是指承包各种建筑工程、安装工程、装卸作业以及承揽加工、定做、修理、印刷、测绘、测试和广告等业务的人,如建筑公司、安装公司、装卸队、搬运人、修理公司、设计所和测绘所等。承包人责任保险承保承包人在进行承包合同项下的工程或其他作业时,造成他人的人身伤亡或财产损失,依法承担合同约定应承担的经济赔偿责任。承包人责任的特点在于责任产生于承包人从事受托工作即为他人工作的过程中。虽然行为人是承包人,但与之相联系的却是发包人和委托人的工程项目或加工作业等活动。因此,承包人有转嫁损害赔偿责任风险的必要。在保险实务中,承包人的分承包人也可作为共同被保险人而获得保障。

3)承运人责任保险

承运人是指根据运输合同、规章或提货单等与发货人或乘客建立承运,客运关系并承担客、货运输义务的单位,如铁路局、民用航空公司、汽车运输公司和出租车公司等。承运人责任保险承保承运人(被保险人)对承保对象(包括旅客或货物)的伤亡或财产损失所导致的依法应承担的经济赔偿责任。由于运输工具种类繁多,运输对象分为客、货两大类,运输方式又有直接运输和联合运输之分。因此承运人责任保险也只能根据不同的运输方式和运输对象进行设计。常见的承运人责任保险有旅客责任保险、承运货物责任保险和运送人员意外责任保险等。

(三)雇主责任保险

1. 雇主责任保险的概念

雇主责任保险承保被保险人所雇用的员工,在受雇期间从事保险单所载明的与被保险人的业务有关的工作时,因遭受意外而导致伤、残、死亡,或患有与业务有关的职业性疾病而依法或根据雇佣合同应由被保险人承担的经济赔偿责任。

2. 雇主责任保险的特点

雇主责任保险具有以下特点。

(1)责任主体的特殊性。雇主责任险的责任主体是各企业的雇主即与员工有直接雇佣合同关系,掌握解雇员工权力并承担员工在受雇期间遭受伤害的法律责任的人。

（2）保险对象的特殊性。与其他责任保险相同，其保险的对象也包括第三者，然而公众责任保险的第三者被固定在某场所或运输途中。产品责任保险的第三者只能是该产品的购买者、使用者或受害者。以企业、公司所聘用的员工为第三者，是雇主责任保险区别于其他责任保险的重要特征。

（3）保险期限的特殊性。雇主责任保险的保险期限一般是以雇佣合同为基础的。通常情况下，保险期限为 1 年，若雇主限于某些特殊的劳动合同期限的需要，也可以按该劳动合同的期限投保不足 1 年或 1 年以下的雇主责任保险。

3. 雇主责任保险的保险责任

雇主责任保险的保险责任是雇主根据劳工赔偿法等法令或雇佣合同等对雇员应负的赔偿责任。我国雇主责任保险多以雇佣合同中规定的雇主赔偿责任为保险责任。

雇主责任保险的保险责任即被保险人所雇用的员工在保险有效期内、在受雇过程中、在保单列明的地点从事保单载明的被保险人的业务活动时，遭受意外而致伤、残、死亡，被保险人根据法律或雇佣合同应承担的经济赔偿责任。对雇主责任保险的保险责任可从以下四个方面加以把握。

（1）被保险人所雇用的员工是指其直接雇用的员工，包括短期工、临时工、季节工、徒工和长期固定工；雇佣关系指雇主与员工双方之间存在着直接的权利和义务关系且有雇佣合同为依据；保险单上列明的地点指员工在被保险人处工作的场所，如有外勤工作，投保时必须申请并以保险单上注明为准；在受雇期间内从事与其相应职务有关的工作中所受伤害才属保险责任范围，员工在上下班路途中亦可以列入工作时间，但无雇佣关系或从事与其相应职务无关的业务活动或不在上班时间所遭受的意外伤害，保险人不予负责；遭受意外是指突然的、不可预料的意外事故。

上述内容实质上是保险人对自己代替被保险人承担法律赔偿责任的限制条件，以此达到控制风险的目的。

（2）因患有与业务有关的职业性疾病而致雇员人身伤残，死亡的经济赔偿责任。职业病是雇员在从事其职业活动中接触职业性有害因素而引起的疾病，其发生具有必然性和普遍性，因为职业病与员工所从事的工作有关，保险人亦予负责。职业病的主要种类有职业中毒，尘肺、传染病、皮肤病、肿瘤、眼病等，保险人可通过职业病患病率、死亡率、平均发病年龄等指标对其进行风险评估。

（3）被保险人依法应承担的雇员的医药费。医药费的支出以员工遭受前述两项事故而致伤残为条件，对于非前述两项事故所致的员工医药费，保险人则不负责。

（4）应支出的法律费用。包括抗辩费用、律师费用以及经法院判决应由被保险人代员工支付的诉讼费用等，但该项费用必须是用于处理保险责任范围内的索赔纠纷或诉讼案件且是合理的诉诸法律而支出的额外费用。

当然保险人在具体经营业务中还可以对上述责任范围根据投保人的具体情况进行修

订、调整或扩展，同时剔除各项除外责任。同时，雇主责任保险多采用“期内索赔式”承保，即以索赔提出的时间是否在保单有效期内作为确定保险人承担责任的基础。因为员工的身体伤害大多不能在雇主责任事故发生后立即得知或发现。

三、企业信用保证保险

信用保证险是指被保险人向保险人投保债务人的信用风险的一种保险，是一项企业用于风险管理的保险产品，其主要功能是保障企业应收账款的安全。其原理是把债务人的保证责任转移给保险人，当债务人不能履行其义务时，由保险人承担赔偿责任。

（一）企业信用保险

企业信用保险是以商品赊销和信用放贷中的债务人的信用作为保险标的，在债务人未能如约履行债务清偿而使债权人遭受损失时，由保险人向被保险人即债权人提供风险保障的一种保险。企业信用保险主要包括一般商业信用保险和出口信用保险。

1. 一般商业信用保险

1）概念

一般商业信用保险又叫国内信用保险。它是指在商业活动中，作为权利人的当事人要求保险人将另一方当事人作为被保证人，并承担由于被保证人的信用风险而使权利人遭受商业利益损失的保险。商业信用保险承保的标的是被保证人的商业信用，这种商业信用的实际内容通过列明的方式在保险合同中予以明确，其保险金额根据当事人之间的商业合同的标的价值来确定。如果被保险人发生保险事故，保险人首先向权利人履行赔偿责任，同时自动取得向被保证人进行代位求偿的权利。由于商业信用涉及各种形式的商业活动，商业信用保险也必须针对各种不同的商业活动的需要进行设计，从而开发出为各种商业信用提供保险保障的商业保险业务。

国内信用保险一般承保批发业务不承保零售业务；承保 3~6 个月短期商业信用风险，不承保长期商业信用风险。

2）分类

一般商业信用保险的险种主要有：赊销信用保险、贷款信用保险和个人贷款信用保险。

赊销信用保险是为国内商业贸易的延期付款或分期付款行为提供信用担保的一种信用保险业务。在这种业务中，投保人是制造商或供应商，保险人承保的是买方（即义务人）的信用风险，目的在于保证被保险人（即权利人）能按期收回赊销货款，保障商业贸易的顺利进行。

贷款信用保险是保险人对银行或其他金融机构与企业之间的信贷合同进行担保并承保其信用风险的保险。在市场经济的条件下，贷款风险是客观存在的，究其原因既有企业经营管理不善或决策失误的因素，又有灾害和意外事故的冲击等。这些因素都可能造成贷款不能安全回流，对此必然要建立起相应的贷款信用保险制度来予以保证。

个人贷款信用保险是指以金融机构对自然人进行贷款时，由于债务人不履行贷款合同致使金融机构遭受经济损失为保险对象的信用保险。它是国外保险人面向个人承保的较特别的业务，由于个人的情况千差万别且居住分散，保险人要开办这种业务必须对贷款人贷款的用途、经营情况、日常信誉、私有财产物资等进行全面调查了解，必要时还要求贷款人提供反担保，否则不能轻率承保。

2. 出口信用保险

1）概念

出口信用保险是指承保出口商在经营出口业务的过程中，因进口商的商业风险或进口国的政治风险而遭受损失的一种信用保险。

出口信用保险是以国家的出口贸易为基础而产生的，是应国际贸易发展的客观要求而发展起来的。出口信用保险对各国出口贸易的发展起到了巨大的推动作用。

2）主要表现

出口信用保险的主要表现如下。

（1）它是国际公认的贸易促销手段。

（2）它是出口商获得银行贷款的前提条件。

（3）它是出口商采取灵活支付方式，开拓国际市场，增加出口安全的保证。我国从1983年开始试办出口信用保险至今，出口信用保险在支持国家出口创汇以及为出口企业提供外汇贷款保障方面起到了十分重要的作用。

3）特征

出口信用保险是一种特殊的信用保险。信用保险是指权利人向保险人投保债务人的信用风险的一种保险。信用保险合同当事人是权利人（投保人或被保险人）和保证人（保险人）。实际上，信用保险就是把债务人的保证责任转移给保险人，当债务人不能履行其义务时，由保险人承担赔偿责任。

出口信用保险的特征如下。

A. 出口信用保险不以营利为目的

出口信用保险产生的直接原因在于保护本国的出口商，发展出口贸易，但是就深层次原因来看，它的产生还与各国的经济策略有关。因此，出口信用保险属于政策性业务，具有很强的政策导向，其开展与一个国家的外贸、外交政策结合紧密。各国的出口信用保险机构所收取的保费都以保本为原则，有时甚至还不惜以亏损来支持出口，以实现国家整体经济利益的要求。但是不以营利为目的并不意味着出口信用保险可以忽视经济效益，恰恰相反，出口信用保险中的高风险要求出口信用保险机构应当严格控制风险、加强管理，力求以最小的成本取得最大的利益。

B. 政府扶持出口信用保险极为重要

从世界范围看，根据政府支持程度的不同，出口信用保险的经营形式可以分为政府直接经营、政府间接经营和政府委托经营等方式。无论采用哪种方式,政府都在不同程度上参与出口信用保险机构的管理或参与重大经营决策,并在财政上提供帮助,以实现支持出口的贸易政策。可见,出口信用保险大多依靠政府支持而存在,所以说出口信用保险是一种政策保险业务。

C. 出口信用保险风险复杂,难于控制

出口信用保险保障的是出口商的收汇安全。出口商不能安全收汇的风险主要有商业风险和政治风险,如买方无力偿还债务或买方破产或拖延支付贷款;买方所在国家禁止或限制汇兑、实施进口管制、发生战争和暴乱等。这些风险极为复杂,加之出口商所在国与买方所在国彼此在政治、经济、外交、文化、法律、经营理念和贸易习惯等方面都存在差异,因此出口信用保险难以像普通保险那样依据大数法则来计算其风险发生的概率,而是要从各方面获取有关进口商或进口国家的信息,并据此做出风险评估,来确定出口信用保险的费率。

4)分类

按责任起讫的时间划分,可分为出运前的保险和出运后的保险。出运前的出口信用保险又称生产期出口信用保险,保险责任起于贸易合同生效止于货物出运日。保险人负责赔偿货物在出运前因商业风险或政治风险原因致使买方取消或中止贸易合同而给出口商带来的直接损失。这种保险通常作为短期出口信用保险的附加险承保。出运后的出口信用保险是指货物一旦交付承运人,保险合同即刻生效;一旦出口商收汇,保险责任即告结束。在出口合同规定的信用期届满后,因保单责任范围内的风险致使出口商不能收到外汇货款,保险人在规定的等待期满后负责赔偿。

按出口合同的信用期划分,可分为短期出口信用保险和中长期出口信用保险。短期出口信用保险的信用期在 180 天以内,经扩展有时也可延长至一年。它适用于一般商品的,包括所有消费性制成品、初级产品及工业用原材料的出口,汽车、农用机械,机床工具等半资本性出口货物也可投保。中长期出口信用保险是指信用期在一年以上的资本性或半资本性货物出口项目的信用保险。它适用于电站、大型生产线等成套设备项目或飞机、船舶等大型运输工具等资本性货物的出口以及海外大型工程项目承包等。

(二)企业保证保险

1. 履约保证保险

履约保证保险或履约保证险(也称履约责任保险)是指保险公司向履约保证保险的受益人(即投资人)承诺,如果投保人(即债务人,这里专指借款人)不按照合同约定或法律的规定履行义务,则由该保险公司承担赔偿责任的一种保险形式。目前该险种应用范围已拓展至网贷行业,主要表现为:网贷平台为项目购买履约保险,经保险人正式承保的项目,如借款人兑付逾期,保险公司将按照保单约定履行保险责任,投资人的利益将会得到充分保障。

2. 产品质量保证保险

产品质量保证保险亦称"产品保证保险"。承保制造商、销售商或修理商因其制造、销售或修理的产品质量有内在缺陷而给消费者带来的经济损失的保险。包括：更换、修理有质量问题产品所引起的损失和费用；因产品无法使用而改用其他方式达到目的所引起的损失和费用；根据法院判决或政府有关部门命令收回、更换或修理已投入市场的产品所引起的损失和费用。保险金额一般是按保险标的的购货发票或修理费收据金额来确定；保险期限因产品的性能、用途不同而异，一般是以产品质量认证机构所确认的质量保证期来确定。

产品质量保证保险的责任范围如下。

（1）使用者更换或修理有质量缺陷的产品所蒙受的损失和费用。

（2）赔偿使用者因产品质量不符合使用标准而丧失使用价值的损失和由此引起的额外费用，如运输公司因汽车销售商提供的汽车质量不合格所引起的停业损失和继续营业而临时租用他人汽车所支付的租金等。

（3）被保险人根据法院的判决或有关政府当局的命令，收回、更换或修理已投放市场的存有缺陷产品所承受的损失和费用。

3. 忠诚保证保险

它是指主要承保因雇员的不法行为致使雇主遭受的经济损失的保险。忠诚保证保险一般由雇主投保，主要保障被保险人（雇主）的货币和有价证券的损失。被保险人所有的财产损失、被保险人有权拥有的财产或对此负有责任的财产、为保险单指定区域的可移动的财产。忠诚保证保险的投保方式分为两种：①不指名方式，即投保所有的雇员；②指名方式，即投保指定的某些雇员。

对于雇主因雇员的不诚实行为而遭受的直接经济损失，保险人在下列条件下履行赔偿责任：①雇员的不诚实行为发生在保险期内；②雇员的不诚实行为发生在其受雇佣期间（该期间连续未中断）；③雇员的不诚实行为发生在其从事雇佣工作的过程中，即与其职业或职责有关。但是，由于雇员的不诚实行为不易立即发现，所以本保险对雇员的不诚实行为规定了一个发现期，即在保险期限内从雇员退休、离职、死亡，脱离工作岗位日期起或保单终止之日起六个月，在此期间内发现的雇员的不诚实行为给雇主造成的损失也属保险责任范围。

复习思考题

1. 企业财产风险具备哪些特征？
2. 按风险的对象分类企业财产面临哪些风险？
3. 结合实践阐述企业财产风险管理的作用。
4. 论述企业财产风险管理的目标有哪些？
5. 企业财产风险管理技术包括哪些？
6. 什么是企业财产损失保险？包括哪些内容？

7. 什么是企业责任保险？包括哪些内容？

8. 什么是企业信用保险？包括哪些内容？

案 例 分 析

某年3月30日，某保险公司与某公司签订了一份财产综合险保险合同。保险标的为维生素E油（一种美国进口的化妆品），保险金额1 000万元人民币，保险费3.2万元人民币，保险期限自当年3月30日至下一年3月30日。双方在保险单正本特别约定一栏中注明："加管道破裂险负责氨水泄漏"。保险单签订后，沈阳某公司按约定交纳了保险费。

当年5月18日，储藏保险标的物的冷冻4号库排污阀密封处泄漏氨水，氨水挥发成氨气熏染了沈阳某公司储存在该库的维生素E油。沈阳某公司当日将情况通知了保险公司，在双方当事人均在现场的情况下，保险公司组织人力将维生素E油搬出冷库晾晒。事后保险当事人双方各请有关检验机构对出险原因和损失结果进行了鉴定。但意见分歧很大：保险公司以该事故不属于保险责任而拒赔。沈阳某公司于1997年11月10日起诉到人民法院，要求保险公司赔偿1 000万人民币。保险公司则辩称：冷库氨气泄漏没有造成标的维生素E油的污染变质，冷库管道阀门密封损坏泄漏氨气不是管道破裂，不属于保险事故，不应承担赔偿责任。

分析问题：

1. 财产综合险保险都有哪些保险责任？

2. 该案例中保险公司是否应该赔偿？为什么？

财产综合险的保险责任如下。

（1）负责赔偿因自然灾害原因造成的保险标的的损失。

（2）负责赔偿被保险人拥有财产所有权的自用的供电、供水、供气设备因保险事故受损，引起停电、停水、停气以致造成保险标的直接损失。

（3）在发生保险事故时，为抢救保险标的或防止灾害蔓延，采取合理必要的措施而造成保险标的的损失。

（4）负责赔偿保险事故发生后，被保险人为防止或减少保险标的的损失所支付的必要和合理的费用。

关于保险公司应不应该赔偿的分析如下。

保险公司应当予以赔偿。原因如下。

（1）保险人与被保险人之间争论的焦点在于：冷库管道阀门密封损坏泄漏氨气是否属于管道破裂及该事故是否属于保险事故。因为双方约定附加管道破裂险负责氨水泄漏，而阀门属于管道组成部分，其泄漏氨水污染了保险标的应属于保险责任范围。

（2）由于该公司与保险公司签署的合同属于财产综合保险，财产综合保险的保险责任中包含了“被保险人拥有财产所有权的自用的供电、供水、供气设备因保险事故受损，引起停电、停水、停气以致造成保险标的直接损失”这一项，且排污阀密封处泄漏氨水属于“供电、供水、供气设备受损”，并造成了保险标的的损失，因此保险公司应予以赔偿。

（2）本附加险在主险保险责任的基础上扩展承保由于管道（包括自来水管、消防水管、消防喷淋水管、暖气管、排水管和排污管，下同）爆裂造成的保险标的的损失。因此被保险人的财产损失完全符合《附加管道破露险》的保险责任，保险公司拒赔不合理。

（4）一般情况下，《附加管道破露险》的免责条款中表明，只有在该保险事故是由于“管道年久失修，腐蚀变质以及未采取必要的防护措施”“管道安装、检修、试水、试压”“被保险人私自改动原管道设计”而发生时，保险公司有理由拒赔。而在该案例中，保险人不能提供被保险人存在以上行为的证据，因此应当予以赔偿。

附法院审理结果如下。

一审法院审理后认为：双方签订的保险合同有效。沈阳某公司投保的维生素 E 油被冷库泄漏出来的氨气污染而变质，保险公司应按约定赔偿损失。保险标的虽然没有全损，但由于保险公司施救不当，造成保险标的残值无法确定，保险公司应当承担赔偿责任。关于保险公司辩称排污阀门泄漏氨水并不是管道破裂不属于保险事故之说，因为双方约定附加管道破裂险负责氨水泄漏，而阀门属于管道组成部分，其泄漏氨水污染了保险标的应属于保险责任范围。审法院根据《保险法》第二十四条的规定，判决保险公司赔付保险金 1 000 万元。

一审判决后，保险公司提出上诉，除再次强调排污阀门松动造成氨水泄漏责任外，进一步提出：原审法院认定保险公司施救不当，应当承担赔偿责任以及未判定将损后保险标的物交付保险公司，违反保险法，认为双方在施救过程中均有过错，应共同承担责任。

二审法院审理后认为：一审法院认定保险公司应按合同约定赔偿损失正确，维持原判；保险公司主张应将保险标的残值判归保险人所有，理由正当，应予支持，某公司将该批维生素 E 油全部交给保险公司。

参 考 文 献

[1] 郑功成. 财产保险学 [M]. 武汉:武汉大学出版社,1995.
[2] 孙祁祥. 保险学 [M]. 北京:北京大学出版社,1996.
[3] 刘茂山. 保险学原理 [M]. 天津:南开大学出版社,1998.
[4] 申曙光. 社会保险学 [M]. 广州:中山大学出版社,1998.
[5] 陈朝先,陶存文. 人身保险 [M]. 北京:中国金融出版社,1998.
[6] 申曙光. 保险监管 [M]. 广州:中山大学出版社,2000.
[7] 马永伟. 保险知识读本 [M]. 北京:中国金融出版社,2000.
[8] 魏巧琴. 保险企业风险管理 [M]. 上海:上海财经大学出版社,2002.
[9] 吴小平. 保险原理与实务 [M]. 北京:中国金融出版社,2002.
[10] 申曙光. 现代保险学教程 [M]. 北京:高等教育出版社,2003.
[11] 荆涛. 保险学 [M]. 北京:对外经济贸易大学出版社,2003.
[12] 刘茂山. 保险发展学 [M]. 北京:中国金融出版社,2005.
[13] 许谨良. 风险管理 [M].3 版. 北京:中国金融出版社,2006.
[14] 中国保监会保险教材编写组. 风险管理与保险 [M]. 北京:高等教育出版社,2007.
[15] 艾孙麟. 保险学原理 [M]. 武汉:武汉大学出版社,2007.
[16] 江生忠. 风险管理与保险 [M]. 天津:南开大学出版社,2008.
[17] 许谨良. 保险学原理 [M].3 版. 上海:上海财经大学出版社,2008.
[18] 徐爱荣. 保险学 [M]. 上海:复旦大学出版社,2008.
[19] 王凯全. 风险管理与保险 [M]. 北京:机械工业出版社,2008.
[20] 沈建明. 项目风险管理 [M].2 版. 北京:机械工业出版社,2010.
[21] 魏华林,林宝清. 保险学 [M].3 版. 北京:高等教育出版社,2011.
[22] 刘钧. 风险管理概论 [M].3 版. 北京:清华大学出版社,2013.
[23] 刘新立. 风险管理 [M].2 版. 北京:北京大学出版社,2014.
[24] 张洪涛. 保险学 [M].4 版. 北京:中国人民大学出版社,2014.
[25] 刘金章. 保险经营与管理 [M]. 北京:北京交通大学出版社,2015.
[26] 乔治·E. 瑞达,迈克尔·J. 麦克纳马拉. 风险管理与保险原理 [M].12 版. 刘春江,译. 北京:中国人民大学出版社,2015.
[27] 王周伟. 风险管理 [M].2 版. 北京:机械工业出版社,2017.

[28] 于汐,唐彦东. 灾害风险管理 [M]. 北京:清华大学出版社,2017.
[29] 张旭升,龙卫泽. 保险学原理与实务 [M]. 北京:电子工业出版社,2018.
[30] 张代军. 保险经营管理学 [M]. 上海:立信会计出版社,2019.